AF554046

Sobrenatural

Joe Dispenza estudió bioquímica en la Universidad Rutgers de New Brunswick (Nueva Jersey) y es doctor en quiropráctica por la Life University de Atlanta (Georgia). Llena salas de conferencias en Estados Unidos y Europa.

Experimentó en sus propias carnes las posibilidades de la mente para influir en la materia tras sufrir un grave accidente a los veinticuatro años. Durante décadas se ha dedicado a estudiar lo que denomina neuroplasticidad o capacidad de la mente para modificar los circuitos que conectan las neuronas, lo que supone un inmenso cambio en la vida física y anímica de las personas.

Código BIC: VXM | Código BISAC: OCC019000

Diseño de cubierta: Opalworks

JOE DISPENZA

Sobrenatural

Gente común y corriente haciendo cosas extraordinarias

Traducción de Victoria Simó Perales

Argentina • Chile • Colombia • España
Estados Unidos • México • Perú • Uruguay

Título original: *Becoming Supernatural – How Common People Are Doing the Uncommon*
Editor original: Hay House Inc., USA
Traducción: Victoria Simó Perales

1.ª edición en **books4pocket** junio 2025

El autor de este libro no ofrece asesoramiento médico ni recomienda el uso de ninguna técnica como tratamiento de problemas físicos o médicos sin el consejo de un profesional de la medicina, ya sea directa o indirectamente. Solo pretende ofrecer información de naturaleza general para ayudar en la búsqueda del bienestar emocional y espiritual. En el caso de utilizar los lectores cualquier información de este libro, ya que están en todo su derecho de hacerlo, ni el autor ni los editores se responsabilizan de las acciones de dichas personas.

Ilustraciones interior: John Dispenza
Ilustraciones páginas 80, 84, 104, 113, 118, 134, 164, 172, 173, 176, 178, 193, 196, 203, 215, 398: creadas por John Dispenza a partir de www.flaticon.com
Imágenes páginas 256, 273, 276, 277, 451: cortesía del HearthMath® Institute
Fotografía página 391: reproducida con permiso de Simon Baconnier *et al*, «Calcite microcrystals in the pineal gland of the human brain: First physical and chemical studies», Bioelectromagnetics 23, n.º 7 (October 2002): 488-495.
Fotografía página 418: © Steve Alexander
Imágenes páginas 1, 5, 6, 23 y 24 del encarte a color: cortesía del doctor Konstantin Korotkov.

Plaza de los Reyes Magos, 8, piso 1.º C y D – 28007 Madrid
www.edicionesurano.com
www.books4pocket.com

ISBN: 978-84-19130-69-3
E-ISBN: 978-84-17180-48-5
Depósito legal: M-11.082-2025

Fotocomposición: Urano World Spain, S.A.U.

Impreso por Novoprint, S.A. – Energía 53 – Sant Andreu de la Barca (Barcelona)

Impreso en España – *Printed in Spain*

Para mi hermano John,
un auténtico místico de nacimiento

Índice

Prólogo

En la historia de la humanidad afloran de vez en cuando relatos de personas comunes cuyas experiencias las catapultaron más allá de los límites de lo que se creía posible. Desde la longevidad de Li Ching-Yuen, el maestro de artes marciales cuya vida comenzó en 1677 e incluyó catorce esposas y más de doscientos hijos antes de que le llegara la muerte en 1933, 256 años más tarde, hasta la curación espontánea de infinidad de enfermedades, documentadas por el Instituto de Ciencias Noéticas (IONS, del inglés Institute of Noetic Sciences) en 3.500 referencias de más de 800 publicaciones en 20 lenguas, las pruebas indican con absoluta certeza que no somos lo que se nos hizo creer en el pasado, sino mucho más de lo que jamás nos hemos atrevido a imaginar.

Según va calando entre la población la idea de que el ser humano posee un potencial desconocido, la pregunta ha dejado de ser «¿Hasta dónde podemos llegar?» para convertirse en «¿Cómo lo hacemos?, ¿cómo podemos acceder a esos extraordinarios poderes en la vida diaria?». La respuesta a esos interrogantes constituye la base de este libro: *Sobrenatural: gente corriente haciendo cosas extraordinarias.*

Joe Dispenza es doctor, científico y un místico de hoy en día. También consigue sintetizar grandes dosis de información desde un enfoque que desborda los límites de una sola disciplina. Partiendo de ámbitos científicos tan sólidos como la epigenética, la biología molecular, la neurocardiología y la física cuántica, Joe borra las fronteras que tradicionalmente han separado el pensamiento científico de la experiencia humana, y al hacerlo abre la puerta a un paradigma nuevo y rompedor de empoderamiento autorrealizado, una manera de pensar y de vivir basada no sólo en lo que aceptamos como verdad científica, sino también en aquello que creemos posible. Esta inédita frontera en relación con nuestro potencial redefine lo que implica ser una persona en plena posesión de sus facultades y capacidades. Y el paradigma alberga promesas para todos, ya sean amas de casa, estudiantes o trabajadores especializados, como científicos, ingenieros y profesionales de la salud.

Si el enfoque de Joe atrae a tanta gente es porque recoge un modelo de eficacia demostrada que los maestros han empleado con sus discípulos durante siglos. La base de este modelo es muy simple: una vez que hemos experimentado en carne propia nuestro máximo potencial, nos resulta mucho más sencillo incorporarlo a la vida diaria. El libro que tienes en las manos, *Sobrenatural*, es un manual único en su género que se propone precisamente eso: acompañarnos en un viaje paso a paso hacia la máxima expresión de nuestro potencial en aspectos que van desde el cuerpo y la salud hasta las relaciones y el propósito vital. Por si fuera poco, nos permite llevar a cabo ese viaje a nuestro propio ritmo.

En las paredes de una cueva de la meseta del Tíbet pude comprobar por mí mismo cómo los grandes yoguis de la antigüedad recurrían a ese mismo método para liberar a sus discípulos de sus miras limitadas. El legado de aquellas enseñanzas sigue vivo, preservado en la misma roca que, hace ocho siglos, sirvió a un maestro como hogar y como aula.

En la primavera de 1998 acompañé a un grupo de peregrinos a las tierras altas del Tíbet occidental. Nuestro recorrido nos llevó directamente a la remota cueva en la que, en sus tiempos, vivió el poeta, místico y yogui del siglo XI Jetsun Milarepa, conocido en la actualidad, sencillamente, como Milarepa.

Descubrí la figura de este yogui legendario cuando estudiaba con un místico sij que empezó a enseñarme yoga en la década de 1980. Pasé años investigando el misterio que rodea la vida de Milarepa, un joven nacido en el seno de un hogar privilegiado que un buen día decidió renunciar a todas sus posesiones terrenas: el abuso que sufrió su familia a la muerte de su padre; cómo la venganza y el consiguiente sufrimiento lo llevaron a buscar refugio en lo alto de las montañas del Himalaya, donde descubrió su extraordinario potencial como místico yogui. Yo quería ver con mis propios ojos el lugar en el que Milarepa rompió las leyes de la física para demostrarse a sí mismo, y a sus discípulos, que el único límite es la barrera de nuestras propias convicciones. Llevaba diecinueve días de viaje cuando mi deseo se hizo realidad.

Después de acostumbrarme a una humedad de una sola cifra y a alturas de más de 4.500 metros por encima del nivel del mar, fui a parar al mismo lugar exacto en el que Milarepa enseñaba a sus discípulos 800 años atrás. Con el rostro a pocos centímetros de la pared de la cueva, tenía delante el indescifrable misterio que los científicos modernos no han sabido explicar ni reproducir. En ese preciso lugar, Milarepa plantó la palma de la mano contra la roca, a la altura del hombro, y luego siguió empujando como si la piedra no existiera. Cuando lo hizo, la roca se tornó tan blanda y maleable que cedió a la presión de su mano. Y la prueba estaba allí mismo, la huella perfecta de la mano izquierda del yogui grabada en la piedra, para que sus alumnos, los de entonces y los que vendrían a lo largo de los siglos, la vieran. Cuando iluminamos las paredes y el techo de la cueva encontramos más impresiones, pruebas palpables de que Milarepa había llevado a cabo su demostración más de una vez.

Cuando abrí la mano y la posé sobre la impronta, mis dedos se ajustaron como un guante a la impresión que la palma del maestro dejara allí ocho siglos atrás. El encaje era tan perfecto que cualquier duda que pudiera albergar sobre la autenticidad de la huella se disipó al momento. Me invadió una sensación de humildad y entusiasmo a un tiempo. Al momento, mis pensamientos volaron hasta aquel hombre. Quería saber qué le ocurría por dentro cuando hundió la mano en la piedra. ¿Qué pensamientos le pasaban por la cabeza? Y, tal vez lo más importante, ¿qué sentía? ¿Cómo se le ocurrió desafiar las «leyes» de la física según las cuales una mano y una roca no pueden ocupar el mismo espacio simultáneamente?

Como si me leyera el pensamiento, el guía tibetano respondió la pregunta antes de que yo la formulara siquiera.

—La meditación del *geshe* («gran maestro») nos enseña que él es parte de la roca, no algo distinto a ella. No ve la roca como una barrera. Para el *geshe*, la cueva representa un lugar de experiencia y no un límite. En este lugar es libre y se puede mover como si la roca no existiera.

Las palabras del guía tenían sentido. Cuando los discípulos de Milarepa vieron a su maestro llevar a cabo algo que no tenía cabida en sus creencias convencionales, se enfrentaron al mismo misterio que nos desafía hoy día cuando decidimos liberarnos de las convicciones que nos limitan.

El misterio es el siguiente: la mentalidad de la familia, los amigos y la sociedad de aquellos discípulos los había llevado a concebir el mundo en términos de límites y fronteras. En consecuencia, creían que la pared de una cueva representa una barrera para el cuerpo humano. Cuando Milarepa introdujo la mano en la roca, sus alumnos descubrieron que la supuesta ley no siempre se cumple. Paradójicamente, ambas formas de ver el mundo son acertadas. Cada una de ellas se fundamenta en la concepción de nosotros mismos que elegimos tener en un momento determinado.

Cuando posé la mano en la huella que el yogui dejara allí tantos siglos atrás para que sus discípulos la vieran, me pregunté: ¿acaso en la actualidad somos víctimas de las mismas convicciones que limitaban a los alumnos de Milarepa en sus tiempos? Y, de ser así, ¿cómo podríamos adquirir el poder necesario para trascender las nuestras?

He descubierto que en esta vida, cuando algo es verdad, esa realidad se manifiesta de muchas formas distintas. En consecuencia, no debe sorprendernos que la documentación científica relativa a los descubrimientos de Joe apunte a las mismas conclusiones a las que llegó Milarepa y otros místicos del pasado: que el universo, nuestros cuerpos y las circunstancias de la vida «son» de determinada manera a causa de la consciencia y del modo en que nos concebimos a nosotros mismos en este plano de la experiencia. He compartido la historia de Milarepa para demostrar este principio aparentemente universal.

El secreto que nos reveló el yogui a través de sus enseñanzas es el siguiente: cuando experimentamos por nosotros mismos o a través de otra persona algo que antes nos parecía imposible, nos liberamos de nuestras certezas de un modo que nos permite trascender los límites de la vida que conocemos. Y por eso, exactamente, el libro que tienes en las manos podría cambiar tu existencia. Al mostrarte cómo aceptar un sueño referido al futuro como si fuera la realidad presente, y enseñarte cómo inducir a tu cuerpo a creer que ese futuro se está desplegando «ahora», te ayuda a provocar una cascada de procesos emocionales y fisiológicos que reflejarán tu nueva realidad. Las neuronas de tu cerebro, las neuritas de tu corazón y los compuestos químicos de tu cuerpo se reorganizarán en armonía para reflejar tu nueva mentalidad. Cuando eso suceda, las posibilidades cuánticas de la vida se redistribuirán para sustituir las circunstancias no deseadas de tu pasado por las nuevas que has aceptado en el presente.

Y ése es el poder de este libro.

Con un estilo sencillo, directo y accesible, Joe Dispenza ha aglutinado en un solo volumen los revolucionarios descubrimientos de la ciencia cuántica y las trascendentes enseñanzas a las que los místicos del pasado dedicaron la vida: nos muestra cómo convertirnos en seres sobrenaturales.

Gregg Braden
Autor de los superventas
La matriz divina y *Human by Desing*

Introducción

Los preparativos para un viaje sobrenatural

Soy consciente de que escribir este libro supone un riesgo para mí y mi reputación. Hay personas en el mundo —incluidos algunos miembros de la comunidad científica— que podrían calificar mi trabajo de pseudociencia, sobre todo después de la publicación de *Sobrenatural.* Hace un tiempo, las críticas negativas me producían un gran desasosiego. Al principio de mi carrera escribía siempre teniendo muy presentes a los escépticos e intentaba asegurarme de que aprobaran mis obras. Por alguna razón me parecía importante que esa comunidad me aceptara. Un día, sin embargo, mientras pronunciaba una conferencia en Londres, una mujer pidió el micrófono para contar cómo había vencido la enfermedad —cómo se había curado gracias a los ejercicios que yo proponía en otros libros— y experimenté una revelación.

Comprendí con una claridad diáfana que los científicos más obstinados y escépticos, los mismos que se aferran a sus ideas sobre lo que es posible y lo que no, jamás aprobarían mi trabajo hiciera lo que hiciese. Cuando asumí esa realidad supe que había estado desperdiciando buena parte de mi energía vital. A partir de entonces dejé de preocuparme por convencer a una gente en particular —especialmente a esa que estudia lo normal y natural— del verdadero alcance del potencial humano. A mí me apasionaba todo *salvo* lo normal, y quería estudiar lo sobrenatural.

Tuve muy claro que debía renunciar a tanto esfuerzo inútil por convencer a esa comunidad y dedicar, en cambio, mis energías a una parte de la población totalmente distinta, esa que *sí* cree en la posibilidad y tiene ganas de escuchar lo que yo puedo compartir.

Cuando acepté esa idea y renuncié al empeño de persuadir al mundo de los escépticos, experimenté un alivio inmenso. Mientras escuchaba a la encantadora dama de Londres, que no era una monja ni un monje ni una erudita ni una profesora, supe que al contar su historia a los asistentes les estaba ayudando a identificar una parte de sí mismos en ella. Los que escuchaban su relato tal vez creyeran posible llegar a experimentar lo mismo en carne propia. He llegado a un punto de mi vida en que las críticas no me afectan —y sin duda tengo mis defectos—, porque ahora sé, con más certeza que nunca, que mi contribución transforma la vida de los demás. Lo digo con absoluta humildad. He dedicado años y años a estudiar complejos conceptos científicos y transformarlos en información sencilla para que las personas puedan aplicarlos de manera práctica a su devenir diario.

De hecho, a lo largo de los últimos cuatro años, mi equipo de investigadores y yo nos hemos dedicado largo y tendido a calcular, registrar y analizar científicamente transformaciones biológicas con el fin de demostrar al mundo que las personas normales pueden protagonizar hechos extraordinarios. Este libro trata de algo más que de superar la enfermedad, aunque incluye historias de personas que han protagonizado cambios significativos en el plano de la salud e incluso han revertido patologías, mediante las herramientas que tú mismo necesitas para hacer lo propio. Esos logros se están convirtiendo en moneda frecuente en nuestra comunidad de estudiantes. Ahora bien, el material que estás a punto de leer se desmarca totalmente de la convención, y buena parte del mundo lo desconoce o no alcanza a entenderlo. El contenido de este libro se basa en una evolución de aprendizajes y prácticas anteriores que han culminado en ejercicios de índole mística, que permiten a los participantes de nuestros talleres internarse en territorios más profundos. Y, por supuesto, tengo la esperanza de tender un puente entre el mundo de la ciencia y el de la mística.

Escribí esta obra para aportar nuevos elementos de análisis y comprensión sobre temas que siempre creí posibles. Quería demostrar al mundo que poseemos la capacidad de crear vidas mejores; que no somos seres lineales inmersos en vidas lineales, sino seres dimensionales con vidas de muchas dimensiones. Espero que su lectura te ayude a comprender que estás en posesión de la anatomía, la química y la fisiología necesarias para convertirte en el ser sobrenatural que ya eres en potencia y que aguarda a ser despertado y activado.

En el pasado dudaba de si hablar sobre este ámbito de la realidad porque temía que dividiera a las audiencias en función de sus convicciones personales. Pese a todo, llevaba mucho tiempo queriendo escribir esta obra. A lo largo de los años he protagonizado experiencias místicas de enorme riqueza que me han transformado para siempre. Esos acontecimientos internos me han llevado a ser la persona que soy hoy. Quiero transportarte a ti también a ese mundo de múltiples dimensiones y mostrarte algunas de las valoraciones que hemos registrado y de las investigaciones que llevamos a cabo en talleres avanzados por todo lo largo y ancho de este mundo. Empecé a medir los parámetros de los participantes porque estábamos presenciando cambios importantes en su salud, y yo sabía que sus organismos se transformaban significativamente durante los ejercicios de meditación, en tiempo real.

Hemos efectuado miles y miles de escáneres cerebrales para demostrar que esos cambios no son meras fantasías creadas por la mente, sino que se reflejan en el cerebro. Muchos de los alumnos sometidos a observación han experimentado esos cambios en el transcurso de cuatro días, que es la duración de nuestros talleres avanzados. Los equipos de científicos que nos acompañan han recurrido a electroencefalogramas cuantitativos (EGC) para obtener registros antes y después de los talleres así como en tiempo real durante las meditaciones y las prácticas. Las transformaciones eran tan espectaculares que no sólo me sorprendieron; me impactaron profundamente.

Los cerebros de nuestros alumnos funcionan de forma más sincronizada y coherente después de participar en los retiros avanzados que celebramos por todo el mundo. Este aumento en la congruencia del sistema nervioso los ayuda a discernir con gran claridad el futuro que pueden crear y les permite sostener su propósito con independencia de las condiciones del entorno exterior. Y cuando sus cerebros funcionan bien, *ellos* funcionan bien. Aportaré datos científicos que demuestran hasta qué punto sus cerebros se transforman en pocos días. Y eso significa que tú puedes lograr esos mismos cambios en tu cerebro.

A finales de 2013 empezó a suceder algo muy misterioso. Los escáneres cerebrales ofrecían unos registros que sumían en la perplejidad a los investigadores y los neurocientíficos que acudían a nuestros talleres para observar mi trabajo. La acumulación de energía que se apreciaba en el cerebro de los participantes mientras llevaban a cabo ciertas meditaciones no tenía parangón en ninguna investigación anterior. Y sin embargo, esas lecturas desmesuradas se repetían una y otra vez.

Cuando entrevistábamos a los protagonistas, testimoniaban experiencias subjetivas de tipo místico, pero también muy reales, que, o bien transformaban por completo su forma de entender el mundo, o bien mejoraban espectacularmente su salud. Comprendí que los participantes estaban viviendo experiencias trascendentales en el entorno interior de la meditación más reales que nada de lo que hubieran experimentado en el mundo físico y externo. Y estábamos captando esas experiencias subjetivas mediante instrumentos objetivos.

Hoy en día vivimos ese fenómeno con normalidad y, de hecho, a menudo somos capaces de predecir cuándo se producirán esas descargas de energía en el cerebro a partir de ciertos indicadores y signos que llevamos años constatando. En estas páginas pretendo desmitificar lo que implica vivir una experiencia interdimensional, así como explicar la ciencia, la biología y la química de órganos, sistemas y neurotransmisores que la hacen posible. Es mi deseo que puedas usar esta información como mapa de ruta para crear esa misma experiencia.

También hemos registrado cambios sorprendentes en la variabilidad del ritmo cardiaco (HRV, del inglés *heart rate variability*). Cuando se producen, sabemos que el corazón del alumno se ha abierto y que alberga emociones elevadas tales como gratitud, inspiración, alegría, bondad, reconocimiento y compasión; todo lo cual lleva a su corazón a latir de manera coherente; a saber, con ritmo, orden y equilibrio. Sabemos que se requiere una intención clara (un cerebro coherente) y una emoción elevada (un corazón coherente) para cambiar la propia anatomía de tal modo que deje de vivir en el ayer para empezar a vivir en el mañana. Esa combinación de cuerpo y mente —de pensamientos y sentimientos— también parece influir en la materia. Es así como creamos la realidad.

Así pues, si estás dispuesto a imaginar un futuro y a creer que es posible de todo corazón, asegúrate de que ese corazón esté abierto y totalmente activado. ¿Por qué no perfeccionar la capacidad mediante la práctica y una retroalimentación cuantitativa y convertirla así en una habilidad?

De modo que nos asociamos con el Instituto HeartMath (HMI), un destacado grupo de investigación con sede en Boulder Creek, California, que nos ayudó a registrar las respuestas de miles de participantes. Nuestro deseo es que los estudiantes desarrollen la capacidad de regular sus estados internos con independencia de las condiciones externas y sepan cuándo generan coherencia en el corazón y cuándo no. En otras palabras, cuando registramos esos cambios internos en un alumno, podemos decirle si los parámetros de su corazón muestran una pauta más equilibrada y si lo está haciendo bien y debería seguir haciendo lo mismo. O podemos informarle de que su biología no está experimentando cambios, darle instrucciones para conseguirlo y ofrecerle opciones para seguir practicando el proceso con el fin de mejorarlo. Para eso sirve la retroalimentación; nos ayuda a saber cuándo vamos por buen camino y cuándo no.

Transformar sentimientos y pensamientos por dentro genera cambios por fuera también. Cuando observamos que esos cambios se han producido, prestamos atención a lo que estamos haciendo con el fin de repetirlo. Ese gesto acaba por crear un hábito constructivo. Al demostrarte cómo otras personas logran esa clase de hazañas, pretendo mostrarte lo poderoso que puedes llegar a ser.

En nuestros talleres, los participantes son capaces de influir en el sistema nervioso autónomo (SNA), que mantiene la salud y el equilibrio del organismo ocupándose automáticamente de nuestras funciones vitales mientras llevamos a cabo nuestras actividades cotidianas. En este sistema inconsciente residen el buen funcionamiento del cuerpo y la vida misma. Cuando aprendemos a acceder a él, no sólo somos capaces de mejorar nuestra propia salud, sino también de sustituir conductas, convicciones y hábitos limitantes y destructivos por otros más productivos. Para demostrarlo, te presentaré algunos de los datos que hemos reunido a lo largo de los años.

También hemos enseñado a los participantes que, cuando generamos coherencia cardiaca, el corazón crea un campo magnético mensurable que se proyecta más allá del cuerpo. Ese campo magnético está hecho de energía, que a su vez es frecuencia, y toda frecuencia acarrea información. La información que transporta esa frecuencia puede ser un propósito o pensamiento capaz de influir en el corazón de otra persona alejada en el espacio, que entrará también en un estado de coherencia y equilibrio. Demostraré que un grupo de personas reunidas en una sala pueden influir en otras ubicadas a cierta distancia, *en la misma sala*, cuyos corazones entrarán en coherencia en el mismo momento exacto. Todas las pruebas indican que estamos unidos por un campo invisible de luz e información que nos influye mutuamente.

Partiendo de esa idea, imagina qué pasaría si todos entráramos en un estado coherente al mismo tiempo con el fin de cambiar el mundo. Eso es exactamente lo que nosotros, una comunidad de individuos movidos por la pasión de crear un futuro mejor para esta Tierra, los seres humanos y otras formas de vida que la habitan, nos proponemos hacer. Hemos creado el Proyecto Coherencia, por el cual miles de personas, a la misma hora y el mismo día exacto, elevan la frecuencia de este planeta y de todos sus habitantes. ¿Te parece imposible? En absoluto. Más de 23 artículos sometidos a revisión por pares y más de cincuenta proyectos de meditación colectiva por la paz demuestran que tales eventos reducen las tasas de violencia, guerra, crimen y accidentes de tráfico al mismo tiempo que contribuyen a mejorar la economía.[1] Me gustaría mostrarte a partir de la ciencia cómo puedes contribuir a cambiar el mundo.

También hemos registrado la energía de la sala durante los talleres y hemos comprobado cómo cambia cuando una comunidad de entre 550 a 1.500 personas eleva su energía al mismo tiempo e incrementa su coherencia cerebral y cardiaca. Los cambios se han revelado significativos una y otra vez. Si bien el instrumento que empleamos para medir los parámetros no está reconocido por la comunidad científica de los Estados Unidos, sí ha sido

1. Unión Global de Científicos por la Paz, «Defusing World Crises: A Scientific Approach», https://www.gusp.org/defusing-world-crises/scientific-research/.

aceptado en otros países, incluida Rusia. En cada evento, nos sorprende de un modo maravilloso la cantidad de energía que ciertos grupos llegan a generar.

También hemos registrado el espectro invisible de energía vital que rodea el cuerpo de miles de participantes para determinar si son capaces de incrementar su propio campo de luz. Al fin y al cabo, todo aquello que forma parte de nuestro universo material emite constantemente luz e información, incluido tú. Cuando funcionas en modo de supervivencia, soportando una fuerte carga de hormonas del estrés (como la adrenalina), absorbes energía de ese campo invisible para convertirla en compuestos químicos; y, al hacerlo, el campo que rodea tu cuerpo disminuye. Hemos descubierto un instrumento muy sofisticado que es capaz de medir la emisión de fotones (partículas de luz) para determinar si el campo de luz que envuelve a una persona está creciendo o menguando.

Cuanta más luz, más energía y, por tanto, más fuerza vital. Cuando una persona proyecta poca luz e información, la materia se incrementa y emite menos energía vital. La investigación extensiva demuestra que las células corporales y los diversos sistemas no sólo se comunican a través de las interacciones químicas que conocemos, sino también a través de un campo de energía coherente (luz) que transporta un mensaje (información), a partir del cual el entorno interno y externo de la célula envía señales a otras células y sistemas biológicos.[2] Hemos registrado la cantidad de energía vital que los cuerpos de nuestros alumnos emiten a consecuencia de los cambios internos que se ven favorecidos mediante la meditación, y quiero mostrarte las mejoras que experimentan en el transcurso de cuatro días o incluso menos.

---

2. F. A. Popp, W. Nagl, K. H. Li *et al.*, «Biophoton Emission: New Evidence for Coherence and DNA as Source», *Cell Biophysics*, vol. 6, n.º 1, págs. 33-52, 1984.

Además del corazón, el sistema nervioso autónomo controla otros centros del organismo, a los que yo denomino *centros energéticos*. Cada uno de estos centros posee su propia frecuencia, su propia intención o consciencia, sus propias glándulas, hormonas y química interna, su propio cerebro individual y mente particular. Es posible influir en esos centros para que funcionen de manera más equilibrada e integrada, pero para hacerlo tenemos que aprender a modificar las ondas cerebrales con el fin de penetrar en el sistema operativo subconsciente. De hecho, la clave radica en sustituir las ondas cerebrales beta (las que aparecen cuando el cerebro analiza constantemente y se centra en el mundo exterior) por ondas alfa (esas que se producen cuando nos encontramos en un estado de paz, prestando atención al mundo interior). Cuando apaciguamos de forma consciente las ondas cerebrales, estamos en mejores condiciones de programar el sistema nervioso autónomo. Los alumnos que han participado en diversos talleres de meditación conmigo a lo largo de los años han aprendido a modificar sus ondas cerebrales, así como a perfeccionar la clase de concentración que requiere estar presente el tiempo suficiente como para lograr efectos constatables. Hemos descubierto un instrumento capaz de registrar estos cambios y, también en este caso, te mostraré los resultados de algunas de las investigaciones.

También hemos registrado varios marcadores biológicos distintos que guardan relación con transformaciones de la expresión génica (un proceso conocido como «hacer cambios epigenéticos»). En este libro descubrirás que, de hecho, no eres esclavo de tus genes, y que la expresión génica se puede transformar... una vez que empiezas a pensar, actuar y sentir de manera distinta. En nuestros talleres, los participantes abandonan sus vidas de siempre durante cuatro o cinco días para pasar tiempo en un entorno que no les recuerda sus ideas preconcebidas acerca de su identidad. Al hacerlo se separan de las personas que conocen, de sus posesiones, de las conductas automáticas que definen sus vidas cotidianas, de los lugares a los que suelen ir, y empiezan a modificar sus estados internos a través de cuatro tipos distintos de meditación: en movimiento, sentados, de pie y tendidos. Y con cada una de ellas aprenden a convertirse en personas distintas.

Sabemos que es así porque nuestros estudios muestran cambios significativos en la expresión génica de los participantes y los alumnos testimonian mejoras de salud importantes. Una vez que ofrecemos a los estudiantes pruebas objetivas de que los neurotransmisores, las hormonas, los genes, las proteínas y las enzimas de uno de sus compañeros se han transformado tan sólo gracias al pensamiento, los demás cuentan con elementos adicionales para justificar su trabajo y demostrarse a sí mismos que el proceso funciona realmente.

Según vaya compartiendo estas ideas contigo a lo largo de las páginas, acompañándote en el proceso y explicándote la base científica que sustenta el trabajo que hacemos y por qué, vas a adquirir una gran cantidad de información muy detallada. Pero no te preocupes: repasaré ciertos conceptos clave en distintos capítulos. Lo hago con la intención de recordarte lo que ya has aprendido e ir construyendo así un paradigma de referencia más amplio. En ocasiones, el material que presento puede parecer complicado. Lo sé porque llevo años enseñando esta misma materia a grandes audiencias. Así que repasaré y te recordaré lo que ya has aprendido, para que no tengas que volver atrás en el libro en busca de la información, aunque siempre puedes releer los capítulos anteriores si te parece conveniente. Como es lógico, todos estos conocimientos pretenden prepararte para tu propia transformación personal. De modo que, cuanto mejor asimiles los conceptos, más fácilmente podrás poner en práctica las meditaciones propuestas al final de los capítulos y emplearlas para vivir tu propia experiencia.

¿Qué encontrarás en este libro?

En el **capítulo 1** comparto tres historias que te ayudarán a entender a grandes rasgos lo que implica *ser sobrenatural*. En el primer relato conocerás a una mujer llamada Anna que padecía varias enfermedades graves a consecuencia de un trauma que la mantenía anclada al pasado. Las emociones provocadas por el estrés dispararon sus genes y las hormonas correspondientes provocaron dolencias muy complicadas para ella. Es un relato muy duro. Lo he escogido a propósito para demostrarte que, por mal que pinten las cosas, tienes el poder de transformarlas, tal como hizo esa mujer increíble. Puso en práctica muchas de las meditaciones que se proponen en este libro para cambiar su personalidad y curarse. Para mí, constituye un ejemplo viviente de la verdad. Pero no es la única que se ha superado a sí misma a diario con el fin de convertirse en otra persona. Forma parte de una multitud de alumnos que han hecho lo mismo; y si ellos lo han logrado, tú también puedes hacerlo.

También relato en este capítulo dos historias personales, experiencias que me han transformado a un nivel muy profundo. Este libro trata tanto de misticismo como de sanar y generar oportunidades inéditas en la vida. Comparto estas historias porque quiero demostrar las proezas que podemos llevar a cabo cuando abandonamos el ámbito del espacio-tiempo (el mundo newtoniano del que nos hablaron en clase de ciencias del instituto) y activamos la glándula pineal, que nos permite desplazarnos al reino del tiempo-espacio (el mundo cuántico). Muchos participantes han vivido en nuestros talleres experiencias místicas e interdimensionales parecidas, y las han considerado tan auténticas como la realidad material.

Como la segunda parte del libro ahonda en la física, la neurociencia, la neuroendocrinología e incluso la genética de estas vivencias místicas, espero que las historias a las que acabo de referirme azucen tu curiosidad y actúen como alicientes que abran tu mente a la posibilidad. Tu futuro yo —un yo que ya existe ahora, en el momento presente eterno— intenta llamar la atención del yo con el que te identificas y que ahora está leyendo este libro. Y ese otro ser del futuro es más generoso, más evolucionado, más consciente, bondadoso, exuberante, presente, intuitivo, decidido y conectado. Es sobrenatural y pleno. Está esperando a que transformes tu energía para sintonizarla con la suya a diario con el fin de que ambos seáis uno mismo.

El **capítulo 2** se centra en uno de mis temas favoritos. Lo escribí para que pudieras comprender plenamente lo que significa estar en el momento presente. Puesto que todas las posibilidades de la quinta dimensión conocida como cuanto (o campo unificado) existen ya en el presente eterno, el único modo de crear una nueva vida, sanar el cuerpo o cambiar el futuro previsible es trascenderse a uno mismo.

Este momento distinguido —que hemos vislumbrado en cientos de escáneres cerebrales— aparece cuando un individuo renuncia al recuerdo de sí mismo para sustituirlo por algo más grande. Numerosas personas pasan buena parte de su vida escogiendo de manera inconsciente vivir a partir de las mismas rutinas, o recreando el pasado y sintiendo lo mismo. De ahí que estén programando su cerebro y su cuerpo para expresar un futuro previsible o un pasado conocido, sin vivir nunca en el momento presente. Requiere práctica experimentar ese instante de transformación, pero el esfuerzo merece la pena. Para encontrar la zona cero en la que se despliega el generoso ahora tendrás que desarrollar una voluntad más poderosa que cualquier programa automático, pero yo estaré ahí para alentarte en cada paso del camino.

El capítulo comienza con un repaso general de una serie de principios científicos básicos que nos van a permitir disponer de una terminología común a partir de la cual desarrollar nuevos paradigmas de pensamiento a lo largo del libro. Trataré de que sea lo más sencillo posible. Hablar de funciones cerebrales (esto es, de la mente), de células y redes nerviosas, de distintas partes del sistema nervioso, componentes químicos, emociones y estrés, ondas cerebrales, atención, energía y otros temas será necesario para que puedas llegar a tu destino. Tengo que sentar las bases del lenguaje para explicarte por qué hacemos lo que hacemos antes de enseñarte cómo ponerlo en práctica con ayuda de las meditaciones que irás encontrando. Si necesitas información más explícita y detallada, te invito a leer alguno de mis libros anteriores (incluidos *Deja de ser tú* y *El placebo eres tú*).

El **capítulo 3** ofrece una introducción al mundo cuántico: la quinta dimensión. Me propongo ayudarte a entender que existe un campo invisible de energía e información más allá de este ámbito tridimensional de espacio y tiempo. Y que podemos acceder a él. De hecho, una vez que estás en el momento presente y entras en este plano, existente más allá de los sentidos físicos, estás listo para crear la realidad que deseas. Cuando consigas despegar totalmente la atención de tu propio cuerpo, de las personas que forman parte de tu vida, de tus pertenencias, de los lugares que frecuentas e incluso del mismísimo tiempo, olvidarás literalmente la identidad que has forjado mientras vivías como un cuerpo en este espacio-tiempo.

En ese momento accederás, como pura consciencia, al reino que conocemos como campo cuántico y que existe *más allá* de este espacio-tiempo. Para entrar en esa región inmaterial no puedes llevar contigo tus problemas, tu nombre, tus horarios y rutinas, tu dolor y tus emociones. No puedes entrar siendo un cuerpo; tan sólo siendo un no-cuerpo. De hecho, una vez que hayas aprendido a mudar tu conciencia de lo conocido (el mundo físico y material) a lo desconocido (el mundo inmaterial de la posibilidad) y te sientas allí como en casa, podrás transformar tu energía para sintonizarla con la frecuencia de cualquiera de las realidades que existen en el campo cuántico. (Advertencia: *spoiler*. En realidad, en ese ámbito existen *todos* los futuros en potencia, de modo que podrás crear el que quieras.) Cuando sintonices tu energía con la situación potencial que has elegido del campo unificado, la atraerás a tu vida. Te mostraré cómo funciona.

El capítulo 3 concluye con la breve descripción de una meditación que he desarrollado para ayudarte a vivir la experiencia real del cuanto. A partir de ahí, cada uno de los capítulos terminará también con breves descripciones de distintas meditaciones. Si quieres que además te guíe a lo largo del proceso, puedes comprar un CD o descargarte el audio de cualquiera de ellas en mi página web, **drjoedispenza.com**. Como es lógico, también puedes optar por poner en práctica las meditaciones que contiene este libro por tu cuenta, sin recurrir a una grabación. Para ello, ofrezco detalladas descripciones gratuitas paso por paso en mi página web **drjoedispenza.com/bsnmeditations**.

Si vas a meditar por tu cuenta, te recomiendo escuchar música mientras lo haces. La más adecuada es aquella que carece de voz. Personalmente, prefiero la música lenta e hipnótica. Es mejor recurrir a melodías que no favorezcan el flujo de pensamiento y que no evoquen recuerdos pasados. Encontrarás una lista de sugerencias en mi página web, mencionada anteriormente.

En el **capítulo 4** encontrarás una introducción a una de las meditaciones favoritas de nuestra comunidad, la «bendición de los centros de energía». Todos ellos están controlados por el sistema nervioso autónomo. Conocerás las bases científicas de un proceso que consiste en programar esos centros para mejorar la salud y disfrutar del bienestar general a través de la meditación. Si has llevado a cabo las prácticas introductorias, que requieren prestar atención a distintas partes del cuerpo y al espacio que las rodea, descubrirás que constituían un entrenamiento para esta meditación en concreto. Mientras las realizabas estabas desarrollando la capacidad de enfocar la atención y modificar las ondas cerebrales para poder penetrar en el sistema operativo del sistema nervioso autónomo. Una vez allí, podrás programar ese sistema con las órdenes pertinentes para sanar tu organismo, equilibrar tu salud y mejorar tu energía y tu vida.

En el **capítulo 5** te enseñaré a realizar un tipo de respiración con la que damos comienzo a muchas de nuestras meditaciones. Esta forma de respirar te permite transformar la energía, crear una corriente eléctrica a través del cuerpo y generar un campo electromagnético más poderoso a tu alrededor. Como te explicaré, la mayoría de las personas almacenan la energía en el cuerpo porque a base de pensar, actuar y sentir del mismo modo durante muchos años han acabado por trasladar la mente al organismo. Este proceso —relacionado con una vida en modo de supervivencia— provoca que buena parte de la energía creativa acabe enraizada en el cuerpo. De ahí que debamos encontrar el modo de arrancar esa energía y devolverla al cerebro, donde podrá ser utilizada para un propósito más trascendente que la mera supervivencia.

Te describiré la fisiología de la respiración con el fin de que la dotes de mayor intención cuando empieces a liberarte del pasado. Una vez que comiences a devolver toda esa energía al cerebro, aprenderás a recondicionar tu cuerpo a una nueva mente. Te voy a explicar cómo usar las emociones para enseñar al cuerpo a vivir en una realidad futura-presente en lugar de hacerlo en la realidad pasado-presente que solemos habitar. La ciencia afirma que el entorno influye en los genes. Puesto que las emociones son el vestigio químico de aquello que experimentamos en nuestro entorno, cuando accedas a emociones más elevadas a través de la meditación no sólo incrementarás la energía de tu cuerpo, sino que también empezarás a enviar nuevas señales a nuevos genes… *anticipándote a las circunstancias.*

Una buena historia o dos nunca están de más. En el **capítulo 6** te ofreceré unos cuantos ejemplos de participantes que han puesto en práctica las meditaciones propuestas en capítulos anteriores. Espero que puedas usar esos ejemplos como herramientas para comprender a fondo el material que te he presentado hasta el momento. Casi todos los protagonistas de esos relatos son personas muy parecidas a ti: individuos comunes y corrientes que han logrado cosas extraordinarias. Si comparto sus experiencias es también para que te puedas identificar con ellos. En cuanto pienses: «Si ellos pueden, yo puedo», empezarás a creer más en ti mismo. Siempre les digo a los miembros de nuestra comunidad: «Cuando decides demostrarte a ti mismo cuán poderoso eres, ni te imaginas a quién llegarás a ayudar en el futuro». Las historias de esas personas demuestran que tú también puedes hacerlo.

En el **capítulo 7** describo lo que significa generar coherencia cardiaca. Igual que sucede en el cerebro, el corazón funciona de manera organizada cuando estamos totalmente presentes, cuando somos capaces de mantener estados emocionales elevados y cuando nos sentimos tan seguros como para abrirnos plenamente a la posibilidad. El cerebro *piensa*, pero el corazón *sabe*. Constituye el centro de la unidad, de la plenitud y de la consciencia integrada. Es el punto de encuentro entre contrarios y representa la unión de las polaridades. Considera el centro del corazón como tu nexo de unión con el campo unificado. Cuando se activa, pasas de un estado egocéntrico a otro de carácter altruista. Y si eres capaz de sostener estados internos al margen de las condiciones externas, eres dueño del entorno. Requiere práctica dominar el arte de mantener el corazón abierto, y si lo consigues latirá más tiempo.

El **capítulo 8** se centra en otra de las actividades que más nos gusta llevar a cabo en los talleres avanzados: combinar un calidoscopio con un tipo de vídeos denominados «películas mentales» que los alumnos crean sobre su porvenir. Empleamos el calidoscopio para inducirlos a un estado de trance, porque cuando estás en trance eres más sugestionable. La sugestionabilidad nos lleva a aceptar, creer y asimilar información sin analizarla. Mediante la técnica correcta, esta capacidad nos permite programar la mente subconsciente. Así pues, es fácil entender por qué usando un calidoscopio para transformar las ondas cerebrales —con los ojos abiertos en lugar de cerrados como en la meditación— bajamos el volumen de la mente analítica, lo que nos permite abrir la puerta entre la mente consciente y la subconsciente.

Y cuando proyectas a continuación una película mental —en la que apareces tú mismo e imágenes del mañana que te gustaría vivir— te estás programando para ese mismo futuro. Muchos de los participantes en los talleres plasman nuevas vidas y oportunidades maravillosas en su película mental, que luego visualizan con ayuda del calidoscopio. Algunos de nuestros alumnos van por su tercera película, porque todo lo que imaginaron en las dos anteriores ya ha sucedido.

En el **capítulo 9** te enseño a llevar a cabo la meditación en movimiento, que incluye una parte permaneciendo de pie y otra caminando. La considero una herramienta especialmente útil para encaminarse, literalmente, al mañana. A menudo, cuando meditamos sentados vivimos experiencias maravillosas y conectamos con algo más grande, pero en cuanto abrimos los ojos y recuperamos el contacto con el mundo cedemos de nuevo a la inconsciencia y retornamos a los programas automáticos, a las reacciones emocionales y a las actitudes de siempre. He desarrollado esta meditación porque quiero que nuestra comunidad sea capaz de incorporar la energía de su futuro… y de hacerlo con los ojos abiertos al igual que con los ojos cerrados. Con la práctica empezarás a pensar de forma natural como una persona rica, a comportarte como un ser ilimitado y a experimentar una inmensa alegría de vivir, porque habrás instalado los circuitos y programado tu cuerpo para convertirte en ese otro ser.

El **capítulo 10** presenta otra serie de casos que pretenden incrementar tus niveles de comprensión a través de la alegoría.

Estas fascinantes historias te permitirán conectar los puntos, y así recibir la información desde otra perspectiva y conocer las vivencias de personas que han experimentado los efectos de este trabajo en primera persona. Espero que los relatos te animen a llevar a cabo las prácticas con mayor convicción, certeza y confianza para que puedas vivenciar la verdad por ti mismo.

El **capítulo 11** abrirá tu mente a las posibilidades que ofrece el mundo interdimensional que se extiende más allá de los sentidos. En momentos de tranquilidad, mi mente tiende a divagar por territorios místicos, uno de mis ámbitos favoritos. Me encanta vivir esas experiencias trascendentales, tan lúcidas y reales que nunca puedo volver al trabajo como si nada hubiera sucedido porque toda mi realidad se ha transformado. En el transcurso de esos sucesos internos, los niveles de consciencia y energía son tan profundos que, cuando recupero el uso de mis sentidos y mi personalidad, a menudo tiendo a pensar: *Lo había entendido todo mal.* Y con ese *todo* me refiero a la verdadera naturaleza de la realidad, no a la que nos han inculcado.

En este capítulo te trasladaré de este ámbito hecho de espacio-tiempo —donde el espacio es eterno y experimentamos el tiempo según nos desplazamos por el espacio— a otro constituido por el tiempo-espacio —donde el tiempo es eterno y experimentamos el espacio (o los espacios, o las distintas dimensiones) según nos movemos por el tiempo—. La información que compartiré contigo desafiará tu mismísima concepción de la realidad. Sólo puedo decirte que, si persistes, la entenderás. Es posible que te cueste varias lecturas llegar a comprenderla del todo, pero, según estudies el material y rumies las explicaciones, la misma reflexión creará en tu mente los circuitos necesarios para vivir la experiencia.

Una vez que hayas dejado atrás este mundo material y te encuentres en el campo unificado —rebosante de infinitas posibilidades— descubrirás que posees los sistemas biológicos necesarios para acoger la energía que vibra más allá de la materia y convertirla en imaginería cerebral. Es ahí donde entra en juego la glándula pineal, el tema del **capítulo 12**. Considera la glándula pineal —una minúscula glándula situada en la parte trasera de tu cerebro— como una antena capaz de traducir frecuencias e información en imágenes vívidas. Cuando la estimulas, protagonizas experiencias plenamente sensoriales *sin la intervención de los sentidos*. Ese acontecimiento interno se te antojará más real, aun con los ojos cerrados, que cualquier experiencia que hayas vivido jamás. En otras palabras, cuando te sumes plenamente en la experiencia interna, la vivencia es tan real que *estás allí*. La pequeña glándula transforma melatonina en metabolitos muy poderosos que son los que te permiten disfrutar esa clase de experiencias. Estudiaremos las propiedades de la glándula pineal y aprenderás a activarla.

El **capítulo 13** presenta una de nuestras empresas más recientes: el Proyecto Coherencia. Cuando constatamos que un gran número de participantes en los talleres habían entrado en coherencia cardiaca el mismo día, en el mismo momento exacto, durante la misma meditación, comprendimos que los seres humanos nos influimos mutuamente de manera no local (energéticamente, en oposición a físicamente). La energía que emitían sus emociones más elevadas transportaba sus buenas intenciones a toda la concurrencia de la sala. Imagina una gran cantidad de gente elevando su energía y luego proyectando la intención de que esa energía se enriquezca, que los organismos se regeneren, los sueños se cumplan y las experiencias místicas se conviertan en algo habitual en nuestras vidas.

Cuando vimos hasta qué punto los participantes eran capaces de abrir los corazones de los demás, supimos que había llegado el momento de organizar meditaciones colectivas con la intención de cambiar el mundo. Miles y miles de personas de todo el planeta se han unido a nosotros en el empeño de transformar y sanar el mundo y a las personas que habitan en él. Al fin y al cabo, ¿acaso el objetivo de nuestro trabajo no era hacer del mundo un lugar mejor? Te describiré las bases científicas de todo ello, y hablo de ciencia con todas las letras. Se han publicado suficientes investigaciones sometidas a revisión por pares sobre el poder de las meditaciones colectivas por la paz como para que sus efectos hayan quedado demostrados, así que ¿por qué no *hacer* historia, en lugar de limitarnos a estudiarla?

El libro concluye con el **capítulo 14**, que relata casos reales de impactantes experiencias místicas protagonizadas por personas que practicaban estos ejercicios. De nuevo las comparto contigo para convencerte de que aun las más místicas aventuras están a tu alcance si te pones manos a la obra.

Así pues, ¿estás preparado para convertirte en un ser sobrenatural?

1

Abriendo la puerta a lo sobrenatural

La primavera llegaba a su fin y el verano empezaba a perfilarse cuando, en junio de 2007, lo que parecía ser un típico domingo estival mudó en algo totalmente atípico para Anna Willems.

Las cristaleras que comunicaban el salón con el jardín estaban abiertas de par en par y las delicadas cortinas blancas ondeaban con la brisa, que empujaba al interior las fragancias del exterior. Los rayos de un sol radiante se reflejaban en torno a Anna, que descansaba cómodamente. Un coro de pájaros trinaba y gorjeaba en el jardín, y Anna oía la lejana melodía que creaban las carcajadas infantiles y los alborozados chapuzones en alguna piscina vecina. Su hijo, de doce años, leía recostado en el sofá. Anna oía también a su hija de once, que canturreaba para sí mientras jugaba en su habitación de la primera planta, encima del salón.

Anna, psicoterapeuta de profesión, trabajaba como directora y era miembro del consejo de una importante institución psiquiátrica de Ámsterdam, cuyos beneficios sumaban más de diez millones de euros anuales. A menudo aprovechaba el fin de semana para ponerse al día con sus lecturas profesionales y esa tarde estaba sentada en la butaca de cuero rojo leyendo un artículo científico. Anna no podía imaginar que eso que cualquiera habría considerado un entorno ideal de haber asomado la nariz en su salón estaba a punto de convertirse en una pesadilla.

Anna estaba un poco distraída. No acababa de concentrarse en el material que intentaba estudiar. Dejó los papeles e hizo un descanso, según se preguntaba otra vez dónde se habría metido su marido. Se había marchado a primera hora de la mañana mientras ella se duchaba. Había desaparecido sin comunicar a nadie a dónde se dirigía. Los niños le habían relatado a Anna que su padre se había despedido de ellos con un gran abrazo antes de partir. Ella había intentado llamarlo al móvil varias veces, pero él no respondía y tampoco le devolvía las llamadas. Probó otra vez; nada. Algo no iba bien.

A las tres y media de la tarde sonó el timbre. Cuando Anna abrió la puerta principal, vio a dos policías plantados al otro lado.

—¿Es usted la señora Willems? —preguntó uno de los agentes. Cuando ella respondió afirmativamente, los policías le preguntaron si podían pasar para hablar con ella. Preocupada y un poco desconcertada, Anna los invitó a entrar. Y entonces le dieron la mala noticia: por la mañana, su marido había saltado de uno de los edificios más altos de la ciudad. Como era de esperar, la caída había sido fatal. Anna y sus dos hijos se sentaron, presas de un estupor paralizante y de la incredulidad.

Anna dejó de respirar un instante y, cuando pudo tomar aire, empezó a temblar de un modo incontrolable. Tuvo la sensación de que el tiempo se congelaba. Mientras sus hijos seguían allí sentados, en estado de *shock*, Anna intentó disimular su dolor y su estrés para no inquietarlos aún más. Una fuerte jaqueca se apoderó de ella súbitamente. Al mismo tiempo, notó un intenso calambre en el vientre. Se le tensaron el cuello y los hombros según su mente pasaba de un pensamiento a otro con frenesí. Anna había entrado en modo de supervivencia.

Las hormonas del estrés toman el mando

Desde un punto de vista científico, vivir con estrés equivale a vivir bajo mínimos. Cuando percibimos la presencia de una circunstancia estresante que nos amenaza en algún sentido (cuyas consecuencias no podemos predecir ni controlar), un sistema nervioso primitivo, el sistema nervioso simpático, se pone en marcha y el cuerpo moviliza una cantidad enorme de energía en respuesta al factor estresante. A nivel fisiológico, el cuerpo dispone al momento de los recursos que va a necesitar para afrontar un peligro inminente.

Las pupilas se dilatan para que podamos ver mejor; el ritmo cardiaco y la respiración se aceleran para que podamos correr, luchar o escondernos; el organismo libera glucosa al torrente sanguíneo con el fin de que nuestras células dispongan de más energía y la sangre se desplaza de los órganos internos a las extremidades para que podamos movernos con rapidez, de ser necesario. El sistema inmunitario se dispara y luego decae, según la adrenalina y el cortisol inundan los músculos con el fin de proveerlos de la descarga de energía que necesitan para escapar o eludir al estresor. La circulación abandona el cerebro anterior, nuestro cerebro racional, para dirigirse al cerebro posterior, de modo que perdemos capacidad de pensar creativamente a la par que se activan nuestros instintos para que podamos reaccionar con celeridad.

En el caso de Anna, la noticia estresante del suicidio de su marido sumió su cerebro y su cuerpo en ese estado de supervivencia. A corto plazo, todos los organismos pueden tolerar las condiciones adversas que requiere luchar, esconderse o huir de un estresor inminente. Estamos diseñados para soportar breves descargas de angustia como ésas. Cuando el peligro ha cesado, el cuerpo acostumbra a volver a la normalidad en cuestión de horas, durante las cuales recupera sus niveles de energía normales y retoma sus recursos vitales. Sin embargo, cuando el factor de estrés no cesa, el cuerpo jamás recupera el equilibrio. En realidad, ningún organismo de la naturaleza soporta vivir en condiciones de emergencia durante largos periodos.

Como nuestro cerebro es grande, los seres humanos poseemos la capacidad de cavilar sobre nuestros problemas, revivir situaciones del pasado e incluso prever catástrofes futuras; todo lo cual desencadena una cascada de reacciones químicas relacionadas con el estrés. Nos basta recordar un episodio perturbador del ayer o tratar de controlar un mañana impredecible para provocar grandes desequilibrios fisiológicos en el cerebro y el organismo.

Anna revivía mentalmente el traumático suceso a diario, una y otra vez. No se percataba de que su cuerpo desconocía la diferencia entre el acontecimiento original, que había provocado su reacción de estrés, y el recuerdo de éste, que le suscitaba las mismas emociones que la experiencia real. En cada ocasión, nocivas sustancias químicas inundaban su cerebro y su cuerpo, igual que si el desastre se estuviera repitiendo una y otra vez. De ahí que su mente no dejase de registrar el suceso en la memoria, y su cuerpo experimentaba esos agresivos procesos químicos a razón de unas cien veces al día. Al recordar la experiencia repetidamente, Anna estaba encadenando su cerebro y su cuerpo al pasado sin darse cuenta.

Las emociones son consecuencias (o respuestas) químicas de experiencias pasadas. Según nuestros sentidos registran información procedente del entorno, grupos de neuronas se organizan en redes. Cuando crean una red, el cerebro fabrica un compuesto químico que viaja por el cuerpo. Ese compuesto es la emoción. Recordamos mejor los acontecimientos cuando evocamos cómo nos sentimos al experimentarlos. Cuanto más alto sea el coeficiente emocional de un suceso —ya sea positivo o negativo—, más profundo será el cambio de la química interna. En el instante en que reparamos en un cambio interno significativo, el cerebro presta atención al agente externo que ha generado ese cambio y registra las condiciones externas. A eso lo llamamos memoria.

En consecuencia, el recuerdo de un acontecimiento puede quedar neurológicamente grabado en el cerebro y la escena se congela en nuestra materia gris, tal como le sucedió a Anna. La combinación de personas u objetos presentes en el momento y el lugar en que se produce la experiencia estresante se inscribe en nuestra arquitectura neuronal como una imagen holográfica. Así se crean los recuerdos a largo plazo. En consecuencia, la experiencia se imprime en nuestros circuitos neuronales, mientras que la emoción se almacena en el cuerpo; y de ese modo el pasado deviene en nuestra anatomía. En otras palabras, cuando experimentamos un hecho traumático, tendemos a pensar, en términos neuronales, dentro del circuito de esa experiencia y a sentir, en términos químicos, dentro de los límites de las emociones que nos generó el suceso, de modo que nuestro estado de consciencia —cómo pensamos y cómo nos sentimos— queda biológicamente atrapado en el pasado.

Como imaginarás, Anna experimentaba un caudal de emociones negativas: una tristeza tremenda, dolor, autocompasión, pena, sentimiento de culpa, vergüenza, desesperación, rabia, odio, frustración, resentimiento, estupor, miedo, ansiedad, preocupación, agobio, angustia, desesperación, impotencia, aislamiento, soledad, incredulidad y sentimiento de traición. Y ninguna de esas emociones se disipó con rapidez. Como Anna analizaba su vida inmersa en las emociones del pasado, sufría cada vez más. Y como no podía pensar más allá de su malestar, y puesto que estas emociones eran un recuerdo de otro tiempo, pensaba desde el pasado y cada día se sentía peor. Como psicoterapeuta que era, podía comprender racional e intelectualmente lo que le estaba pasando, pero su sufrimiento era más poderoso que todos sus conocimientos.

Sus amistades empezaron a tratarla como a una mujer que ha perdido a su marido, y esa condición devino en su nueva identidad. Asociaba los recuerdos y sentimientos con su estado presente.

Cuando alguien le preguntaba por qué se sentía tan mal, le contaba la historia del suicidio. En cada ocasión revivía el dolor, la angustia y el sufrimiento, una y otra vez. Al hacerlo, Anna seguía activando los mismos circuitos de su cerebro y su cuerpo, que la sumían aún más en el pasado. Pensaba, actuaba y sentía a diario como si el pasado fuera el presente. Y habida cuenta de que nuestros pensamientos, actos y sentimientos configuran nuestra personalidad, la personalidad de Anna era un producto del pasado. Desde una perspectiva biológica, al actualizar constantemente el relato del suicidio de su marido, Anna, literalmente, no podía superar lo sucedido.

El inicio de una espiral descendente

Anna ya no podía trabajar y tuvo que pedir la baja laboral. En esa época descubrió que su marido, aun siendo un abogado de éxito, estaba experimentando graves dificultades financieras. Anna tendría que pagar deudas considerables de las que ni siquiera tenía conocimiento previo; y carecía del dinero para hacerlo. Como es natural, el estrés emocional, psicológico y mental que ya padecía se multiplicó.

Los pensamientos de Anna devinieron un círculo vicioso en el que las mismas preguntas se repetían una y otra vez: «¿Cómo voy a cuidar de mis hijos? ¿Cómo superaremos este trauma y cómo afectará a nuestras vidas? ¿Por qué se marchó mi marido sin despedirse de mí? ¿Cómo es posible que no me diera cuenta de que era tan infeliz? ¿Le fallé como esposa? ¿Cómo pudo abandonarme con dos hijos, y cómo me las arreglaré para criarlos yo sola?»

Poco después, los juicios de valor se abrieron paso en su mente: «¡No debería haberse suicidado, sabiendo que me iba a dejar en medio de un desastre financiero! ¡Qué cobarde! ¿A quién se le ocurre privar a sus hijos de un padre? Ni siquiera escribió un mensaje para los niños y para mí. Le odio por no haber dejado una nota de despedida. Hay que ser muy mala persona para dejarme sola con dos hijos a los que criar. ¿No se le ocurrió pensar cómo nos iba a afectar su decisión?» La carga emocional de todos esos pensamientos empeoró su salud aún más si cabe.

Nueve meses más tarde, el 21 de marzo de 2008, Anna despertó paralizada de cintura para abajo. Pocas horas después estaba tumbada en el hospital, con una silla de ruedas junto a la cama. Le habían diagnosticado neuritis: inflamación del sistema nervioso periférico. Tras efectuar varias pruebas, los médicos no pudieron encontrar ninguna causa estructural que justificase su estado y concluyeron que debía de tratarse de un problema autoinmune. Su sistema inmunitario había atacado al sistema nervioso de la espina lumbar, rompiendo así la capa protectora que recubre los nervios, lo que le había provocado parálisis en ambas piernas. No podía retener la orina, tenía dificultades para controlar los intestinos y carecía de sensaciones y de control motor en ambas piernas y en los pies.

Cuando la reacción de lucha o huida se desencadena en el sistema nervioso y permanece activa a causa del estrés crónico, el cuerpo recurre a todas sus reservas energéticas para afrontar la amenaza constante que percibe en el entorno exterior. En consecuencia, el cuerpo carece de energía para regenerarse y repararse en el entorno interior, lo que desequilibra el sistema inmunitario. Debido a su incesante conflicto interno, el sistema inmunitario de Anna había atacado a su cuerpo. Finalmente estaba expresando en el plano físico el dolor y el sufrimiento que experimentaba en el plano mental. Resumiendo, Anna no podía mover el cuerpo porque no podía seguir adelante con su vida; se había quedado atascada en el pasado.

A lo largo de las seis semanas siguientes, los médicos trataron a Anna con grandes dosis de dexametasona intravenosa y otros corticoides para reducir la inflamación. A causa del estrés añadido y de los fármacos que le estaban administrando —que tienden a debilitar aún más el sistema inmunitario— contrajo también una agresiva infección bacteriana, que los médicos combatieron con antibióticos a mansalva. Transcurridos dos meses, Anna fue dada de alta. Podía desplazarse de un lado a otro, pero sólo con ayuda de muletas o un andador. Seguía sin notar la pierna izquierda y experimentaba grandes dificultades para permanecer de pie. No podía caminar con normalidad. Aunque dominaba un poco mejor los intestinos, no controlaba la orina. Como puedes imaginar, la nueva situación agravó los niveles de estrés de Anna, que ya estaban por las nubes. Su marido se había suicidado, apenas si podía trabajar para mantenerse a sí misma y a sus hijos, padecía una grave crisis financiera y había pasado dos meses en el hospital completamente paralizada. Su madre tuvo que mudarse a su casa para echarle una mano.

Anna se encontraba inmersa en una catástrofe emocional, mental y física, y si bien contaba con los mejores profesionales y los fármacos más avanzados de un prestigioso hospital, no lograba mejorar. En 2009, dos años después de la muerte de su marido, le diagnosticaron una depresión clínica; así que empezó a tomar todavía *más* medicación. En consecuencia, los estados de ánimo de Anna oscilaban de la rabia a la tristeza pasando por el dolor, el sufrimiento, la impotencia y la frustración, cuando no el miedo y el odio más intensos. Como esas emociones influían en su conducta, su comportamiento se tornó un tanto irracional. Al principio se peleaba con todos aquellos que tenía cerca exceptuando a sus hijos. Pero luego empezó a discutir con su hija también.

La noche oscura del alma

Mientras tanto, nuevos problemas físicos empezaron a manifestarse y el viaje de Anna se tornó aún más doloroso si cabe. Como consecuencia de otra enfermedad autoinmune llamada liquen plano erosivo, grandes ulceraciones se extendieron por las membranas mucosas de su boca y se propagaron a su esófago superior. Para tratar la dolencia, Anna se vio obligada a usar pomadas corticosteroides en la boca y a sumar más pastillas a la medicación diaria. Esos nuevos medicamentos inhibieron la producción de saliva. No podía tomar alimentos sólidos, así que perdió el apetito. Anna sufría tres tipos de estrés —físico, químico y emocional— al mismo tiempo.

En 2010, Anna entabló una relación disfuncional con un hombre que la maltrataba a ella y a sus hijos mediante el abuso verbal, los juegos de poder y las amenazas constantes. La mujer perdió todo su dinero, el trabajo y cualquier sensación de seguridad. Cuando perdió la casa también, tuvo que mudarse a vivir con el maltratador. Los niveles de estrés de Anna seguían aumentando. Las ulceraciones se extendieron a otras membranas mucosas, incluida la vagina, el ano y todo el esófago. Su sistema inmunitario se había derrumbado y ahora padecía diversos problemas de piel, alergias alimentarias y problemas de peso. Empezó a experimentar dificultad para deglutir y acidez de estómago, así que le recetaron nuevos medicamentos.

En octubre, Anna abrió una pequeña consulta de psicoterapia en su hogar. Sólo tenía fuerzas para atender a dos clientes al día, por la mañana, mientras sus hijos estaban en el colegio, y únicamente tres días a la semana. Por la tarde se sentía tan agotada y enferma que se tumbaba en la cama hasta el regreso de sus hijos. Intentaba atenderlos lo mejor que podía, pero no tenía energía y nunca se encontraba con ánimo para salir de casa. Anna apenas si veía a nadie. Carecía de vida social.

Todas las circunstancias de su vida y de su cuerpo le recordaban constantemente hasta qué punto era desgraciada. No podía pensar con claridad y le costaba concentrarse. Apenas si tenía vitalidad o energía para seguir viva. Al menor esfuerzo, su pulso excedía los doscientos latidos por minuto. Sudaba y jadeaba constantemente, y notaba un fuerte dolor en el pecho con regularidad.

Anna estaba experimentando la más oscura noche del alma. Súbitamente, entendió por qué su marido se había quitado la vida. No estaba segura de poder soportarlo más y empezó a considerar la idea del suicidio. *Nada puede ser peor que esto*, pensaba.

Y, pese a todo, su estado empeoró todavía más. En enero de 2011, el equipo médico le encontró un tumor junto a la boca del estómago y le diagnosticó cáncer esofágico. Como es natural, la noticia no hizo sino aumentar los niveles de estrés de Anna. Los médicos sugirieron una tanda rigurosa de quimioterapia. Nadie le preguntó por su estado emocional y mental; se limitaron a tratar los síntomas físicos. Sin embargo, el estrés de Anna estaba disparado y no había modo de frenarlo.

Sorprende la cantidad de personas que experimentan eso mismo. A causa de un fuerte *shock* o de un trauma, nunca llegan a superar las emociones asociadas, y tanto sus vidas como su salud se hacen añicos. Si una adicción es algo que se apodera de nosotros, podríamos concluir objetivamente que las personas como Anna se vuelven adictas a esas mismas emociones estresantes que las han enfermado. La subida de adrenalina y otras hormonas del estrés estimulan su cuerpo y su cerebro, lo que les proporciona una descarga de energía.[3] Con el tiempo, se vuelven adictas a esa descarga de compuestos químicos; y luego recurren a las personas y a las circunstancias que las rodean para reforzar su adicción a la emoción y así volver a activarla. Anna estaba empleando su situación de estrés

---

3. R. M. Sapolsky, *Why Zebras Don't Get Ulcers*, Times Books, Nueva York, 2004. [Edición en castellano: *¿Por qué las cebras no tienen úlceras?*, Madrid, Alianza Editorial, 2008.] El concepto de la adicción emocional se enseña también en la Escuela de Iluminación Ramtha; ver JZK Publishing, una división de JZK, Inc., la editorial de la EIR, en http://jzkpublishing.com o http://www.ramtha.com.

para renovar la descarga de energía y, sin darse cuenta, se había vuelto emocionalmente adicta a la misma vida que tanto odiaba. La ciencia nos dice que el estrés crónico acaba por pulsar las teclas genéticas que provocan la enfermedad. Así pues, si Anna estaba desencadenando su propia reacción de estrés al pensar en sus problemas y en el pasado, sus mismos pensamientos la estaban enfermando. Y como las hormonas del estrés son tan poderosas, había desarrollado una adicción a sus propios pensamientos, los mismos que la llevaban a sentirse tan mal.

Anna accedió a someterse a la quimioterapia, pero después de la primera sesión se desmoronó mental y emocionalmente. Una tarde, mientras sus hijos estaban en el colegio, Anna se desplomó en el suelo, llorando. Por fin había tocado fondo. Comprendió que, de seguir así, no viviría mucho más y dejaría a sus hijos huérfanos de padre y madre.

Empezó a rezar pidiendo ayuda. Sabía, en el fondo de su corazón, que las cosas tenían que cambiar. En un gesto de absoluta sinceridad y derrota, pidió guía, apoyo y una salida. Prometió que, si sus plegarias eran atendidas, daría las gracias cada día del resto de su vida y ayudaría a las personas que se encontraran en su misma situación.

El punto de inflexión de Anna

Anna se tomó su decisión de cambiar como una misión. En primer lugar decidió dejar todos los tratamientos al igual que los fármacos que tomaba para sus diversas enfermedades físicas, aunque no abandonó los antidepresivos. No informó a los médicos y a las enfermeras de que no volvería. Sencillamente, no se presentó a los controles. Nadie la llamó ni le preguntó por qué. Únicamente el médico de familia se puso en contacto con Anna para expresar su preocupación.

Aquel frío día de invierno de febrero de 2011 en el que se derrumbó en el suelo llorando y pidiendo ayuda, Anna tomó la firme decisión de transformarse tanto a sí misma como su vida, y la intensidad de su determinación le otorgó un nivel de energía que permitió a su cuerpo responder a esa idea. Fue esa decisión de cambiar la que le proporcionó las fuerzas necesarias para alquilar una casa en la que vivir con sus hijas y dejar la relación destructiva en la que se había instalado. De algún modo, ese instante la redefinió. Supo que tenía que empezar de cero.

Anna y yo nos conocimos un mes más tarde. Una de las pocas amigas que le quedaban le había reservado una plaza en una de mis charlas de los viernes. Su amiga le propuso un trato: si le gustaba la charla, se quedarían al taller que duraba todo el fin de semana. Anna aceptó. La primera vez que la vi, estaba sentada en una sala atestada, a la izquierda del pasillo exterior. Las muletas descansaban contra la pared, junto a su asiento.

Como de costumbre, mi charla de esa noche se centraba en la capacidad de nuestros pensamientos y sentimientos para influir en el cuerpo y en la vida. Hablé de cómo nos enferman las sustancias químicas derivadas del estrés. Me referí a la neuroplasticidad, a la psiconeuroinmunología, a la epigenética, a la neuroendocrinología e incluso a la física cuántica. Trataré todos esos temas con más profundidad en otra parte del libro, pero, de momento, me conformo con que sepas que las más recientes investigaciones en esas ramas de la ciencia apuntan al poder de la posibilidad. Esa noche, rebosante de inspiración, Anna pensó: *Si yo he creado la vida que tengo ahora mismo, incluida la parálisis, la depresión, la debilidad de mi sistema inmunitario, las ulceraciones e incluso el cáncer, es posible que pueda revertirlo todo con la misma pasión con que lo creé.* Y, con esa poderosa idea en mente, Anna decidió curarse.

Inmediatamente después de participar en su primer taller, empezó a meditar dos veces al día. Como es natural, sentarse a meditar le resultaba complicado al principio. Tuvo que vencer muchas dudas, y algunos días no se encontraba bien, ni mental ni físicamente; pero meditaba de todos modos. También tenía mucho miedo. Cuando el médico de familia llamó para saber por qué Anna había dejado los tratamientos y la medicación, le dijo que era una ingenua y una boba y que no tardaría en empeorar y morir. Imagina la sensación que le provocó que una figura de autoridad le soltara algo así. A pesar de todo, Anna siguió meditando a diario y empezó a vencer sus miedos. A menudo se sentía abrumada por las cargas financieras, las necesidades de sus hijos y sus muchas limitaciones físicas, pero nunca usó esas circunstancias para zafarse del trabajo interior. Incluso asistió a cuatro talleres más ese mismo año.

Según fue conectando consigo misma y transformando sus pensamientos inconscientes, sus hábitos automáticos y sus estados emocionales reflejos —que se habían grabado en su cerebro y controlaban emocionalmente su cuerpo—, Anna fue creyendo más y más en la posibilidad de un nuevo futuro que en el mismo pasado de siempre. Empleó la meditación, combinando una clara voluntad con una emoción elevada, para cambiar su estado de consciencia. Dejó de vivir biológicamente en el pasado para habitar un flamante porvenir.

Cada día, Anna procuraba finalizar la sesión de meditación siendo una persona distinta a la que la había comenzado; decidió no dejar de meditar hasta que su consciencia se hallase inmersa en un profundo amor por la vida. Para un materialista, que define la realidad a través de los sentidos, Anna no tenía ninguna razón tangible para amar la vida; estaba deprimida, era una viuda con dos hijos a su cargo y endeudada hasta las cejas, tenía cáncer, sufría parálisis y úlceras en las membranas mucosas, y su calidad de vida, sin pareja ni compañero significativo ni apenas energía para atender a sus hijos, dejaba mucho que desear. Pero gracias a la meditación Anna descubrió que podía mostrarle a su cuerpo, en el plano emocional, cómo se iba a sentir en el futuro *antes de vivir la experiencia real.* Ni su cuerpo ni su mente inconsciente conocían la diferencia entre el suceso real y ese que ella imaginaba y abrigaba emocionalmente. También sabía, gracias a lo que había aprendido sobre epigenética, que emociones tan elevadas como el amor, la dicha, la gratitud, la inspiración, la compasión y la libertad podían estimular nuevos genes capaces de crear proteínas sanas que influyeran en la estructura y el funcionamiento de su cuerpo. Era muy consciente de que si los compuestos químicos del estrés habían activado genes perjudiciales, sólo tenía que acoger esas emociones sublimes con más pasión que las estresantes para activar genes distintos y transformar su salud.

A lo largo de un año, su salud apenas mejoró. Pero ella siguió meditando. De hecho, ponía en práctica todas las meditaciones que yo había diseñado para mis alumnos. Sabía que había tardado varios años en crear su actual estado de salud, de modo que le costaría bastante experimentar algo distinto. Así que continuó con sus prácticas e hizo lo posible por ser tan consciente de sus pensamientos, conductas y emociones que nada que no quisiera experimentar se colaba en su consciencia. Al cabo de un año, Anna se percató de que, muy lentamente, empezaba a encontrarse mejor tanto física como emocionalmente. Estaba superando el hábito de identificarse con su antiguo ser e inventando un flamante nuevo yo para sustituir al antiguo.

En mis talleres había aprendido que debía devolver la armonía a su sistema nervioso autónomo, porque el SNA controla todas las funciones automáticas que suceden al margen de la consciencia cerebral: la digestión, la absorción, los niveles de azúcar en sangre, la temperatura corporal, las secreciones hormonales, el ritmo cardiaco… El único modo que tenía de colarse en el sistema operativo e influir en el SNA era cambiar su estado de consciencia con regularidad.

Así que empezaba cada meditación con la bendición de los centros de energía. Esas zonas del cuerpo en concreto están controladas por el SNA. Como mencionaba en la introducción, cada centro posee su propia energía o frecuencia (que emite información específica o posee su propia consciencia), sus glándulas, hormonas, reacciones químicas, su propio minicerebro y, en consecuencia, su propia mente. Cada centro está sujeto a la influencia del cerebro subconsciente que trabaja bajo el consciente y pensante. Anna aprendió a modificar sus ondas cerebrales para poder entrar en el sistema operativo del SNA (ubicado en el cerebro medio) y reprogramar cada uno de los centros con el fin de que funcionasen de manera más armoniosa. A diario, con pasión y determinación, enfocaba la atención en cada zona de su cuerpo así como en el espacio que rodea cada centro, y los bendecía con el fin de mejorar su estado físico y su bienestar general. Sin prisa pero sin pausa, reprogramó su sistema nervioso autónomo para devolverle el equilibrio y recuperar la salud.

Anna aprendió también una técnica de respiración que suelo enseñar en los talleres. Sirve para liberar la energía emocional que se acumula en el cuerpo cuando pensamos y sentimos lo mismo una y otra vez. Al insistir en los mismos pensamientos, Anna había estado creando los mismos sentimientos y luego, al volver a experimentar esas emociones tan conocidas, caía nuevamente en los viejos pensamientos. Descubrió que las emociones antiguas quedan almacenadas en el cuerpo, pero que podía usar la técnica respiratoria para liberar la energía acumulada y librarse del pasado. Así que cada día, con una pasión mayor que su adicción a las viejas emociones, practicaba esa forma de respiración hasta que llegó a convertirse en una experta en la técnica. Después de aprender a movilizar la energía almacenada en el cuerpo, exploró cómo crear en el organismo las condiciones para una nueva mente. Para ello, desde el centro del corazón, acogió las emociones del futuro *antes* de que éste se materializara.

Como Anna se dedicó a estudiar también el modelo de epigenética que enseño en mis talleres y conferencias, aprendió que los genes no son los causantes de la enfermedad; es el entorno el que envía señales a los genes responsables de la dolencia. Anna comprendió que, si sus emociones eran reacciones químicas de experiencias externas, al revivir a diario las emociones del pasado estaba activando y dando instrucciones a los mismos genes que le provocaban los problemas de salud. Si, en vez de eso, pudiera incorporar las emociones de su futura vida abrigando estos sentimientos antes de vivir la experiencia, podría cambiar su expresión génica y transformar su cuerpo para alinearlo biológicamente con el nuevo futuro.

Anna puso en práctica una meditación adicional, que implicaba enfocar la atención en el centro del pecho y activar el SNA desde un estado elevado con el fin de suscitar y mantener un tipo de ritmo cardiaco muy eficiente que denominamos «ritmo cardiaco coherente» (más adelante explicaré al detalle en qué consiste) durante largos periodos de tiempo. Descubrió que cuando experimentaba resentimiento, impaciencia, frustración, rabia y odio, esos mismos estados le provocaban una reacción de estrés que llevaba a su corazón a latir de manera incoherente y desordenada. Anna aprendió en mis talleres que, si era capaz de mantener el nuevo estado de coherencia cardiaca, con el tiempo experimentaría las nuevas emociones más profunda y plenamente, igual que había adquirido el hábito de albergar sentimientos negativos con regularidad. Como cabía esperar, le costó bastante mudar la rabia, el miedo, la depresión y el resentimiento por alegría, amor, gratitud y sensación de libertad; pero no se rindió. Sabía que esas emociones elevadas se traducirían en más de mil compuestos químicos distintos que repararían y devolverían la salud a su cuerpo..., así que lo hizo.

Anna practicó a continuación una meditación que yo he diseñado. Implicaba caminar a diario en la piel de su nuevo yo. En lugar de sentarse a meditar con los ojos cerrados, empezó a meditar de pie, también con los ojos cerrados. Plantada sin moverse del sitio, entraba en un estado meditativo que transformaba su consciencia. Luego, sin salir de ese estado, abría los ojos y echaba a andar como su futuro ser. Al hacerlo, estaba adquiriendo día a día un nuevo hábito de pensamiento, conducta y sentimiento. Y todo ese trabajo pronto se traduciría en una personalidad distinta. No quería volver a caer jamás en la inconsciencia ni retornar a su antiguo ser.

Anna advirtió que, gracias a todo ese trabajo, sus pautas de pensamiento habían cambiado. Ya no activaba las mismas redes neuronales del mismo modo exacto, así que esos circuitos dejaron de conectarse y empezaron a desactivarse. Gracias a eso, dejó de pensar como solía. En el plano emocional, empezó a atisbar destellos de gratitud y alegría por primera vez en muchos años. A través de la meditación, estaba conquistando a diario aspectos de su cuerpo y su mente. Anna se tranquilizó y su adicción a las emociones derivadas del estrés se suavizó. Incluso empezó a sentir amor nuevamente. Y siguió adelante, ganando más y más terreno a diario a su antiguo ser.

El encuentro de Anna con la posibilidad

En mayo de 2012, Anna asistió a uno de mis talleres progresivos de cuatro días, que celebramos al norte del estado de Nueva York. El tercer día, durante la última de cuatro meditaciones, por fin se entregó completamente a la experiencia. Por primera vez desde que había empezado a meditar, se sorprendió a sí misma flotando en un espacio infinito y negro, consciente de que era consciente de sí misma. Había dejado atrás el recuerdo de la persona que era y se convirtió en pura consciencia, totalmente libre de su cuerpo y de cualquier asociación con el mundo material, ajena al tiempo lineal.

Experimentó una sensación de libertad tan grande que sus problemas de salud dejaron de importar. Se sentía tan ilimitada que no se reconocía en su presente identidad. Se sentía tan sublime que ya no conservaba ninguna conexión con su pasado.

En ese estado, Anna carecía de problemas, había dejado atrás el dolor y se sentía libre por primera vez. Ella no era su nombre, ni su género, ni su identidad, cultura o profesión; se encontraba más allá del espacio y el tiempo. Había entrado en contacto con un espectro de información que llamamos el campo cuántico, la región donde existen todas las posibilidades. Súbitamente, se vio a sí misma en un flamante futuro, de pie en un enorme escenario, sosteniendo un micrófono y contándole a una multitud de personas la historia de su curación. No imaginaba ni visualizaba la escena. Fue como si le hubieran transferido la información, igual que si se hubiera atisbado a sí misma siendo una mujer totalmente distinta en una nueva realidad. Su mundo interior le parecía mucho más real que el mundo exterior, y estaba viviendo una experiencia plenamente sensorial sin la intervención de sus sentidos.

En el momento en que Anna vislumbró esa nueva vida en el transcurso de la meditación, una sensación de luz y de dicha inundó su cuerpo a raudales y experimentó un alivio profundo y visceral. Supo que ella no era un cuerpo físico, sino algo o alguien más grande, mucho más trascendente. En ese estado de inmensa alegría, la invadió una sensación de deleite y gratitud tan intensa que se echó a reír. Y en ese momento Anna supo que se iba a curar. A partir de entonces, abrigó tanta confianza, alegría, amor y gratitud que sus meditaciones empezaron a fluir. Y decidió profundizar aún más.

Según Anna dejaba atrás su pasado, notaba cómo esa energía desconocida abría su corazón más y más. En lugar de considerar la meditación como una obligación diaria, ansiaba que llegara el momento. Se convirtió en su forma de vida; el deber había mudado en un hábito. Recuperó la energía y la vitalidad.

Dejó de tomar antidepresivos. Sus patrones de pensamiento habían cambiado por completo y sus sentimientos no tenían nada que ver con los de la otra Anna. Tenía la sensación de ser una persona nueva, así que sus actos cambiaron drásticamente. La salud y la vida de Anna mejoraron ese año de un modo espectacular.

Al año siguiente asistió a varios actos más. Como estaba tan involucrada en el trabajo, Anna empezó a trabar amistad con más personas de nuestra comunidad. Recibía un apoyo constante que la animaba a seguir recorriendo su viaje a la recuperación total. Tal como les sucede a muchos de nuestros alumnos, en ocasiones, cuando regresaba a casa después de un taller, le costaba enormemente no ceder a la tentación de retroceder unos cuantos pasos y volver a caer en viejas pautas y antiguos patrones de pensamiento, sentimiento y acción. A pesar de todo, siguió meditando a diario.

En septiembre de 2013, los médicos de Anna la sometieron a una revisión a fondo, que incluía numerosas pruebas distintas. Un año y nueve meses después de que le diagnosticaran un cáncer, transcurridos seis años desde el suicidio de su marido, el cáncer de Anna había remitido por completo y el tumor del esófago había desaparecido. En los análisis de sangre no apareció ningún marcador que hiciera sospechar de la presencia de un tumor maligno. Las membranas mucosas de su esófago, vagina y ano se habían regenerado por completo. Tan sólo persistían ciertos problemas de poca importancia: las membranas mucosas de su boca seguían ligeramente irritadas, aunque ya no tenía ulceraciones, y a causa de la medicación que tomaba para las llagas seguía sin producir saliva.

Anna se había convertido en una persona nueva: una mujer sana. La enfermedad pertenecía a su antigua personalidad. Pensando, actuando y sintiendo de manera distinta, Anna había reinventado un yo inédito. En cierto sentido, había vuelto a nacer en la misma vida.

En diciembre de 2013, Anna acudió a un evento en Barcelona con la amiga que de buen comienzo le había hablado de mi trabajo. Cuando me oyó narrar a los participantes la historia de otro alumno de nuestra comunidad que había protagonizado una curación prodigiosa, Anna juzgó que había llegado el momento de compartir su historia conmigo. La escribió de principio a fin y se la entregó a mi ayudante. Igual que muchas de las cartas que recibo de los alumnos, la primera línea rezaba: «No creerá lo que le voy a contar». Al día siguiente, después de leer la carta de Anna, le pedí que subiera al escenario y compartiera su historia con el público. Y allí estaba ella, un año y medio después de la visión que había tenido durante la meditación de Nueva York (y de la cual yo nada sabía), plantada en el escenario y narrando a la concurrencia su propio viaje a la sanación.

Tras el acto de Barcelona, Anna se sintió tan inspirada como para seguir trabajando en la dolencia de su boca. Cosa de seis meses más tarde, asistió a una conferencia que pronuncié en Londres. Hablé de epigenética en profundidad. Súbitamente, a Anna se le encendió una bombilla. *He conseguido vencer un montón de problemas de salud, incluido el cáncer,* pensó. *Sin duda seré capaz de activar los genes necesarios para que mi boca produzca más saliva.* Pocos meses más tarde, durante otro taller, en 2014, Anna notó de repente el goteo de la saliva. Desde entonces sus membranas mucosas se encuentran perfectamente y produce saliva con normalidad. Nunca ha vuelto a sufrir ulceraciones.

En la actualidad, Anna es una persona sana, vital, feliz y estable, con una mente clara y despierta. Ha crecido tanto en el plano espiritual que con frecuencia entra en un estado de meditación profundo y ha protagonizado varias experiencias místicas. Lleva una vida rebosante de creatividad, amor y dicha. Se ha convertido en uno de mis instructores fijos, los mismos que imparten nuestras técnicas con regularidad a organizaciones y empresas. En 2016 fundó una institución psiquiátrica que goza de gran éxito y ha dado trabajo a más de veinte terapeutas y profesionales de la salud. Es económicamente independiente y gana suficiente dinero como para llevar una vida acomodada. Viaja por todo el mundo, visita lugares hermosos y conoce a personas que la inspiran. Tiene un compañero atento y alegre, así como nuevos amigos y relaciones que hacen honor a Anna y a sus hijos.

Si le preguntas por sus antiguos problemas de salud, te dirá que tener que afrontar esos desafíos fue lo mejor que le ha sucedido en la vida. Piénsalo: ¿y si lo peor que te ha sucedido nunca resultara ser lo mejor que te podía pasar? A menudo me dice que adora su vida actual, y yo siempre le respondo: «Pues claro, la creaste día a día al decidir que no dejarías de meditar hasta estar enamorada de tu vida. Es lógico que la ames». En el transcurso de su transformación, Anna logró convertirse en una persona *sobrenatural*. Ha superado su identidad, que estaba conectada a su pasado, y literalmente ha creado un mañana nuevo y saludable; y su biología ha reaccionado a esa nueva mentalidad. Anna es ahora un ejemplo viviente de la verdad y la posibilidad. Y si Anna pudo curarse, tú también puedes hacerlo.

En territorio místico

Superar toda clase de problemas físicos sin duda es una consecuencia tremendamente positiva de este trabajo, pero hay más. Como el libro trata también de misticismo, quiero que abras tu mente a un ámbito de realidad tan transformador como la curación del cuerpo, si bien pertenece a un plano distinto, más profundo. Convertirse en un ser sobrenatural implica también alcanzar una mayor consciencia de uno mismo y del lugar que ocupa en este mundo... y en otros. Permíteme compartir algunas historias extraídas de mi propia experiencia para explicarte exactamente a qué me refiero y para demostrarte que también está en tu mano vivir momentos parecidos.

Una lluviosa noche de invierno, en el Pacífico noroeste, sentado en el sofá tras un largo día, escuché el susurro del viento entre las ramas del enorme abeto que crece al otro lado de la ventana. Mis hijos estaban en la cama, profundamente dormidos, y yo disfrutaba por fin de un momento de tranquilidad. Me acomodé y me dispuse a repasar las tareas del día siguiente. Para cuando hube terminado mi lista mental, estaba demasiado cansado para pensar, así que me quedé allí sentado unos minutos, con la mente en blanco. Ya no pensaba ni analizaba; sencillamente, miraba al vacío, disfrutando del momento presente.

Según mi cuerpo se relajaba cada vez más, lo dejé dormirse despacio y conscientemente al mismo tiempo que mantenía mi mente despabilada y alerta. No centré la atención en ningún objeto de la sala, sino que mantuve el foco abierto. Se trataba de un juego que a menudo practicaba conmigo mismo. El ejercicio me gustaba porque de vez en cuando, si todo cuadraba, vivía experiencias de profunda trascendencia. En momentos así, tenía la sensación de que una especie de puerta se abría entre la vigilia, el sueño y la ensoñación, y yo me deslizaba a un estado de extrema lucidez mística. Me requería mucha paciencia no precipitarme o sentirme frustrado o tratar de forzar los acontecimientos en lugar de dejarme llevar a ese otro mundo.

Ese día había terminado de escribir un artículo sobre la glándula pineal. Tras pasar varios meses investigando los efectos mágicos de la melatonina, la hormona que ese pequeño centro alquímico se guarda en la manga, estaba exultante ante la idea de vincular el mundo científico con el mundo espiritual. Durante semanas, me había dedicado en cuerpo y alma a pensar en el papel de los metabolitos pineales como posible conexión con las experiencias místicas que buena parte de las culturas antiguas sabían provocar, como las visiones chamánicas de los nativos americanos, la experiencia hindú del *samadhi* y otros rituales parecidos que involucraban estados alterados de conciencia. Algunos conceptos que durante años no atinaba a explicar habían encajado súbitamente en la imagen global y mis descubrimientos me llenaban de satisfacción. Tenía la sensación de estar un paso más cerca de encontrar el puente a dimensiones más elevadas del espacio y el tiempo.

Toda la información que había reunido me ayudaba a ver con más claridad las posibilidades que se abren ante los seres humanos. Pese a todo, ansiaba saber más; de hecho, sentía tanta curiosidad que desplacé mi consciencia hacia la glándula pineal. Sin pararme a pensar, le pregunté a la glándula: *¿Dónde estás, por cierto?*

Según depositaba mi atención en el espacio que la glándula pineal ocupa en mi cerebro y me deslizaba hacia la negrura, súbitamente, sin saber por qué, una nítida imagen del pequeño órgano apareció en mi mente. Lo que vi fue una especie de pomo redondo y tridimensional. Se abría como en un espasmo, y de la abertura surgía una sustancia de un blanco lechoso. La claridad de la imagen holográfica me impresionó, pero estaba demasiado relajado como para despabilarme o reaccionar, así que me limité a dejarme llevar y observar. Me parecía tan real. *Sabía* que estaba viendo mi propia y minúscula glándula pineal.

Al momento, un reloj apareció ante mis ojos. Se trataba de un antiguo reloj de bolsillo de esos que llevan una cadena prendida, y la visión se me antojó increíblemente vívida. En el instante en que posé la atención en el reloj, recibí una información muy clara. De repente, supe que el tiempo lineal tal como yo lo concebía —compuesto de pasado, presente y futuro— no guardaba ninguna relación con la realidad. Comprendí, en cambio, que todo sucede en un eterno instante presente. En esa infinita cantidad de tiempo existen incontables espacios, dimensiones o posibles realidades.

Si únicamente existe un momento eterno, cabría pensar que el pasado en esta encarnación no es real, y mucho menos la posibilidad de antiguas reencarnaciones. Pero yo veía infinitos pasados y futuros igual que si estuviera mirando una antigua película con un número de fotogramas ilimitado. Y los fotogramas no representaban momentos aislados, sino ventanas de infinitas posibilidades que se desplegaban como andamios en todas direcciones. Se parecía mucho a mirar dos espejos enfrentados y ver dimensiones o espacios infinitos reflejados en ambas direcciones. Ahora bien, para entender lo que estaba viendo, imagina que esas dimensiones se encontraran encima y debajo de ti, delante y detrás, a tu derecha y a tu izquierda. Y que cada una de esas posibilidades sin límite ya existiera. Sabía que si centraba mi atención en una de esas posibilidades, experimentaría esa realidad.

También me di cuenta de que yo no era un ente separado de nada. Experimenté unidad con todo, con todos los seres, con la totalidad de los lugares y los tiempos. Si tuviera que describirlo, diría que fue la sensación más extraña y al mismo tiempo más familiar que he experimentado en la vida.

La glándula pineal, como pronto sabría, funciona como un reloj dimensional que, cuando se activa, podemos sintonizar con cualquier tiempo dado. Cuando veía las agujas de ese reloj desplazarse hacia delante o hacia atrás, comprendí que, igual que una máquina del tiempo programada para viajar a una época en particular, existe también una realidad o dimensión en cada espacio determinado. Esa increíble visión me estaba mostrando que la glándula pineal, igual que una antena cósmica, posee la capacidad de sintonizar con información situada más allá de nuestros sentidos físicos y conectarnos con otras realidades que ya existen en el momento eterno. Si bien recibí una cantidad de información aparentemente ilimitada, no tengo palabras para describir con acierto la magnitud de la experiencia.

Un encuentro simultáneo con mi yo pasado y futuro

Según las agujas del reloj se desplazaban hacia atrás, una dimensión cobró vida en el espacio y en el tiempo. De inmediato me vi a mí mismo en una realidad personalmente relevante. Y, por extraño que parezca, ese instante del pasado se estaba desplegando en el presente, sentado en el sofá de mi salón. A continuación fui consciente de que me encontraba en un espacio físico de esa época concreta. Me veía a mí mismo siendo un niño e igualmente, de nuevo, era consciente de estar sentado en el sofá. Esa versión infantil de mí mismo tenía unos siete años y sufría una fiebre muy alta. Recordé cuánto me gustaba tener fiebre a esa edad, porque me permitía entrar en mi mente y disfrutar de las visiones y los sueños abstractos que a menudo acompañan el delirio provocado por las altas temperaturas corporales. Aquella vez en particular, me hallaba en mi dormitorio tapado hasta la nariz. Mi madre acababa de abandonar la habitación. Yo me alegraba de estar solo.

En el instante en que mi madre cerró la puerta, supe instintivamente que debía hacer lo mismo que estaba haciendo en el salón, como adulto: relajar el cuerpo cada vez más hasta alcanzar esa zona crepuscular entre el sueño y la vigilia, atento a lo que pudiera pasar. Hasta ese momento de mi vida presente había olvidado por completo el recuerdo de esa experiencia infantil, pero al revivirla me vi a mí mismo enfrascado en un sueño lúcido, contemplando posibles realidades como casillas de un tablero de ajedrez.

Según me observaba a mí mismo de niño, me conmovió en lo más profundo advertir lo que ese pequeño trataba de comprender y me pregunté cómo era posible que pudiera plantearse conceptos tan complicados a su edad. En ese momento, mientras lo miraba, me enamoré de aquel niño, y en el instante en que abrigué esa emoción sentí que aquel instante del pasado y el momento presente que estaba experimentando en el estado de Washington se conectaban. Tenía una consciencia tan clara de lo que hacía siendo un niño y de lo que me estaba sucediendo en el presente, que los dos momentos se enlazaron de un modo significativo. En esa décima de segundo, el amor que mi yo presente sentía por mi yo niño estaba arrastrando a ese pequeño al futuro.

Y entonces la experiencia se tornó aún más extraña si cabe. La escena se desvaneció y el reloj volvió a aparecer. Advertí que las agujas del reloj se movían también hacia delante. Inundado de asombro y libre de cualquier duda o miedo, me limité a observar cómo el reloj avanzaba en el tiempo. Al instante me encontré descalzo en mi patio trasero de Washington, en una noche fría. Me cuesta explicar qué hora era porque todo estaba sucediendo la misma noche en que yo me hallaba en el salón, pero el yo que estaba fuera procedía del futuro. Una vez más, las palabras se quedan cortas, pero sólo puedo explicar la experiencia diciendo que la personalidad futura llamada Joe Dispenza había cambiado profundamente. Yo era un ser mucho más evolucionado y me sentía *de maravilla*; eufórico, de hecho.

Estaba tan presente; o debería decir, puesto que somos el mismo, *estoy* tan presente. Y al hablar de presencia me refiero a una supraconsciencia, como si mis sentidos se hubieran amplificado un cien por cien. Todo lo que veía, tocaba, olía, saboreaba y oía inundaba mis sentidos. Poseía una percepción tan sublime que reparaba y prestaba atención a todo cuanto me rodeaba, llevado por el deseo de experimentar el momento en toda su magnitud. Y como mi percepción se había incrementado de un modo tan drástico, también mi consciencia y, en consecuencia, mi energía. Y, al mismo tiempo, la sensación de disponer de una energía tan intensa me inducía a ser aún más consciente de todo eso que estaba experimentando simultáneamente.

Tan sólo puedo describir la sensación como una energía consistente, directa, totalmente organizada. No se parecía en nada a las emociones de origen químico que solemos experimentar en cuanto que seres humanos. De hecho, ni siquiera era capaz de sentir las habituales emociones humanas. Las había superado. Sentía, eso sí, amor, aunque se trataba de una forma de amor que no era de origen químico sino eléctrico. Me sentía casi como si ardiera, enamorado de la vida con pasión. La dicha que me embargaba era de una pureza indescriptible.

Además, caminaba por el jardín en pleno invierno sin zapatos y sin chaqueta. Y, pese a todo, el frío se me antojaba placentero. No emitía juicio alguno sobre la intensidad del frío en mis pies, tan sólo disfrutaba del contacto de las plantas contra la hierba helada y me sentía conectado tanto con la sensación como con la hierba. Sabía que, si me paraba a pensar en las típicas ideas y juicios que normalmente albergaría en relación con el frío, provocaría en mí mismo una sensación de polaridad y dividiría la energía que estaba experimentando. Si juzgaba lo que estaba viviendo, sacrificaría el sentimiento de unidad. Las condiciones de mi entorno (el frío) palidecían ante el raudal de energía que recorría mi cuerpo. De ahí que acogiera el frío con toda mi alma. ¡Era vida, sencillamente! De hecho, la sensación resultaba tan agradable que no quería que el momento terminase. Quería que durase para siempre.

Esa versión evolucionada de mí mismo caminaba con decisión y elegancia. Me sentía poderoso y tranquilo, pero también exultante de pura dicha de existir y amor por la vida. Paseando por el jardín, pasé por encima de unas enormes columnas de basalto volcadas, que están dispuestas en forma de enormes peldaños para crear gradas en las que sentarse en torno al foso de la fogata. Me encantó la sensación de caminar descalzo por los enormes trozos de piedra. Me detuve a admirar su magnificencia. A continuación, seguí andando y me acerqué a la fuente. Sonreí al recordarnos a mí y a mi hermano construyendo tal maravilla.

Súbitamente, vi a una mujer minúscula envuelta en una prenda blanca y brillante. No mediría más de medio metro de altura, y estaba de pie detrás de la fuente con otra mujer de tamaño normal que iba vestida de manera parecida y que emanaba la misma luz. La segunda mujer permanecía algo apartada, observando, como si estuviera allí para proteger a la más pequeña.

Cuando miré a la mujer diminuta, ella se volvió hacia mí y me sostuvo la mirada. Noté una energía amorosa todavía más fuerte si cabe, igual que si ella me la estuviera enviando. Aun estando en la piel de esa versión más evolucionada de mí mismo, comprendí que jamás había sentido nada parecido. La sensación de plenitud y amor siguió creciendo de forma exponencial, y pensé: *Hala... ¿De verdad hay un amor aún más grande que este que acabo de experimentar hace un momento?* No se trataba de amor romántico, sino más bien de una energía vivificante, electrizante, que despertaba en mi interior. Supe que la mujer me estaba mostrando que yo llevaba dentro más amor del que podía imaginar. Y supe también que me encontraba ante un ser más evolucionado que yo. La electricidad que acababa de notar me indicó también que mirara a la ventana de la cocina, y recordé al instante por qué estaba allí.

Me di media vuelta y miré hacia la cocina, donde mi yo del presente estaba fregando los platos pocas horas antes de sentarse en el sofá a descansar. Desde el jardín trasero, sonreí. También lo amaba con todo mi corazón. Percibí su sinceridad; sus esfuerzos, su pasión y su amor. Percibí los mecanismos de su mente, cómo se esforzaba constantemente en relacionar conceptos para asignarles significado. Y, entre otras cosas, vi una parte de su porvenir. Igual que un buen padre, estaba orgulloso de él y no sentía nada salvo admiración por la persona que era en aquel momento. Y mientras lo observaba al mismo tiempo que notaba cómo esa inmensa energía crecía en mi interior, él dejó de lavar los platos un momento para mirar por la ventana y pasear la vista por el jardín.

Y si bien seguía ahí desde la consciencia de mi futuro ser, era capaz también de pensar desde mi yo presente, y recordé que realmente había dejado de fregar los platos un momento, para mirar al exterior, porque había notado un sentimiento de amor espontáneo en el pecho y había tenido la sensación de que me observaban o de que había alguien en el jardín. Más tarde recordaría que, mientras limpiaba un vaso, había llegado a inclinarme hacia delante para minimizar el reflejo de la luz de la cocina en la ventana y había contemplado un rato la oscuridad antes de devolver la atención a los platos que quedaban en la pila. Mi yo futuro obsequió a mi yo presente con el mismo regalo que la luminosa dama me había ofrecido a mí unos instantes atrás. Y entonces entendí por qué estaba ella ahí.

E, igual que al mirar al niño de la escena anterior, de nuevo el amor que mi ser futuro sentía por mi ser presente me conectó de algún modo con ese yo del porvenir. Mi futuro yo estaba ahí para guiarme hacia él, y supe que era el amor eso que hacía posible la conexión. La versión más evolucionada de mí mismo albergaba tal sensación de certeza y conocimiento. Y lo más extraño de todo es que yo habitaba todos esos seres al mismo tiempo. De hecho, habitaba un número de yoes infinito; no sólo el Joe del pasado, del presente y del futuro. Existen incontables versiones de mí mismo en el ámbito del infinito, y no hay sólo un infinito, sino múltiples infinitos. Y todo eso sucede en el eterno ahora.

Cuando volví a la realidad física tal como la conocemos, en el sofá, tan pálida en comparación con el mundo dimensional que acababa de visitar, mi primer pensamiento fue: *¡Uf! ¡Qué visión de la realidad tan pobre tengo!* La rica experiencia interior que acababa de vivir me proporcionó una tremenda sensación de claridad y el convencimiento de que mis creencias —es decir, lo que yo creía saber sobre la vida, Dios, mi persona, el tiempo, el espacio e incluso lo que es posible experimentar en el reino del infinito— eran muy limitadas. Y hasta ese momento ni siquiera me había dado cuenta. Supe que yo era como un niño que apenas alcanza a comprender la magnitud de esto que llamamos «realidad». Entendí por primera vez en la vida, sin miedo ni ansiedad, el significado de la expresión «lo desconocido». Y supe que nunca volvería a ser la misma persona.

Como te puedes imaginar, cuando vives una experiencia como ésa, relatársela a tu familia o amigos implica exponerte a que piensen que sufres algún desequilibrio químico en el cerebro. Me resistía a compartir lo que me había sucedido porque carecía de las palabras para describirlo, y me daba miedo que, de hacerlo, no volviera a suceder. Me pasé meses analizando el proceso que, según creía yo, había desencadenado la experiencia. También me tenía intrigado el concepto del tiempo, y no podía dejar de pensar en ello. Además del cambio de paradigma que suponía pensar el tiempo como un momento eterno, descubrí algo más. Concluido el trascendental suceso de aquella noche, al regresar a este mundo tridimensional me di cuenta de que la totalidad de la vivencia había durado unos diez minutos. Acababa de vivir dos episodios muy largos y sin duda habrían precisado más tiempo en la vida normal. La sorprendente dilatación de los minutos avivó todavía más mi compromiso de poner todo mi empeño en averiguar qué me había pasado. Cuando entendiera mejor la experiencia, a lo mejor era capaz de repetirla.

Durante los días que siguieron a aquella noche trascendente, noté en el centro del pecho la misma sensación eléctrica que había experimentado cuando aquella mujer pequeña y hermosa había activado algo en mí. No dejaba de pensar: *Si la experiencia no hubiera sido real, no seguiría notando estas sensaciones, ¿verdad?* Cuando desplazaba la atención al pecho, el sentimiento se amplificaba. Como es comprensible, en esos días no me apetecía demasiado relacionarme con nadie, porque las personas y las circunstancias del mundo exterior me impedían estar pendiente de mi mundo interior, y en ese caso la sensación especial disminuía. Con el tiempo acabó por esfumarse, pero siempre me ha acompañado la idea de que hay infinito amor a nuestro alcance y de que la energía a la que tuve acceso aquel día seguía viviendo en mí. Quería volver a activarla, pero no sabía cómo hacerlo.

Durante mucho tiempo, por más que intentara reproducir la experiencia, no lograba nada. Y ahora sé que ni el deseo de obtener los mismos resultados ni la frustración de intentarlo una y otra vez en vano eran las circunstancias ideales para propiciar otra experiencia mística (ni nada, de hecho). Me perdí en mi propio ejercicio de análisis, según trataba de discurrir cómo había sucedido y qué hacer para que se repitiera. Decidí probar estrategias distintas. En lugar de tratar de recrear la experiencia por la noche, decidí levantarme temprano y meditar. Como los niveles de melatonina alcanzan sus valores más altos entre la una y las cuatro de la madrugada y los metabolitos de esta hormona son los mismísimos sustratos místicos que posibilitan los acontecimientos lúcidos, decidí llevar a cabo mi trabajo interior cada mañana a las cuatro.

Antes de contarte lo que pasó a continuación, quiero pedirte que tengas presente el hecho de que yo estaba atravesando un momento particularmente complicado. Intentaba decidir si valía la pena seguir enseñando. Después de mi aparición en el documental de 2004 *¿Y tú que sabes?*, el caos se había apoderado de mi vida. Me estaba planteando si abandonar la vida pública y llevar una existencia más sencilla. Me parecía más fácil alejarme sin más.

La experiencia de una encarnación pasada en el momento presente

Una mañana, cosa de una hora y media después de haber empezado a meditar sentado, me recosté. Deslicé unas almohadas debajo de mis rodillas para no quedarme dormido enseguida y me dejé llevar a la zona crepuscular que discurre entre el sueño y la vigilia. Mientras estaba allí tumbado, me limitaba a prestar atención al espacio que ocupa la glándula pineal en mi cabeza. Pero esa vez, en lugar de buscar que sucediera algo, sencillamente me relajé y dije para mis adentros: *Que sea lo que Dios quiera...* Por lo visto, había pronunciado las palabras mágicas. Ahora sé lo que significan. Me entregué, aparté mi identidad a un lado, renuncié a obtener un resultado determinado y, sencillamente, me abrí a la posibilidad.

Sin saber cómo, me encontré convertido en un hombre robusto en una zona muy cálida del mundo que parecía estar en las actuales Grecia o Turquía. El terreno era rocoso, la tierra reseca, y unos edificios de piedra parecidos a los de la época grecorromana se intercalaban con pequeñas tiendas hechas de tela de brillantes colores. Vestía una sola prenda, una especie de túnica de arpillera que caía desde los hombros hasta medio muslo, y llevaba una gruesa cuerda atada a la cintura a guisa de cinturón. Calzaba sandalias atadas a las pantorrillas. Tenía el pelo rizado, un cuerpo fuerte, los hombros anchos y las piernas musculosas. Era discípulo desde hacía muchos años de algún tipo de movimiento filosófico.

Mi consciencia se encontraba repartida entre el protagonista de esa experiencia y mi ser del presente, que observaba al yo de ese espacio y ese tiempo primitivos. Una vez más, mi percepción excedía enormemente la habitual; era supraconsciente. Mis sentidos se habían agudizado, y podía percibirlo todo. Notaba el aroma almizclado de mi cuerpo y podía saborear la sal del sudor que me caía por la cara. Me sentía enraizado al plano físico y notaba la fuerza de mi cuerpo. Era consciente de un intenso dolor en el hombro derecho, que no llegaba a acaparar mi atención. Apreciaba la brillantez del cielo azul y la exuberancia de los verdes árboles y las montañas, como si viviera en tecnicolor. Oía las gaviotas a lo lejos, y supe que me hallaba cerca de una gran masa de agua.

Estaba llevando a cabo una especie de peregrinaje, una misión. Viajaba por el país enseñando la filosofía que había aprendido y vivido durante toda mi existencia. Me guiaba un gran maestro al que amaba con toda el alma por los cuidados, la paciencia y la sabiduría que me había dispensado durante tantos años. Estaba a punto de ser iniciado para llevar un mensaje que pretendía cambiar las mentes y los corazones de las gentes que formaban parte de aquella cultura. Sabía que el mensaje contradecía las creencias de la época, y que el Gobierno y las órdenes religiosas tratarían de impedirme que lo divulgara.

El mensaje central de la filosofía que yo estudiaba pretendía liberar a las personas de un dictado que no fuera el suyo propio. También se proponía inspirar a los individuos para que adoptaran unos valores y principios que les darían herramientas para llevar vidas más significativas y enriquecedoras. Me apasionaba el ideal de esa filosofía, y me esforzaba a diario por vivir de acuerdo con sus doctrinas. Por supuesto, el mensaje no incluía la necesidad de una religión ni la dependencia de un Gobierno, y pretendía liberar a la gente del dolor y del sufrimiento.

Cuando la escena cobró vida, yo acababa de dirigirme a una multitud en un pueblo relativamente poblado. La reunión llegaba a su fin cuando, de repente, varios hombres avanzaron rápidamente entre el gentío para arrestarme. Antes de que pudiera tratar de escapar siquiera, me apresaron. Yo sabía que habían planeado muy bien su estrategia. De haber iniciado su avance mientras yo todavía estaba hablando a la multitud, los habría avistado. Habían escogido el momento perfecto.

Me rendí sin oponer resistencia y me llevaron a una celda donde me dejaron solo. Encerrado en un pequeño cubículo de piedra con unas estrechas rendijas por ventanas, me senté, consciente del destino que me esperaba. Pasados dos días, me llevaron al centro de la ciudad, donde se habían reunido cientos de personas, incluidas algunas de las que habían acudido a escucharme pocos días atrás. Ahora, sin embargo, aguardaban con impaciencia la ocasión de presenciar el juicio y la tortura a la que estaban a punto de someterme.

Me desnudaron hasta dejarme cubierto tan sólo por un pequeño taparrabos y me ataron a una losa horizontal con grandes muescas en las esquinas donde fijaron unas gruesas cuerdas. Las sogas llevaban grilletes de metal en los extremos, que usaron para apresar mis muñecas y tobillos. Y entonces todo empezó. El hombre que estaba plantado a mi izquierda procedió a girar una manivela que, despacio, fue colocando la losa en posición vertical. Según el bloque de piedra se desplazaba hacia arriba, las cuerdas que ataban mis extremidades se tensaron en todas direcciones.

Cuando la losa se hubo desplazado unos 45 grados, empezó el verdadero dolor. Alguien que parecía ser un juez me preguntó a gritos si pensaba seguir divulgando mi filosofía. Yo no respondí. Ordenó seguir girando la manivela. En cierto momento, empecé a escuchar crujidos y chasquidos, señal de que mi columna vertebral se estaba dislocando por ciertas zonas. Como observador de la escena, contemplé la expresión de mi rostro a medida que el dolor aumentaba. Fue igual que si me hubiera mirado en un espejo; no me cabía duda de que era yo quien estaba en esa losa.

Los grilletes que me rodeaban las muñecas y los tobillos se me clavaban en la piel, y el duro metal se grababa en mi carne. Estaba sangrando. Se me dislocó un hombro y sufrí arcadas y gruñí de dolor. Experimentaba convulsiones, y temblaba al mismo tiempo que tensaba los músculos al máximo para impedir el desgarre de mis extremidades. Aflojar la tensión habría resultado insoportable. De súbito, el magistrado volvió a preguntarme a gritos si pensaba seguir enseñando.

Un pensamiento cruzó mi mente: *Accederé a dejar de impartir mis enseñanzas, y cuando pongan fin a esta exhibición pública de tortura volveré a empezar.* Colegí que ésa era la respuesta adecuada. Complacería al juez y cesaría el dolor (además de evitar mi muerte) al mismo tiempo que me permitiría proseguir con mi misión. Despacio, negué con la cabeza de lado a lado, en silencio.

El magistrado insistió en que expresara mi negativa verbalmente, pero yo no dije nada. Por gestos, indicó al guardia de mi izquierda que siguiera girando la manivela. Miré al hombre que accionaba el mecanismo con la obvia intención de hacerme daño. Vi su rostro y, según nos mirábamos a los ojos, reconocí a esa persona, que existía también en mi presente como Joe Dispenza; el mismo individuo en un cuerpo distinto. Una bombilla se encendió en mi mente mientras presenciaba la escena. Comprendí que ese mismo verdugo seguía atormentando a los demás —incluido yo— en mi actual encarnación, y comprendí el rol que esa persona representaba en mi vida. Experimenté una extraña sensación de haber aprendido algo, y todo adquirió sentido.

Según la losa ascendía, la parte inferior de mi espalda crujió con fuerza y mi cuerpo empezó a perder el control. En ese momento me rendí. Lloraba a causa del insoportable dolor, y también experimentaba una profunda tristeza que consumía todo mi ser. Cuando soltaron la pesada losa, caí de nuevo en posición horizontal. Me quedé allí tumbado, temblando de manera incontrolable, en silencio. Me arrastraron otra vez a la pequeña celda de la cárcel, donde yací acurrucado en un rincón. Durante tres días, las imágenes de mi tortura no dejaron de desfilar por mi mente.

Mi sentimiento de humillación era tal que supe que nunca volvería a hablar en público. La mera idea de reanudar mi misión provocaba tal sensación de repulsa en mi cuerpo que dejé de pensar en ello. Una noche me liberaron y, sin que nadie me viera, con la cabeza gacha de pura vergüenza, desaparecí. Nunca más sería capaz de mirar a nadie a los ojos. Sentía haber fracasado en mi misión. Pasé el resto de mi vida en una cueva junto al mar, pescando y viviendo en silencio, como un ermitaño.

Mientras presenciaba los apuros de ese pobre hombre y su decisión de vivir escondido, comprendí que estaba viendo un mensaje dirigido a mí. Supe que no podía desaparecer y esconderme del mundo otra vez, en mi vida presente, y que mi alma me estaba diciendo que debía proseguir con mi trabajo. Tenía que hacer el esfuerzo de defender un mensaje y nunca más ceder a la adversidad. También me di cuenta de que no había fracasado en absoluto; hice lo que pude. Supe que el joven filósofo seguía viviendo en el eterno presente al igual que una infinidad de yoes en potencia, y que podía cambiar mi destino, y el suyo, si tomaba la decisión de vivir para la verdad sin miedo, en lugar de morir por ella.

Cada uno de nosotros cuenta con un sinnúmero de encarnaciones posibles que habitan el presente eterno, todas esperando a ser descubiertas. Cuando el misterio del ser se desvela, aprehendemos la idea de que no somos seres lineales inmersos en una vida lineal, sino seres dimensionales que llevan vidas de muchas dimensiones. El secreto que nos depara ese desfile inacabable de probabilidades es que podemos cambiar el futuro si nos transformamos a nosotros mismos en el infinito momento presente.

2
El instante presente

Si quieres protagonizar una experiencia sobrenatural —regenerar tu propio cuerpo, crear insólitas oportunidades que nunca antes habías imaginado y vivir experiencias místicas y trascendentes— tendrás que empezar por familiarizarte con la idea del «instante presente»: el eterno ahora. Se oye hablar mucho últimamente de la «presencia» y del «aquí y ahora». Si bien casi todo el mundo entiende a grandes rasgos lo que significan estos conceptos (no pensar en el futuro ni vivir en el pasado), me propongo ofrecerte un enfoque completamente distinto. Requiere que trasciendas el mundo físico —incluido tu cuerpo, tu identidad y tu entorno— e incluso el tiempo mismo. Es allí, al otro lado, donde la posibilidad se torna realidad.

Al fin y al cabo, si no te proyectas más allá de tu propia personalidad tal como la concibes y de los mecanismos del mundo tal como te han condicionado a imaginarlos, no podrás crear una vida inédita ni un nuevo destino. De modo que, en un sentido muy real, debes renunciar a tu mentalidad, trascender esa imagen de ti mismo que te presta identidad y ceder las riendas a algo más grande, a algo místico. En este capítulo te explicaré cómo hacerlo.

En primer lugar, vamos a repasar cómo funciona el cerebro. Cada vez que un tejido neurológico se activa en el cerebro o en el cuerpo se crea mente. En consecuencia, desde una perspectiva científica, la mente es el cerebro en funcionamiento. Por ejemplo, usas una mente específica para conducir un coche. Utilizas otra mente para ducharte. Y otra distinta para cantar o escuchar música. Empleas un aspecto determinado de la mente para ejecutar cada una de estas funciones complejas porque seguramente las has llevado a cabo cientos de veces, de modo que tu cerebro recurre a una zona muy específica cada vez que las realizas.

Cuando conduces, por ejemplo, recurres de hecho a una secuencia, un patrón y una combinación específicos de redes neuronales. Esas redes no son sino grupos de neuronas que trabajan en comunidad —igual que un programa automático de *software* o una macro— porque has ejecutado esa misma acción en numerosas ocasiones anteriores. En otras palabras, los recorridos neuronales que se encargan de llevar a cabo la tarea se definen y especializan aún más.[4] Podría decirse que, cuando escoges conscientemente ejecutar la tarea de conducir un vehículo, indicas a ciertas neuronas de tu cerebro que se activen para crear cierto nivel mental.

En su mayor parte, el cerebro es un producto del pasado. Está diseñado y moldeado para convertirse en un documento viviente de todo lo que has aprendido y experimentado hasta este momento de tu vida. El aprendizaje, desde un punto de vista científico, se produce cuando las neuronas del cerebro se organizan en miles de conexiones sinápticas, y esas conexiones se disponen a su vez en redes neurológicas complejas y tridimensionales. Considera el aprendizaje como una actualización de tu cerebro. Cuando prestas

4. También conocido como la Regla de Hebb o Ley de Hebb; ver D. O. Hebb, *The Organization of Behavior: a Neuropsychological Theory*, Nueva York, John Wiley & Sons, 1949. [Edición en castellano: *Organización de la conducta*, Barcelona, Debate, 1985.]

atención al conocimiento o a la información y le asignas significado, esta interacción con el entorno deja improntas biológicas en tu cerebro. Cuando experimentas algo nuevo, tus sentidos escriben neurológicamente el relato en tu cerebro y todavía más neuronas se reúnen para crear conexiones aún más ricas, lo que enriquece tu cerebro aún más.

Las experiencias no sólo desarrollan los circuitos cerebrales, sino que también suscitan emociones. Considera las emociones como el vestigio químico de experiencias pasadas; o como una reacción química. Cuanto más alto es el cociente emocional de un acontecimiento acaecido en tu vida, más profunda es la impronta que deja esa experiencia en tu cerebro; así se forma la memoria a largo plazo. Así pues, si aprender significa crear nuevas conexiones en el cerebro, los recuerdos surgen de mantener esas conexiones. Cuantas más veces repites un pensamiento, una decisión, una conducta, una experiencia o una emoción, más neuronas se activan y se conectan y más tiempo prolongarán sus relaciones a largo plazo.

En la historia de Anna relatada en el capítulo anterior, has aprendido que casi todas tus experiencias proceden de interacciones con el ambiente externo. Como los sentidos te conectan con el exterior y registran neurológicamente el relato en tu cerebro, cuando experimentas un acontecimiento de gran carga emocional —tanto positiva como negativa— ese momento queda grabado neurológicamente en tu cerebro en forma de recuerdo. De ahí que, si una experiencia transforma químicamente tu estado habitual y dirige tu atención a eso que ha provocado el cambio, asocies una persona u objeto específicos con el lugar y el tiempo que ocupa tu cuerpo en ese momento determinado. Así pues, los recuerdos se generan a partir de la interacción con el mundo exterior. Cabe concluir, pues, que el único lugar en el que existe el pasado realmente es en el cerebro… y en el cuerpo.

Cómo el pasado se convierte en futuro

Vamos a observar más detenidamente lo que sucede bioquímicamente en el cuerpo cuando generas un pensamiento y sientes una emoción. En el instante en que piensas (o recuerdas) algo, se origina una reacción bioquímica en tu cerebro que lo lleva a liberar ciertas señales químicas. De ese modo, los pensamientos, que son inmateriales, devienen materia; se convierten en mensajeros químicos. Esas señales químicas se reflejan en tu cuerpo en forma de sensaciones. Y cuando percibes que te estás sintiendo de un modo determinado generas más pensamientos que a su vez expresan esas sensaciones, lo que induce a tu cerebro a liberar otra vez compuestos químicos que te producen sentimientos acordes con los pensamientos.

Por ejemplo, si piensas en algo que te asusta, empiezas a experimentar temor. En el instante en que sientes miedo, la misma emoción te lleva a albergar más pensamientos oscuros, y esos pensamientos desencadenan la liberación de compuestos químicos en el cerebro y en el cuerpo que te asustan más y más. Antes de que te des cuenta, estás inmerso en un círculo vicioso en el que tu pensamiento crea sentimiento y tu sentimiento genera pensamiento. Si los pensamientos son el lenguaje del cerebro y las emociones son el lenguaje del cuerpo, y si el ciclo formado por pensamiento y sentimiento se convierte en el *estado de tu ser*, entonces tu forma de ser pertenece al pasado.

Cuando activas y conectas los mismos circuitos neuronales una y otra vez porque acudes a los mismos pensamientos, estás programando tu cerebro para que reproduzca siempre idénticos patrones. Al final tu cerebro se convierte en una reliquia hecha de antiguos pensamientos y, con el tiempo, se acostumbra a pensar de manera automática en todas las ocasiones. Al mismo tiempo, si experimentas las mismas emociones una y otra vez —por cuanto, como decía antes, las emociones son el vocabulario del cuerpo y el vestigio químico de experiencias pasadas— estás condicionando a tu cuerpo a vivir en el pasado.

Examinemos ahora lo que implican esos procesos en tu vida diaria. Habida cuenta de que, como acabas de aprender, los sentimientos y las emociones son los vestigios químicos de experiencias pasadas, en cuanto te despiertas por la mañana y buscas esa sensación tan familiar llamada tú, comienzas a vivir en el pasado. Así pues, en el instante en que te pones a rumiar en tus problemas, éstos —conectados a recuerdos de experiencias pasadas que involucran a ciertas personas u objetos en determinados tiempos y espacios— recrean antiguos sentimientos de infelicidad, futilidad, tristeza, dolor, pena, ansiedad, preocupación, frustración, baja autoestima y sensación de culpa. Si esas emociones controlan tus pensamientos y no eres capaz de trascenderlas, en ese caso también estás conjugando tus pensamientos en pasado. Y si esas antiguas emociones influyen en las decisiones que tomas a lo largo del día, las conductas que exhibes o las experiencias que vas a crear, el resultado es predecible: tu vida seguirá siendo la misma.

Pongamos por caso que, en cuanto despiertas, apagas la alarma del reloj y, tumbado en la cama, echas un vistazo a Facebook, Instagram, WhatsApp, Twitter, mensajes de texto, correos electrónicos y noticias. (Ahora sí que recuerdas de verdad quién eres, por cuanto has reafirmado tu personalidad y has conectado tu presente-pasado a tu realidad personal.) Vas al cuarto de baño. Usas el retrete, te lavas los dientes, te duchas, te vistes y te diriges a la cocina. Tomas un café y desayunas. Puede que mires las noticias y compruebes tu correo electrónico nuevamente. Es tu rutina diaria.

A continuación te encaminas al trabajo por la ruta de siempre y cuando llegas allí te relacionas con los mismos colegas del día anterior. Dedicas el día a llevar a cabo más o menos las mismas tareas que ayer. Al salir del trabajo, regresas a casa. Es posible que pases un momento por el supermercado para comprar los alimentos de siempre que tanto te gusta comer. Preparas la cena de costumbre y miras el mismo programa de televisión a la misma hora sentado en el mismo sofá del salón. Luego te preparas para acostarte tal como haces cada noche: te lavas los dientes (con la mano derecha, empezando por los dientes superiores), te acurrucas en el mismo lado de la cama, lees un poco tal vez y te duermes.

Si repites esas mismas rutinas una y otra vez, se convertirán en un hábito. Un hábito es una serie redundante de pensamientos, conductas y emociones inconscientes que se adquiere a base de repetición. Básicamente, implica que tu cuerpo ha puesto el piloto automático y se limita a repetir una serie de programas preestablecidos. Con el tiempo, el cuerpo remplaza la mente. Has repetido una misma rutina tantas veces que el cuerpo, de manera automática, sabe hacer ciertas cosas mejor que el cerebro o la mente consciente. Sencillamente, conectas el piloto automático y entras en modo inconsciente, lo que significa que te despertarás al día siguiente y volverás a hacer más o menos lo mismo. En un sentido muy real, tu cuerpo te arrastra al mismo mañana predecible, basado en lo que has hecho a diario en el pasado. Generarás los mismos pensamientos, y luego tomarás las mismas decisiones que te empujarán a conductas idénticas y crearán experiencias recurrentes que, a su vez, producirán las mismas emociones. Con el paso del tiempo, esa rutina deviene un conjunto de redes neurológicas programadas en el cerebro que condicionan emocionalmente a tu cuerpo a vivir en un tiempo que quedó atrás; y ese pasado se convierte en tu mañana.

Si confeccionaras el cronograma de un día determinado, desde el momento de despertar hasta el instante de meterte en la cama, podrías colocar el esquema de ayer o de hoy (tu pasado) sobre el espacio reservado para mañana (tu futuro) y coincidirían a la perfección, porque en esencia las acciones que has llevado a cabo hoy van a ser las mismas que emprendas mañana... y pasado mañana, y al otro, y al otro. Afrontémoslo: si sigues la misma rutina que ayer, no es arriesgado decir que tu futuro se parecerá mucho a ese ayer. Tu porvenir no es más que una repetición de tu historia. Por eso el ayer está siempre creando el mañana.

Echa un vistazo a la figura 2.1. Cada una de las líneas verticales representan el mismo pensamiento que conduce a la misma decisión, que a su vez desencadena una conducta automática y crea una experiencia conocida que, de nuevo, da lugar a un antiguo sentimiento o emoción. Si sigues reproduciendo la misma secuencia, todos esos pasos individuales se funden con el tiempo en un mismo programa automático. Y al hacerlo estás cediendo tu libre albedrío a un programa. La flecha representa una experiencia sorpresa que acaece en algún momento del viaje de casa al trabajo, sabiendo que llegarás tarde otra vez, e intentas pasar por la tintorería de camino al despacho.

Podríamos decir que tu mente y tu cuerpo se encuentran en territorio conocido —el mismo futuro predecible basado en las experiencias del pasado—, y en ese mañana predecible y seguro no hay espacio para lo imprevisible. De hecho, si sucediera algo insólito, si un acontecimiento inesperado irrumpiera en tu vida en ese instante para cambiar la cronología prevista, es muy probable que el cambio de rutina te pusiera de mal humor. Seguramente lo considerarías un total y absoluto fastidio. Le dirías tal vez: «¿Podrías volver mañana? Hoy no me viene bien.»

LA VIDA EN EL PROGRAMA

Cronograma predecible de tu realidad conocida

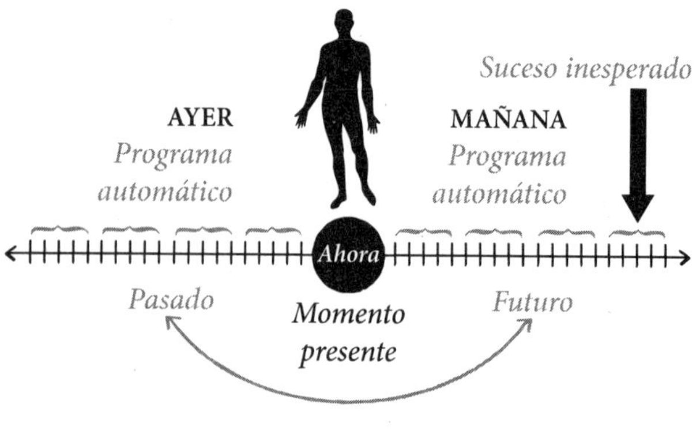

Figura 2.1

Los hábitos son series redundantes de pensamientos, conductas y emociones inconscientes y automáticos que se instalan a través de la repetición. Aparecen cuando repites algo tantas veces que acabas por programar el cuerpo para sustituir a la mente. Con el tiempo, el cuerpo te arrastra a un futuro previsible basado en las experiencias del pasado. En consecuencia, si no vives en el momento presente, es probable que estés instalado en el programa.

De hecho, en una vida previsible no cabe lo desconocido. Sin embargo, lo desconocido es cualquier cosa menos predecible. Pertenece a un terreno incierto, inseguro…, pero también es emocionante porque sucede cuando menos lo esperas, de un modo que no puedes prever ni controlar. Así pues, permite que te haga una pregunta: ¿cuánto espacio hay en tu vida previsible y rutinaria para lo desconocido?

Si te instalas en lo que ya conoces —aferrado a la misma secuencia día tras día que te lleva a generar los mismos pensamientos, a hacer idénticas elecciones, a repetir los mismos hábitos programados, a recrear experiencias muy parecidas que activan las mismas redes de neuronas organizadas en patrones iguales para reafirmar ese tranquilizador sentimiento llamado tú— estás recreando el mismo nivel mental una y otra vez. Con el tiempo, tu cerebro queda programado para ejecutar automáticamente esas mismas secuencias, de manera más fluida y veloz en cada ocasión.

A medida que esos pasos aislados se funden en un solo gesto, generar un pensamiento conocido a partir de una experiencia (persona u objeto) en un espacio y un tiempo determinados te llevará a crear automáticamente la sensación de la experiencia. Si eres capaz de adivinar la sensación que te va a producir determinada experiencia, sigues en terreno conocido. Por ejemplo, la idea de reunirte con el mismo equipo de gente con el que llevas años trabajando te inducirá automáticamente a evocar la emoción que vas a sentir. Cuando eres capaz de predecir lo que vas a sentir en el futuro —porque has pasado tantas veces por la experiencia como para saberlo—, seguramente vas a crear más de lo mismo. Y, qué duda cabe, es probable que tus predicciones sean acertadas. Pero sucederá porque *tú* sigues siendo la misma persona. Y eso significa que estás instalado en el programa automático, y en caso de que no seas capaz de presagiar el sentimiento que te producirá una vivencia es muy probable que tiendas a evitarla.

Hay otro aspecto del pensamiento y el sentimiento que debemos considerar para obtener la imagen completa de lo que sucede cuando vives instalado en un estado del ser. El círculo vicioso que forman pensamiento y sentimiento genera también un campo electromagnético mensurable que rodea el cuerpo físico. De hecho, el cuerpo humano emite constantemente luz, energía o frecuencias que transportan un mensaje, una información o una intención específicos. (Por cierto, cuando hablo de «luz» no me refiero únicamente a la luz que vemos, sino a todos los espectros, incluidos rayos X, ondas de teléfonos móviles y microondas.) De igual modo, recibimos continuamente información vital que nos llega a través de distintas frecuencias. Así que estamos siempre enviando y recibiendo energía electromagnética.

Te explicaré cómo funciona. Cuando generamos un pensamiento, las redes neuronales, al activarse, crean cargas *eléctricas* en el cerebro. Y cuando esos pensamientos provocan a su vez reacciones químicas que dan lugar a sentimientos o emociones, al igual que cuando antiguos sentimientos o emociones dirigen nuestros pensamientos, esos sentimientos crean cargas *magnéticas*. Se funden con los pensamientos que generaron cargas eléctricas para producir un campo electromagnético específico equivalente a tu estado del ser.[5]

Considera las emociones *energía en movimiento*. Cuando alguien inmerso en una fuerte emoción entra en una habitación, su energía (al margen de su lenguaje corporal) a menudo resulta palpable. Todos hemos percibido la energía y la intención de otra persona cuando está muy enfadada o muy frustrada. La notamos porque emite una fuerte señal energética que transporta información. Lo mismo sucede con las personas intensamente sexuales, con los que sufren o con aquellos que irradian una energía tranquila y amorosa: todas esas formas de energía se pueden sentir y percibir. Como puedes suponer, las distintas emociones vibran en frecuencias distintas. Las frecuencias de emociones creativas y elevadas como el amor, la dicha y la gratitud son mucho más altas que las de emociones relacionadas con el estrés, como el miedo y la rabia, porque transportan distintos niveles de intención consciente y

---

5. L. Song, G. Schwartz y L. Russek, «Heart-Focused Attention and Heart-Brain Synchronization: Energetic and Physiological Mechanisms», *Alternative Therapies in Health and Medicine*, vol. 4, n.º 5, págs. 44-52, 54-60, 62, 1998; D. L. Childre, H. Martin y D. Beech, *The HeartMath Solution: The Institute of HeartMath's Revolutionary Program for Engaging the Power of the Heart's Intelligence*, San Francisco, HarperSanFrancisco, 1999, pág. 33.

energía. (Ver la figura 2.2, que detalla algunas de las frecuencias asociadas a diversos estados emocionales.) Podrás leer más en relación con este concepto más adelante.

ESCALA DE DIVERSAS EMOCIONES ASOCIADAS A DISTINTAS ENERGÍAS

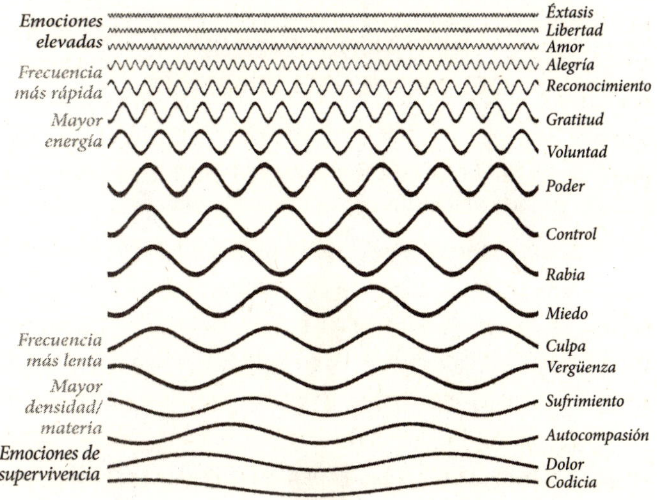

Figura 2.2

Las emociones son energía en movimiento. Toda energía es una frecuencia, y toda frecuencia transporta información. En función de nuestros pensamientos y sentimientos, siempre estamos enviando y recibiendo información.

Así pues, si recreamos el pasado día tras día, generando iguales pensamientos y experimentando las mismas emociones, emitimos el mismo campo electromagnético una y otra vez: enviamos la misma energía con idéntico mensaje. Desde una perspectiva centrada en la energía y en la información, eso significa que la energía del pasado transporta constantemente el mismo tipo de información, lo que no deja espacio para el cambio en el futuro. Nuestra energía, pues, equivale a nuestro pasado. Si queremos transformar la vida, tenemos que cambiar la energía; modificar el campo electromagnético que emitimos sin cesar. En otras palabras, para cambiar el estado del ser debemos transformar nuestra forma de pensar y de sentir.

RESTANDO ENERGÍA
DEL MOMENTO PRESENTE

Campo electromagnético

Toda la energía se encuentra incorporada al cronograma de la realidad conocida

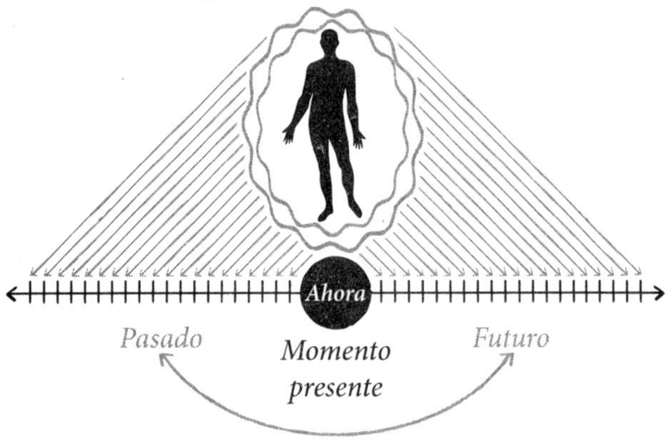

Figura 2.3

Si la energía fluye allí donde enfocas la atención, en el instante en que prestas atención a los sentimientos y los recuerdos de siempre estás insuflando energía al pasado y restándola al momento presente. Del mismo modo, si pones la atención constantemente en las personas que vas a ver, los lugares que debes visitar y las cosas que tienes por hacer en ciertos momentos de tu realidad conocida, estás restando energía al momento presente para insuflársela al mañana predecible.

Si la energía se concentra allí donde enfocas la atención (un concepto clave que desarrollaré más adelante), entonces, en el instante en que depositas tu atención en una emoción con la que estás familiarizado, tu atención y tu energía viajan al pasado. Si esas emociones primitivas se encuentran conectadas con algún suceso antiguo que involucra a una persona u objeto en un tiempo y espacio determinados, tu atención y tu energía están en el pasado también. En ese caso, estás restando energía al momento presente para insuflársela al pasado. Del mismo modo, si empiezas a pensar en tus compromisos, en las tareas pendientes y en los lugares a los que debes acudir en ciertos momentos de tu rutina diaria, estás invirtiendo tu atención y tu energía en un futuro predecible. Echa un vistazo a la figura 2.3, que ilustra este punto.

En ambos casos, toda tu energía se encuentra plenamente incorporada a las experiencias conocidas de esa cronología determinada. Tu energía crea más de lo mismo, y tu cuerpo seguirá a tu mente a los mismos acontecimientos de una realidad idéntica. Tu energía abandona el momento presente para acudir al pasado y al futuro. En consecuencia, te resta muy poca energía para crear una experiencia inesperada en una nueva línea de tiempo.

La figura 2.3 muestra también cómo la energía electromagnética que emanas es el reflejo vibratorio de todo lo que conoces. Así pues, cuando te levantas y piensas que tienes que hacer tus necesidades, antes de darte cuenta ya vas camino del baño. Luego piensas en la ducha y un instante después estás ajustando la temperatura del agua. A continuación te viene a la mente la imagen de la cafetera y proyectas tu atención y tu energía en el café. Según te diriges automáticamente a preparar tu primer expreso, tu cuerpo sigue a tu mente una vez más. Y si lo llevas haciendo los últimos 22 años, tu cuerpo te llevará hasta allí sin que te des ni cuenta. El cuerpo siempre obedece a la mente; pero, en este caso, lleva toda la vida siguiendo a la mente a lo conocido. Sucede así porque es ahí donde pones tu atención y, en consecuencia, tu energía.

Así que te haré una pregunta: ¿sería posible que tu cuerpo empezara a seguir a la mente a lo *desconocido*? Porque, si consideras la posibilidad, ya habrás deducido que tendrías que enfocar la atención en otra parte, y eso implicaría un cambio de energía, lo que involucraría cambiar tu manera de pensar y de sentir el tiempo suficiente como para dar cabida a algo distinto. Tal vez te parezca increíble, pero es posible. Es lógico pensar que, igual que tu cuerpo ha seguido a tu mente a todas las experiencias *conocidas* de tu vida (como el café de las mañanas), si empiezas a depositar tu atención y tu energía en lo desconocido, tu cuerpo será capaz de seguir a tu mente a ese nuevo espacio: una nueva experiencia de futuro.

Cómo preparar el cuerpo y la mente para un nuevo futuro

Si estás familiarizado con mi obra, ya sabrás que estoy enamorado del concepto de ensayo mental. Me fascina nuestra capacidad para transformar el cerebro, al igual que el cuerpo, a través del pensamiento. Párate a considerarlo un momento. Si centras la atención en una imaginería concreta de tu mente e impones tu presencia repitiendo una secuencia de pensamientos y sentimientos, tu cerebro y tu cuerpo no notarán la diferencia entre lo que está sucediendo en tu mundo exterior y lo que ocurre en tu mundo interior. Así pues, si logras un compromiso y una concentración intensos, el mundo interno de la imaginación tendrá el mismo peso que una experiencia en el mundo externo; y tu biología se transformará en consecuencia. Eso significa que puedes inducir a tu cerebro y a tu cuerpo a creer que una experiencia física se ha producido *sin* llegar a vivirla en la realidad. Aquello en lo que enfocas la atención y ensayas mentalmente una y otra vez no sólo se convierte en tu realidad biológica, sino que también determina tu porvenir.

He aquí un buen ejemplo. Un equipo de investigadores de Harvard reunió a un grupo de voluntarios que no sabían tocar el piano y lo dividieron en dos. La mitad de los voluntarios estuvo practicando ejercicios sencillos de digitación durante dos horas a lo largo de un periodo de cinco días. La otra mitad hizo lo propio, pero éstos se limitaron a imaginar que estaban sentados al piano, sin mover los dedos en absoluto. Los escáneres cerebrales efectuados antes y después del experimento mostraron que las conexiones neuronales y la programación neurológica en la zona del cerebro que controla el movimiento de los dedos habían aumentado de manera espectacular en todos los individuos, aunque la mitad de ellos tan sólo había practicado mentalmente.[6]

Piénsalo. Los cerebros de los tipos que habían practicado mentalmente reflejaban los mismos cambios que si hubieran vivido la experiencia en la realidad..., aunque no movieron ni un dedo. Si los hubieran colocado delante de un piano tras cinco días de práctica mental, muchos de ellos habrían sido capaces de ejecutar el ejercicio a la perfección, a pesar de que nunca llegaron a pulsar las teclas. Al imaginar la actividad a diario, instalaron el *hardware* mental con anterioridad a la vivencia. Mediante la atención y la intención, activaron y programaron una y otra vez las redes neuronales y, con el tiempo, el *hardware* se convirtió en un programa de *software* automático en sus cerebros que les facilitaría la tarea en el futuro. Así pues, si hubieran empezado a tocar tras cinco días de práctica mental, sus conductas se habrían alineado fácilmente con sus intenciones conscientes, porque sus cerebros estaban preparados para la experiencia *de antemano*. Así de poderosa es la mente cuando la entrenamos.

---

6. A. Pascual-Leone, D. Nguyet, L. G. Cohen *et al.*, «Modulation of Muscle Responses Evoked by Transcranial Magnetic Stimulation During the Acquisition of New Fine Motor Skills», *Journal of Neurophysiology*, vol. 74, n.º 3, págs. 1037-1045, 1995.

Estudios parecidos muestran el mismo tipo de resultados en relación con el entrenamiento muscular. En un revolucionario estudio llevado a cabo en la clínica Cleveland, diez sujetos de edades comprendidas entre los 20 y los 35 años imaginaron que flexionaban los bíceps con todas sus fuerzas durante cinco sesiones a la semana a lo largo de doce semanas. Según pasaban los días, los investigadores observaron la actividad eléctrica cerebral de los sujetos durante las sesiones y midieron su fuerza muscular. Al final del estudio, la fuerza de los sujetos se había incrementado un 13,5 por ciento, aunque no habían usado los músculos en absoluto. La mejora se prolongó tres meses tras la conclusión del experimento.[7]

Más recientemente, un equipo de investigación formado por científicos de la Universidad de Texas, San Antonio, la clínica Cleveland y el centro de investigación de la fundación Kessler de West Orange, Nueva Jersey, pidió a varios sujetos que se visualizaran contrayendo los músculos flexores del codo. Mientras lo hacían, les sugirieron que *suplicaran* a sus músculos que se contrajeran con toda la fuerza y la energía posible —sumando así una intención firme a una potente energía mental—, en sesiones de quince minutos, cinco días a la semana, durante doce semanas. A un grupo se le sugirió que empleara lo que se conoce como imaginería externa o en tercera persona, es decir, que se imaginaran a sí mismos realizando el ejercicio como si se vieran desde fuera (igual que si miraran una película). Al segundo grupo le pidieron que emplearan imaginería interna o en primera persona, a saber, que imaginaran el ejercicio como una experiencia subjetiva, para que fuera más inmediata y realista. Un tercer grupo, el de control, no hizo nada. El grupo que había empleado

7. P. Cohen, «Mental Gymnastics Increase Bicep Strenght», *New Scientist*, vol. 172, n.º 2318, pág. 17, 2001, http://www.newscientist.com/article/dn1591-mental-gymnastics-increase-bicep-strenght.html#.Ui03PLzk_Vk.

la imaginería externa (así como el de control) no mostró cambios significativos, pero el que recurrió a la imaginería interna incrementó su fuerza en un 10,8 por ciento.[8]

Otro grupo de investigadores de la Universidad de Ohio llegó al extremo de escayolar el brazo a 29 voluntarios durante un mes. Se aseguraron de que no pudieran mover la muñeca ni siquiera involuntariamente. La mitad del grupo practicó ejercicios de imaginería mental durante once minutos al día, cinco días a la semana, que consistían en imaginar que doblaban los músculos inmovilizados, si bien no podían moverlos en absoluto. La otra mitad, el grupo de control, no hizo nada. Al cabo de un mes, cuando les retiraron el yeso, los músculos del grupo que había entrenado mentalmente doblaban en fuerza a los del grupo de control.[9]

Estos tres estudios centrados en la musculatura demuestran que el entrenamiento mental no sólo transforma el cerebro, sino que también puede cambiar el cuerpo mediante el poder del pensamiento. En otras palabras, ensayando mentalmente cierta conducta y repitiendo la actividad con regularidad, los cuerpos de los sujetos mostraban los mismos cambios que si se hubieran ejercitado físicamente; y todo ello sin mover ni un dedo. Aquellos individuos que imaginaron que se ejercitaban con todas sus fuerzas, añadiendo así un componente emocional a la intensidad de la imaginería mental, aportaron aún más realidad a la experiencia y lograron resultados más destacados.

En el estudio de los ejercicios de piano, los cerebros de los sujetos mostraban cambios idénticos a los que habría generado

---

8. W. X. Yao, V. K. Ranganathan, D. Allexandre *et al.*, «Kinesthetic Imagery Training of Forceful Muscle Contractions Increases Brain Signal and Muscle Strength», *Frontiers in Human Neuroscience*, vol. 7, pág. 561, 2013.

9. B. C. Clark, N. Mahato, M. Nakazawa *et al.*, «The Power of the Mind: The Cortex as a Critical Determinant of Muscle Strenght/Weakness» *Journal of Neurophysiology*, vol. 112, n.º 12, págs. 3219-3226, 2014.

una experiencia real. Y sucedió así porque habían programado su cerebro para ese futuro. Igualmente, los sujetos del estudio de entrenamiento muscular provocaron transformaciones en su anatomía similares a los que habrían experimentado si hubieran vivido esa realidad. Y lo hicieron únicamente practicando la actividad con el pensamiento. Así pues, es fácil concluir por qué, cuando te levantas por la mañana y empiezas a pensar en las personas que vas a ver, en los lugares a los que debes ir y en las tareas que te aguardan a lo largo de tu ajetreada jornada (es decir, cuando empiezas a ensayar mentalmente), y luego le añades al proceso una emoción intensa como el sufrimiento, la infelicidad o la frustración, condicionas a tu cerebro y a tu cuerpo a comportarse como si todo eso ya hubiera tenido lugar, igual que los voluntarios del experimento animaban a sus músculos a tensarse sin moverlos en absoluto. Puesto que la experiencia modifica el cerebro y crea una emoción que se transmite al cuerpo, cuando generas una y otra vez una experiencia mental cuya realidad es comparable a la física, con el tiempo acabas por modificar el cerebro y el cuerpo... igual que lo haría una experiencia real.

De hecho, cuando despiertas por la mañana y empiezas a pensar en la jornada que tienes por delante, podríamos decir que neurológica, biológica, química e incluso genéticamente (algo que explicaré en la sección siguiente) la jornada ya ha concluido. Y, de hecho, así es. Una vez que das comienzo a las actividades diarias, igual que en el experimento anteriormente descrito, tu cuerpo va a plasmar, de manera automática y natural, tus intenciones conscientes e inconscientes. Si llevas haciendo lo mismo años y años, esos circuitos —como el resto de tu biología— se activan con más rapidez y facilidad. Y sucede así no sólo porque programas tu anatomía a diario a través de la mente, sino también porque recreas las mismas conductas físicas con el fin de grabar esas experiencias en tu cerebro y en tu cuerpo aún más profundamente. Y cada vez te resulta más fácil funcionar de manera inconsciente, porque mental y físicamente refuerzas las mismas costumbres una y otra vez: creas el hábito de recurrir a la rutina.

Cambiando la genética

Solíamos pensar que los genes provocan enfermedades y que estábamos a merced del ADN. Así pues, si muchas personas de una misma familia fallecían a causa de una dolencia cardiaca, dábamos por supuesto que los demás miembros tenían muchas probabilidades de sufrir una enfermedad del corazón. Ahora, sin embargo, gracias a la ciencia de la epigenética, sabemos que no son los genes los que provocan la enfermedad sino el ambiente, que activa nuestros genes en sentidos que dan lugar a esas dolencias; y no nos referimos únicamente al ambiente externo (como el humo de los cigarrillos o los pesticidas, por ejemplo), sino también al ambiente interno de nuestro cuerpo: el entorno de nuestras células.

¿A qué me refiero al hablar del ambiente interno? Como decía anteriormente, las emociones son reacciones químicas, vestigios de experiencias que se producen en el ambiente externo. Cuando una situación en dicho ambiente nos genera una reacción en forma de emoción, la química interna resultante envía una señal a los genes, bien para que se activen (dando lugar a una regulación al alza o una expresión incrementada del gen), bien para que se desactiven (dando lugar a una regulación a la baja o produciendo una expresión mermada del gen). El gen, en sí mismo, no cambia físicamente; únicamente lo hace la expresión del gen, y esa expresión es fundamental por cuanto de ella dependen nuestra salud y nuestras vidas. De ahí que, por más que alguien sufra una predisposición genética a una enfermedad determinada, si sus genes expresan salud de manera sostenida en lugar de esa dolencia, la persona no desarrollará la enfermedad y seguirá sana.

Considera el cuerpo un instrumento sumamente sensible que fabrica proteínas. Todas las células del cuerpo (excepto los glóbulos rojos) fabrican proteínas, que son las responsables de la estructura física y de las funciones fisiológicas. Por ejemplo, las células musculares fabrican unas proteínas específicas, la actina y la miosina, y las células de la piel crean las proteínas del colágeno y la elastina. Las células inmunológicas fabrican anticuerpos, las tiroideas producen tiroxina y las células de la médula ósea son las encargadas de fabricar hemoglobina. Algunas de las células de los ojos crean queratina, mientras que las células pancreáticas producen enzimas como la proteasa, la lipasa y la amilasa. No hay ni un solo órgano en todo el cuerpo que no dependa de las proteínas o las fabrique. Constituyen una parte fundamental del sistema inmunitario, de la digestión, de la reparación celular, de la estructura de los músculos y los huesos..., y la lista continúa. En un sentido muy real, la expresión de las proteínas es la expresión de la vida y equivale a la salud del cuerpo.

Para que una célula fabrique proteínas, un gen debe expresarse. Ésa es la función de los genes: facilitar la producción de proteínas. Cuando una señal procedente del entorno externo de la célula llega a la membrana, un receptor acepta la reacción química y se abre paso hasta el ADN, situado en el interior de la misma. En ese momento, el gen crea una nueva proteína que equivale a esa señal. Así pues, si la información que recibe la célula del exterior no cambia, el gen sigue fabricando la misma proteína y el cuerpo continúa igual. Con el tiempo, el gen empieza a regularse a la baja; o bien corta la expresión sana de proteínas, o bien se deteriora, como cuando haces una copia de una copia de una copia, lo que lleva al cuerpo a expresar una cualidad distinta de proteínas.

Distintas clases de estímulos regulan los genes al alza o a la baja. Activamos genes dependientes de la experiencia, por ejemplo, cuando hacemos cosas nuevas o aprendemos nueva información. Esos genes son responsables de que las células madre reciban instrucciones de diferenciarse y transformarse en la clase de célula que el cuerpo necesita en cada momento para remplazar las dañadas. Activamos genes dependientes de la conducta cuando sufrimos altos niveles de estrés o excitación, o en estados alterados de conciencia, como cuando soñamos. Podrías considerar esos genes el eje de la conexión mente-cuerpo porque vinculan el pensamiento con el organismo y nos permiten influir en la salud física mediante distintas actividades (meditación, oración o rituales sociales, por ejemplo). Cuando alteramos los genes a través de ese tipo de actividades, a veces en pocos minutos, esos genes alterados pueden pasar a la siguiente generación.

Así pues, transformando tus emociones puedes modificar la expresión de tus genes (activando unos y desactivando otros) porque estás enviando un mensaje químico inédito a tu ADN, que a su vez indicará a los genes que creen proteínas distintas. De ese modo, regulándose al alza o a la baja, los genes fabrican nuevas piezas de construcción, de todas clases, que transforman la estructura y las funciones de tu cuerpo. Por ejemplo, si tu sistema inmunitario lleva demasiado tiempo sometido a emociones de estrés y determinados genes están favoreciendo la inflamación y la enfermedad, puedes activar otros genes de regeneración y reparación a la vez que desactivas los antiguos, responsables de la enfermedad. Al mismo tiempo, esos genes epigenéticamente alterados empezarán a seguir nuevas instrucciones, a crear proteínas distintas y a programar el cuerpo para que se regenere y sane. Ése es el modo de acondicionar el cuerpo a una nueva mente.

De modo que, como leías al principio de este capítulo, si experimentas las mismas emociones un día sí y otro también, tu cuerpo cree hallarse en las mismas condiciones ambientales. Y esos sentimientos, a su vez, te inducen a tomar las mismas decisiones, lo que te lleva a sostener unos hábitos que crean a su vez las mismas experiencias y dan lugar a emociones idénticas una y otra vez. Gracias a estos hábitos automáticos y programados tus células se encuentran constantemente expuestas a los mismos entornos químicos (en relación con el ambiente exterior de tu cuerpo, pero también con el ambiente exterior de las células, dentro tu cuerpo). Dichos compuestos químicos no dejan de enviar mensajes a los mismos genes, del mismo modo..., y tú acabas atascado porque, cuando eres el mismo, tu *expresión genética* no varía. Y como no llega información inédita procedente del entorno, tu suerte genética está echada.

Ahora bien, ¿y si las circunstancias de tu vida cambian a mejor? ¿No se transformará también el entorno químico de tus células? Sí, es posible, pero no siempre. Si llevas años condicionando a tu cuerpo para que reproduzca un mismo ciclo de pensamiento y sentimiento, y viceversa, has desarrollado sin darte cuenta una adicción a esas emociones. De modo que una mejora en el entorno externo, como podría ser un nuevo trabajo, no necesariamente romperá la adicción, igual que un adicto a las drogas no dejará de serlo por el mero hecho de ganar la lotería o mudarse a Hawái. A causa del bucle pensamiento-sentimiento que hemos descrito, antes o después —en cuanto la experiencia pierde la novedad— la mayoría de la gente vuelve a su estado emocional habitual, y el cuerpo cree hallarse otra vez inmerso en la misma experiencia de siempre que creó las emociones primitivas.

Así pues, si tu antiguo trabajo te hacía desgraciado y has encontrado uno nuevo, puede que seas feliz durante unas semanas o unos meses. Pero si llevas años condicionando a tu cuerpo para que sea adicto a la desgracia, acabarás volviendo al antiguo patrón, porque tu organismo ansía su dosis química. Tal vez el entorno exterior haya cambiado, pero el cuerpo tiende a hacer más caso de su química interna que de sus circunstancias externas, así que permanece emocionalmente atascado en el antiguo estado del ser, incapaz de superar la adicción a esas viejas emociones. Lo que equivale a decir que sigues viviendo en el pasado. Y como la química interna no ha cambiado, tampoco se transforma la expresión de los genes, ni éstos fabrican diferentes proteínas que podrían mejorar la estructura o el funcionamiento de tu cuerpo. En resumen, nada cambia en tu salud ni en tu vida. Por eso digo siempre que para favorecer cambios reales y duraderos tenemos que ser capaces de trascender nuestros sentimientos.

En verano de 2016, en uno de nuestros talleres avanzados de Tacoma, Washington, mi equipo y yo llevamos a cabo un estudio centrado en el efecto de las emociones elevadas en la función inmunológica. Para ello tomamos muestras de saliva de 117 sujetos de prueba al comienzo del taller y volvimos a tomarlas cuatro días después, a la conclusión del retiro. Medimos los niveles de inmunoglobulina A (IgA), un marcador proteico que indica la salud del sistema inmunitario.

La IgA es una sustancia química increíblemente poderosa, una de las proteínas responsables de una función inmunológica sana y de las defensas internas. Rechaza constantemente el torrente de bacterias, virus, hongos y otros organismos que invaden el cuerpo o que habitan ya en el ambiente interno. Es más poderosa incluso que una vacuna antigripal o que cualquier refuerzo para el sistema inmunitario que puedas tomar. Cuando se activa, constituye la principal defensa del cuerpo humano. Si aumentan los niveles de estrés (y, en consecuencia, los niveles de hormonas del estrés, como el cortisol), los de IgA descienden, lo que pone en peligro y regula a la baja la expresión del gen que fabrica esta proteína.

Durante el taller de cuatro días, pedimos a los sujetos del experimento que buscaran un estado emocional elevado mediante sentimientos de amor, alegría, inspiración o gratitud durante nueve o diez minutos tres veces al día. Si elevamos nuestras emociones, nos preguntamos, ¿mejorará nuestro sistema inmunitario? En otras palabras, ¿podrían nuestros estudiantes regular al alza los genes responsables de la IgA transformando su estado emocional?

Los resultados nos sorprendieron. Los niveles medios de IgA aumentaron un 49,5 por ciento. Los parámetros normales de IgA oscilan entre 37 y 87 miligramos por decilitro (mg/dL), pero al final del taller algunas personas mostraban niveles de más de 100 mg/dL.[10] Nuestros sujetos de prueba mostraban cambios epigenéticos significativos y constatables sin que hubieran variado las condiciones externas. Al abrigar emociones elevadas durante unos pocos días, sus cuerpos empezaron a creer que se encontraban en un nuevo entorno y fueron capaces de activar otros genes y de cambiar su expresión genética (en este caso, la expresión proteica del sistema inmunitario). (Ver figura 2.4.)

Todo ello implica que, en el mejor de los casos, no necesitas medicamentos ni sustancias exógenas para curarte; albergas en tu interior el poder necesario para regular al alza los genes que fabrican IgA en pocos días. Algo tan sencillo como entrar en un estado superior de alegría, amor, inspiración o gratitud durante un periodo de entre cinco y diez minutos diarios puede provocar cambios epigenéticos significativos en tu salud y en tu cuerpo.

---

10. D. Church, A. Yang, J. Fannin *et al.*, «The Biological Dimensions of Transcendent States: A Randomized Controlled Trial», presentado en el Congreso Francés de Energía Psicológica, Lyon, Francia, 18 de marzo de 2017.

ESTUDIO SOBRE SIgA Y CORTISOL LLEVADO A CABO EN TACOMA, WASHINGTON

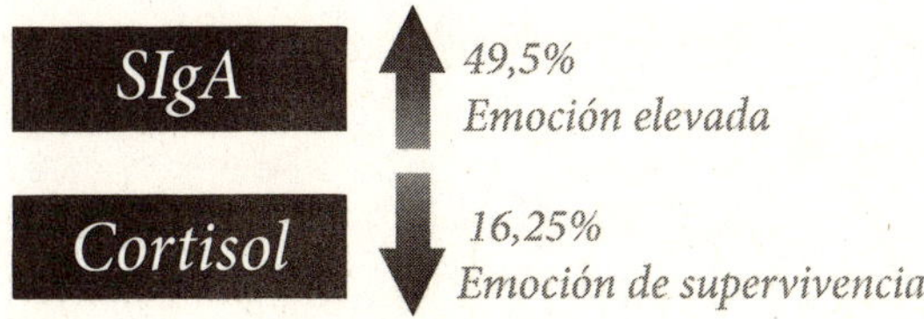

Figura 2.4

Si sostenemos emociones superiores y transformamos la energía, podemos literalmente regular al alza nuevos genes que fabrican proteínas sanas para fortalecer nuestras defensas internas. Según reducimos las emociones de supervivencia y minimizamos la necesidad del sistema de protección externo, regulamos a la baja los genes responsables de la producción de hormonas del estrés. (En la figura, SIgA *se refiere a la inmunoglobulina A salival;* cortisol *se refiere a las hormonas del estrés. Ambas se midieron en la saliva.)*

Allí donde posas la atención, fluye la energía

Por cuanto la energía acude allí donde enfocas la atención, cuando despiertas por la mañana y al momento empiezas a depositar atención y energía en las personas que tendrás que ver ese día, los lugares a los que debes ir, tus posesiones y las tareas que tienes pendientes en este mundo tridimensional, tu energía se fragmenta. Tal como muestra la figura 2.5, toda tu energía creativa se concentra en las cosas del mundo exterior que compiten por tu atención: el móvil, el portátil, la cuenta bancaria, la casa, el trabajo, los colegas, tu pareja, tus hijos, tus enemigos, tus mascotas, tus problemas de salud y tantas cosas más. Echa un vistazo a la figura 2.5. Es evidente que la mayor parte de la atención y la energía de las personas se centra en el mundo material del exterior. Este hecho suscita una pregunta: ¿cuánta energía resta en tu mundo interior de pensamientos y sentimientos para crear una nueva realidad?

ALLÍ DONDE ENFOCAS LA ATENCIÓN, INVIERTES TU ENERGÍA

Mundo exterior de la realidad física

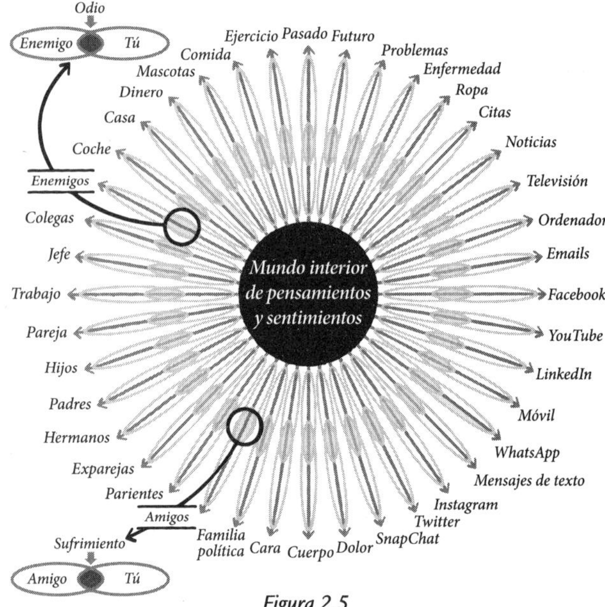

Figura 2.5

Cada persona, objeto, cosa, lugar o situación de nuestra realidad física cotidiana posee su propia red neurológica en el cerebro y un componente emocional vinculado, por cuanto forman parte de nuestra experiencia pasada. En ese proceso, nuestra energía queda enlazada a la realidad pasada-presente. De ahí que, si depositas la atención en todos esos elementos, la energía fluirá al exterior y apenas si contarás con energía en el mundo interior de pensamientos y sentimientos para crear algo novedoso en tu vida.

Mira las partes destacadas de la figura en las que dos óvalos crean una intersección. Representan cómo usamos distintos elementos de nuestro mundo exterior para reafirmar nuestra adicción emocional. Puede que recurras a tus amigos para reafirmar tu adicción al sufrimiento, o a tus enemigos para reafirmar tu adicción al odio. La figura plantea una pregunta: ¿por qué no usar toda esa energía creativa para crear un nuevo destino?

Considera un momento el hecho de que cada una de esas personas y cosas a las que prestas tanta atención son importantes en tu vida porque ya forman parte de tu experiencia. Como mencionaba antes, tu cerebro ha creado una red neurológica para cada uno de esos objetos. Puesto que están inscritas en tu cerebro, las percibes y las experimentas desde el pasado. Y cuanto más reproduces las experiencias, más automáticos y ricos se tornan los circuitos neuronales relacionados con ellos, por cuanto la redundancia fija y define los circuitos. Para eso sirve la experiencia: para enriquecer el cerebro. Así pues, cuentas con una red neuronal relacionada con tu jefe, una red neuronal para el dinero, una red neuronal para tu pareja, una red neuronal para tus hijos, una red neuronal para tu situación financiera, una red neuronal para tu casa, y redes neuronales para todas tus posesiones del mundo físico, porque has compartido experiencias con todas esas personas y cosas en distintos momentos y lugares.

Cuando divides la atención y, en consecuencia, la energía entre todos esos objetos, personas, problemas y temas del mundo exterior, no te queda energía para tu mundo interior de pensamientos y sentimientos. Así pues, no dispones de energía para la novedad. ¿Por qué? Porque lo que piensas y cómo te sientes crea, literalmente, tu realidad personal. De ahí que, si tus pensamientos y sentimientos están prefigurados por lo que ya conoces (lo conocido), seguirás creando la misma vida una y otra vez. De hecho, podríamos decir que tu personalidad ya no define tu realidad personal, sino que tu realidad personal define tu personalidad. El ambiente externo controla tus pensamientos y sentimientos. Y tu mundo interior de pensamientos y sentimientos es un calco biológico de tu realidad pasada-presente exterior, conformada por personas y objetos en determinados tiempos y lugares. Reproduces la misma vida constantemente porque llevas tu atención (pensamientos) y tu energía (sentimientos) al mismo sitio una y otra vez.

Además, si aquello que piensas y sientes emite una marca electromagnética que influye en todos los ámbitos de tu vida, estás proyectando siempre la misma energía electromagnética, por lo que tu vida nunca cambia. Podríamos decir que tu energía equivale a todo lo que conforma tu realidad presente-pasada; y estás recreando el pasado. Pero hay más. Cuando depositas toda la atención y energía en el mundo exterior y reproduces las mismas condiciones del mismo modo —en modo de estrés crónico, que suscita en el cerebro un estado de excitación constante—, tu mundo interior se desequilibra y tu cerebro empieza a experimentar dificultades para funcionar de manera eficaz. Y entonces ya no eres capaz de crear nada. En resumen, te conviertes en una víctima de tu vida en lugar de ser el creador.

Vivir bajo el efecto de las hormonas del estrés

Examinemos ahora en más detalle cómo acabamos siendo adictos a las emociones negativas; o, más exactamente, a lo que llamamos «hormonas del estrés». En el instante en que reaccionamos a una circunstancia del mundo exterior que nos parece amenazadora, tanto si la amenaza es real como imaginaria, nuestro cuerpo libera hormonas del estrés para movilizar enormes cantidades de energía que nos permitan hacer frente a dicha amenaza. En esos casos, el organismo se desequilibra; eso, precisamente, es el estrés. Se trata de una reacción sana y natural, porque en el pasado liberábamos un cóctel químico de adrenalina, cortisol y otras hormonas parecidas cuando nos topábamos con un peligro del mundo exterior. Tal vez nos persiguiera un depredador, por ejemplo, y tuviéramos que decidir a toda prisa si luchar, huir o escondernos.

Cuando entramos en modo de supervivencia, automáticamente nos convertimos en seres materialistas, que definen la realidad a partir de los sentidos; a partir de lo que vemos, oímos, olemos, palpamos y saboreamos. También nos concentramos al máximo en la materia; en nuestros cuerpos ubicados en un espacio y un tiempo determinados. Las hormonas del estrés nos inducen a enfocar toda la atención en el mundo exterior, porque *ahí* acecha el peligro. En tiempos prehistóricos, por supuesto, esta reacción suponía una ventaja. Era una respuesta adaptativa. Nos ayudaba a seguir con vida. Y una vez sorteado el peligro, cuando éste había pasado, los niveles de hormonas del estrés volvían a la normalidad.

En los tiempos modernos, en cambio, las circunstancias son muy distintas. Tras una llamada o un *email* del jefe o de un miembro de la familia que nos suscita una fuerte reacción emocional, como rabia, frustración, miedo, ansiedad, tristeza, sentimiento de culpa, sufrimiento o vergüenza, los primitivos mecanismos de huida o lucha se activan y reaccionamos igual que si nos persiguiera un depredador. Y esas reacciones químicas se prolongan en el tiempo de manera automática, porque la amenaza externa no desaparece. La verdad es que muchos de nosotros pasamos buena parte del tiempo en un estado de excitación constante. Sufrimos estrés crónico, como si el depredador, en lugar de vivir en la selva y enseñar los dientes de vez en cuando, viviera en la misma cueva que nosotros: un compañero de trabajo tóxico cuyo escritorio se encuentra junto al nuestro, por ejemplo.

Esa situación de estrés crónico no es adaptativa, sino de inadaptación. Cuando vivimos en modo de supervivencia y las hormonas del estrés como la adrenalina y el cortisol fluyen constantemente por nuestro cuerpo, permanecemos en estado de alerta en lugar de volver a la normalidad. Tal como demuestra la experiencia de Anna, relatada en el primer capítulo, cuando el desequilibrio se prolonga en el tiempo hay muchas probabilidades de que acabemos enfermos, porque el estrés a largo plazo regula a la baja la expresión sana de los genes. De hecho, nuestros cuerpos se acostumbran a la descarga química hasta tal punto de que se vuelven adictos a ella. El organismo la ansía.

Cuando nos hallamos en ese estado, el cerebro entra en alerta máxima según intentamos predecir, controlar y provocar resultados con la intención de incrementar nuestras posibilidades de supervivencia. Y cuanto más lo hacemos, más fuerte se torna la adicción y más nos identificamos con un cuerpo conectado a la identidad y el entorno, presos de un tiempo lineal. Sucede así porque consumimos toda la atención en ese proceso.

Cuando tu cerebro está sobreexcitado y vives en modo de supervivencia, desplazando tu atención al trabajo, las noticias, tu ex, tus amigos, los *emails*, Facebook y Twitter, activas cada una de esas redes neurológicas con gran rapidez (revisar figura 2.5). Si la situación se prolonga mucho tiempo, el gesto de estrechar el foco y desplazar la atención con frecuencia acaba por compartimentar el cerebro, que ya no funciona de manera equilibrada. Y cuando eso sucede, acostumbras al cerebro a activarse a partir de una pauta desordenada e incoherente, lo que le resta eficacia. Igual que un relámpago entre las nubes, las distintas redes neuronales se activan al tuntún, de modo que el cerebro trabaja de manera no sincronizada. El efecto sería parecido a un grupo de tamborileros que hicieran repiquetear sus tambores a la vez pero sin ritmo ni concierto. Hablaremos largo y tendido sobre los conceptos de coherencia e incoherencia más adelante, pero, de momento, baste decir que cuando tu cerebro se torna incoherente, lo mismo te sucede a ti. Si tu cerebro no funciona óptimamente, tú tampoco lo harás.

Cada uno de los objetos, las personas y los lugares del mundo exterior relacionados con una experiencia relevante de tu vida está vinculado a una emoción, porque las emociones —energía en movimiento— son vestigios químicos de la experiencia. Y si esas hormonas del estrés tan adictivas te acompañan la mayor parte del tiempo, podrías usar a tu jefe para reafirmar tu adicción a enjuiciar. Podrías usar a tus colegas para reafirmar tu adicción a competir. Podrías usar a tus amigos para reafirmar tu adicción al sufrimiento. Podrías usar a tus enemigos para seguir enganchado al odio, a tus padres para justificar tu dependencia del sentimiento de culpa, Facebook para seguir instalado en la inseguridad, las noticias para reafirmar tu adicción a la ira, a tu ex para justificar tu dependencia al resentimiento y tu relación con el dinero para reafirmar tu adicción a la escasez.

Eso significa que tus emociones —tu energía— están entreveradas, incluso vinculadas, con cada persona, lugar o cosa que experimentas en tu realidad conocida. E implica también que no dispones de energía para crear un nuevo empleo, otra relación, una situación económica más boyante, una nueva vida o un cuerpo sano siquiera. Te lo diré de otro modo. Si lo que piensas y lo que sientes determina la frecuencia y la información que emite tu campo de energía, que a su vez ejerce un efecto significativo en tu vida, y si toda tu atención (y, en consecuencia, tu energía) está vinculada al mundo exterior de personas, objetos, cosas, lugares y tiempo, no te queda energía en el mundo interior para los pensamientos y los sentimientos. De ahí que, cuanto más fuerte sea tu adicción a esas emociones, más enfocarás tu atención en las personas, los objetos, los lugares o las circunstancias de tu realidad externa. Y en el proceso perderás casi toda tu energía creativa y experimentarás pensamientos y sentimientos en consonancia con lo que ya conoces. Es muy difícil pensar o sentir cosas nuevas cuando eres adicto al mundo exterior. Y es muy fácil desarrollar una adicción hacia las personas y las cosas que son, precisamente, el origen de los problemas. Ésas son las situaciones que nos llevan a perder el poder y a desperdiciar la energía. Si revisas la figura 2.5, encontrarás unos cuantos ejemplos que muestran cómo creamos lazos energéticos con los distintos elementos de nuestra realidad externa.

Echa un vistazo a la figura 2.6. A la izquierda del diagrama verás dos átomos unidos por un campo invisible de energía. Comparten información. La energía los vincula. A la derecha del diagrama verás a dos personas que comparten una experiencia de resentimiento. También están unidas por un campo invisible de energía que las mantiene unidas. En verdad, comparten una misma energía y también una misma información.

Para separar dos átomos se requiere energía. Igualmente, si tu atención y tu energía están vinculadas a personas, lugares y objetos del mundo físico exterior, es evidente que hará falta energía y esfuerzo para romper esos lazos a través de la meditación. Este principio plantea una cuestión: ¿en qué medida tu energía creativa se encuentra supeditada al sentimiento de culpa, el odio, el resentimiento, la carencia o el miedo? La verdad es que podrías estar usando toda esa energía para crear un nuevo destino.

COMPARTIENDO ENERGÍA E INFORMACIÓN

Dos átomos vinculados para crear una molécula.

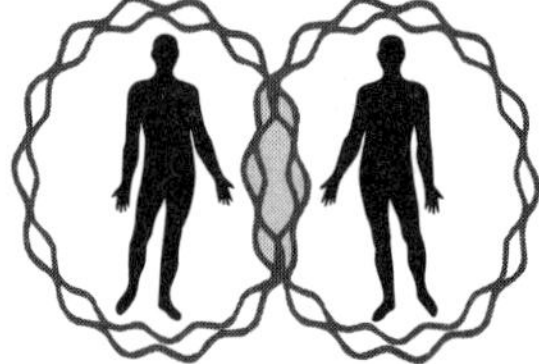

Dos personas vinculadas por las mismas emociones e idéntica energía, que comparten pensamientos e información.

Figura 2.6

Igual que dos átomos se unen para formar una molécula —que comparte energía e información—, cuando dos personas experimentan las mismas emociones y energía, y proyectan los mismos pensamientos e información, se vinculan también. En ambos casos, los dos elementos están unidos por un campo invisible de energía que los mantiene conectados. Si hace falta energía para separar esos átomos, también precisaremos energía y consciencia para desviar la atención de las personas y las circunstancias en las que hemos depositado tanta energía creativa.

Para hacerlo, tendrás que dejar de prestar atención a todos esos objetos de tu mundo exterior. Por eso usamos la meditación como paradigma de cambio de nuestro estado interno. Eso nos permite romper las asociaciones con todos y cada uno de los lugares, los objetos, las personas, los momentos y las circunstancias el tiempo suficiente como para desplazar la atención hacia el mundo interior. Una vez que hayas trascendido tu cuerpo emocional y hayas retirado la atención de los objetos conocidos del mundo exterior, podrás reclamar tu energía y romper los lazos con tu realidad pasada-presente (que es siempre la misma). Para ello tendrás que efectuar la transición de ser un cuerpo a ser un no-cuerpo, lo que implica retirar la atención del cuerpo, el dolor y el hambre. Vas a tener que pasar de ser alguien a no ser nadie (retirando la atención de tu identidad como pareja, padre o madre y empleado). Tendrás que pasar de prestar atención a algo a no prestarla a nada (olvidarte del móvil, de los *emails* y de prepararte una taza de café), de estar en alguna parte a no estar en ningún sitio (trascendiendo cualquier pensamiento sobre la silla en la que meditas o las citas que te aguardan) y de habitar un tiempo lineal a estar en el no tiempo (sin recuerdos que te distraigan ni pensamientos sobre el mañana).

No digo que el móvil, el portátil, el coche o la cuenta bancaria sean malos en sí mismos, pero cuando estás demasiado apegado a esas cosas y captan tu atención hasta tal punto que no puedes dejar de pensar en ellas (a causa de las fuertes emociones que llevan asociadas), esas posesiones te *poseen.* Y en ese caso no puedes crear nada nuevo. El único modo de hacerlo es aprender a recuperar toda esa energía fragmentada para poder trascender las emociones de supervivencia a las que eres adicto y que atan tu energía a la realidad pasada-presente. Una vez que hayas retirado la atención de esas circunstancias externas, los lazos energéticos y emocionales que te unen a ellas se debilitarán y dispondrás por fin de la suficiente energía como para crear un nuevo futuro. Eso va a requerir que cobres consciencia de dónde has estado invirtiendo la atención inconscientemente e, igual que si intentáramos separar dos átomos, dedicar cierta energía a romper conscientemente esos lazos.

La gente me cuenta en los talleres una y otra vez que el disco duro de su ordenador se ha echado a perder, que les han robado el coche, que han perdido el trabajo y que no tienen dinero. Cuando me hablan de todas esas pérdidas, ¿sabes lo que les digo? «¡Fantástico! Ahora tienes un montón de energía disponible para diseñar un nuevo destino.» Por cierto, si haces bien este trabajo y consigues recuperar tu energía, es probable que te sientas incómodo al principio, incluso que cunda cierto grado de caos. Prepárate, porque algunos aspectos de tu vida se van a hacer añicos. Pero no te preocupes. Sucede así porque has roto los vínculos energéticos que te unían a la antigua realidad. Todo aquello que no vibre en la misma sintonía que tu futuro se desmoronará. Acéptalo. No intentes recomponer tu antigua vida, porque estarás demasiado ocupado con el nuevo destino que vas a crear.

He aquí un gran ejemplo. Un amigo mío que era vicedecano de una universidad acudió a una reunión de junta unas tres semanas después de empezar los ejercicios de meditación. Mi amigo era la piedra angular de esa universidad. Los alumnos y los profesores lo adoraban. Entró en la reunión, se sentó… y lo despidieron. Así que me llamó y me dijo:

—Eh, no sé si el proceso de meditación está funcionando. La junta acaba de despedirme. ¿No me dijiste que si hacía el trabajo me pasarían cosas fantásticas?

—Óyeme bien —le contesté—. No te aferres a esas emociones de supervivencia, porque regresarás al pasado. Tú sigue buscando el momento presente y creando desde ahí.

Al cabo de dos semanas se enamoró de una mujer con la que se casó poco después. También recibió una oferta para el cargo de vicedecano de una universidad mayor y mejor, que aceptó agradecido.

Un año más tarde volvió a llamarme y me dijo que la facultad que lo había despedido le pedía que volviera, ahora como decano.

Así que nunca se sabe lo que nos depara el universo cuando la vieja realidad se desmorona y la nueva empieza a desplegarse. Lo único que te puedo asegurar es lo siguiente: lo desconocido nunca me ha fallado.

Cómo reclamar tu energía

Si vas a desconectar del mundo exterior, tendrás que aprender a modificar tus ondas cerebrales. Así que hablemos un poco de frecuencia de ondas cerebrales. La mayor parte del tiempo que pasas despierto y consciente las ondas de tu cerebro vibran en un espectro beta. Las ondas beta se dividen en frecuencias de espectro bajo, medio y alto. Las beta de frecuencia baja corresponden a los estados de relax, cuando no percibes amenazas del mundo exterior pero eres consciente de tu cuerpo en el espacio y el tiempo. Correspondería a tu actividad cerebral cuando lees, charlas tranquilamente con tu hija o escuchas una conferencia. Las de espectro medio corresponden a estados de mayor atención, como cuando conoces a un grupo de gente, te presentas por primera vez y tienes que recordar el nombre de todo el mundo. Estás más alerta, pero no te sientes estresado ni totalmente desequilibrado. Considera las ondas beta de espectro medio como un estrés positivo. Las beta de espectro alto aparecen cuando las hormonas del estrés atacan con fuerza. Corresponden a cualquiera de las emociones de supervivencia, incluidas ira, alarma, agitación, sufrimiento, pena, ansiedad, frustración e incluso depresión. La frecuencia de las ondas beta de espectro alto es tres veces más alta que las de espectro bajo y el doble que las de espectro medio.

Si bien tu cerebro pasa buena parte de la vigilia en frecuencia beta, también entra en estado alfa a lo largo del día. Sucede cuando estás relajado tranquilo o cuando te encuentras en modo creativo, e incluso intuitivo; cuando ya no piensas ni analizas sino que imaginas o ensueñas, como si estuvieras en trance. Si las ondas cerebrales beta indican que buena parte de tu atención está enfocada en el mundo exterior, las ondas alfa señalan que has desplazado el foco al mundo interior.

Las ondas cerebrales de frecuencia zeta aparecen en el duermevela, ese estado crepuscular en el que la mente sigue despierta pero el cuerpo ya ha desconectado. Esta frecuencia se relaciona también con los estados profundos de meditación. Las ondas delta suelen aparecer durante el sueño profundo y restaurador. Sin embargo, a lo largo de los últimos cuatro años, mi equipo de investigación y yo hemos registrado varios casos de ondas delta muy profundas durante la meditación. Los cuerpos de estos alumnos duermen profundamente y no están soñando, pero los escáneres muestran que sus cerebros procesan altas amplitudes de energía. La consecuencia de este estado, según los testimonios, es una profunda experiencia mística de unidad, durante la cual se sentían conectados con todos y con todo en el universo. Mira la figura 2.7 para comparar los distintos tipos de ondas.

Una frecuencia de onda de tipo gamma indica lo que yo denomino un estado de supraconsciencia. Esta energía de alta frecuencia se manifiesta cuando el cerebro se activa a consecuencia de un acontecimiento interno (uno de los ejemplos más claros serían los estados meditativos en los que tienes los ojos cerrados pero entras en el interior de ti mismo) en lugar de hacerlo por algo que ocurre fuera del cuerpo. Hablaremos más de las ondas gamma en los capítulos siguientes.

Uno de los mayores desafíos que afrontan las personas a la hora de meditar es el paso de un estado beta alto (e incluso medio) a otro alfa y zeta. Sin embargo, este paso es vital, por cuanto en las frecuencias más bajas el sujeto deja de prestar atención al mundo exterior y a las distracciones que atrapan su mente en situaciones de estrés. Y cuando cesa de analizar y urdir estrategias, con el fin de prepararse para el peor de los casos de un futuro basado en los peores recuerdos del pasado, disfruta de la oportunidad de estar presente, de existir únicamente en el ahora.

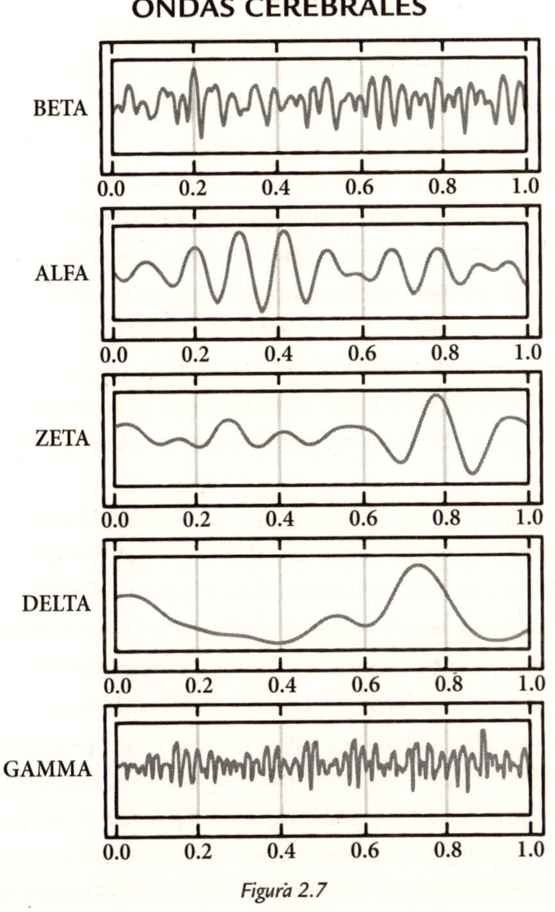

Figura 2.7

Comparación entre distintas ondas cerebrales.

¿No sería maravilloso, durante una meditación, cortar las asociaciones con todos los elementos del entorno exterior, trascender el cuerpo, los miedos y las obligaciones y olvidarte tanto del pasado conocido como del futuro previsible? Si lo haces bien, incluso perderás la noción del tiempo. Según vayas superando los pensamientos automáticos, las emociones y los hábitos adquiridos, sin duda lo lograrás: te proyectarás más allá de tu cuerpo, de tu entorno y del tiempo. Debilitarás los lazos energéticos que te atan a tu realidad actual y accederás al momento presente. Sólo allí es posible reclamar la propia energía.

Eso requiere cierto esfuerzo (aunque con la práctica se va volviendo más sencillo) porque vives inundado de hormonas del estrés la mayor parte del tiempo. Así que vamos a examinar lo que pasa cuando, en el transcurso de la meditación, no logras acceder al momento presente. De ese modo sabrás cómo afrontar el problema cuando suceda. Como comprenderás, dominar esta habilidad es importante porque, si no eres capaz de superar el estrés, los problemas y el dolor, no podrás crear un futuro libre de esas condiciones.

Pongamos que estás meditando y tu pensamiento empieza a divagar por su cuenta. Estás acostumbrado a ese tipo de pensamiento porque llevas años practicando y depositando la atención en las mismas personas y cosas ubicadas en los mismos lugares y tiempos. Y también hace mucho que abrigas automáticamente las mismas viejas emociones con el fin de reafirmar la misma personalidad que está vinculada a tu realidad personal de siempre. Es decir, llevas largo tiempo condicionando repetidamente tu cuerpo para que viva en el pasado. La única diferencia es que ahora, como te has propuesto meditar, tienes los ojos cerrados.

Y mientras estás ahí sin ver nada, tampoco ves a tu jefa físicamente. Pero tu cuerpo desea experimentar la rabia que te genera, porque cada vez que la miras en el mundo material —cincuenta veces diarias, cinco días a la semana— sientes ira o amargura.

Igualmente, cuando recibes *emails* firmados por ella (lo que sucede diez veces al día) reaccionas inconscientemente del mismo modo, así que tu cuerpo se ha acostumbrado a emplearla para reafirmar tu adicción a la ira. Quiere sumirse en esas emociones de las que depende e, igual que un adicto ansía la droga, el cuerpo ansía esas sustancias químicas a las que está habituado. Quiere guardarle rencor a tu jefa porque no te ha ascendido o juzgar a ese colega que siempre te pide favores. Y entonces empiezas a pensar en otros colegas que también te irritan y en otras razones que te llevan a enfadarte con tu jefa. Estás ahí sentado, intentando meditar, pero el cuerpo te boicotea. Y sucede así porque te está suplicando su dosis de viejas emociones, las mismas que sueles sentir cuando vas por la vida con los ojos abiertos.

En el momento en que te das cuenta de lo que se despliega en tu mente —de que estás prestando atención a esas emociones— adquieres consciencia de que estás invirtiendo la energía en el pasado (porque las emociones son vestigios de otro tiempo), así que puedes parar el proceso, volver al momento presente y retirar la atención y la energía del pasado. Pero luego, al cabo de un rato, empiezas a sentirte frustrado, enfadado y resentido otra vez, y de nuevo te das cuenta de lo que está sucediendo. Entonces te recuerdas que tu cuerpo quiere sentir esas emociones para reafirmar su adicción a ciertos compuestos químicos y te dices que dichas emociones generan en tu cerebro ondas beta de alta frecuencia; y te detienes. Y cada vez que interrumpes la explosión emocional, te relajas y regresas al momento presente, le estás diciendo a tu cuerpo que él ya no es la mente; ahora la mente eres tú.

Pero entonces la mente empieza a divagar pensando en las reuniones que te aguardan ese día y en los recados que tienes que hacer y en las tareas pendientes. Te preguntas si tu jefa ya habrá respondido al *email* y te acuerdas de que todavía no le has devuelto la llamada a tu hermana. Y hoy pasa el camión de la basura, así que tendrás que acordarte de sacarla. Y de repente eres consciente de que te estás anticipando al mañana, de que estás invirtiendo tu atención y tu energía en la misma realidad de siempre. Así que te detienes, vuelves al momento presente y, una vez más, retiras la energía de ese futuro conocido y previsible para ceder espacio al imprevisto en tu vida.

Echa un vistazo a la figura 2.8. Muestra que, cuando accedes al delicado punto del momento presente generoso, tu energía (representada por flechas) ya no se desvía al pasado y al futuro como hacía en la figura 2.3. Ahora has retirado la energía del pasado conocido y del futuro previsible. Ya no activas y conectas los mismos circuitos del mismo modo, y tampoco regulas ni envías señales a los mismos genes a través de las emociones de siempre. Si repites muchas veces este proceso, empiezas a recuperar la energía porque rompes los vínculos energéticos que te unen a tu realidad pasada-presente. Sucede así porque retiras la atención y la energía del mundo exterior para depositarla en el mundo interior. Ahora dispones de la energía que necesitas para crear algo nuevo.

Lo más normal sería que tu atención se despistara otra vez. Según permaneces sentado en postura de meditación, tu cuerpo se enfada y se impacienta porque quiere ponerse en movimiento. Al fin y al cabo, lo has programado para llevar a cabo la misma rutina cada día en cuanto se levanta. Quiere dejar de meditar, abrir los ojos y *ver* a alguien. Quiere *escuchar* las noticias de la tele o charlar con alguien por teléfono. Prefiere *desayunar* a seguir allí sentado sin hacer nada. Le gustaría *oler* el café saliendo de la cafetera, como cada mañana. Y le encantaría *sumirse* en las sensaciones de una ducha caliente antes de empezar el día.

CÓMO RECUPERAR LA ENERGÍA Y EL PODER

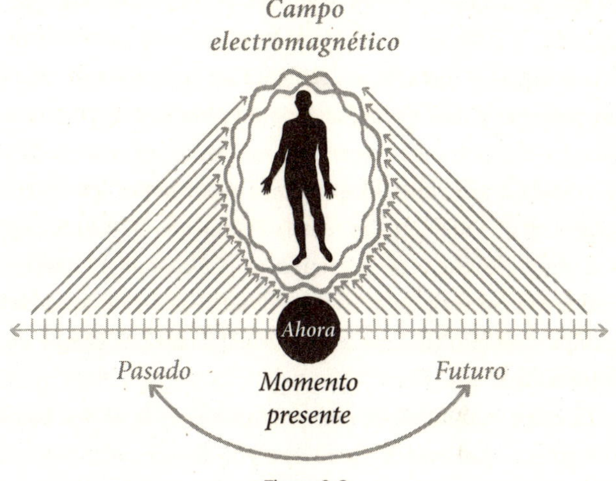

Figura 2.8

Según retiras la atención de tu realidad pasada-presente o de tu realidad futura previsible, recuperas la energía y fabricas tu propio campo electromagnético. Ahora dispones de energía suficiente para regenerar el cuerpo o para crear nuevas experiencias en tu vida.

El cuerpo desea experimentar la realidad física con los sentidos para tener acceso a alguna emoción, pero tu objetivo es crear una realidad en un mundo situado más allá de los sentidos, que no venga definido por el cuerpo y la mente sino por *ti* en cuanto que mente. Así pues, cada vez que cobres consciencia del programa, tendrás que devolver el cuerpo al momento presente. Él, por su parte, intentará retornar al pasado de siempre porque desea enzarzarse en un futuro predecible, pero tú lo traerás de vuelta. Cada vez que superas esos hábitos automáticos, tu voluntad vence al programa. Cada vez que vuelves al momento presente, igual que cuando enseñas a un perro a sentarse, estás creando en tu cuerpo las condiciones para una nueva mente. Cada vez que adquieres consciencia de tu programa y te abres paso hasta el ahora, estás declarando que tu voluntad es más poderosa que tu programa. Y si sigues devolviendo la atención (y, en consecuencia, la energía) al instante, si consigues ser consciente de cuándo estás presente y cuándo no, antes o después tu cuerpo tirará la toalla. Es el proceso de retornar al momento presente cada vez que empiezas a divagar lo que acaba por romper los vínculos energéticos que te unen a la realidad conocida. Y cuando regresas al ahora, lo que estás haciendo en realidad es trascender la identidad que te acompaña en este mundo físico y desplegarte en el campo cuántico (un concepto que explicaré con detalle en el siguiente capítulo).

La etapa más difícil de cualquier guerra es la última batalla. Eso significa que cuando tu cuerpo y tu mente estén rabiando, cuando te hagan creer que no puedes más y te pidan que renuncies y regreses al mundo de los sentidos, debes perseverar. Aférrate con decisión a lo desconocido… y antes o después empezarás a romper esa adicción emocional que te posee. Cuando dejas atrás el sentimiento de culpa, el sufrimiento, el miedo, la frustración, el resentimiento y la falta de amor propio, liberas tu cuerpo de las cadenas de los hábitos y las emociones que te anclaban al pasado; y, al hacerlo, desatas la energía para poder reclamarla. Cuando el cuerpo libera toda esa energía emocional que acumula, ya no actúa como si fuera la mente. Entonces descubres que justo al otro lado del miedo hay valor, que al otro lado de la falta hay plenitud y al otro lado de la duda hay conocimiento. Cuando accedes a lo desconocido y renuncias a la ira y al miedo, descubres amor y compasión. Es la misma energía, sólo que antes estaba atascada en el cuerpo y ahora está disponible para ti, que podrás usarla en diseñar un nuevo destino.

Así que cuando aprendes a trascenderte a ti mismo —o al recuerdo de ti mismo y de tu vida— rompes los vínculos que te atan a todas esas cosas, personas, lugares y momentos que te mantienen conectado con tu realidad pasada-presente. Y cuando por fin superas el miedo o la frustración y liberas la energía que estaba atrapada en el pasado, la atraes hacia ti. Y, según liberas esa enorme cantidad de energía creativa que permanecía anclada a las emociones de supervivencia —dentro de ti y a tu alrededor—, construyes un campo personal de energía en torno a tu cuerpo.

En nuestros talleres avanzados hemos registrado el efecto de recuperar la propia energía. Nuestros expertos emplean un aparato muy sensible llamado «máquina de visualización por descarga de gas» (GDV, del inglés *gas discharge visualization*). Esta máquina, que cuenta con un sensor especial denominado «antena Sputnik», desarrollado por el doctor Konstantin Korotkov, mide el campo electromagnético ambiental en las salas de conferencias con el fin de registrar los cambios de energía según avanza el taller. En el transcurso del primer día de nuestros talleres avanzados apreciamos en ocasiones una caída de los niveles de energía. Sucede porque, cuando empezamos a meditar y los alumnos rompen los vínculos energéticos con las personas y las circunstancias de su realidad cotidiana, absorben la energía. La extraen de un campo mayor para poder dedicarla a su propio destino, así que la energía general de la sala tiende a disminuir según los participantes empiezan a construir su campo individual en torno al cuerpo. Por otro lado, a medida que los miembros del grupo se trascienden a sí mismos a lo largo de ese primer día, generan por fin su propio campo de luz y, según su energía se expande con cada sesión, contribuyen a aumentar los niveles energéticos de la sala. A resultas de ello observamos por fin cómo aumenta la energía global. Para ver cómo se manifiesta este fenómeno, busca los gráficos 1A y 1B en el encarte en color.

Un modo de incrementar tus posibilidades de tener éxito en la meditación sería concederte tanto tiempo como para no sentir apremio en el transcurso de la experiencia. Cuando yo medito, por ejemplo, me concedo un par de horas. No siempre las consumo, pero me conozco lo bastante bien como para ser consciente de que, si dispusiese de una hora nada más, me pasaría el rato pensando que ese tiempo no va a ser suficiente. Si, en cambio, tengo dos horas por dclantc, puedo relajarme, con la tranquilidad de saber que dispongo de tiempo de sobra para acceder al momento presente. Algunos días encuentro la zona cero con rapidez, mientras que otros tengo que trabajar una hora entera hasta llevar mi cerebro y mi cuerpo al ahora.

Soy una persona muy ocupada. En ocasiones, cuando acabo de llegar a casa para disfrutar de tres días entre talleres y eventos, me despierto por la mañana y al momento empiezo a planear los temas que voy a tratar en las tres reuniones que me esperan ese día con distintos miembros del equipo. Luego me pongo a pensar en los *emails* que debería dejar escritos antes de acudir a esas reuniones. Y también tomo nota mental de las llamadas que tendré que hacer de camino al aeropuerto. Ya sabes a qué me refiero.

Cuando me encuentro en esta situación, pensando en las personas que voy a ver, en los lugares a los que debo acudir, en la rutina que me aguarda y, en suma, en mi realidad conocida, caigo en la cuenta de que estoy induciendo a mi cerebro y a mi cuerpo a creer que ese futuro ya ha sucedido. En el momento en que cobro consciencia de que me estoy fijando en un mañana predecible, dejo de anticiparme a los acontecimientos y me obligo a volver al momento presente con el fin de desencadenar y desprogramar esas redes neuronales. Tal vez me asalte alguna emoción, me impaciente o me frustre una pizca al pensar en algo que me pasó el día anterior. Y como las emociones son vestigios del pasado y mi energía acude allí donde deposito mi atención, me doy cuenta de que estoy invirtiendo mi energía en el pasado. Es posible también que las hormonas del estrés sobreexciten mi cerebro y que mi cuerpo entre en un estado beta de alta frecuencia. En esos casos intento relajarme para regresar al momento presente otra vez. Y cuando lo hago ya no estoy activando y conectando los mismos circuitos cerebrales de siempre, sino rescatando mi energía del pasado para volver a disponer de ella.

Y si soy consciente de que estoy generando los mismos pensamientos conocidos, ligados a sentimientos antiguos, en el instante en que me separo de esos sentimientos dejo de condicionar a mi cuerpo para que viva en el pasado y de enviar señales a los mismos genes. En consecuencia, como las emociones son restos de experiencias en cierto entorno, y como es el entorno el que organiza la conducta de los genes, en el momento en que dejo de experimentar esas viejas emociones estoy activando y enviando señales a otros genes de manera distinta. Y eso no sólo afecta a la salud de mi organismo, sino que prepara mi cuerpo para un futuro distinto, que ya no imita el pasado. Así pues, al inhibir los sentimientos de siempre, cambio el programa genético de mi cuerpo. Y como las hormonas del estrés, con el tiempo, regulan a la baja la expresión de los genes saludables y provocan enfermedades, cada vez que me animo a mí mismo a abandonar las emociones que me provocan estrés, impido que mi organismo renueve su adicción a las emociones estresantes.

Si lo hago correctamente —superar los antiguos pensamientos y emociones de mi pasado y futuro—, entonces el mañana previsible (así como el pasado conocido que empleaba para afianzarlo) deja de existir en todos los planos: energético, neurológico, biológico, químico, hormonal y genético. Ya no estoy activando las mismas redes neuronales ni las conecto de nuevo (porque he dejado de albergar recuerdos de personas y cosas en unas circunstancias determinadas), sino que regreso al momento presente, rescatando mi energía al hacerlo. Echa un vistazo a la figura 2.9 y verás cómo el pasado conocido y el futuro previsible han dejado de existir.

Me encuentro en la zona cero del presente generoso y dispongo de energía para crear algo nuevo. He generado mi propio campo de energía alrededor de mi cuerpo. Cada vez que dedico tiempo —en ocasiones horas enteras— a salir de mí mismo para ir en busca de esa región que conocemos como el eterno ahora, y consigo acceder a ella, pienso lo mismo: *Ha valido la pena.*

Momento presente generoso

Figura 2.9

Cuando te encuentras en la zona cero del momento presente generoso, tu pasado conocido y tu futuro previsible dejan de existir. Entonces puedes crear posibilidades inéditas en tu vida.

3

Cómo sintonizar con nuevas posibilidades en el cuanto

Desplazarse más allá del cuerpo, del entorno y del tiempo no es fácil..., pero vale la pena, porque una vez que desconectamos de la realidad tridimensional entramos en un plano totalmente distinto llamado *cuanto*, el ámbito de la posibilidad infinita. Describir esta realidad resulta un tanto complicado, porque es distinta a todo lo que conocemos en el universo físico. Las reglas de la física newtoniana, esto es, los mecanismos del mundo tal como lo concebimos, sencillamente, no sirven.

El campo cuántico (o unificado) es un campo invisible de energía e información —también podríamos decir «de inteligencia y consciencia»— que existe más allá del espacio y el tiempo. Allí no cabe nada físico ni material. Es ajeno a cualquier cosa que puedas percibir con los sentidos. Este campo unificado de energía e información gobierna las leyes de la naturaleza. Los científicos han tratado de cuantificar este proceso para que podamos entenderlo mejor, y no dejan de descubrir más y más al respecto.

Basándome en mis conocimientos y mi experiencia, creo que existe una inteligencia consciente hecha de energía, y que esta mente observa las galaxias y los universos. En ocasiones la gente aduce que mi idea carece de fundamento científico. Yo siempre respondo con la misma pregunta: ¿qué pasa después de una explosión? ¿Hay orden o desorden? La gente contesta en todos los casos que una explosión provoca desorden. Y yo sigo preguntando: ¿y por qué el Big Bang, la mayor explosión que se ha producido jamás, ha generado un orden semejante? Alguna inteligencia debe de estar dando forma a la energía y a la materia y unificando las fuerzas de la naturaleza para crear una obra de arte como ésta. Esa inteligencia, esa energía, es el cuanto o campo unificado.

Para intuir cómo funciona ese campo, imagina que retirásemos todas las personas y cuerpos de la Tierra, todos los animales, las plantas y los objetos físicos —tanto naturales como artificiales—, además de los continentes, los océanos y la Tierra misma. Imagina que luego eliminases los planetas, las lunas y las estrellas de nuestro sistema solar, incluido el Sol. E imagina que desaparecieran todos los sistemas solares de nuestra galaxia y, a continuación, todas las galaxias del universo. No hay aire, ni siquiera luz visible a los ojos. Tan sólo una negrura absoluta, vacío, el punto cero. Es importante que recuerdes esto, porque cuando seas una consciencia que se despliega en el momento presente del campo unificado estarás en una negrura infinita exenta de cualquier entidad física.

Ahora imagina que, además de no ver nada, careces de la capacidad de oír, sentir, oler o saborear, por cuanto accedes a esta región sin llevar contigo el cuerpo físico. Estás privado de tus sentidos. En el cuanto únicamente puedes existir siendo consciencia. O, mejor dicho, tan sólo puedes experimentar este ámbito con la consciencia, no con los sentidos. Y como la consciencia es presencia, y la presencia implica prestar atención y advertir, una vez que dejas atrás el mundo de los sentidos y prestas atención a la energía del campo cuántico, tu consciencia conecta con niveles más elevados de frecuencia e información.

Por extraño que parezca, el campo cuántico no está vacío. Es una región infinita rebosante de frecuencia y energía. Y toda frecuencia transporta información. Así pues, considera el campo cuántico una región de energía infinita que vibra en un plano distinto al mundo físico de la materia y los sentidos: invisibles ondas de energía que podemos emplear para crear. ¿Y qué podríamos crear, exactamente, con toda esa energía que flota en un mar de potencial ilimitado? Eso depende de cada cual porque, a grandes rasgos, el campo cuántico es un estado en el que *existen todas las posibilidades*. Y, como acabo de señalar, cuando estamos en el universo cuántico existimos tan sólo como *presencia* o *consciencia*: específicamente, una consciencia que observa o presta atención a una región de infinitas posibilidades contenidas en una consciencia todavía mayor y que vibran a un nivel de energía superior.

En este espacio vasto e infinito de consciencia no hay cuerpos, no hay personas ni materia, ni lugares ni tiempo. En vez de eso, un sinnúmero de posibilidades existen en forma de energía. Así que, en el instante en que piensas en circunstancias conocidas de tu vida regresas a esta realidad tridimensional de espacio y tiempo. Pero, si eres capaz de permanecer en la negrura de lo desconocido, podrás atraer imprevistos a tu vida. En el capítulo anterior, cuando te enseñaba cómo retornar al momento presente, me refería a que dejes de pensar en un mañana previsible o de recordar el ayer y, sencillamente, despliegues la consciencia en este espacio vasto y eterno; que dejes de enfocar la atención en nada ni nadie de esta realidad tridimensional, ni en tu cuerpo ni en las personas que conoces, tus posesiones, los lugares que frecuentas o el mismo tiempo. Si lo haces correctamente, no serás nada salvo presencia. Ése es el camino que te llevará hasta allí.

Ahora retrocedamos un poco para saber cómo descubrieron los científicos el universo cuántico, lo que sucedió cuando empezaron a estudiar el mundo subatómico. Se dieron cuenta de que los átomos, las piezas que conforman el universo físico, están formados por un núcleo rodeado de un gran campo electromagnético que contiene uno o más electrones. Este campo es tan grande en comparación con los minúsculos electrones que parece estar vacío en un 99,999999999999 por ciento. Sin embargo, como acabas de leer, todo ese espacio no está vacío en realidad, sino ocupado por un enorme despliegue de frecuencias energéticas que conforman un campo de información invisible e interconectada. Así pues, pese a su apariencia sólida, el universo tal como lo conocemos es en realidad energía e información en un 99,999999999999.[11] De hecho, la mayor parte del universo está constituido la por este espacio «vacío»; la materia es un componente infinitesimal en comparación con la inmensidad de la nada física.

Los investigadores pronto descubrieron que los electrones, esas partículas que se mueven en el vasto campo que rodea el núcleo, se comportan de un modo del todo impredecible; no parecen obedecer a las mismas leyes que rigen la materia en nuestro universo. Ahora están aquí y, al instante, aparecen allá. Por si fuera poco, es imposible predecir dónde y cuándo aparecerán. Sucede así porque, como finalmente descubrieron los investigadores, los electrones existen de manera simultánea en un escenario infinito de posibilidades o probabilidades. Sólo cuando el observador presta atención y busca una «presencia» material, ese campo de energía invisible se plasma en una partícula que conocemos como electrón. Se trata de lo que ha dado en denominarse *colapso de la función de onda* o *evento cuántico*. Sin embargo, tan pronto como el observador desvía la atención, deja de observar el electrón y retira el pensamiento de la materia subatómica, éste muda en energía otra vez. Dicho de otro modo, la partícula de materia física (el electrón) no existe a menos que lo observemos; que le prestemos atención. Y, en el instante en que dejamos de mirarlo, muda en energía otra vez (concretamente, en una frecuencia energética, esa que los científicos denominan «onda») y se transforma en posibilidad. En ese sentido, mente y materia están íntimamente

---

11. N. Bohr, «On the Constitution of Atoms and Molecules», *Philosophical Magazine*, vol. 26, n.º 151, págs. 1-25, 1913.

ligadas en el cuanto. (Por cierto, igual que nosotros, como consciencias subjetivas, materializamos el electrón cuando lo observamos, existe una consciencia universal objetiva que nos observa a nosotros y nuestra realidad tridimensional para darle orden y forma.)

En lo que a ti concierne, todo ello implica lo siguiente: si contemplas tu vida día tras día desde el mismo nivel mental, previendo el futuro a partir del pasado, estás plasmando infinitos campos de energía en patrones de información, siempre los mismos, que conoces como tu vida. Por ejemplo, si te despiertas y piensas: *¿Siento dolor?*, ese dolor que siempre te acompaña pronto se manifestará, porque así lo esperabas.

Imagina lo que pasaría si fueras capaz de dejar de prestar atención al mundo físico y al entorno. Como decíamos en el capítulo anterior, cuando desvías la atención de tu cuerpo te conviertes en un ser sin materia y ya no tienes acceso a los sentidos (ni manera de usarlos). Cuando desvías la atención de las personas que conoces te conviertes en nadie, así que dejas de poseer una identidad en tanto que padre, pareja, hermano, amigo. Ya no tienes profesión, ni religión, ni tendencias políticas, ni nacionalidad. Careces de raza, género, orientación sexual o edad. Cuando retiras la atención de los objetos y los lugares que pertenecen al plano físico, devienes nada en ninguna parte. Y, por fin, si retiras la atención del tiempo lineal (definido por un pasado y un futuro), sales del tiempo; es decir, habitas el momento presente, donde existen todas las posibilidades del campo cuántico. Como ya no te identificas ni estás conectado con el mundo físico, ya no intentas influir en la materia a través de la materia; trasciendes el mundo físico y tu propia identificación como cuerpo ubicado en el espacio y en el tiempo. En un sentido muy real, te encuentras en la oscura inmensidad del campo unificado, donde nada material tiene cabida. Ése es el efecto más inmediato de meditar con asiduidad para acceder al momento presente que describía en el capítulo anterior.

En cuanto eso sucede, despliegas tu atención y tu energía en un campo desconocido que se extiende más allá de la materia, el mismo que alberga todas las posibilidades; un campo constituido tan sólo por frecuencias invisibles que transportan información o consciencia. E igual que los científicos cuánticos descubrían que el electrón mudaba en energía y posibilidad en el instante en que desviaban la atención de él, si desvías la atención de tu vida o superas los recuerdos, tu existencia mudará en posibilidad. Resumiendo, si te concentras en lo que ya conoces, obtendrás más de lo mismo. En cambio, si te fijas en lo desconocido, creas posibilidad. Cuanto más te detengas en el campo de infinitas posibilidades en tanto que consciencia —consciente de estar presente en esa oscuridad sin fin— sin prestar atención a tu cuerpo, a los objetos, a las personas, a los lugares y al tiempo, más energía invertirás en lo imprevisible y más posibilidades tendrás de crear nuevas experiencias en tu vida. Es una ley.

Cambios cerebrales

Cuando cruzas el umbral del campo cuántico no puedes llevar tu cuerpo contigo. Debes entrar como un ser inmaterial, pura presencia o consciencia, una idea o posibilidad que deja atrás el plano físico y vive tan sólo en el momento presente. Como decía en el capítulo anterior, el proceso requiere que superes tu adicción química (cuando menos, de manera temporal) a las emociones que suelen guiar tus pensamientos y transformes tus sentimientos. Sólo así podrás dejar de prestar atención al mundo tridimensional de la materia (la partícula) para colocarla en la energía o posibilidad (la onda). Teniendo en cuenta todo eso, no te sorprenderá saber que ese tipo de experiencias generan cambios altamente significativos en el cerebro.

En primer lugar, puesto que te percibes a ti mismo más allá del mundo físico y, en consecuencia, no puedes prever un peligro exterior, el cerebro pensante —la neocorteza, sede de la mente consciente— ralentiza su actividad y trabaja de forma más holística. Antes hemos explicado que vivir en estado de estrés genera un patrón muy desordenado e incoherente de ondas cerebrales (lo que a su vez impide que el organismo funcione con eficacia) porque, en esa situación, intentamos controlar y predecir lo que nos pueda salir al paso. Nos concentramos en exceso y desplazamos la atención de una persona a una cosa y a un lugar en un momento determinado, activando así las diversas redes neurológicas asignadas a cada uno de estos elementos conocidos.

Una vez que accedemos al momento presente y cobramos consciencia de la existencia de este campo de información infinito, en el que nada físico existe —este vacío eterno—, y una vez que dejamos de analizar o de pensar en algo, en alguien, en algún lugar o en cierto tiempo, cesamos también de activar los distintos compartimentos de redes neuronales. Y según nuestra consciencia se desplaza de un aspecto concreto (llámese objeto, persona, lugar, cuerpo, tiempo) del entorno y amplía el foco de atención, ahora prestando atención a la nada, al espacio, la energía y la información según cobra consciencia de la inmensidad del vacío infinito, el cerebro empieza a cambiar. Los distintos compartimentos que antes estaban subdivididos empiezan a unirse y a entrar en un estado mental integrado y coherente. Las distintas comunidades neuronales se despliegan para formar comunidades más grandes. Se sincronizan, se organizan y se integran. Y, *en el cerebro, sincronización implica conexión*. Una vez que el cerebro adquiere coherencia, *tú* te tornas coherente. Cuando se ordena, *tú* te ordenas; cuando funciona bien, *tú* funcionas bien. En suma, cuando trabaja de manera más holística, tú te sientes más integrado. Dicho de otro modo, cuando empiezas a conectarte con el campo unificado desde la consciencia (cuando cobras más consciencia de la existencia de este campo porque le prestas atención), tu biología se torna a su vez más integrada y unificada, porque el campo cuántico es, por definición, energía unificadora.

Para poder apreciar más claramente la diferencia entre coherencia e incoherencia, echa un vistazo al gráfico 2 del encarte en color, así como a la figura 3.1. Como verás, cuando las ondas cerebrales son coherentes, están en fase con las demás; tanto los picos (los puntos más altos) como las depresiones (los puntos más bajos) concuerdan. Como las ondas cerebrales coherentes son más ordenadas, también son más poderosas; podríamos decir que hablan el mismo lenguaje, siguen el mismo ritmo, bailan al mismo compás y comparten la misma frecuencia, así que se comunican con más facilidad. Están en la misma onda, literalmente. Cuando las ondas cerebrales son incoherentes, por otro lado, los mensajes o señales electroquímicos que envían a distintas zonas del cerebro y del cuerpo son confusos y erráticos, por lo que el organismo no puede operar de manera equilibrada y óptima.

El segundo cambio que experimenta nuestro cerebro cuando entramos en el cuanto se refiere a la frecuencia de ondas cerebrales, que pasan de beta a alfa y zeta coherentes. Este cambio es importante porque, cuando las ondas cerebrales vibran en una frecuencia más lenta, la consciencia se desplaza de la neocorteza, sede del pensamiento racional, al cerebro medio (el sistema límbico) y conecta con el sistema nervioso autónomo, que es el sistema operativo inconsciente del cuerpo (ver figura 3.2). Este último es la parte del sistema nervioso que se encarga de la digestión, la secreción de hormonas, la regulación de la temperatura corporal, el control del azúcar en sangre, el latido del corazón, la fabricación de anticuerpos contra las infecciones, la reparación de células dañadas y muchas otras funciones del organismo sobre las que, según los científicos, no poseemos control consciente. Básicamente, el sistema nervioso autónomo se encarga de mantenerte con vida. Su tarea principal consiste en mantener el orden y la homeostasis, lo que equilibra el cerebro y, en definitiva, el cuerpo. Cuanto más nos demoremos en el momento presente como consciencias sin cuerpo, sin identidad, sin materia, fuera del espacio y el tiempo, más integrado y coherente se torna nuestro cerebro. Es entonces cuando el sistema nervioso autónomo interviene y empieza a sanar el organismo; porque nuestra consciencia se funde con su consciencia.

DIFERENCIA ENTRE ONDAS CEREBRALES COHERENTES E INCOHERENTES

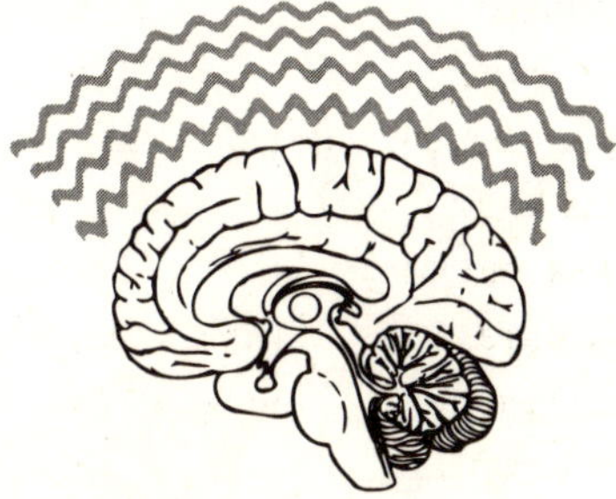

Ondas cerebrales coherentes

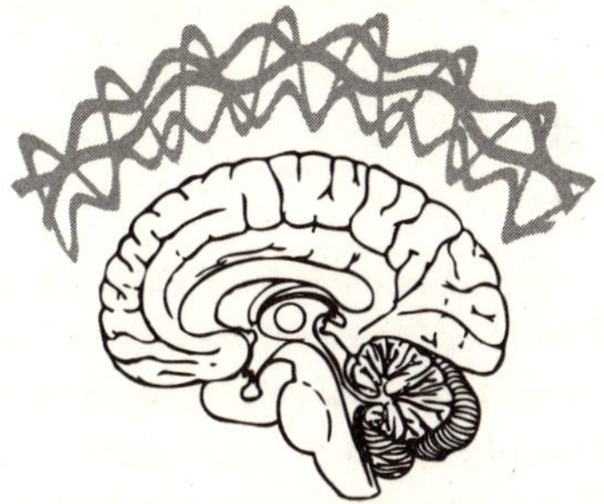

Ondas cerebrales incoherentes

Figura 3.1

Cuando retiramos la atención del mundo material y empezamos a abrir el foco al ámbito de lo desconocido, entrando así en el momento presente, el cerebro funciona de manera coherente. Cuando tu cerebro funciona con coherencia, trabaja de manera más holística y tú te sientes más integrado. En los momentos en que el cerebro se sobreexcita a causa de las hormonas del estrés, tendemos a cerrar el foco y a prestar atención a las personas, los objetos, las cosas y los lugares de nuestro mundo exterior conocido. En esa situación, el cerebro funciona de manera incoherente. Cuando el cerebro se desequilibra, te sientes más fragmentado y descentrado; vives sumido en la dualidad y en la separación.

EL FLUJO DE LA CONSCIENCIA SEGÚN CAMBIAN LAS ONDAS CEREBRALES

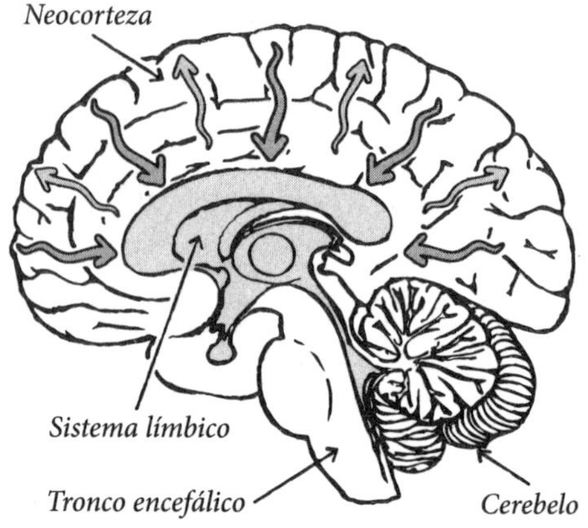

Figura 3.2

Según disminuye la frecuencia de tus ondas cerebrales y retiras la atención de tu cuerpo, el entorno y el tiempo, la consciencia abandona la neocorteza para dirigirse hacia el sistema límbico, que es la sede de tu sistema nervioso autónomo (representado por las flechas oscuras que señalan al centro del cerebro). Al mismo tiempo, según estos dos sistemas se entrecruzan, el sistema nervioso autónomo —cuya función es promover el equilibrio— interviene y crea coherencia en la neocorteza, la sede de la mente pensante (representado por las flechas claras que señalan a la zona exterior del cerebro).

En otras palabras, cuando habitas el momento presente, abandonas tu cotidianidad. Según devienes pura consciencia, pura presencia, y transformas tus ondas cerebrales de beta a alfa e incluso a zeta, el sistema nervioso autónomo —que posee mucha más capacidad para devolver la salud a tu cuerpo que la mente consciente— interviene y disfruta por fin de las condiciones para hacer limpieza. Este proceso crea coherencia cerebral. Si miras los gráficos 3A-3C del encarte en color, verás tres escáneres cerebrales distintos. El gráfico 3A muestra el escáner normal de unas ondas beta, las que aparecen en procesos habituales de pensamiento. El gráfico 3B corresponde a un alumno con el foco de atención abierto. Muestra ondas cerebrales alfa sincronizadas en coherencia. El gráfico C representa un estado de sincronía coherente zeta, más profundo.

Si, cuando te encuentras en ese estado, dejas de ahondar en lo conocido —tu vida tal como la conoces— para invertir energía en lo desconocido (igual que invertirías dinero en una cuenta bancaria), estás cediendo la entrada a posibilidades insólitas y desconocidas en tu vida. Igual que el electrón material se expande hasta tornarse energía inmaterial en el campo cuántico tan pronto como los científicos dejan de observarlo, si tú dejas de observar tu dolor, tu rutina y tus problemas, éstos se transforman en energía; en un número infinito de posibilidades, en puro potencial. Sólo cuando estás verdaderamente presente en esta poderosa región situada más allá de este espacio-tiempo (el lugar del que proceden todas las cosas) empiezas a experimentar verdaderos cambios.

En el transcurso de un taller avanzado de cuatro días de duración en Tacoma, Washington, celebrado en 2016, llevamos a cabo un experimento para demostrar cómo funciona el proceso. Registramos las ondas cerebrales de 117 participantes en el taller mediante el uso de electroencefalogramas.[12] Los EEG se efectuaron antes y después del taller. Pretendíamos detectar cambios en dos parámetros distintos de la actividad cerebral. El primer parámetro era el tiempo que tardaban los sujetos en alcanzar un estado meditativo, definido por la capacidad de generar ondas alfa durante un mínimo de quince segundos. Descubrimos que los participantes tardaban un 18 por ciento menos en entrar en estado meditativo al final del taller de cuatro días.

12. Church, Yang, Fannin *et al.*, «The Biological Dimensions of Transcendent States: A Randomized Controlled Trial».

El segundo parámetro que nos interesaba era el índice entre las ondas delta (asociadas con el acceso a niveles más profundos de la mente subconsciente) y las ondas beta altas (normalmente asociadas con altos niveles de estrés). Las personas ansiosas suelen mostrar niveles acusados de ondas beta altas y niveles más bajos de ondas delta. Queríamos comprobar si la meditación —en particular la capacidad de acceder a la región cuántica y convertirse en conciencia sin cuerpo, sin identidad, sin materia, fuera del espacio y el tiempo— mejoraba esos valores, y de hecho así fue. Los participantes mostraron niveles más reducidos de ondas beta altas (indicativos de un menor estrés) en un 124 por ciento e incrementaron sus niveles de ondas delta (indicativos de un mayor sentimiento de unidad durante la meditación) en un 149 por ciento. La cantidad de ondas beta altas disminuyó en favor de las ondas cerebrales delta en un 62 por ciento; y todo eso sucedió en el transcurso de tan sólo cuatro días. Mira la figura 3.3 para ver los resultados. Advertirás que algunos de los cambios que registramos superaban el cien por cien, lo que indica que los participantes experimentaron mejoras singularmente significativas con relativa rapidez. A eso lo llamo yo un cambio sobrenatural.

ESTUDIO DE TACOMA, WASHINGTON, SOBRE CAMBIOS CEREBRALES:

- *Velocidad para alcanzar un estado alfa estable......* ↑ *18%*
- *Índice de ondas delta a ondas beta........................* ↑ *62%*
- *Ondas beta altas..* ↓ *124%*
- *Ondas delta..* ↑ *149%*

Figura 3.3

El cuadro indica cambios de actividad de las ondas cerebrales según los registramos en el taller avanzado de Tacoma, Washington, en enero de 2016.

Transforma tu energía: el efecto de combinar una intención definida con emociones elevadas

Una vez que has accedido a la zona cero del presente generoso, donde existen todas las posibilidades del campo cuántico, ¿cómo plasmar una o más de esas realidades en potencia en el mundo tridimensional de la materia? El paso requiere dos elementos: una intención definida y una emoción elevada. La intención definida es exactamente eso: debes tener muy claro lo que quieres generar, ser lo más específico posible y describirlo al detalle. Pongamos que te gustaría irte de vacaciones. ¿A dónde quieres ir? ¿Cómo te propones llegar allí? ¿Quién te gustaría que te acompañara o con quién te gustaría reunirte, una vez en tu destino? ¿Qué tipo de alojamiento deseas? ¿Qué quieres ver o hacer? ¿Qué te apetece comer? ¿Y beber? ¿Qué tipo de ropa te vas a llevar? ¿Qué comprarás? Ya has captado la idea. Incluye todo lujo de detalles; cuanto más real sea la imagen, mejor, porque vas a asignar una letra como símbolo de posibilidad a todas esas circunstancias. Como te decía en el capítulo anterior, esos pensamientos, que conforman tu intención, son la energía *eléctrica* que envías al campo unificado.

Ahora debes combinar esa intención con una emoción elevada: amor, gratitud, inspiración, alegría, ilusión, asombro, fascinación, por citar únicamente algunos ejemplos. Tienes que sintonizar con el sentimiento que esperas experimentar cuando tu deseo se materialice y sentir la emoción *antes* de vivir la experiencia. La emoción superior (que acarrea una energía más poderosa) es la carga *magnética* que envías al campo. Y como acabas de leer, cuando combinas la carga eléctrica (tu intención) con la carga magnética (la emoción superior), creas una impronta electromagnética equivalente al estado de tu ser.

También podríamos describir esas emociones elevadas como emociones *sentidas*. Por lo general, cuando nos embargan emociones como las que acabo de mencionar tenemos la sensación de que se nos agranda el corazón. Sucede así porque la energía se desplaza a esa zona y, a resultas de ese movimiento, notamos físicamente esos maravillosos sentimientos que llevan implícita la intención de dar, cuidar, nutrir, confiar, crear, conectar, saberse seguro, servir y agradecer. A diferencia de las emociones del estrés (comentadas en el capítulo anterior), que reducen el campo invisible de energía e información que rodea tu anatomía, las emociones sentidas agrandan el campo energético del cuerpo. De hecho, la energía que se crea cuando abrimos el corazón aporta al órgano orden y coherencia, igual que le sucede al cerebro, así que genera un campo de energía mensurable.[13] A través de este gesto nos conectamos con el campo unificado. Y cuando sumamos una intención (la carga eléctrica) a esa energía (la carga magnética), creamos un nuevo campo electromagnético. Como la energía es frecuencia y toda frecuencia acarrea información, esa energía elevada transportará tu pensamiento e intención.

Recuerda: las posibilidades del campo cuántico existen únicamente como frecuencias electromagnéticas (frecuencias que transportan información) y todavía no las puedes percibir con los sentidos como si fueran materia. Es lógico, pues, que esa nueva señal que emites atraiga frecuencias electromagnéticas al campo vibratoriamente equivalentes. Dicho de otro modo, cuando tu energía vibra en armonía con la posibilidad existente en el campo unificado, empiezas a atraer esa nueva experiencia. Dará *contigo*, por cuanto tú te conviertes en el vórtice de tu porvenir. Por tanto, en ese sentido, no tienes que hacer esfuerzos por atraer lo que pretendes materializar y no hace falta que vayas a ninguna parte para conseguirlo (eso sería cambiar materia por materia). Debes convertirte en pura consciencia (un no-cuerpo, sin identidad, sin materia, en ninguna parte y fuera del tiempo) y transformar tu

13. Childre, Martin y Beech, *The HeartMath Solution.*

energía (la señal electromagnética que emites). Entonces atraerás la experiencia hacia ti (sustituyendo energía por materia). Literalmente, sintonizarás con la energía de un flamante futuro y, cuando lo hagas, el observador (el campo unificado) que te observa observando un nuevo destino apoyará tu creación. Echa un vistazo a la figura 3.4.

Antes de seguir avanzando, me gustaría retroceder para insistir en la importancia de las emociones elevadas para el buen resultado de esta ecuación. Al fin y al cabo, cuando decides atraer un futuro del campo cuántico, si lo haces desde una identidad de víctima o persona que sufre, se siente incompleta o es infeliz, tu energía no será congruente con lo que pretendes crear y no podrás reclamar ese nuevo destino. Eso es el ayer. Si defines al máximo tu intención, tu mente estará en el futuro, imaginando lo que desea. En cambio, si te sumerges en las emociones que te limitan, tu cuerpo se creerá aún inmerso en las mismas experiencias limitadoras del pasado.

Tal como comentábamos en el capítulo anterior, la emoción es energía en movimiento, y las emociones elevadas vibran en una frecuencia más alta que las emociones de supervivencia. Así pues, si quieres generar cambios, debes hacerlo desde un nivel de energía más elevado que la culpa, el dolor, el miedo, la ira, la vergüenza o la falta de autoestima. De hecho, una energía vibratoriamente inferior no puede atraer tu sueño. Tan sólo atraerá un nivel de consciencia equivalente a esas emociones que te limitan. De ahí que, si pretendes conseguir algo ilimitado, debas sentir que no hay límites. Si quieres crear libertad, tendrás que sentirte libre. Si de verdad pretendes regenerar tu cuerpo, tendrás que elevar tu energía hacia la plenitud. Cuanto más elevada sea la emoción que experimentas, más pura será la energía que emitirás y más influencia podrás ejercer en el mundo material. Y cuanto más pura sea tu energía, menos tiempo tardará tu deseo en manifestarse en tu vida.

TODAS LAS POSIBILIDADES DEL CAMPO CUÁNTICO EXISTEN EN EL MOMENTO PRESENTE COMO POTENCIALES REALIDADES ELECTROMAGNÉTICAS

Momento presente generoso

Figura 3.4

Una vez que accedemos al momento presente, se abren ante nosotros infinitas posibilidades que existen en el campo cuántico como frecuencias electromagnéticas. Cuando combinas una intención definida con una emoción elevada, emites una impronta electromagnética totalmente distinta al campo. Cuando tu energía vibre en armonía con la energía de esa posibilidad, cuanto más tiempo seas consciente de esa energía, con más fuerza atraerás esa experiencia. Cada letra representa una nueva posibilidad: R *se refiere a una relación.* T *es un nuevo trabajo.* P *representa un problema resuelto.* M*, una experiencia mística.* G *es una mente genial.* S *se refiere a salud.* A *es abundancia.* O*, una nueva oportunidad.*

Este proceso requiere que te relajes y permitas que una mente mayor que la tuya —la consciencia del campo unificado— organice un acontecimiento que sea adecuado para ti. Básicamente, tienes que retirarte a un lado. Las experiencias imprevistas parecen surgir de la nada porque se crean en la nada. Y pueden manifestarse de la noche a la mañana, por cuanto proceden de un ámbito que desconoce el tiempo lineal; me refiero, por supuesto, al campo cuántico, donde el tiempo no existe.

Un investigador francés llamado René Peoc'h demostró el poder de la intención con unos polluelos recién nacidos.[14] Cuando los pollitos rompen el cascarón, están programados por el fenómeno de la impronta para reconocer a su madre, a la que siguen a todas partes. Pero, si la madre no está presente en el momento del nacimiento, se vinculan al primer objeto que ven en movimiento. Por ejemplo, si un polluelo ve a un ser humano, lo seguirá a todas partes como si fuera su madre.

Para este experimento, Peoc'h construyó un tipo especial de generador digital aleatorio: un robot que giraría aleatoriamente hacia un lado u otro según avanzaba. El cincuenta por ciento de las veces tomaría el camino de la derecha, y el otro cincuenta, el de la izquierda. Como prueba de control, grabó los movimientos del robot sin que hubiera polluelos presentes. Descubrió que, con el tiempo, el robot acababa recorriendo las distintas zonas del terreno el mismo número de veces. A continuación, Peoc'h expuso a unos polluelos recién nacidos al robot. Tal como esperaba, el robot dejó su impronta en los pollitos como si fuera su madre, y éstos lo siguieron por todo el terreno. Cuando los animales se vincularon con el robot, el científico los encerró en una jaula con un lado descubierto, para que pudieran ver al robot pero no encaminarse hacia él.

Lo sucedido a continuación fue increíble: el deseo de los polluelos de estar cerca de la que creían su madre (en este caso, el robot) influyó en los movimientos al azar de la máquina. Ya no se despla-

14. «Mind Over Matter», *Wired* (1 de abril de 1995), https://www.wired.com/1995/04/pear.

zaba por todo el corral, sino que permanecía en la zona del terreno que se encontraba más cerca de los polluelos. (Ver figura 3.5.) Si la intención de un polluelo es capaz de influir en los movimientos de un robot, imagina lo que puedes conseguir tú si decides atraer un nuevo futuro.

RUTA DEL GENERADOR DE ACONTECIMIENTOS AL AZAR EN EL EXPERIMENTO DE RENÉ PEOC'H

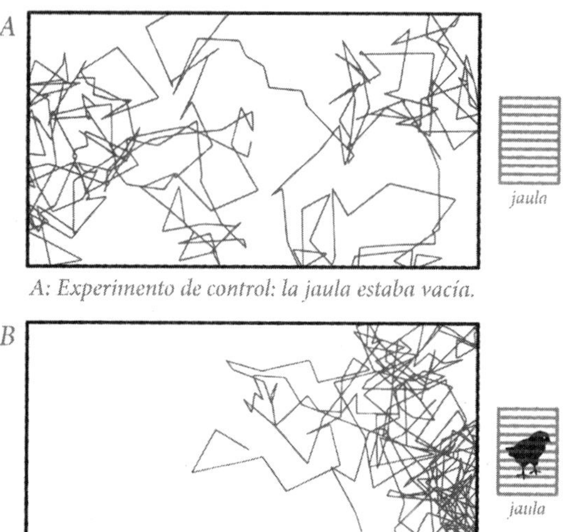

A: Experimento de control: la jaula estaba vacía.

B: Experimento sobre la intención: los polluelos con la impronta del generador de acontecimientos se encontraban en la jaula.

Figura 3.5

Ilustración de los resultados del experimento con polluelos de René Peoc'h. La caja marcada con una A representa el movimiento del generador de acontecimientos al azar cuando la jaula está vacía. La caja marcada con una B muestra los movimientos del mismo aparato cuando los polluelos se encuentran en la jaula situada a un lado del corral. Si la intención de los polluelos pudo influir en el generador de cambios al azar hasta el punto de mostrar una clara tendencia a avanzar hacia ellos, imagina tu capacidad para atraer un futuro novedoso hacia ti.

En el punto cero del campo unificado no sólo cobras consciencia de lo que ya existe, sino que puedes materializarlo a través de la atención y la intención. Allí, puedes ser un genio. Puedes nadar en la abundancia. Puedes disfrutar de buena salud. Puedes ser rico. Puedes protagonizar una experiencia mística. Puedes crear un trabajo maravilloso. Puedes resolver los problemas que te agobian.

Recuerda: todas esas posibilidades existen en forma de potencial electromagnético en el campo cuántico; no las vas a experimentar con los sentidos porque aún no han llegado a este espacio-tiempo. Únicamente existen como frecuencia o energía que transporta información. Para que la posibilidad se manifieste en este mundo tridimensional, debes sintonizar con ella y observarla. Y para hacerlo correctamente, tendrás que conectar con esa información y energía a través de tu propia energía e intención.

He aquí otra forma de contemplarlo: si estás integrado en la consciencia y la energía de todos los cuerpos, las identidades, las materias, los lugares y los tiempos de un inmenso campo unificado de posibilidades, observar una realidad en potencia en el cuanto es igual que cobrar consciencia de tu propia mano en el mundo físico; la conexión ya existe. Sintonizar con la energía del futuro y observar intencionalmente esa posibilidad en el cuanto fomenta que infinitos campos de energía colapsen en partículas (lo que conocemos como un acontecimiento cuántico), y este acontecimiento deviene una experiencia con capacidad para manifestarse en tu mundo físico y tridimensional.

Así pues, cuando dejas de meditar, de vuelta en este mundo tridimensional hecho de materia, como has experimentado la emoción elevada de antemano, retornarás a tu vida terrena sintiéndote igual que si tu deseo ya se hubiera manifestado o tu plegaria hubiera sido atendida. Te sientes conectado a niveles profundos con tu nuevo porvenir, seguro de que sucederá de un modo que no eres capaz de predecir (porque si pudieras predecirlo se convertiría en un suceso ya conocido y, por tanto, perteneciente al pasado). De hecho, te levantas como un nuevo ser; uno que se siente más energía que materia.

Pese a todo, debes seguir presente, porque en el momento en que bajas la guardia y empiezas a estresarte por lo que pueda pasar o cómo sucederá vuelves a tu antiguo ser: el mismo que intenta predecir el mañana a partir del ayer. Y entonces experimentas de nuevo las mismas emociones de siempre (con la misma energía inferior) que suscita los mismos pensamientos, un gesto que te atrapa una vez más en el mundo de lo conocido. Podríamos decir que desconectas de la energía de tu futuro en el instante en que te embarga la energía vinculada a las emociones del pasado.

Si, por el contrario, logras sintonizar con el potencial que has escogido una y otra vez y acabas por familiarizarte con él, serás capaz de conectar con esa posibilidad no sólo a través de la meditación, sino también cuando hagas cola en el banco. Conservarás la conexión cuando estés en mitad de un atasco. Podrás hacerlo cuando te estés afeitando, cuando estés cocinando o dando un paseo. Lo harás una y otra vez con los ojos abiertos, igual que haces cuando los cierras para meditar. Recuerda: cada vez que sintonizas con la energía de tu futuro en el momento presente, estás atrayendo ese mañana.

Y si lo haces correctamente y con la frecuencia suficiente, tu biología mudará de una realidad vinculada al pasado-presente a otra vinculada al presente-futuro. Es decir, transformarás neurológicamente tu cerebro que pasará de ser un registro del pasado a ser un mapa del porvenir. Al mismo tiempo, según muestras a tu cuerpo en el presente cómo se sentirá emocionalmente en el futuro, lo estás reprogramando para que experimente esa nueva emoción. De ese modo, enviarás señales a otros genes de manera distinta y tu cuerpo se transformará de acuerdo con ese futuro que has escogido con una intención definida como si el mañana ya hubiera tenido lugar. Biológicamente, ya estarás en el futuro.

Jace entra en el cuanto

Cuando mi hijo mayor, Jace, terminó sus estudios universitarios, entró a trabajar en una gran empresa de Santa Bárbara que fabricaba sofisticadas cámaras para el Ejército. A la finalización del contrato, se mudó a San Diego para colaborar en un proyecto incipiente. Al cabo de un tiempo, se dio cuenta de que la gestión de empresa no era lo suyo y decidió dejar el proyecto y viajar. Es un surfista consumado, así que ideó un plan que implicaba recorrer Indonesia, Australia y Nueva Zelanda durante siete meses. Hizo el equipaje, echó mano de sus tablas de surf y se marchó, y lo pasó en grande. Al cabo de seis meses, me llamó desde Nueva Zelanda y me dijo:

—Oye, papá, tengo que empezar a pensar qué haré cuando vuelva al mundo real. Quiero conseguir un trabajo mejor que los anteriores, pero me gustaría hacerlo de otra forma. He aprendido mucho en estos meses sabáticos.

—Muy bien —le respondí—. Sin duda existe alguna posibilidad en el campo cuántico relacionada con un nuevo trabajo para ti. Seguro que puedes conectar con ella. Coge un papel, escribe la letra T y garabatea dos líneas alrededor para representar el campo electromagnético.

(Espera un momento, porque te propondré que hagas algo parecido en la meditación que cierra este capítulo.) Cuando hubo terminado, le dije:

—La T simboliza una posibilidad; tu determinación de encontrar un trabajo que te guste. Pero ahora tenemos que definir con exactitud el tipo de trabajo que te gustaría desempeñar, así que vamos a hacer una lista de los aspectos que te parecen importantes. Quiero que pienses en lo que significa para ti esa T de nuevo trabajo. Debajo de la T, escribe la palabra *intención* y haz una lista de las condiciones que le pides al nuevo empleo. Puedes escribir todo lo que quieres, excepto cómo y cuándo sucederá.

—Quiero poder trabajar en cualquier parte del mundo —me reveló—, y quiero ganar lo mismo que en mi antiguo empleo, o más. Quiero firmar contratos temporales de seis meses a un año de duración, y quiero que *me encante* lo que hago.

—Bien. ¿Algo más? —le pregunté.

—Sí, quiero ser mi propio jefe y contar con un equipo —añadió.

—Vale, ahora tu intención está clara —le dije—. Cada vez que pienses en la letra T, ¿podrás asociarla con el significado que acabamos de asignarle, con todas las condiciones que acabas de enumerar?

Respondió que sí, que lo haría.

Entonces le pedí que imaginara cómo se sentiría cuando sucediera.

—Al lado o debajo de las subintenciones que acabas de redactar para determinar el tipo de trabajo que deseas —le sugerí—, quiero que escribas: «Emociones elevadas. La energía de mi futuro». Ahora, especifícalas, una a una. ¿Cuáles son?

—Empoderado, enamorado de la vida, libre y agradecido —me dijo, según identificaba las emociones elevadas que iba a emplear para atraer el empleo. Ahora sólo tenía que conseguir que todo se alineara. Echa un vistazo a la figura 3.6 para ver lo que hizo Jace.

—Tienes mucho tiempo libre ahora mismo. No estás haciendo nada, salvo surfear y disfrutar de tus vacaciones —observé—. Creo que te resultará fácil crear tu futuro. ¿Te comprometes a hacer lo necesario para proyectar una nueva impronta al campo cuántico cada día?

Accedió. A continuación le expliqué cómo acceder al momento presente, encontrar su centro y elevar la energía para que ésta transportase su intención al futuro.

—Visualiza el símbolo al mismo tiempo que proyectas la energía al espacio que se extiende más allá de tu cuerpo —le instruí—. Es igual que conectar una radio y sintonizar una frecuencia que transmite información. Cuanto más te demores en esa energía y más consciente seas de la energía de tu futuro, más probabilidades tienes de atraer la experiencia. Así que procura sintonizar con la energía del mañana a diario. Y recuerda, eso que proyectas al campo unificado implica un experimento con el destino. Cuando tu energía y la energía de ese potencial vibren al mismo tiempo, la posibilidad se manifestará. Así que, Jace, ¿podrás hacerlo?

—Sí —fue su respuesta.

INTENCIÓN CLARA + EMOCIONES ELEVADAS = NUEVA ENERGÍA

Intención

(Pensamientos)

1. *Trabajar en cualquier parte del mundo*
2. *Ganar la misma cantidad de dinero o más*
3. *Contratos de seis meses a un año*
4. *Amar mi trabajo*
5. *Ser mi propio jefe y contar con un equipo*

Emoción superior

(Sentimientos)

1. *Empoderado*
2. *Enamorado de la vida*
3. *Libre*
4. *Agradecido*

Figura 3.6

Así fue como mi hijo creó su nuevo trabajo. T *simboliza una novedad en potencia. A la izquierda, debajo de* Intención, *detalló las condiciones específicas que debía reunir su trabajo ideal. A la derecha, debajo de* Emoción superior, *escribió las emociones que experimentaría cuando su deseo se materializase. Combinando esos dos elementos, modificó su energía a diario para atraer el nuevo trabajo.*

—Y entonces, cuando lleves un tiempo bajo ese nuevo estado del ser, quiero que pienses en lo que vas a hacer cuando estés trabajando —proseguí—. ¿Qué decisiones tomarás? ¿Qué cosas harás? ¿Qué experiencias te aguardan y cómo te harán sentir? Quiero que vivas esa realidad futura en el momento presente. Limítate a recordar tu futuro desde el nuevo estado del ser.

Le estaba pidiendo a mi hijo que, igual que algunas personas tienden a obsesionarse a diario con el peor de los casos, se obsesionase con las vivencias maravillosas que experimentaría cuando ese nuevo trabajo acudiese a su encuentro.

—Piensa en la cantidad de tiempo que tendrás para surfear, en los viajes que harás constantemente, en el equipo de gente que trabajará contigo, en sus capacidades y en todo el dinero que podrás ahorrar para comprarte una casa o un coche —lo animé—. *Disfruta* recreando esas ideas a diario.

Igual que hicieran los pianistas y los culturistas del capítulo anterior, Jace estaba a punto de grabar en su cerebro y en su cuerpo la impronta de ese futuro soñado como si ya hubiera sucedido.

—Y como la energía se concentra allí donde enfocas la atención —continué—, quiero que inviertas tu atención y tu energía en ese nuevo futuro. E, igual que el cuerpo acompaña a la mente a la ducha cada mañana (a una experiencia conocida), si te mantienes fiel al proceso, tu cuerpo acompañará a tu mente a lo impredecible.

Jace accedió a meditar cada día.

Un mes más tarde, mi hijo regresó. En cuanto aterrizó en Los Ángeles, me envió un mensaje de texto que decía: «Eh, papá, ya he llegado a los Estados Unidos. ¿Podemos hablar?»

Vaya, pensé yo. *Ya estamos*. Así que lo llamé y le pregunté qué tal le iban las cosas.

—Muy bien —dijo Jace—. Pero estoy sin blanca. No sé qué voy a hacer.

El padre que hay en mí quería responder: «No te preocupes, hijo. Te ingresaré algo de dinero para que vayas tirando hasta que la situación mejore». Sin embargo, el maestro que hay en mí se impuso y contesté:

—Me parece fenomenal, porque ahora no vas a tener más remedio que crear algo. Estás en el ámbito de lo desconocido. Ya me dirás cómo va.

Y le colgué. Noté su desasosiego, pero conozco a mi hijo y sabía que se centraría y haría el trabajo.

Como estaba con el agua al cuello, tuvo que redoblar la apuesta. En esa época viajó a Santa Bárbara para visitar a sus antiguos compañeros de la universidad y unos cuantos decidieron pasar cuatro días en la nieve, haciendo *snowboard*, igual que hacían cada año. Cuando el puente llegó a su fin, pasó por Santa Bárbara antes de volver a casa y vio una tienda de surf. De súbito se encontró cara a cara con el mejor diseñador de quillas del mundo, que casualmente estaba allí.

Empezaron a charlar y, al poco, el diseñador le comentó a Jace:

—Estoy buscando un ingeniero para que diseñe quillas de tablas. Juntos revolucionaremos la industria del surf. Lo necesito de seis meses a un año, y tendrá libertad para trabajar como mejor le convenga; puede hacer lo que quiera. A mí, lo único que me importa es obtener un producto de calidad al final.

Ya imagináis cómo termina la historia. Jace consiguió el trabajo y firmó un contrato de un año que se renueva automáticamente. Gana más dinero ahora que en su antiguo empleo. Le encanta su profesión porque está loco por el surf. De vez en cuando me envía un mensaje diciendo: «No me puedo creer que me paguen por hacer esto». Es su propio jefe, trabaja cuando le viene bien y hace surf para probar las quillas. Está enamorado de la vida. No tuvo que mandar currículums, no tuvo que llamar por teléfono ni enviar *emails*, ni siquiera tuvo que pasar por una entrevista ni rellenar una solicitud. La experiencia *le salió al paso.*

Cuando nos convertimos en un no-cuerpo, nadie y nada, en ninguna parte y en el no-tiempo, dejamos de prestar atención a las distracciones del mundo exterior que nos impiden estar presentes en el campo unificado de consciencia que mora dentro de nosotros y a nuestro alrededor. Miramos hacia dentro y sintonizamos con una inteligencia que siempre nos acompaña. En el instante en que nos alineamos con esa consciencia omnipresente, igual que si nos mirásemos a un espejo, ella nos devuelve la mirada. Y por fin puede reflejar nuestro deseo, tal como se lo hemos mostrado. Cuanto más nos demoremos en esa región inmaterial e invirtamos la atención y la energía en ella, más nos acercaremos al campo unificado. Y cuando accedemos al altar de las posibilidades infinitas, cuando transformamos nuestra energía, estamos transformando nuestra vida.

Según avanzamos hacia ella y confiamos en lo desconocido —sin devolver la consciencia al mundo material de los sentidos en una realidad tridimensional—, mayor es nuestra sensación de integración y unidad. Este proceso empieza a rellenar el sentimiento de carencia, de separación, deshace la dualidad, borra la enfermedad y repara nuestra personalidad fracturada. Nuestra biología adquiere integridad a medida que nosotros nos sentimos más completos.

Al fin y al cabo, cuando uno está completo no hay carencia que valga. Nada nos falta. En ese instante, nos limitamos a observar todo aquello que ya existe en el campo cuántico de infinitas posibilidades o realidades en potencia y las manifestamos a través de la atención y la energía.

Así que ha llegado el momento de preguntarte: ¿qué experiencia, de las infinitas que existen en el campo cuántico, está esperando para *salirte* al paso?

Los preparativos para generar sintonía

Esta meditación requiere un poco de preparación previa. En primer lugar, quiero que pienses en una experiencia potencial que te gustaría protagonizar. Recuerda que, igual que el electrón antes de mudar en materia, la experiencia ya existe como energía o frecuencia en el campo cuántico. Y estás a punto de sintonizar con esta energía. Algunos de nuestros alumnos han conseguido reducir sus niveles de colesterol, sencillamente, conectando con la posibilidad. Sus marcadores cancerígenos han disminuido. Han logrado que sus tumores desaparecieran. También han creado empleos magníficos, vacaciones con todos los gastos pagados, relaciones sanas, más dinero experiencias profundamente místicas e incluso han ganado la lotería. Créeme, mi equipo y yo lo hemos presenciado. Así pues, ¡adelante, entra en el ámbito de lo desconocido!

Una vez decidida la experiencia que vas a crear, asígnale una letra mayúscula y escríbela en una hoja de papel. Considera esa letra un símbolo que representa esa posibilidad en concreto. Transcribirla al papel en lugar de limitarse a pensar en ella es importante, porque el gesto de escribir presta solidez a tu intención. A continuación garabatea dos líneas circulares alrededor de la letra. Estos garabatos representan el campo electromagnético que tendrás que generar alrededor de tu cuerpo para sintonizar con el potencial del cuanto.

Ahora, asígnale un significado a la letra para que tu intención sea todavía más precisa. Piensa unas cuantas condiciones específicas en relación con tu deseo y escribe un mínimo de cuatro. (Tan sólo deberás excluir cualquier mención al marco temporal.) Por ejemplo, si tu intención es conseguir un empleo fantástico, tu lista podría incluir lo siguiente:

- Ganar 50.000 euros más de lo que gano ahora.
- Dirigir un equipo de excelentes profesionales.

- Viajar por todo el mundo con unas dietas generosas.
- Disfrutar de un seguro médico excepcional y de acciones boyantes.
- Contribuir a mejorar el mundo.

Ahora, en la misma hoja de papel, escribe las emociones que experimentarás cuando esa posibilidad se haya manifestado. La lista puede incluir:

- Empoderado.
- Ilimitado.
- Agradecido.
- Libre.
- Asombrado.
- Loco por la vida.
- Dichoso.
- Valioso.

Sean cuales sean en tu caso, escríbelas. Y si piensas que no sabes cómo te vas a sentir porque no lo has experimentado, prueba con la gratitud; ese sentimiento suele funcionar de maravilla. La gratitud es una emoción muy poderosa a la hora de hacer realidad nuestros deseos, porque solemos sentirnos agradecidos después de recibir algo. Así pues, la gratitud en cuanto que impronta emocional implica que la situación ya se ha producido. Cuando te sientes agradecido o gratificado, te colocas en posición de recibir. En consecuencia, si acoges la gratitud, tu cuerpo, a través de la mente inconsciente que habita ya esa realidad futura, empezará a creer en el momento presente.

Las diversas emociones que has incluido en tu lista constituyen la energía que transportará tu propósito. No se trata de un proceso intelectual, sino visceral. Tienes que *sentir* de verdad esas emociones. Tienes que mostrarle a tu cuerpo, emocionalmente, qué sensaciones experimentará en el futuro antes de que las circunstancias se produzcan; y tienes que hacerlo en el momento presente.

Ahora, por fin, estás listo para la meditación. Puedes comprar el CD *Tuning In to New Potentials* o descargar el MP3 en **drjoedispenza.com** y seguir las instrucciones o meditar por tu cuenta.

Sintonizando con realidades posibles a través de la meditación

Empieza por dirigir la atención a las distintas partes del cuerpo, así como al espacio que las rodea (aprenderás más sobre esta técnica y por qué es tan importante en el siguiente capítulo, pero de momento basta con que sepas que concentrarse en el espacio que rodea el cuerpo sirve para modificar las ondas cerebrales, que pasan de un patrón incoherente de tipo beta a uno coherente de tipo alfa y zeta). Sé consciente del camino vasto e infinito que se extiende detrás de tus ojos en esta oscuridad eterna, del espacio que hay en el centro de tu cabeza, del espacio que queda entre la garganta y la nuca y, luego, más allá del espacio que ocupa tu cabeza. A continuación presta atención al centro de tu garganta, más allá de tu garganta y alrededor del cuello, al centro de tu pecho, al espacio que rodea tu cuerpo, a ese punto detrás del ombligo y, por fin, al espacio que rodea tus caderas en este infinito vacío negro. Detente en cada paso, concédete tiempo para sentirlo, para ser consciente de cada sensación desde la presencia.

Sé consciente de la vastedad del espacio que puebla la habitación que ocupas en el espacio. Luego, extiende tu consciencia a la vastedad del espacio que se extiende más allá de la habitación y, por fin, de la vastedad que todo ese espacio ocupa en el infinito a su vez.

Ahora ha llegado el momento de retirar la atención de tu cuerpo, del entorno y del tiempo para convertirte en un no-cuerpo, nadie, nada, en el no lugar y en el no-tiempo hasta devenir pura consciencia, hasta desplegarte como pura presencia en ese infinito espacio negro y en el campo inabarcable que alberga todas las posibilidades. Si te distraes, limítate a volver al momento presente (tal como hemos comentado en el capítulo anterior). Sigue desplegando este espacio inmaterial redirigiendo a él tu atención.

Piensa en la realidad en potencia con la que quieres sintonizar y que ya existe en el campo cuántico. Para ello, recuerda la letra. Siente la energía de ese futuro en potencia —dentro de ti y a tu alrededor— y conecta con tu mañana. Cuando lo hagas, te desplazarás a un nuevo estado del ser y emitirás al campo una marca electromagnética recién estrenada. Cuando tu energía y esa realidad en potencia vibren en la misma sintonía, la novedad saldrá a tu encuentro; no tendrás que hacer nada. Quiero dejarlo muy claro. Es posible que sean necesarias varias meditaciones para que tu oportunidad futura se manifieste. Podría suceder dentro de una semana, un mes o incluso más tiempo. La clave está en repetir la práctica hasta que suceda.

Una vez que hayas accedido a un nuevo estado del ser y emitas una nueva marca electromagnética, recuerda el futuro antes de que suceda y empieza a ensayar mentalmente cómo será, imaginando que ya vives en él. Procura experimentarlo como si fuera real. Evoca las emociones elevadas que has incluido en la lista para mostrarle a tu cuerpo cuál será su realidad emocional en ese futuro.

Ofrece tu creación a una mente más grande para plantar una semilla en el campo infinito de la posibilidad… ¡y déjala ahí! Para terminar, bendice tu cuerpo desde tu nuevo estado mental. Bendice tu vida, bendice tus desafíos, bendice tu alma, tu ayer y tu mañana. Bendice al ser divino que hay en ti, abre el corazón y da gracias por tu maravillosa vida antes de que se haya manifestado.

Despacio, devuelve la consciencia a la habitación y, cuando estés listo, abre los ojos. Levántate sin dejar de lado la sensación de que ese futuro que ansías ya ha sucedido… y permite que las sincronicidades y las oportunidades *te salgan al encuentro*.

4
La bendición de los centros de energía

Hemos hablado largo y tendido sobre luz e información o sobre energía y consciencia. Ha llegado el momento de profundizar un poco más en esos conceptos para explicarte cómo funciona la siguiente meditación. Como ya hemos aprendido, todo lo que forma parte del universo tal como lo conocemos emite o está compuesto de luz e información o energía y consciencia, que es otro modo de describir la energía electromagnética. De hecho, esos elementos están tan profundamente entrelazados que es imposible separarlos. Mira a tu alrededor. Por más que sólo veas materia —objetos, cosas, personas o lugares—, hay también un mar de infinitas frecuencias invisibles que transportan información codificada. Eso implica no sólo que tu cuerpo está compuesto de luz e información, de energía y consciencia, sino también que tú, en cuanto que ser consciente dotado de un cuerpo de luz organizada de manera gravitacional y que a su vez transporta información, envías y recibes constantemente frecuencias diversas, cada una de las cuales contiene señales distintas, igual que una radio o un teléfono móvil.

Toda frecuencia, como ya sabemos, transporta información. Párate a pensar un momento en las ondas de radio. Hay ondas de radio cruzando la habitación en la que estás sentado ahora mismo. Si encendieras un receptor, podrías sintonizarlo en una longitud de onda o señal específica, y luego un pequeño transductor recogería esa señal y la traduciría en sonidos audibles y comprensibles, como por ejemplo tu canción favorita, las noticias o un anuncio de radio. El hecho de que no puedas ver las ondas de radio en el aire no significa que no estén ahí, transportando información nítida en una frecuencia específica todo el tiempo. Si cambias de frecuencia, por poco que sea, y sintonizas otra emisora, llegará un mensaje distinto por esa longitud de onda.

Echa un vistazo a la figura 4.1A, que muestra el espectro luminoso al completo, con todas las frecuencias electromagnéticas de las que tenemos conocimiento. El espectro de luz visible —que muestra el abanico de colores que somos capaces de percibir— constituye menos del uno por ciento de todas las frecuencias de luz existentes, lo que implica que la mayoría de las frecuencias escapan a nuestra percepción y, en consecuencia, nuestros sentidos son incapaces de experimentar buena parte de la realidad de este universo tal como lo conocemos. Así pues, aparte de nuestra capacidad para percibir la luz que los objetos absorben o reflejan, la verdad es que tan sólo alcanzamos a ver un pequeño espectro de la realidad. Hay mucha información a nuestro alcance, al margen de la que podemos percibir con los ojos físicos. Recuerda que cuando me refiero a la *luz* estoy hablando de *cualquier* tipo de luz, lo que incluye la totalidad del espectro de frecuencias electromagnéticas —visibles e invisibles— y no la luz visible únicamente.

Por ejemplo, los rayos X existen aunque no los veamos. Lo sabemos porque poseemos la habilidad de crear rayos X y también de registrarlos. De hecho, el espectro de luz de los rayos X abarca un número infinito de frecuencias. Los rayos X vibran a una frecuencia más rápida que la luz visible y, en consecuencia, poseen más energía (porque, una vez más, cuanto más rápida es una frecuencia, mayor es su energía). La materia, por su parte, es la más densa de las frecuencias porque es la forma de luz e información más lenta y condensada.

ESPECTRO LUMINOSO DE FRECUENCIAS ELECTROMAGNÉTICAS

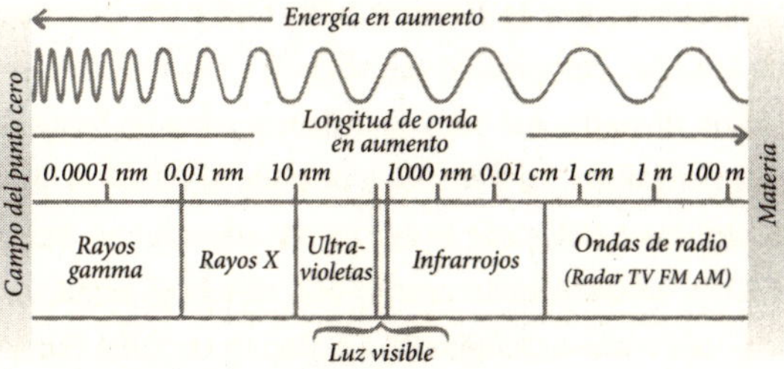

Figura 4.1A

La figura representa el espectro de frecuencias electromagnéticas al completo, desde el campo del punto cero hasta la materia, según se reduce la frecuencia. A medida que la energía se incrementa (o la frecuencia se acelera), la longitud de onda decrece. A medida que decrece la energía (o la frecuencia se reduce), la longitud de onda aumenta. En el centro, etiquetado como luz visible, *aparece el único espectro de realidad que percibimos.*

FRECUENCIA Y LONGITUD DE ONDA

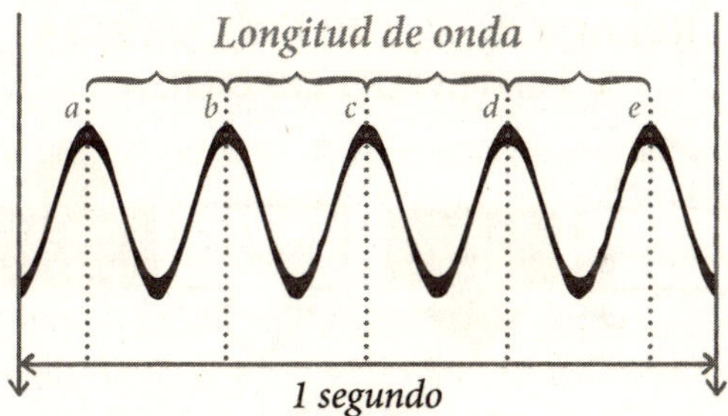

Figura 4.1B

Aquí vemos la relación entre la frecuencia y la longitud de onda. El número de ciclos de una onda completa (representado entre las letras a *y* b, b *y* c, *y así sucesivamente) es una longitud de onda. El espacio entre las dos flechas verticales que apuntan hacia abajo representa el intervalo de un segundo. En ese caso, como hay cinco ondas completas en el transcurso de un segundo, diríamos que la frecuencia es de cinco ciclos por segundo o 5 Hz.*

Echa un vistazo a la figura 4.1B. Desplaza la vista por la línea horizontal que discurre por los picos y los valles, empezando por la letra A y siguiendo por la B y por la C. Cada vez que llegas a la siguiente letra has completado tan sólo un ciclo, que corresponde a una longitud de onda. Así pues, la distancia entre las letras A y B es una longitud de onda. La frecuencia de onda se refiere al número de ondas completas o ciclos que se dan en un segundo y se mide en hercios (Hz). En consecuencia, cuanto más rápida es la frecuencia de una onda, más corta su longitud. La ecuación también funciona a la inversa: cuando más lenta es la frecuencia, más larga la longitud de onda (figura 4.1C). Por ejemplo, la luz del espectro de los infrarrojos posee una frecuencia más lenta que la luz ultravioleta, así que la longitud de onda de los infrarrojos es más larga y la longitud de onda de la luz ultravioleta es más corta. He aquí otro ejemplo, ahora extraído del espectro visible: el color rojo posee una frecuencia más lenta (450 ciclos por segundo) que el color azul (unos 650 ciclos por segundo). Así pues, la longitud de onda del rojo es más larga que la del azul.

**RELACIÓN ENTRE FRECUENCIA
Y LONGITUD DE ONDA**

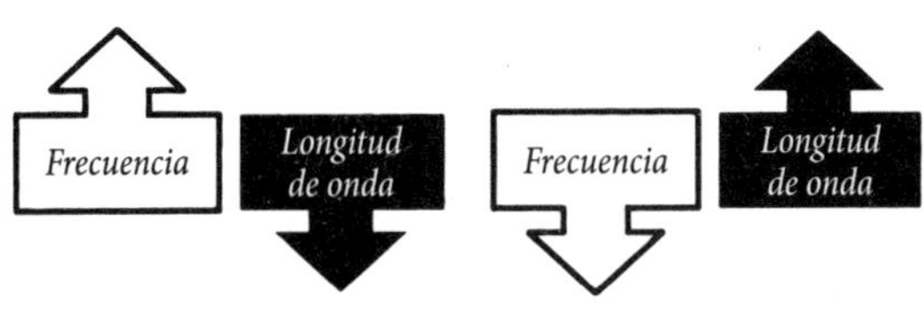

Figura 4.1C

Cuando la frecuencia se incrementa, la longitud de onda se acorta. Cuando la frecuencia disminuye, la longitud de onda se alarga.

A lo largo de la historia, los investigadores han intentado en numerosas ocasiones fotografiar y medir los campos lumínicos. Un ejemplo que destacar sería la fotografía Kirlian, una técnica descubierta en 1939 por el ruso Semyon Davidovitch Kirlian, electricista e inventor aficionado. Con esa técnica, Kirlian logró captar imágenes del campo electromagnético que rodea objetos vivos e inertes. Descubrió que, colocando una hoja de película fotográfica sobre una placa de metal, depositando un objeto sobre la película y aplicando una corriente de alto voltaje a la placa metálica, la película mostraba la descarga eléctrica que se producía entre el objeto y la placa. El resultado reveló una especie de aura resplandeciente alrededor del objeto fotografiado.

En uno de sus numerosos experimentos, Kirlian fotografió supuestamente dos hojas en apariencia idénticas, una procedente de una planta sana y otra de una planta enferma. La fotografía de la hoja sana mostraba un potente campo de luz en torno al objeto, mientras que la otra exhibía un resplandor mucho más tenue. La experiencia llevó a Kirlian a concluir que su técnica fotográfica podía emplearse para evaluar la salud. Si bien los científicos actuales cuestionan la utilidad de la fotografía Kirlian como herramienta de diagnóstico, la técnica se sigue investigando.

Un trabajo más reciente en esa misma línea procede del biofísico alemán Fritz-Albert Popp, que ha dedicado más de tres décadas a investigar los biofotones, minúsculas partículas lumínicas de baja intensidad que albergan y emiten todos los seres vivos. En 1996, Popp fundó el Instituto Internacional de Biofísica (IIB), una red de investigación dedicada al estudio de los biofotones que abarca laboratorios de más de doce países en todo el mundo. Popp y sus colegas del IIB piensan que la información contenida en esas partículas de luz, que se encuentran en el ADN, se comunican de manera particularmente eficaz con las células del organismo y, en consecuencia, ejercen un papel crucial en la regulación de las funciones orgánicas.[15] Dichos biofotones pueden ser detectados mediante una cámara sumamente sensible, diseñada para medir sus emisiones: cuanto más fuertes son

15. Popp, Nagl, Li *et al.*, «Biophoton Emission: New Evidence for Coherence and DNA as Source».

las emisiones, así como más intenso y coherente el campo de luz, mayor es la comunicación entre las células y más sano está el organismo.

Nuestras células se comunican entre sí con el fin de mantener la vida y la salud. Lo hacen intercambiando información crucial que transmiten en distintas frecuencias lumínicas. Popp descubrió que lo mismo sucede a la inversa: cuando una célula no emite suficiente energía organizada y coherente, pierde la salud; no es capaz de compartir información con otras células de manera eficaz y, privada de ese intercambio, presenta carencias. Así que la descripción mecanicista de los mecanismos internos de las células que nos enseñaron en el instituto ha quedado anticuada. Las moléculas cargadas que se atraen y se repelen no son las responsables del funcionamiento celular. La fuerza vital que rige esas moléculas es la energía electromagnética que la célula emite y recibe. Esta teoría aporta un enfoque vitalista que demuestra lo que somos en realidad.

Así pues, todo esto viene a significar que, literalmente, somos seres de luz, cada uno de los cuales irradia fuerza vital y emite un campo de luz a su alrededor. Y cada célula, a su vez, emite y contribuye a crear un campo de luz vital que transporta un mensaje. No es arriesgado decir, pues, que cuanto más definamos la realidad a partir de los sentidos, cuanto más vivamos a partir de principios materialistas, centrados en el aspecto físico (y, en consecuencia, más activemos las respuestas de estrés), más podríamos estar obviando una valiosa información. Sucede así porque si limitamos el foco de atención a la materia, los objetos, las cosas, las personas y los lugares del mundo exterior no somos capaces de percibir esas otras frecuencias que son invisibles a los ojos. Y si no cobramos consciencia de que están ahí, no existen para nosotros.

Como ya has leído y, espero, comenzado a experimentar a través de la meditación del capítulo anterior, tú eres capaz de sintonizar con ciertas frecuencias de tu entorno igual que puedes captar una emisora de radio en el 107,3. Si cierras los ojos y te sientas en silencio, ajeno al entorno (esas interferencias que, por lo general, te impiden percibir otras frecuencias), puedes llegar a percibir una señal nítida y a descifrar la información que contiene. Y si lo haces una y otra vez conectas con un nivel de luz e información distinto, que puedes emplear para influir o modificar la materia. Y cuando lo haces, tu cuerpo experimenta sintropía (orden) en lugar de entropía (desorden, deterioro físico y caos). En el momento en que acallas la mente pensante y analítica para sintonizar con esta información más ordenada y coherente, tu cuerpo, de manera automática, reacciona procesando un nuevo flujo de consciencia y energía, deviniendo así más eficiente, coherente y sano.

Foco convergente y divergente

Al principio de la meditación del capítulo anterior, te sugerí que prestaras atención a las distintas partes de tu cuerpo, así como *al espacio que rodea* cada una de esas partes. Ahora quiero ahondar en las razones que me llevan a pedirte eso mismo en casi todas las meditaciones. Cuando practicas este ejercicio, mejoras la capacidad de tu cerebro para centrar la atención de dos maneras distintas: mediante el foco convergente y el divergente.

El foco convergente es aquel que empleamos cuando centramos la atención en un punto concreto: en la materia. Cuando diriges la atención a una zona específica de tu cuerpo, estás recurriendo a este tipo de foco. Es el mismo que usas cuando atiendes a los objetos del entorno. Por ejemplo, cuando coges un vaso, llamas a alguien o le envías un mensaje de texto o te atas el zapato, estás empleando el foco convergente. Operar con este tipo de atención implica enfocar la mente en objetos y cosas (materia) y en personas y lugares del mundo exterior, principalmente tridimensionales.

¿Recuerdas lo que decíamos antes sobre vivir en modo de supervivencia, inundados de hormonas del estrés que nos ponen a punto para luchar o escapar? Cuando nos encontramos en ese estado, el foco de atención se estrecha *aún más*, porque, en situaciones de peligro, poner los cinco sentidos en el mundo físico y externo es crucial para la supervivencia. De hecho, nos volvemos materialistas en cuanto que definimos la realidad a través de los sentidos. Las distintas secciones del cerebro que normalmente cooperan entre sí empiezan a subdividirse y ya no se comunican de manera eficaz; dejan de funcionar como una unidad coherente (de manera metódica). Entran en un estado de incoherencia y envían mensajes incoherentes por la médula espinal a las diversas partes del cuerpo. Lo hemos visto una y otra vez en los escáneres que efectuamos para registrar las ondas cerebrales.

Y, tal como he explicado anteriormente, cuando el cerebro entra en un estado incoherente, tú te sumes en la incoherencia. Si tu cerebro no funciona bien, tú no funcionas bien. Es como si, en lugar de interpretar una bella sinfonía, tu cerebro y tu cuerpo creasen una cacofonía. Y, a causa de ese estado desequilibrado e incoherente, intentas una y otra vez controlar los acontecimientos de tu vida o provocarlos. Tratas de predecir un futuro basado en el pasado, y lo haces en parte prestando más atención a los objetos del mundo exterior que a los pensamientos y los sentimientos del mundo interior. Dicho de otro modo, te aferras a una atención convergente según das vueltas a lo mismo, obsesivamente. Así actúa el estrés. Te induce a obsesionarte con los problemas con el fin de prepararte para el peor de los escenarios posibles a partir de recuerdos del pasado. Prepararse para lo peor aumenta las posibilidades de supervivencia en un mundo poblado de peligros, porque, pase lo que pase, uno ya lo ha previsto.

Sin embargo, cuando abandonas este foco de atención limitado para adoptar otro más amplio y abarcador, como harás en la próxima meditación, adquieres consciencia del espacio, de la luz y de la energía que rodea tu cuerpo. Este tipo de atención se denomina «de foco divergente». Pasas de concentrarte en *algo* a concentrarte en *nada*; centras la atención en la onda (energía) en lugar de hacerlo en la partícula (materia). La realidad es onda *y* partícula; es energía y materia al mismo tiempo. Así pues, cuando practicas la atención convergente para poner el foco en distintas partes del cuerpo —reconociendo así la partícula— y luego abres el foco para percibir el espacio que rodea esas partes de tu cuerpo —reconociendo así la onda—, tu cerebro entra en un estado más coherente y equilibrado.

El acceso a la mente subconsciente

En la década de 1970, el doctor Les Fehmi, director del centro Biofeedback de Princeton, Nueva Jersey, descubrió cómo cambian las ondas cerebrales cuando el foco de atención muda de convergente a divergente. Fehmi, pionero en el campo de la atención y el *biofeedback*, buscaba un método para enseñar a las personas a transformar las ondas cerebrales beta (pensamiento consciente) en ondas alfa (estado relajado y creativo). La manera más eficaz de lograrlo, según descubrió, era ayudar a los sujetos a ser conscientes del espacio o la nada. Para ello, debían adoptar lo que él llamó un «foco de atención abierto».[16] La tradición budista lleva miles de años empleando este mismo método de meditación. Cuando abres el foco de atención y percibes información en lugar de materia, las ondas cerebrales pasan de beta a alfa. Es lógico que sea así, por cuanto, si estás centrado en sentir y percibir, dejas de pensar.

Según el cerebro pensante —la neocorteza— se retira, eres más capaz de cruzar la barrera de la mente analítica (también llamada «la mente crítica»), que separa la mente consciente de la subconsciente (ver figura 4.2). Cuando eso sucede, puedes acceder al sistema operativo del organismo (el sistema nervioso autónomo del que hablábamos en el capítulo anterior) al mismo tiempo que tu cerebro trabaja de manera más holística.

---

16 L. Fehmi y J. Robbins, *The Open-Focus Brain: Harnessing the Power of Attention to Heal Mind and Body*, Boston, Trumpeter Books, 2007.

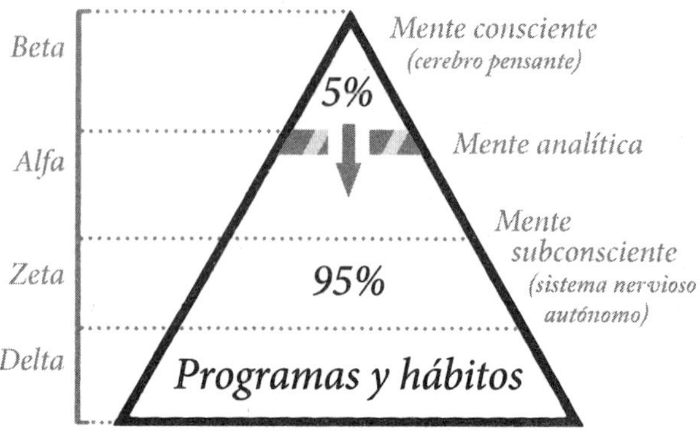

Figura 4.2

Uno de los principales propósitos de la meditación es cruzar la barrera de la mente analítica. Lo que separa la mente consciente del subconsciente es la mente analítica. Cuando las ondas cerebrales se ralentizan, dejas atrás la mente consciente y el cerebro pensante y, cruzando la barrera de la mente analítica, entras en el sistema operativo de la mente subconsciente, sede de los programas automáticos y los hábitos inconscientes.

Cuando pongas en práctica la meditación denominada «bendición de los centros de energía» que te enseñaré al final de este capítulo, te concentrarás en cada uno de tus centros de energía (también denominados *chakras* —que significa «ruedas»— en los antiguos textos védicos de la India) y luego abrirás el foco de atención. Y como la energía acude allí donde enfocas la atención, según desplaces la atención a cada centro y con ésta la energía, cada uno de los centros se irá activando.

A nadie se le escapa que las fantasías sexuales, por ejemplo, estimulan una zona muy concreta del cuerpo conforme la energía se desplaza hacia ese centro. En el proceso, los órganos, los tejidos, los compuestos químicos, las hormonas y las terminaciones nerviosas reaccionan. Si tienes hambre y piensas en comida, no es casual que tus jugos digestivos se pongan en funcionamiento, salives y tu cuerpo se prepare para la experiencia que le espera, porque la energía ha estimulado esa zona. Y si piensas en que vas a discutir con tu jefe o a regañar a tu hija, segregas adrenalina antes de que se produzca la confrontación real. En cada uno de esos casos, eso que estás pensando se transforma en experiencia. Ahondaré en el funcionamiento de este mecanismo en la siguiente sección, cuando abordemos los centros de energía uno por uno. De momento, me conformo con que sepas que el fenómeno se produce porque cada centro de energía genera su propia expresión hormonal, que a su vez activa los órganos, los tejidos y las células de la zona.

Así que imagina lo que pasaría si fueras capaz de apaciguar tus ondas cerebrales a través de la meditación y entrar en el sistema operativo de cada uno de estos centros de energía fijándote en el espacio que los rodea con un foco abierto. Cada uno de esos centros se tornaría más ordenado y coherente. Indicarían a las neuronas que creasen un nuevo nivel mental al mismo tiempo que activarían los órganos, los tejidos y las células de la zona a través de las hormonas y los mensajeros químicos de cada centro. Y si lo hicieras con regularidad, con el paso del tiempo empezarías a experimentar un cambio palpable y real en el plano físico.

Entre la comunidad de estudiantes que llevan a cabo este trabajo, las personas se han curado de infecciones crónicas de vejiga, problemas de próstata, diverticulitis, enfermedad de Crohn, alergias y sensibilidades alimentarias como la enfermedad celiaca, tumores de ovario, niveles elevados de enzimas hepáticas, reflujo ácido, palpitaciones, arritmias, asma, enfermedades pulmonares, problemas de espalda, trastornos de la tiroides, cáncer de garganta, dolor de cervicales, migrañas crónicas, dolores de cabeza, tumores cerebrales… y más. Hemos presenciado todo tipo de mejoras relacionadas con esta meditación en particular, en ocasiones después de una sola práctica. Esas sanaciones tan espectaculares se deben a que los alumnos consiguen transformar epigenéticamente la expresión de su ADN. Al conectar ciertos genes y desconectar otros, los genes expresan proteínas distintas en sus cuerpos físicos (tal como te explicaba en el segundo capítulo).

Cómo funcionan los centros de energía del cuerpo

Estamos a punto de observar de cerca cada uno de los centros de energía corporales, pero antes me gustaría ahondar un poco más en su funcionamiento. Considéralos centros de información aislados. Cada cual posee una energía específica que transporta un nivel de consciencia determinado, su propia emisión de luz que expresa una información muy específica o su propia frecuencia que acarrea cierto mensaje. Cada uno cuenta también con sus propias glándulas, hormonas y compuestos químicos y su propio plexo de neuronas. Considera esos racimos aislados de redes neurológicas una especie de minicerebros. Y si cada centro posee su propio cerebro, en ese caso tiene también una mente individual. (Echa un vistazo a la figura 4.3, que detalla la ubicación de cada centro así como la anatomía y la fisiología asociadas con éstos.)

Como has aprendido en el segundo capítulo, cuando la consciencia activa el tejido neurológico, crea mente. La mente es el cerebro en acción, de manera que, si cada uno de los centros de energía cuenta con un plexo de neuronas, en ese caso todos tienen una mente individual, o, más exactamente, cada centro posee una mente propia. La mente se activa a través de la energía dotada de dirección e intención; mediante un propósito consciente. Cuando cada uno de esos centros entra en funcionamiento, moviliza a su vez las hormonas, los tejidos, los compuestos químicos y las funciones celulares; y también emite energía.

Por ejemplo, cuando la energía activa tu primer centro (sede de las glándulas reproductoras), su mente funciona en una dirección y con una intención muy determinada. Y cuando tú, como ser consciente, albergas un pensamiento o una fantasía —que, por cierto, es consciencia aplicada al tejido neurológico—, antes de que te hayas dado cuenta tu cuerpo está cambiando en el plano fisiológico, lo que transforma también tu energía. Tu cuerpo segrega compuestos químicos y hormonas de las correspondientes glándulas con el fin de prepararte para el coito. La energía se concentra en ese centro, que libera su propia frecuencia específica con un mensaje intencional.

LOS CENTROS DE ENERGÍA

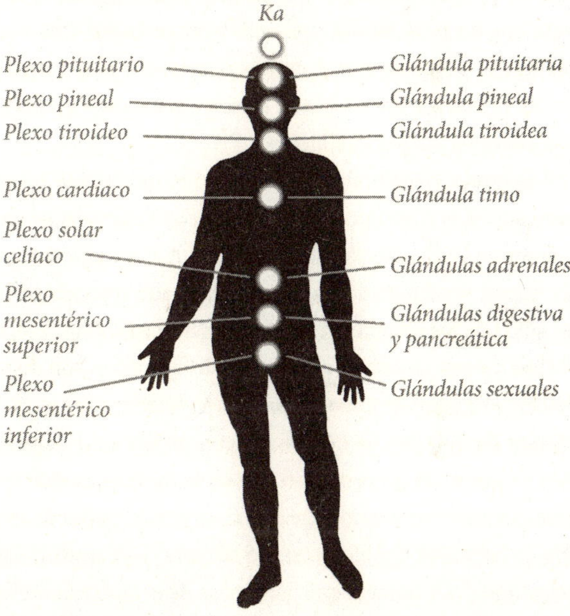

Figura 4.3

Cada centro de energía de tu cuerpo posee un reflejo biológico. Todos cuentan con sus propias glándulas, hormonas, mensajeros químicos e incluso minicerebros (un plexo de neuronas) y, en consecuencia, su propia mente.

Esa energía, cargada con la intención consciente, estimula el centro reproductor, y la mente del cerebro influye en la del cuerpo a través del plexo nervioso individual. La mente del cuerpo, desplazada a esa zona específica por mediación del minicerebro correspondiente, opera a nivel subconsciente a través del sistema nervioso autónomo. No la puedes controlar conscientemente. Podríamos decir que obedece al minicerebro que, en ese centro de energía, estimula las glándulas oportunas, las cuales a su vez estimulan las hormonas que suscitarán las reacciones químicas necesarias para cambiar el estado emocional y fisiológico del cuerpo. En esos casos, emanas una energía muy clara que emite una directriz muy específica desde ese centro. Todos hemos notado la energía que desprenden las personas muy sexuales. Una vez que la energía se desplaza por el tejido nervioso o plexo neuronal, crea una mente en ese nivel, de modo que cuando se activa, el centro posee su propia inteligencia.

El segundo centro también cuenta con una mente propia. Y cuando activamos su minicerebro y, en consecuencia, su mente, confiamos en lo que nos dicen las entrañas. En este centro tiene lugar la misma secuencia de acontecimientos que veíamos en el primero, sólo que los circuitos nerviosos, las hormonas, las reacciones químicas, las emociones, la energía y la información son distintas. De hecho, esta zona se conoce como *el segundo cerebro* a causa de los cientos de millones de neuronas y conexiones neurológicas que existen en ese nivel (más incluso que en la médula espinal o en el sistema nervioso periférico). De hecho, el 95 por ciento de la serotonina, la hormona del bienestar, no se aloja en el cerebro sino en los intestinos.[17] De manera que hacer caso de lo que te dicen las entrañas significa, literalmente, confiar en el instinto. Podría decirse

---

17. A. Hadhazy, «Think Twice: How the Gut's "Second Brain" Influences Mood and Well-Being», *Scientific American Global RSS*, 12 de febero de 2010, https://www.scientificamerican.com/article/gut-second-brain/.

que el cuerpo y el cerebro de ese centro son más de fiar que el cerebro y la mente analíticos, racionales y pensantes.

¿Y qué decir del centro del corazón? ¿Qué sucede cuando te guías por ese órgano? Igual que los dos primeros, el cuarto centro, ubicado en mitad del pecho, posee su propia frecuencia, sus propias hormonas, sus propios compuestos químicos y sus propias emociones, así como su propio minicerebro que se alimenta del campo de energía e información que lo rodea. Y cuando piensas con el corazón tiendes a ser más cariñoso, amable, inspirado, generoso, compasivo, altruista, agradecido, confiado y paciente. En el instante en que el minicerebro de ese centro recibe información parecida, envía instrucciones y mensajes a los órganos y los tejidos que se ubican en esa zona del cuerpo y tú irradias energía amorosa desde ese centro específico.

Ahora vamos a observar cada uno de esos centros con mayor detalle. Las funciones de algunos se solapan una pizca, pero en general, por poco que sepas del cuerpo humano, prácticamente se definen a sí mismos. Puedes revisar la figura 4.3 si lo juzgas necesario.

Secretos de los centros de energía

El *primer centro energético* gobierna la zona de los órganos sexuales, incluido el perineo, el suelo pélvico, las glándulas que están conectadas con la vagina o el pene, la próstata si eres un hombre, la vejiga, el intestino grueso y el ano. Este centro de energía está relacionado con la reproducción y la procreación, la evacuación, la sexualidad y la identidad sexual. Las hormonas estrógeno y progesterona en las mujeres y testosterona en los hombres guardan relación con el primer centro, que también está asociado con el plexo nervioso mesentérico inferior.

En él se concentra una cantidad tremenda de energía creativa. Piensa en la cantidad de energía que utilizas para crear un niño. Cuando este centro se encuentra en equilibrio, tu fuerza creativa fluye con facilidad y te sientes seguro de tu identidad sexual.

El *segundo centro de energía* se encuentra detrás del ombligo, un poco por debajo. Gobierna los ovarios, el útero, el colon, el páncreas y la parte baja de la espalda. Está relacionado con el consumo, la digestión, la eliminación y la transformación de los alimentos en energía (incluidas las enzimas y los jugos digestivos, así como las hormonas que equilibran los niveles de azúcar). Este centro también está conectado con el plexo nervioso mesentérico superior.

Tiene que ver con las redes y la estructuras sociales, las relaciones, los sistemas de apoyo, la familia, las culturas y las relaciones interpersonales. Considéralo el centro encargado de tomar y soltar; consumir o eliminar. Cuando este centro se encuentra en equilibrio, te sientes a salvo y seguro tanto en tu entorno como en el mundo.

El *tercer centro energético* se ubica en la boca del estómago. Rige el estómago, el intestino delgado, el bazo, el hígado, la vesícula biliar, las glándulas adrenales y los riñones. Las hormonas asociadas a este centro abarcan la adrenalina y el cortisol, las hormonas del riñón y compuestos químicos como la renina y la angiotensina, la eritropoyetina y todas las enzimas del hígado, al igual que las del estómago, como pepsina, tripsina, quimotripsina y ácido hidroclórico. Este centro de energía está relacionado con el plexo solar, también conocido como plexo celiaco.

Tiene mucho que ver con la voluntad, el poder, la arrogancia, el control, el impulso, la agresividad y el dominio. Es el centro de la competitividad y el poder personal, el amor propio y la intención encauzada. Cuando este tercer centro goza de equilibrio, eres capaz de emplear la voluntad y el impulso para imponerte al entorno y a las circunstancias de tu vida. A diferencia del segundo centro, éste se activa de forma natural cuando percibes que el entorno es inseguro o impredecible, por lo que debes salvaguardar a tu tribu y a ti mismo. El tercer centro también cobra impulso cuando quieres algo y tienes que usar tu cuerpo para conseguirlo.

El *cuarto centro de energía* se ubica detrás del esternón. Gobierna el corazón, los pulmones y la glándula timo (la glándula inmunológica más importante del cuerpo, conocida como «la fuente de la juventud»). Las hormonas asociadas con este centro incluyen la del crecimiento y la oxitocina, así como una cascada compuesta por 1.400 compuestos químicos distintos que estimulan la salud del sistema inmunitario a través de la glándula timo (responsable del crecimiento, la reparación y la regeneración del cuerpo). El plexo nervioso que gobierna este centro es el cardiaco.[18]

Los primeros tres centros se encargan de aspectos relacionados con la supervivencia y reflejan nuestra naturaleza animal o nuestra humanidad. A través de este cuarto centro de energía, sin embargo, pasamos del egoísmo al altruismo. Se asocia con emociones como el amor y los cuidados, la crianza, la compasión, la gratitud, el reconocimiento, la bondad, la inspiración, la generosidad, la integridad y la confianza. Este centro alberga nuestra divinidad; es la sede del alma. Cuando el cuarto centro está equilibrado, nos preocupamos por los demás y estamos dispuestos a cooperar por el bien común. Experimentamos un genuino amor por la vida. Nos sentimos plenos y satisfechos de ser quienes somos.

El quinto centro energético está ubicado en el centro de la garganta. Gobierna las glándulas tiroideas y paratiroideas, las salivares y los tejidos del cuello. Asociadas con este centro encontramos las hormonas tiroideas T3 y T4 (tiroxina), las paratiroideas que rigen el metabolismo corporal y los niveles de calcio en circulación. El plexo nervioso asociado con este centro es el tiroideo.

---

18. C. B. Pert, *Molecules of Emotion*, Nueva York, Scribner, 1997.

Está relacionado con la manifestación del amor que albergamos en el cuarto centro, y también con la capacidad de expresar tu verdad y autorizar tu realidad a través del lenguaje y el sonido. Cuando el quinto centro disfruta de equilibrio, tu voz es el reflejo de tu verdad, lo que incluye la expresión del amor. Te sientes tan a gusto contigo mismo y con la vida que no puedes sino expresar tus pensamientos y sentimientos.

El *sexto centro de energía* se ubica en el espacio que discurre de la nuca a la coronilla (si te resulta complicado visualizarlo, imagina que se encuentra en el centro del cerebro, un poco desplazado hacia atrás). Gobierna la glándula pineal, considerada la glándula sagrada. Algunas personas se refieren a ella como «el tercer ojo», pero yo la considero el primer ojo. Se asocia con el umbral de acceso a dimensiones más elevadas y puede alterar tu percepción de un modo que te permite atisbar el otro lado del velo o ver la realidad de manera no lineal.

Cuando este centro se abre, funciona como una antena de radio capaz de sintonizar frecuencias superiores, situadas más allá de los cinco sentidos. A través de este centro, el alquimista que hay en ti logra despertar. Encontrarás un capítulo entero dedicado a la glándula pineal más adelante, pero, por ahora, me conformo con que sepas que la glándula pineal segrega hormonas como la serotonina y la melatonina (al igual que otros maravillosos metabolitos), responsables de los ritmos circadianos que te inducen a despabilarte ante la luz diurna y a sentir sueño en la oscuridad de la noche. De hecho, la glándula pineal es sensible a cualquier frecuencia electromagnética además de a la luz solar, y puede fabricar derivados químicos de la melatonina que cambian tu visión de la realidad. Cuando esta glándula disfruta de armonía, tu cerebro funciona con claridad. Te sientes lúcido, más consciente tanto del mundo interior como del exterior. Tu percepción aumenta día a día.

El *séptimo centro de energía* está situado en el centro de la cabeza e incluye la glándula pituitaria. Esta glándula recibe también el nombre de glándula maestra, por cuanto gobierna y genera armonía en las demás, como una cascada que bajara desde el centro del cerebro hasta la glándula pineal, la tiroidea, la glándula timo, las adrenales y la pancreática hasta llegar a las glándulas sexuales. A través de este centro accedes a la máxima expresión de la divinidad. En ella se origina tu ser divino, tu nivel de consciencia más alto. Cuando esta glándula está equilibrada, la armonía se extiende a todo lo demás.

El *octavo centro energético* está ubicado por encima de la cabeza, a unos cuarenta centímetros, de modo que constituye el único que no guarda relación directa con el cuerpo físico. Los antiguos egipcios lo llamaban *Ka*. Representa la conexión con el cosmos, con el universo, con el todo. Cuando este centro se activa, te sabes merecedor de tus dones, y eso te permite experimentar revelaciones, epifanías e inspiración cuya frecuencia e información no procede de recuerdos almacenados en el cerebro y el cuerpo físico, sino directamente del universo, el campo unificado o como sea que quieras llamar al poder superior que trasciende nuestro ser individual. A través de este centro accedemos al banco de datos y a la memoria del campo cuántico.

La alquimia de la energía

Ahora que te he descrito al detalle cada uno de los centros energéticos, observaremos su funcionamiento desde un punto de vista más dinámico. Como es natural, nuestros cuerpos están diseñados para emplear la energía de cada uno de ellos. Pero ¿qué pasaría si usáramos esa energía para algo más que para sobrevivir? ¿Qué pasaría si, en lugar de darle salida (para procrear, digerir los alimentos, escapar de un peligro…), tomáramos una parte de esa energía para desplazarla deliberadamente hacia arriba, de un centro al siguiente, incrementando su frecuencia según asciende?

He aquí una imagen de lo que sucedería: empezamos por canalizar la energía del primer centro. Cuando nos sentimos seguros de nuestra capacidad creativa, esa energía se depura y asciende hacia el segundo centro. En el momento en que nos enfrentamos a alguna limitación o circunstancia adversa del entorno, recurrimos a esa energía creativa, que ahora asciende al tercer centro: la sede de la voluntad y el poder.

Si logramos trascender la adversidad, un gesto que implica superación y crecimiento, nos sentimos más plenos y más satisfechos y, por tanto, somos más capaces de sentir amor genuino por nosotros mismos y por los demás, según la energía asciende y activa el cuarto centro. Cuando ese gesto se produce, queremos expresar nuestra verdad actual —bien la que hemos descubierto, bien el amor y la sensación de plenitud que experimentamos—, lo que permite que la energía siga fluyendo y active el quinto centro. Tras eso, cuando la energía transformada activa el sexto centro, áreas dormidas del cerebro se despabilan y el velo de la ilusión cae. Ahora percibimos un espectro de realidad más amplio, distinto a todo cuanto habíamos experimentado hasta el momento. Nos sentimos iluminados, el cuerpo adquiere equilibrio y armonía, y el entorno exterior (incluido el mundo natural que nos rodea) también se equilibra y se armoniza según la energía asciende y activa el séptimo centro. Una vez que sentimos esa energía pura y luminosa, empezamos a creernos dignos de nuestros dones y la energía puede ascender al fin para activar el octavo centro, que nos aporta los frutos de nuestro trabajo: visiones, sueños, percepciones, manifestaciones que no proceden de recuerdos almacenados en la mente y el cuerpo, sino de un poder superior que mora dentro y alrededor de nosotros. Este flujo continuo de energía evolucionada que asciende desde el primer centro al octavo aparece ilustrado en la figura 4.4A.

EL FLUJO DE LA ENERGÍA CREATIVA EN EL CUERPO

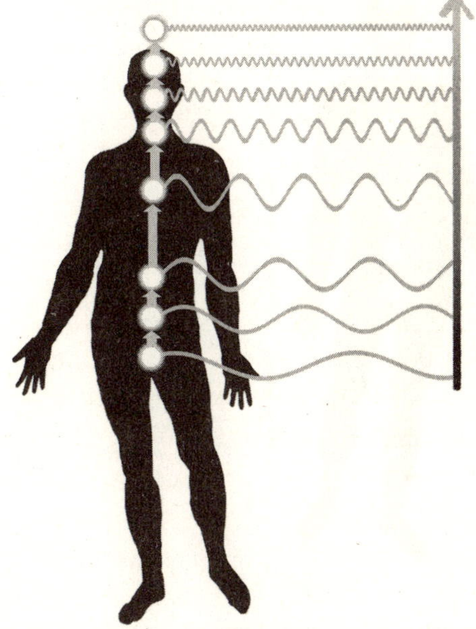

Figura 4.4A

Según transformamos nuestra energía creativa, podemos canalizarla desde el primer centro hasta el cerebro y más allá. Cada centro de energía posee su propia frecuencia, que acarrea un propósito particular.

Ése es el tipo de evolución personal que surge cuando la energía fluye de manera regular: el ideal. Sin embargo, a menudo sucede que los acontecimientos y nuestra forma de afrontarlos provocan atascos de energía, que ya no fluye según la maravillosa pauta que acabo de describir. Las zonas de tu cuerpo en las que la energía se atasca son los centros asociados con los problemas que tienes por resolver. La figura 4.4B describe lo que pasa cuando la energía se detiene y no puede seguir ascendiendo.

CÓMO SE ATASCA LA ENERGÍA

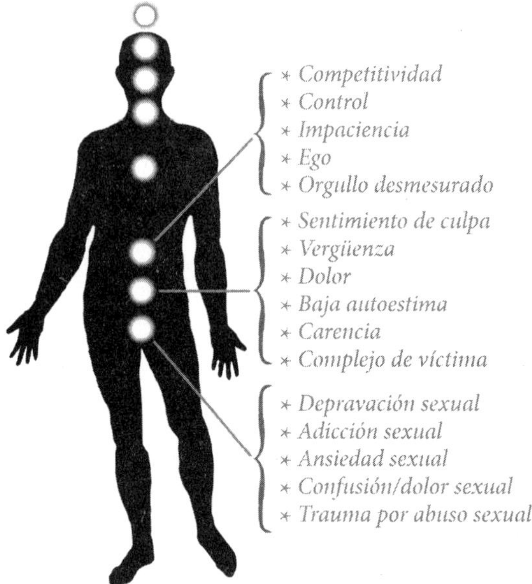

Figura 4.4B

Cuando la energía se atasca en el cuerpo, no puede fluir hacia los centros superiores. Puesto que las emociones son energía, esas emociones se atascan en distintos centros y no evolucionan.

Si, por ejemplo, una persona ha sido víctima de un abuso sexual o ha sido inducida desde la infancia a considerar el sexo como algo negativo, su energía podría quedar atascada en el primer centro, relacionado con la sexualidad, y experimentaría problemas para acceder a su creatividad. Si, por otro lado, un individuo tiene acceso a su energía creativa pero no se siente suficientemente seguro como para emplearla en el mundo (y, en vez de eso, se siente utilizado por sus relaciones sociales e interpersonales) o si lo han traumatizado o traicionado, la energía podría estancarse en el segundo centro. En esas circunstancias, la persona tendería a albergar un sentimiento excesivo de culpa, vergüenza, sufrimiento, baja autoestima o miedo. Ahora bien, si uno logra que su energía ascienda hasta el tercer centro pero tiene problemas de ego y se valora en exceso, está pendiente de sí mismo, controla a los demás, es dominante, se deja llevar por la ira o es excesivamente competitivo y amargado, su energía se atascará en esa zona y podría sufrir problemas de autocontrol o de falta de motivación. Si una persona no puede abrir el corazón y sentir amor y confianza, o si teme expresar amor o confesar sus verdaderos sentimientos, la energía podría estancarse en el cuarto centro y en el quinto, respectivamente.

Si bien la energía se puede detener en cualquiera de los centros energéticos, los tres primeros suelen ser los más problemáticos. Y cuando la energía se atasca, no puede evolucionar y fluir con la corriente constante descrita antes para alcanzar los centros superiores, que nos permiten enamorarnos de la vida y despiertan nuestro deseo de entregarnos a los demás. El objeto de la bendición de los centros de energía es conseguir que el circuito funcione como debería. En esta meditación, bendecimos cada uno de los centros para que la energía estancada vuelva a fluir.

Cómo restamos energía a nuestro campo energético

Como decíamos antes, el cuerpo está rodeado de un campo de energía electromagnética que transporta una intención consciente o directiva. Cuando ponemos en movimiento cada uno de los siete centros energéticos del cuerpo estamos, por así decirlo, expresando la energía que corresponde a esos centros. En otras palabras, cuando, en cuanto que seres conscientes, activamos la energía específica de cada centro individual, estimulamos los plexos neurológicos asociados a ellos para suscitar un estado mental que active a su vez las glándulas, los tejidos, las hormonas y los compuestos químicos de cada centro. En el momento en que un centro energético se pone en funcionamiento, el cuerpo emite una energía que transporta la información específica o intención asociada con cada uno.

VIVIR EN MODO DE SUPERVIVENCIA

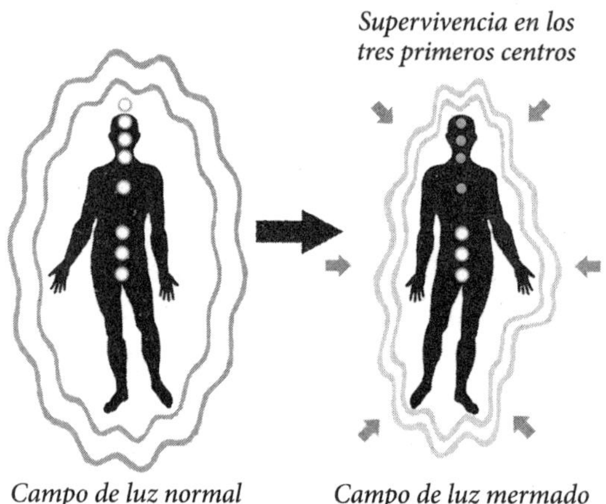

Figura 4.5

Los tres primeros centros consumen nuestra energía. Cuando nos instalamos en ellos, absorbemos constantemente energía del campo invisible y la transformamos en compuestos químicos. El campo que rodea el cuerpo empieza a menguar.

Sin embargo, si nos limitamos a sobrevivir y nos instalamos en los tres primeros, abusando del sexo, consumiendo demasiado o estresándonos en exceso, extraemos energía sin cesar de ese campo invisible de energía cargado de información que envuelve el cuerpo y lo transformamos en compuestos químicos una y otra vez. La reiteración de este proceso, a la larga, acaba por mermar el campo invisible. (Ver figura 4.5.) Al final del proceso, nuestra luz se amortigua y ya no nos queda energía cargada de intención consciente que fluya por los centros energéticos para crear las mentes correspondientes. Básicamente, hemos agotado el recurso de nuestro propio campo energético. Si se da el caso, la exigua mente de cada centro, con su reducida carga energética, enviará una señal limitada a las células, los tejidos, los órganos y los sistemas de su alrededor. La consecuencia podría ser el debilitamiento de la señal y el descenso de la frecuencia en la energía que transporta información vital al cuerpo, dos aspectos que favorecen la enfermedad. Podría decirse que, desde un punto de vista energético, toda enfermedad se debe al descenso de la frecuencia del campo de luz y a un mensaje incoherente.

¿Recuerdas que antes decía que los tres primeros centros energéticos están relacionados con la supervivencia, por lo que representan nuestra naturaleza egoísta? Se expresan a través del poder, la agresividad, la fuerza y la competición con el fin de que podamos sobrevivir a las condiciones del entorno el tiempo suficiente para alimentarnos, procrear y asegurar la supervivencia de la especie (a diferencia de los cinco centros superiores, que representan nuestra naturaleza altruista y se expresan a través de pensamientos y emociones generosos). La naturaleza se encargó de que estos tres primeros centros procuraran un gran placer para que no dejáramos de enzarzarnos en las acciones relacionadas con ellos y lo que representan. Practicar el sexo (primer centro) y comer (segundo centro) son actividades divertidas, al igual que conectar y comunicarse con los demás (también segundo centro). El poder personal (tercer centro) puede resultar adictivo, incluida la capacidad de vencer obstáculos, de conseguir lo que uno quiere, de competir y ganar, de sobrevivir en circunstancias adversas o incluso de ir de acá para allá.

Ahora entiendes por qué algunas personas tienden a abusar de uno o más de sus tres primeros centros, aunque, al hacerlo, están consumiendo el campo de energía vital e información que rodea su cuerpo. Por ejemplo, una persona excesivamente sexual extrae demasiada energía del campo que rodea el primer centro. Otra atrapada en la vergüenza o el sentimiento de culpa, que se compadece de sí misma, que se aferra a las emociones del pasado y que sufre constantemente consume excesiva energía del campo energético que rodea el segundo centro y, al hacerlo, retiene allí la energía. Alguien que sea excesivamente dominante o que sufra mucho estrés absorberá energía adicional del campo que rodea el tercer centro. Cuando nuestra consciencia no evoluciona, tampoco lo hace la energía.

El nivel subatómico

Todo lo que acabamos de describir comienza a nivel subatómico o cuántico, así que vamos a ver cómo sucede. Echa un vistazo a la figura 4.6. Si unes dos átomos, cada uno con su propio núcleo, para formar una molécula, ambos compartirán luz e información, representadas por un enlace o intersección. Y habida cuenta de que comparten información, participan también de una energía parecida que vibra en una frecuencia particular. Lo que mantiene unidos a esos dos átomos es un campo invisible de energía. Una vez que se hayan unido para formar una molécula e intercambiar información, ésta tendrá unas propiedades y unas características físicas distintas, como una densidad diferente, distinto punto de ebullición y otro peso atómico —por nombrar sólo unas cuantas— con respecto a las que tenían los átomos cuando cada uno iba por su lado. Es importante advertir que aquello que otorga a la molécula sus propiedades específicas y también lo que mantiene su forma y estructura (lo que la hace materia) es el campo de energía invisible que la rodea. Si los átomos no compartieran información y energía, no podrían formarse las moléculas.

DE ENERGÍA A MATERIA

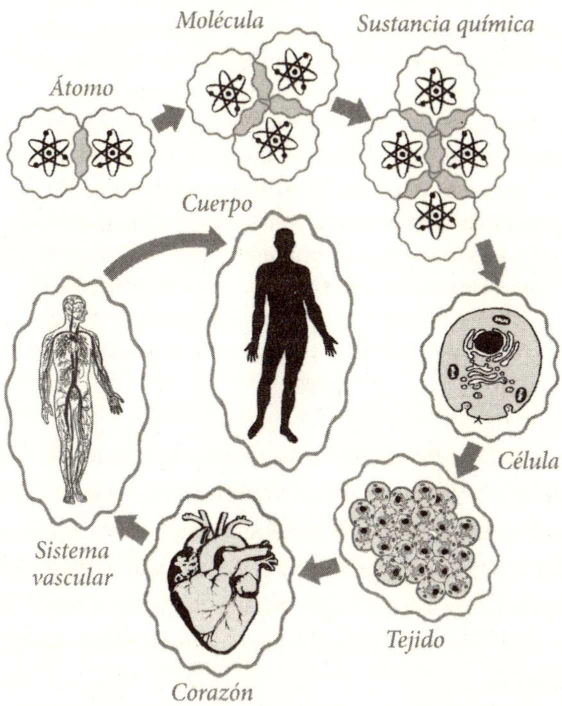

Figura 4.6

Cuando los átomos crean enlaces y comparten energía e información, forman moléculas. La molécula posee un campo invisible de luz alrededor compuesto de energía e información que le otorga sus propiedades físicas y la mantiene unida. Según se van uniendo más átomos a esa molécula, ésta adquiere complejidad y se transforma en una sustancia química, también con su propio campo invisible de luz. Dicho campo, a su vez, es igualmente energía e información que otorga las propiedades físicas a la sustancia química y la mantiene unida.
A medida que se suman más átomos a este compuesto químico orgánico, éste adquiere complejidad y puede llegar a formar una célula. Un campo invisible de energía e información rodea

también la célula y le da instrucciones para su funcionamiento. Un grupo de células que trabajan unidas se transforma a su vez en un tejido, con su propio campo de energía e información que permite a ese conjunto trabajar en armonía. Los tejidos se unen para formar un órgano, dotado de un campo de energía e información que le permite funcionar de manera correcta. Varios órganos unidos conforman un sistema, que posee, una vez más, su propio campo de luz, el cual le proporciona las propiedades físicas necesarias para funcionar como un conjunto. Por fin, los sistemas se unen en un mismo organismo. El campo de luz invisible que envuelve el cuerpo contiene la energía y la información que le proporcionan las propiedades físicas necesarias para mantenerse unido, así como las instrucciones para vivir.

Si añadieras otro átomo más, crearías una molécula distinta que, de nuevo, poseería propiedades y características físicas diferentes. Y en caso de que siguieras añadiendo más y más átomos crearías una sustancia química, y existe un campo de energía invisible alrededor de esa sustancia que la mantiene unida en su forma física y le otorga vida. Dichas fuerzas atómicas son reales y constatables.

Si reúnes suficientes compuestos químicos, obtendrás una célula, y la célula posee también un campo de energía invisible a su alrededor que le da vida. La célula, de hecho, se alimenta de diversas frecuencias de luz. No son las moléculas y las cargas positivas y negativas las que dan instrucciones a la célula. Según un novedoso campo de la biología llamado «biología de la información cuántica», las órdenes proceden de los biofotones de los que hablábamos antes y de las pautas de luz y frecuencia que emite y recibe la célula. Cuanto más sana es la célula, más coherentes son los biofotones que emite. Si recuerdas lo que has aprendido hasta ahora, la coherencia es la expresión ordenada de la frecuencia. El intercambio de información (a través de frecuencias electromagnéticas de luz) entre la célula y ese campo de energía que la rodea se produce a un ritmo que supera la velocidad de la luz, y eso implica que sucede a nivel cuántico.[19]

Siguiendo con el razonamiento, si unes un grupo de células, creas un tejido. Éste posee a su vez un campo invisible de frecuencia coherente, que lo unifica, y una energía que induce a todas las células individuales a trabajar en armonía, cooperando como una comunidad. Si otorgas a ese tejido una función más específica, obtienes un órgano, que también cuenta con su propio campo electromagnético. El órgano, literalmente, recibe información de ese campo invisible. De hecho, el campo alberga la memoria del órgano.

Los efectos de ese proceso en los órganos trasplantados son fascinantes. Seguramente, el ejemplo más conocido al respecto sea la historia de Claire Sylvia, que escribió un libro titulado *A Change of Heart* [Un cambio de corazón] sobre las experiencias que vivió tras ser sometida a sendos trasplantes de corazón y pulmón en 1988.[20] En aquella época, tan sólo sabía que sus nuevos órganos habían pertenecido a un donante varón de 18 años que murió en un accidente de moto. Después del trasplante, esta bailarina y coreógrafa profesional de 47 años empezó a experimentar frecuentes antojos de medallones de pollo rebozados, patatas fritas, cerveza, pimientos verdes y chocolatinas Snicker, alimentos que nunca antes habían sido de su agrado. Su personalidad también se transformó: se tornó más asertiva, desarrolló más confianza en sí misma. Su hija adolescente incluso le tomaba el pelo por haber adquirido unos andares masculinos. Cuando Sylvia se puso en contacto por fin con la familia de su donante, descubrió

19. F. A. Popp, «Biophotons and Their Regulatory Role in Cells», *Frontier Perspectives* (Centro de Ciencias Fronterizas de la Universidad de Temple, Filadelfia), vol. 7, n.º 2, págs. 13-22, 1988.

20. Ç. Sylvia con W. Novak, *A Change of Heart: A Memoir*, Nueva York, Warner Books, 1997.

que esos alimentos que tanto le apetecían eran los favoritos del joven. La información había quedado almacenada en el campo luminoso del órgano.

La historia más espectacular en relación con este fenómeno está protagonizada por una niña de ocho años que, al recibir un corazón de una de diez, empezó a padecer pesadillas muy vívidas en las que era asesinada.[21] En efecto, la donante había muerto asesinada y el asesino no había sido capturado. La madre de la paciente la llevó a un psiquiatra y éste acabó convencido de que la niña soñaba hechos que habían sucedido realmente. Contactaron con la policía, que abrió una investigación a partir de los detalles proporcionados por la pequeña acerca del asesinato, incluida información relativa a la hora y el lugar del crimen, el arma, las características físicas del criminal y la ropa que llevaba puesta. El asesino fue identificado, arrestado y condenado.

Así pues, en los casos que acabamos de ver, la información contenida en el campo energético que *rodeaba* el órgano trasplantado alteró la expresión de la energía del receptor en el momento en que el trasplante tuvo lugar. En ese instante, la luz y la información del órgano se mezclaron con el campo preexistente del paciente trasplantado. El receptor capta la información que ha quedado grabada electromagnéticamente y ésta influye en su mente y en su cuerpo. La energía, portadora de una información específica, influye en la materia.

Cuando agrupas distintos órganos, creas un sistema: musculoesquelético, cardiovascular, digestivo, reproductivo, endocrino, linfático, nervioso o inmunitario, por nombrar solamente unos cuantos. Esos sistemas funcionan a partir de la información que extraen del campo de energía y consciencia invisible que los rodea.

---

21. P. Pearsall, *The Heart's Code: Tapping the Wisdom and Power of Our Heart Energy*, Nueva York, Broadway Books, 1998, pág. 7. [En español, *El código del corazón*, Madrid, Edaf, 1998.]

Y cuando unes todos esos sistemas obtienes un organismo, que a su vez está en posesión de su propia energía electromagnética. Y ese campo de luz es lo que somos en realidad.

Ahora volvamos a las hormonas del estrés. Como mencionaba antes, cuando funcionas en modo de supervivencia y extraes demasiada energía del campo para transformarla en compuestos químicos del cuerpo físico —ya sea por practicar demasiado sexo, comer demasiado o sufrir estrés excesivo, o todo a la vez—, la energía que rodea el cuerpo mengua. Eso implica que no hay información o luz suficiente como para que la materia reciba las instrucciones adecuadas relativas a homeostasis, crecimiento y reparación. Cuando sucede algo así, los centros particulares dejan de recibir, procesar o expresar energía, y ya no generan una mente neurológicamente sana que pueda enviar las señales necesarias a las zonas del cuerpo que son inervadas por esos centros. Como la energía dotada de intención consciente que se desplaza por el tejido neurológico o lo activa crea mente, la expresión de mente que regula las células, los tejidos, los órganos y los sistemas del cuerpo disminuye en esos centros, porque la energía ya no discurre por ellos. Privado de luz e información coherente, el cuerpo empieza a funcionar cada vez más como pura materia. Según esos minicerebros pierden coherencia, nuestro cerebro se torna incoherente.

Por si fuera poco, cuando el cerebro entra en incoherencia y se compartimenta a causa de las hormonas del estrés, envía también un mensaje incoherente —como una radio mal sintonizada— por el sistema nervioso central a cada uno de los plexos de neuronas que se encargan de la comunicación con el cuerpo. Y cuando esos minicerebros reciben mensajes incoherentes, envían también mensajes confusos a los órganos, los tejidos y las células de cada zona del cuerpo relacionada con cada uno de esos centros. Este problema afecta a su vez a la expresión hormonal y la conductividad nerviosa que influyen en los distintos órganos, tejidos y células del cuerpo, y la incoherencia general acaba por provocar enfermedades o desequilibrios. En consecuencia, cuando los cerebros particulares se tornan incoherentes, las distintas zonas del cuerpo asociadas a éstos entran en incoherencia también. Y cuando los sistemas no funcionan bien, nosotros no funcionamos bien.

Cómo incrementar la energía

Volviendo a la bendición de los centros de energía, si aprendes a prestar atención a cada uno de esos centros y cobras consciencia del espacio que los rodea, aportas coherencia a los pequeños cerebros igual que generas coherencia en el cerebro principal que tienes entre las orejas. Y según atiendes a la partícula (materia) prestando atención al perineo (el primer centro) o al espacio de detrás del ombligo (segundo centro), a la boca del estómago (tercer centro) o a la parte central del pecho (cuarto centro), y así sucesivamente, vas fijando la atención en cada uno. Y la energía acude allí donde enfocas la atención.

A continuación deberás desplazar la atención —o ampliar el foco— al espacio que rodea cada uno de esos centros, conectando así con la energía que vibra en el entorno. Y cuando lo hagas, es de vital importancia que estés experimentando una emoción superior como amor, gratitud o dicha. Como has leído en capítulos anteriores, ese gesto es fundamental, porque la emoción superior es energía, y cuanto más sostengas el foco abierto desde un estado emocional superior, más capaz serás de construir un campo coherente de frecuencia muy elevada alrededor de ese centro energético.

Una vez que has creado un campo coherente alrededor de un centro, éste cuenta con una energía coherente que transporta las instrucciones adecuadas. Los átomos, las moléculas y los compuestos químicos que componen las células a partir de las cuales se crean los tejidos, los órganos y los sistemas del cuerpo se alimentarán del nuevo campo de luz e información, así como de una energía más coherente con un mensaje intencional más claro que transportará instrucciones inéditas a cada centro del cuerpo. De ese modo, el organismo empezará a obedecer a una nueva mente. Según cedes el control y te instalas en el momento presente, habida cuenta de que la energía acude allí donde enfocas la atención, serás capaz de construir un campo abundante de luz e información, así como de elevar la frecuencia de la señal. Y ese pensamiento cargado de intención dirigirá la energía a cada centro para generar una nueva mente en ese cerebro particular. Y como cada centro se estará alimentando de un nuevo campo de frecuencia e información, el cuerpo recuperará el equilibrio o la homeostasis. Y en este estado devendrás más energía y menos materia, más onda y menos partícula. Cuanto más elevada sea la emoción, más energía crearás y más espectacular será la transformación.

Si, en cambio, te quedas atascado en las emociones de supervivencia como preocupación, miedo, ansiedad, frustración, rabia, desconfianza y tantas otras, careces de esa energía, de esa información y de esa luz alrededor del cuerpo. Según la frecuencia, la luz y la energía menguan y se tornan más incoherentes en cada centro, devienes más materia y menos energía y, al final, el cuerpo enferma. Éste es el objetivo de la meditación que ahora te propongo: aumentar la frecuencia de la materia con el fin de que arrastre una vibración inferior y desorganizada al orden y la coherencia, o arrastrar la materia a una mente nueva, más coherente.

Pero recuerda, este proceso no se puede forzar. No lo conseguirás a base de voluntad. No sirve intentarlo, esperarlo ni desearlo, porque no se puede llevar a cabo mediante la mente consciente. Debes acceder al subconsciente, porque ésa es la sede del sistema operativo: el sistema nervioso autónomo que rige y controla todos esos centros.

Tienes que cambiar la frecuencia de tus ondas cerebrales, porque la pauta beta te ata a la mente consciente y te separa del subconsciente o sistema nervioso autónomo, que es el director de la orquesta. Cuanto más profunda sea la meditación, cuanto más te alejes de un estado beta para entrar en uno alfa e incluso zeta (cuyas ondas corresponden a un estado de meditación profunda semejante al duermevela), más se reduce la frecuencia de las ondas y mayor es tu acceso al sistema operativo. Así pues, cuando pongas en práctica la bendición de los centros de energía, recuerda que el objeto de la meditación es ralentizar las ondas cerebrales y combinar una emoción superior con la intención de bendecir cada uno de esos centros —prestarles vida a través del amor— para luego ceder el control y permitir que el sistema nervioso autónomo tome el mando, porque éste no precisa de la mente consciente para saber qué hacer. Entretanto tú te abstendrás de pensar, visualizar o analizar. Tan sólo debes hacer algo que en principio puede parecer mucho más complicado: depositar una semilla de información y retirarte a un lado para permitir que el sistema autónomo reciba las instrucciones y la información y las utilice para crear más equilibrio y coherencia en tu cuerpo.

Hemos comprobado empíricamente la eficacia de esta meditación a la hora de incrementar la energía en cada uno de los centros y equilibrarlos entre sí en nuestros propios alumnos. Para hacerlo, empleamos el aparato de visualización por descarga de gas del que hablábamos en un capítulo anterior, que nos permite medir los campos de energía de los participantes antes y después de llevar a cabo la bendición. La tecnología GDV consta de una cámara especial para tomar imágenes del dedo del sujeto mientras se le aplica una pequeña (y totalmente indolora) descarga eléctrica en la yema durante menos de un milisegundo. El cuerpo reacciona a la descarga proyectando una nube de fotones. Si bien la descarga eléctrica es inapreciable a simple vista, la cámara del GDV la capta y la envía a un archivo digital. A continuación, un programa llamado Bio-Well transforma los datos en una imagen parecida a la que puedes ver en el gráfico 4 del encarte en color.

Los gráficos 4A-4D muestran el equilibrio (o desequilibrio) existente entre los centros de energía del sujeto, antes y después de la meditación. El *software* Bio-Well emplea los datos de la GDV para calcular la frecuencia de cada centro de energía y compararla con los parámetros normales. Los centros de energía equilibrados aparecen perfectamente alineados, mientras que los desequilibrados muestran un patrón descentrado. El tamaño del círculo que representa cada centro indica si la energía es menor, igual o mayor que el promedio, y en qué proporción. La zona izquierda de cada ejemplo del gráfico 4 muestra los registros de los sujetos antes de empezar el taller, mientras que los de la derecha revelan los valores que se registraron pocos días después.

Ahora mira los gráficos 5A-5D. La parte izquierda de la figura indica los registros del campo de energía que rodea el cuerpo de cada alumno antes del comienzo del taller, mientras que la parte derecha muestra los valores del mismo campo a la conclusión del retiro.

También hemos empleado la tecnología GDV para calcular en qué medida esta meditación en concreto (y otras de las que se incluyen en el libro) refuerza la energía que envuelve el cuerpo. Como pronto podrás comprobar en las instrucciones de la meditación, al principio te voy pidiendo que prestes atención no sólo a las diversas partes del cuerpo, sino también al espacio que las rodea; y luego, al final de la meditación, al espacio que envuelve la totalidad de tu cuerpo. Como ya sabes, la energía acude allí donde pones la atención, de manera que, si te concentras en ese espacio, tu energía acudirá allí de manera natural. Al hacerlo, empleas la atención, la consciencia y la energía para construir y fortalecer el campo de luz e información que envuelve tu cuerpo. Este gesto, a su vez, genera orden y sintropía en lugar de desorden y entropía. Cuando lo haces, devienes más energía coherente y menos materia; y además dispones de un potente campo de luz e información al que puedes acudir para crear.

Meditación basada en la bendición de los centros de energía

Esta meditación se ha convertido en una de las más populares entre nuestros alumnos y ha dado lugar a un número espectacular de resultados sobrenaturales. Igual que en el capítulo anterior, te daré unas instrucciones básicas para que sepas cómo proceder si decides hacer la meditación por tu cuenta.

Empieza por concentrarte en el primer centro de energía y luego abre el foco de atención hacia el espacio que envuelve ese centro. Una vez que estés percibiendo el espacio de alrededor, bendice el centro con tu mejor intención y conecta con una emoción superior —como amor, gratitud o alegría— para elevar la vibración y crear un campo de energía coherente.

Repite el mismo proceso con cada uno de los siete centros energéticos del cuerpo, y cuando llegues al octavo, ubicado unos cuarenta centímetros por encima de tu cabeza, bendice ese centro con gratitud o reconocimiento, porque el agradecimiento nos coloca en posición de recibir. Será este último el que te abra la puerta a la profunda información que reside en el campo cuántico.

Ahora abre el foco y lleva la atención a la energía electromagnética que rodea la totalidad de tu cuerpo para construir un nuevo campo. A medida que tu cuerpo se alimente de esa nueva energía electromagnética, te tornarás más luz, más energía y menos materia… y elevarás la vibración de tu cuerpo.

Recuerda: si te propones crear lo insólito, debes sentirte insólito. Si vas a curarte de una manera espectacular, debes sentirte espectacular. Conecta con la emoción elevada y procura sostenerla a lo largo de la meditación.

Una vez que hayas bendecido cada uno de los centros energéticos, túmbate durante un mínimo de quince minutos. Relájate, déjate llevar y permite que tu sistema nervioso autónomo reciba las órdenes e integre toda esta información en el cuerpo.

5

Programando el cuerpo para una nueva mente

En este capítulo vamos a comentar las bases de una técnica de respiración que ponemos en práctica antes de muchas de nuestras meditaciones. Te la quiero explicar al detalle porque para adquirir la capacidad de transformar la energía y liberar el cuerpo del pasado es esencial que entiendas cómo funciona. Como verás, el uso correcto de la respiración es una de las claves que te ayudará a convertirte en un ser sobrenatural. Para que seas capaz de obtener todos los beneficios que aporta esta técnica, empezaremos por explicar *qué* vas a hacer y *por qué* lo vas a hacer. Cuando conozcas las bases, el *cómo* te resultará más fácil, a la vez que aumentará la efectividad del proceso. Una vez que entiendas la fisiología de esta forma de respiración, serás capaz de asignarle significado a la actividad, dotarla de mayor intención, ejecutarla correctamente y experimentar las ventajas de recurrir a la respiración para separar la mente del cuerpo y luego reprogramar el cuerpo para una nueva mente.

Antes de empezar, me gustaría repasar el círculo vicioso pensamiento-sentimiento al que nos referíamos en el segundo capítulo, porque los conceptos son fundamentales para la meditación que vamos a aprender. Como recordarás, los pensamientos provocan en el cerebro reacciones bioquímicas que dan lugar a señales químicas, y éstas a su vez inducen al cuerpo a experimentar los sentimientos que dicta el pensamiento. Dichos sentimientos generan más pensamientos que, una vez más, te provocan esas mismas emociones. A través de este proceso, el pensamiento gobierna el sentimiento y el sentimiento gobierna el pensamiento. Ese círculo vicioso acaba por programar una pauta en el cerebro, que lleva a tu cuerpo a vivir en el pasado. Y como las emociones son vestigios de experiencias pasadas, si únicamente puedes pensar en cómo te sientes, el bucle pensamiento-sentimiento te ata al pasado y genera un estado del ser constante. A través de ese proceso, el cuerpo sustituye a la mente; con el tiempo, tus pensamientos te dirigen y tus sentimientos te dominan.

Así pues, una vez que el cuerpo sustituye a la mente a través de las emociones, vives *literalmente en el pasado*. Y como el cuerpo es la sede de la mente inconsciente, totalmente objetiva, no conoce la diferencia entre la experiencia vital que provoca una emoción y la emoción que tú mismo generas a través de un pensamiento. En el instante en que quedas atrapado en ese círculo vicioso pensamiento-sentimiento, el cuerpo cree estar viviendo la misma experiencia 24 horas al día, siete días a la semana, 365 días al año. Y está convencido de ello porque, para él, *la emoción equivale, literalmente, a la experiencia.*

Pongamos que has atravesado alguna que otra situación complicada a lo largo de tu vida que te ha dejado una huella emocional, y que nunca has logrado superar el miedo, la amargura, la frustración y el resentimiento que te provocó esa experiencia. Debido a eso, cada vez que tu entorno externo te recuerda de algún modo esa experiencia traumática, sientes unas emociones idénticas a las que te embargaron la primera vez. Y si sientes lo mismo que experimentaste hace treinta años, cuando sucedió el hecho que te marcó, es muy posible que te comportes del mismo modo que entonces, porque las emociones de entonces dirigen tus pensamientos conscientes e inconscientes, así como tu conducta. Te has familiarizado hasta tal punto con las emociones del pasado que te has identificado con ellas.

Para cuando has cumplido treinta y tantos, si sigues pensando, actuando y sintiendo de igual modo sin cambiar nada de ti mismo, buena parte de tu ser se ha transformado en una serie automatizada de pensamientos, reacciones emocionales reflejas, hábitos y conductas inconscientes, convencimientos y percepciones subconscientes y actitudes rutinarias. De hecho, el 95 por ciento de la persona que somos en la edad adulta está tan programada a base de repetir lo mismo una y otra vez que el cuerpo ha suplantado a la mente y es éste, no la consciencia, el director de la escena.[22] Eso implica que únicamente un cinco por ciento de tu persona vive desde la consciencia, mientras que el otro 95 por ciento obedece a un programa subconsciente, en parte corporal y en parte mental. Así pues, para dar cabida en tu vida a algo significativamente distinto debes encontrar la manera de separar la mente del cuerpo y cambiar el estado de tu ser. Ése es, exactamente, el propósito de la meditación que te enseñaré al final de este capítulo.

Cómo la energía queda almacenada en el cuerpo

Ahora vamos a observar el efecto que el bucle pensamiento-sentimiento ejerce en los centros de energía del cuerpo; sobre todo en los tres primeros, los centros de supervivencia. Nos centraremos en éstos porque suelen ser los más problemáticos, por

22. M. Szegedy-Maszak, «Mysteries of the Mind: Your Unconscious Is Making Your Everyday Decisions», *U. S. News & World Report*, 28 de febrero de 2005.

cuanto son los que tendemos a activar a través de los pensamientos y los sentimientos. Como recordarás del capítulo anterior, cada uno de los centros de energía corporales posee energía, información, glándulas, hormonas, compuestos químicos y circuitos neuronales particulares, así como un minicerebro o mente. De hecho, cada uno posee su propia mente. Esos minicerebros, alojados en el cuerpo, se programan para operar de manera subconsciente a través del sistema nervioso autónomo. En ese sentido, cada centro tiene su propia energía y su nivel de consciencia correspondiente, y cada cual se asocia con una serie de emociones específicas.

Pongamos por caso que piensas algo parecido a *Mi jefe no se porta bien conmigo.* La figura 5.1 describe cómo ese pensamiento activa una red neurológica en tu cerebro. Y luego piensas: *Me pagan poco*, y conectas una segunda red neurológica. Y a continuación te dices: *Estoy sobrecargado de trabajo*, y ya no hay quien te pare. Como la mente es el cerebro en acción, si sigues rumiando en esa línea y activas suficientes redes neuronales que se conectan en cadena —siguiendo una secuencia, pauta o combinación específica— estás generando un nivel mental que, a su vez, crea una representación o imagen de ti mismo en el lóbulo frontal de tu cerebro. En ese instante, los pensamientos devienen algo más real que las circunstancias externas. A la sazón te considerarás a ti mismo una persona resentida. Si lo aceptas, lo crees y te entregas a la idea, concepto o imagen sin pararte a analizarla, los neurotransmisores —mensajeros químicos que envían información entre las neuronas— empiezan a influir en los neuropéptidos, que son otros mensajeros químicos creados por el sistema nervioso autónomo en el interior del cerebro límbico. Imagina los neuropéptidos como moléculas de la emoción. Pues bien, los neuropéptidos envían señales a los centros hormonales, en este caso, para estimular las glándulas adrenales del tercer centro de energía. Según las glándulas adrenales liberan sus hormonas, tú te mosqueas aún más. Y emites una energía específica a través del tercer centro que contiene el mensaje: «Dame otra razón para sentir lo que estoy sintiendo; dame otra razón para enfadarme». Cuando este centro se activa, genera una frecuencia específica que transporta un mensaje particular.

EL BUCLE PENSAMIENTO - SENTIMIENTO DE LA IRA

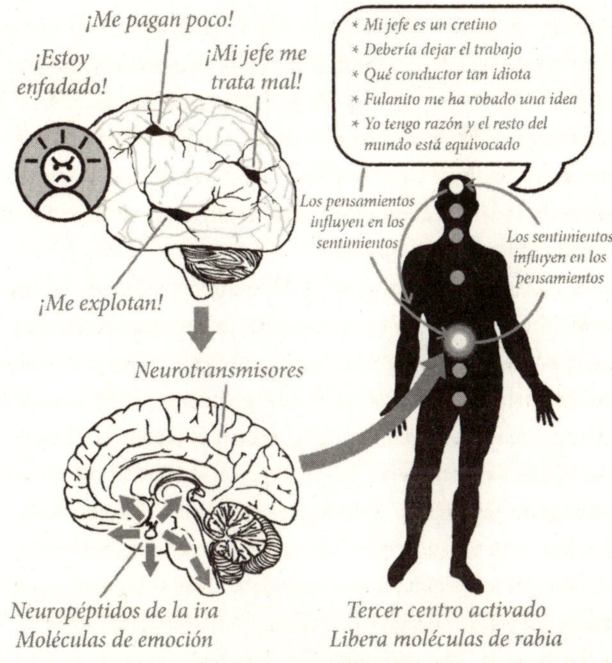

Figura 5.1

Este gráfico demuestra cómo almacenamos energía en forma de emociones en el tercer centro cuando quedamos atrapados en un determinado círculo vicioso de pensamiento y sentimiento.

El cerebro controla el estado químico, por lo que, en el momento en que te enfadas, genera pensamientos acordes con tu estado de ánimo. *¡Mi jefe es un cretino! Debería dejar el trabajo. ¡Qué conductor tan idiota! ¡Fulanito me ha robado una idea! Yo tengo razón y el resto del mundo está equivocado.* Activa y conecta circuitos parecidos una y otra vez, y si hay suficientes funcionando, te instalas en ese nivel mental. Ese gesto te lleva a identificarte con la imagen que ha generado tu cerebro anterior. Acto seguido, el cerebro límbico fabrica aún más neuropéptidos, que envían mensajes a las mismas hormonas de tu tercer centro de energía, y empiezas a sentirte todavía más enfadado y frustrado; lo que a su vez te lleva a seguir generando más pensamientos acordes con tu emoción. El ciclo se puede prolongar durante décadas, tanto si los pensamientos están justificados como si no. Así pues, la redundancia del ciclo graba cierto patrón en el cerebro (en este caso, el patrón de la ira) y condiciona al cuerpo una y otra vez a vivir emocionalmente en el pasado.

El cuerpo se convierte así en la mente de la ira, de tal modo que la rabia ya no se ubica en la mente que alberga tu cerebro (el cinco por ciento de tu pensamiento consciente), sino que se almacena en forma de energía en el cuerpo-mente, el 95 por ciento restante que funciona a nivel subconsciente. Y como esta parte de tu mente es subconsciente, no te percatas de que tú mismo estás provocando el proceso, y lo sigues haciendo. Así que toda esa emoción, que en su origen surgió de un pensamiento (porque todo pensamiento genera una energía correspondiente), se almacena en forma de energía en el tercer centro, el plexo solar.

La energía estancada provoca un efecto biológico concreto (en este caso sería fatiga adrenal, problemas digestivos, problemas de riñón o debilitamiento del sistema inmunitario), por no hablar de las consecuencias psicológicas como mal genio, impaciencia, frustración o intolerancia. Con el paso de los años, sigues generando los mismos pensamientos que despiertan idénticos sentimientos y programando en tu cerebro este patrón tan estrecho, al mismo tiempo que induces al cuerpo, por los mismos mecanismos, a convertirse en la mente de la ira. A lo largo del proceso, una enorme cantidad de energía creativa se almacena en el tercer centro de energía en forma de rabia, amargura, frustración, intolerancia, impaciencia, necesidad de control u odio.

¿Qué pasa si, en lugar de experimentar rabia, generas pensamientos que te inducen a la autocompasión o a sentirte culpable? *¡Qué dura es la vida! Soy un mal padre. No debería ser tan brusca. ¿Habré hecho algo mal?* Si echas un vistazo a la figura 5.2, verás que el mecanismo se repite. Ese tipo de pensamientos estimula una red neuronal distinta en el cerebro. Y si el número de redes que se disparan y se conectan es suficiente, el cerebro creará una imagen interna de ti mismo que reafirmará tu identidad (en este caso, la de una persona culpable). Empiezas a pensar: *Dios me va a castigar. Nadie me quiere. No valgo nada.* Una vez que aceptas, crees y te entregas a pensamientos relacionados con la culpa sin pararte a analizarlos, los neurotransmisores que han activado las redes neuronales del cerebro favorecen una combinación distinta de neuropéptidos (correspondientes a pensamientos relacionados con la culpa), que a su vez envían señales a otro centro hormonal; en este caso, el segundo. Y con el tiempo, según recreas el mismo bucle de pensamiento y sentimiento, sentimiento y pensamiento, la energía se atasca en el segundo centro. El proceso, también en este caso, te pasa factura biológica: como experimentas la culpa en la zona del vientre, sufres mareos o náuseas, o puede que sientas dolor en esta zona de tu cuerpo, junto con emociones tales como sufrimiento, infelicidad e incluso tristeza.

EL BUCLE PENSAMIENTO - SENTIMIENTO DE CULPA

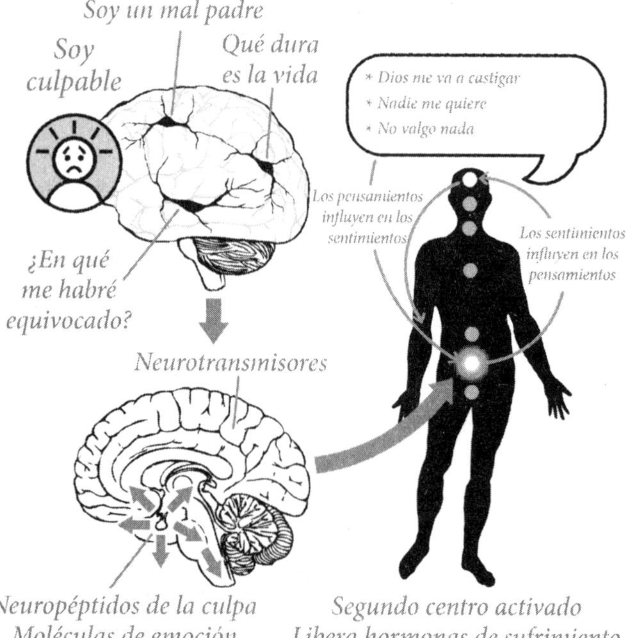

Figura 5.2

Este gráfico muestra cómo almacenamos energía en forma de emociones en el segundo centro cuando nos atascamos en un bucle de pensamiento y sentimiento distinto.

Si te sientes culpable durante mucho tiempo, generas más pensamientos relacionados con la culpa que estimulan y conectan nuevas neuronas. Éstas, a su vez, envían señales a otros neuropéptidos, que provocan la liberación de más hormonas en el segundo centro. Cuando eso sucede, sigues condicionando a tu cuerpo para que se convierta en la mente de la culpa y el sufrimiento, de tal modo que almacenas más y más energía en forma de emoción en el segundo centro. Al mismo tiempo, a través de este segundo centro emites una impronta energética específica, que contiene información concreta, al campo energético de tu cuerpo.

Ahora supongamos que empiezas a concebir un tipo de pensamientos totalmente distinto. ¿Qué pasa si te da por albergar fantasías sexuales con alguien? En este caso activas una red de neuronas distinta en el cerebro y generas un nivel mental diferente. E, igual que antes, si estimulas y conectas el número de redes suficiente obtendrás una representación interna distinta en el lóbulo frontal del cerebro. Y en el instante en que la idea o la imagen a la que prestas atención se torne más real que el mundo exterior, el pensamiento se transformará literalmente en la experiencia, que dará como resultado el sentimiento correspondiente.

En ese momento, el cuerpo se excita. Una energía específica que contiene un mensaje o intención concreto activa el primer centro. Dicho mensaje estimula el plexo de neuronas asociado para suscitar una mente específica, que a su vez envía señales a los genes de las glándulas correspondientes para que fabriquen compuestos químicos y hormonas equivalentes a esos pensamientos. A la sazón te ves a ti mismo como un semental o una viciosa. Y si aceptas, crees y te entregas a *ese* pensamiento o imagen sin pararte a analizarlo, los neurotransmisores del cerebro procederán a favorecer una combinación distinta de neuropéptidos en el cerebro límbico. Éstos activarán las hormonas del primer centro de energía y programarán el sistema nervioso autónomo para que estimule ese centro. Seguro que conoces de sobra los efectos biológicos del proceso.

El conjunto de reacciones biológicas que acabamos de describir te llevará a sentirte de una manera determinada, y pronto estarás generando más pensamientos acordes con ese sentimiento. En ese caso empiezas a almacenar energía en el primer centro y envías al campo energético de tu cuerpo una señal vibratoria que contiene un mensaje específico del primer centro. Tu cerebro permanece atento a tus sentimientos, de manera que vas a generar aún más pensamientos afines, y el ciclo se instala. En ese proceso, el cuerpo sigue a la mente y, a la larga, la remplaza.

Ahora entiendes cómo los pensamientos condicionan al cuerpo a devenir la mente de la que sea la emoción que estés experimentando, y cómo, cuando sucede algo así, se acumula la energía en el centro correspondiente a esa emoción. La energía tiende a atascarse en aquel centro que posea una mayor acumulación de energía asociada con las emociones que experimentas repetidamente.

Si te domina la libido, eres demasiado sexual o te preocupa demasiado inspirar deseo a los demás, tu energía se atascará en el primer centro. Si arrastras un gran sentimiento de culpa o un exceso de tristeza, miedo, depresión, vergüenza, baja autoestima, sufrimiento y dolor, tu energía se estancará en el segundo centro. Y si tienes problemas de ira, agresividad, frustración o impulsividad, tiendes a enjuiciar a los demás o eres excesivamente arrogante, tu energía se acumulará en el tercer centro. (Con un poco de suerte, a estas alturas del libro ya habrás puesto en práctica la bendición de los centros de energía y habrás empezado a experimentar cómo la energía puede fluir de un centro al siguiente, elevando su vibración según asciende.)

Con el tiempo, el cuerpo deviene la mente de la emoción y, una vez que la energía en cuanto que emoción se acumula (o, más exactamente, se atasca) en uno o más centros de energía inferiores, el cuerpo vive literalmente *en el pasado.* Y entonces ya no dispones de energía para cambiar tu destino. Cuando se produce esa situación, tu cuerpo deviene más materia y menos energía porque, como ya has leído, los tres primeros centros (relacionados con las emociones de supervivencia) reducen el campo de energía vital que rodea tu cuerpo.

Por dejarlo claro, no estoy sugiriendo que te abstengas de mantener relaciones, que no disfrutes de la comida o que evites el estrés a toda costa. Digo que los desequilibrios que puedas estar experimentando proceden de una sobrecarga en los tres primeros centros de energía. E imagina lo que pasaría si los tres centros de supervivencia fueran sobreestimulados al mismo tiempo: como ya habrás deducido, la energía corporal acabará mermando con el tiempo. En esos casos, apenas si disponemos de energía para la regeneración, la reparación, la curación, la creación o para recuperar el equilibrio siquiera.

De igual modo, mucha gente, al experimentar algún tipo de desequilibrio, tiende a retirarse de la circulación y reducir la cantidad de alimento que ingiere. Al tener que digerir menos, el cuerpo posee más energía para reequilibrarse. Es posible que se abstengan de mantener relaciones durante un tiempo para permitir al cuerpo que se restaure. En este tipo de retiros, se apartan también de la estimulación constante que suele brindar el entorno, incluidos los amigos, los hijos, los compañeros de trabajo, las citas y los horarios, el empleo, el ordenador, el hogar y los teléfonos móviles. De ese modo evitan que el cuerpo reaccione (consciente o inconscientemente) a todos esos elementos conocidos del mundo exterior que asocian con pensamientos y emociones del pasado.

La técnica respiratoria que estoy a punto de enseñarte te ayudará a liberar la energía atrapada en los tres primeros centros para que pueda fluir hacia el cerebro, de donde procedía de buen comienzo. Y cuando emplees la respiración para liberar esas emociones podrás disponer de esa energía para propósitos más elevados. La podrás usar para sanarte, para crear una vida distinta, para manifestar más riqueza o para protagonizar una experiencia mística, entre muchas otras posibilidades. Las emociones acumuladas en tu cuerpo en forma de energía mudarán en una energía distinta que transportará un mensaje diferente a través de emociones más elevadas tales como la inspiración, la libertad, el amor incondicional y la gratitud. La energía es la misma, sólo que, en el primer caso, está atrapada en el cuerpo. Y la respiración nos ayuda a despegar la mente del cuerpo. Utilizarás tu anatomía como instrumento de consciencia para impulsar la energía hacia arriba. De ese modo, esas emociones de supervivencia se transformarán en otras de naturaleza creativa. Y a medida que liberes tu cuerpo de las cadenas del pasado y dejes fluir esa energía, dispondrás de lo necesario para hacer lo imposible: para transformarte en un ser sobrenatural.

El cuerpo como imán

Echa un vistazo a la figura 5.3 e imagina que fuera un imán. Los imanes, como ya sabes, tienen un polo norte y un polo sur; un extremo tiene carga positiva y el otro carga negativa. La polaridad entre los dos extremos del imán le permite generar un campo electromagnético. Cuanto más fuerte es la polaridad entre los dos extremos, mayor el campo electromagnético que crea. Dicho campo es invisible, pero existe; y se puede registrar.

CAMPO ELECTROMAGNÉTICO DE UN IMÁN

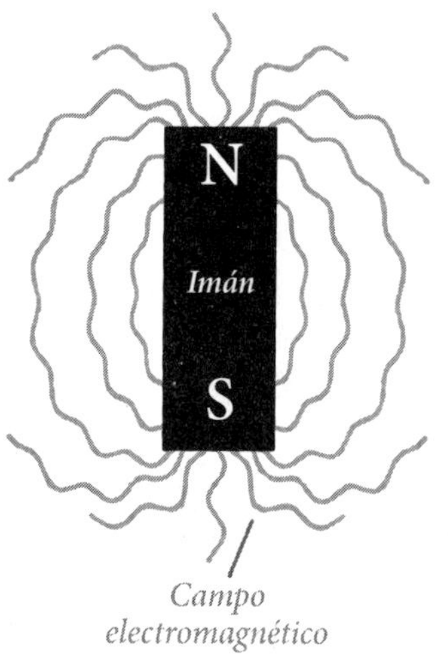

Figura 5.3

Los imanes proyectan a su alrededor un campo electromagnético mensurable. Cuanto más fuerte es la polaridad entre el extremo norte y el sur, más corriente recorre el imán y mayor es el campo electromagnético.

La fuerza del campo electromagnético que rodea a los imanes puede incluso influir en la materia. Si tapas un imán con una cartulina y espolvoreas unas pequeñas limaduras de hierro por encima, verás cómo las limaduras se distribuyen por el campo electromagnético del imán. Dicho campo es tan potente que afecta a la realidad material, aunque su vibración no pueda ser percibida con los sentidos. La figura 5.4 representa esta idea.

La Tierra es un imán y, como tal, cuenta con un polo norte y un polo sur, como también proyecta un campo electromagnético a su alrededor. Si bien dicho campo es invisible, todos estamos familiarizados con uno de los efectos más sorprendentes de su presencia: el campo electromagnético de la Tierra repele los fotones del Sol y, durante las erupciones solares o las eyecciones de masa coronal, desvía los miles de millones de fotones que son proyectados a la Tierra en un gesto vibrante y lleno de color que conocemos como aurora boreal.

CÓMO LA ENERGÍA INFLUYE EN LA MATERIA

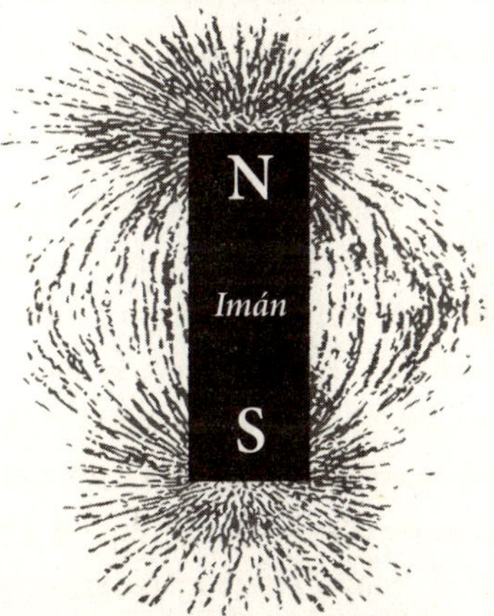

Limaduras de metal distribuidas por el campo electromagnético

Figura 5.4

El campo electromagnético de un imán distribuye las limaduras de metal en un patrón.

Tu cuerpo también es un imán. Las antiguas culturas (sobre todo las orientales) lo saben desde hace miles de años. El polo norte es el cerebro, y en consecuencia la mente, y el sur se encuentra en la base de la columna vertebral. Cuando vives inundado de hormonas del estrés (efecto de las emociones de supervivencia) o cuando sobrecargas los otros dos centros energéticos de supervivencia, estás absorbiendo constantemente energía de ese campo invisible. En esos casos, la energía ya no fluye por el cuerpo, porque el organismo, instalado en un estado de supervivencia, la extrae del campo para almacenarla en el cuerpo; específicamente, en los tres primeros centros energéticos. (Es lo que sucede cuando el bucle pensamiento/sentimiento del que hablábamos antes se instala.)

Si esta situación se prolonga mucho tiempo, el cuerpo pierde la carga energética que lo recorre. Privado de ésta, no puede generar el campo de energía electromagnética que lo rodea en circunstancias normales y deja de actuar como un imán. Ha mudado en un trozo de metal normal y corriente, en un imán que ha perdido su carga. Como puedes ver en la figura 5.5, el cuerpo deviene entonces más materia y menos energía (o más partícula y menos onda).

Como es natural, si hubiera un modo de lograr que esa energía estancada en los tres primeros centros volviera a circular, la corriente reanudaría su flujo y el cuerpo generaría de nuevo su campo electromagnético. Para eso sirve la respiración: nos proporciona una herramienta para despegar la mente del cuerpo y desplazar toda esa energía acumulada en los tres primeros centros por la columna vertebral hasta el cerebro. De ese modo podemos restaurar el campo electromagnético que envuelve el cuerpo. Cuando lo conseguimos, podemos emplear esa energía para objetivos más allá de la supervivencia. Echemos un vistazo a la disposición de nuestros cuerpos para poder entender mejor cómo funciona el proceso.

EL CUERPO COMO ENERGÍA FRENTE AL CUERPO COMO MATERIA

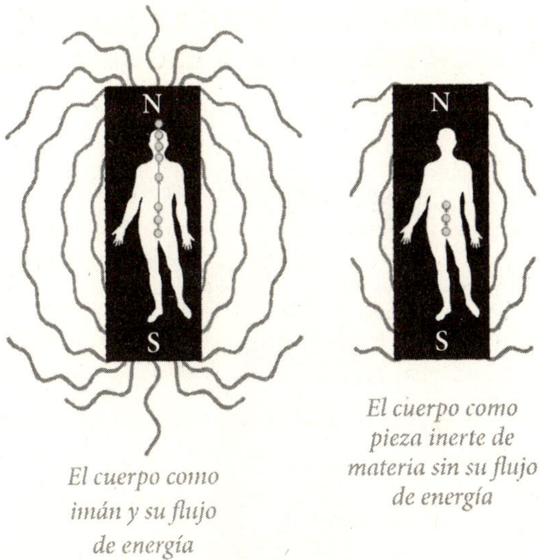

Figura 5.5

Cuando la energía fluye por el cuerpo, igual que sucede con los imanes, un campo electromagnético mensurable rodea el cuerpo. Pero si vivimos instalados en un estado de supervivencia y nos alimentamos del campo invisible de energía que nos envuelve, dicho campo se reduce. Además de eso, cuando la energía se estanca en los tres primeros centros —esos que llamamos de supervivencia— por cuanto estamos atrapados en un círculo vicioso de pensamiento y sentimiento, disminuye la corriente que recorre el cuerpo y el campo electromagnético mengua todavía más.

Echa un vistazo a la figura 5.6. En la base de la columna vertebral tienes un hueso llamado sacro que parece un triángulo invertido con una base plana en lo alto. Sobre esa superficie llana se asienta la columna vertebral, que asciende hasta el cráneo. En el interior de ese sistema cerrado se encuentra el sistema nervioso central, formado por el cerebro y la médula espinal, que es, de hecho, una extensión del cerebro. El cráneo y la columna vertebral protegen este sistema tan delicado.

EL CEREBRO Y LA MÉDULA ESPINAL INTERIOR DEL SISTEMA ESQUELÉTICO

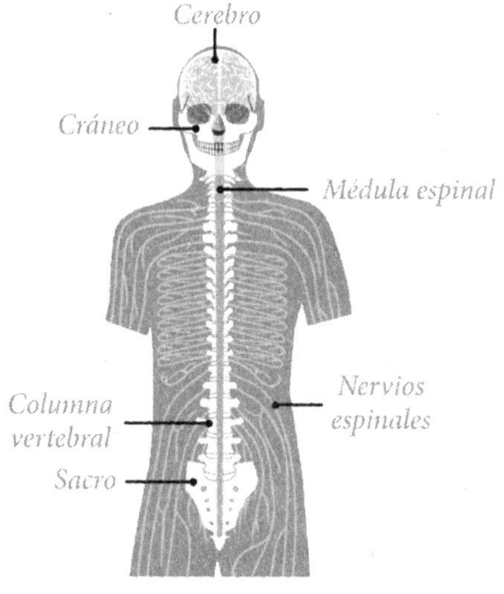

Figura 5.6

El sacro, la columna vertebral y el cráneo son las estructuras óseas que protegen el sistema más delicado del cuerpo: el sistema nervioso central, que controla y coordina el resto de los sistemas.

El sistema nervioso central es uno de los más importantes del cuerpo porque coordina y controla todos los demás. Sin la cooperación del sistema nervioso central no podrías digerir la comida, ni vaciar la vejiga, ni mover el cuerpo, y el corazón no sería capaz de latir. Ni siquiera podrías parpadear de no ser por él. Así que te invito a que lo imagines como el cableado eléctrico que recorre la maquinaria de tu cuerpo.

En el interior de este sistema tan protegido hay líquido cefalorraquídeo que se filtra de la sangre al cerebro. Este fluido baña el cerebro y la médula espinal y es responsable del estado de flotación del sistema nervioso central. Actúa como un amortiguador que protege el cerebro y la médula espinal de los golpes y fluye por diversos ríos y caminos que transportan nutrientes y compuestos químicos a las distintas terminaciones nerviosas de todo el cuerpo. Por su propia naturaleza, este líquido se comporta como un material conductor que favorece la circulación eléctrica por el sistema nervioso central.

Ahora regresemos al sacro. Cada vez que tomas aire, el hueso sacro se dobla hacia atrás una pizca y cada vez que lo sueltas se flexiona un poquito hacia delante. Se trata de un movimiento sumamente sutil; demasiado sutil para que lo notes siquiera, aunque lo intentes. Pero ocurre. E igualmente, las suturas del cráneo (las junturas por las que se unen las distintas placas, que se ajustan como piezas de un puzle y le otorgan cierto grado de flexibilidad) se abren mínimamente cuando inhalas y se cierran cuando exhalas.[23] También en este caso el movimiento es tan sutil que resulta imperceptible.

El movimiento del sacro hacia delante y hacia atrás cuando inspiras y espiras, junto con la apertura y el cierre de las suturas del cráneo, propaga una onda por ese sistema cerrado que impulsa el líquido cefalorraquídeo hacia arriba y lo irradia a las cuatro cavidades del cerebro, conocidas como acueductos cerebrales o ventrículos. Si fueras capaz de marcar una molécula de fluido cerebroespinal y seguirla desde la base de la columna hasta el cerebro, y luego de vuelta otra vez hasta el sacro, verías que tarda doce horas en completar el circuito.[24] Así que, básicamente, enjuagas el cerebro dos veces al día. Echa un vistazo a la figura 5.7 para ver cómo funciona.

---

23. M.B. DeJarnette, «Cornerstone»,*The American Chiropractor*, págs. 22, 23, 28, 34, julio/agosto 1982.

24. Ibíd.

EL MOVIMIENTO DEL LÍQUIDO CEFALORRAQUÍDEO

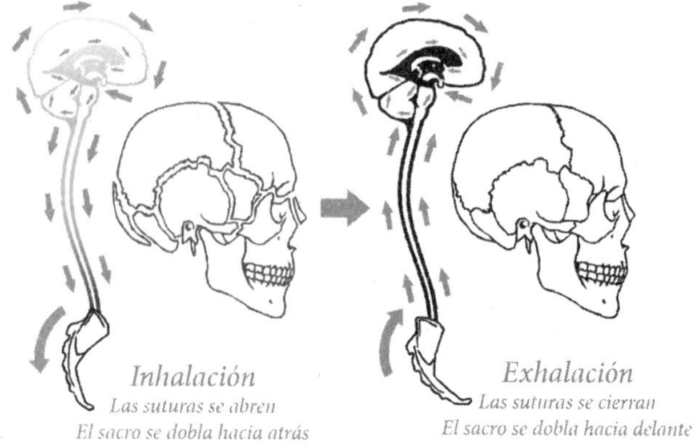

Figura 5.7

Cuando inspiras, el sacro se dobla una pizca hacia atrás y las suturas del cráneo se expanden. Cuando espiras, el sacro se dobla muy ligeramente hacia delante y las suturas de cierran. Un gesto tan natural como es la respiración propaga una onda que desplaza muy lentamente el líquido cefalorraquídeo hasta lo alto de la columna, por el cerebro y luego hacia abajo otra vez.

Así pues, imagina lo que pasaría si contrajeras los músculos internos del perineo (el suelo pélvico, los mismos músculos que empleas para el coito y la evacuación) y luego, una vez cerrados, encogieras los músculos del abdomen inferior hasta cerrarlos también, y a continuación hicieras lo propio con los músculos del abdomen superior. Si apretaras y contrajeras los músculos correspondientes a los tres primeros centros de energía durante el rato suficiente, el fluido del sistema nervioso central se desplazaría hacia arriba, como muestra la figura 5.8, por la columna vertebral. Y cada vez que apretaras los músculos de esos centros, el fluido ascendería.

Ahora imagina que enfocases la atención en la cima del cráneo. Y si la energía acude allí donde depositas la atención, cuando te concentrases en la parte superior de tu cabeza estarías atrayendo la energía hacia esa zona. A continuación piensa que inspiras lenta y regularmente por la nariz al mismo tiempo que aprietas y sostienes los músculos del perineo, luego los del abdomen inferior y a continuación los del abdomen superior, y mientras tanto acompañas con la atención el camino del aliento por la columna vertebral hasta el pecho, la garganta, el cerebro y la cima de la cabeza. Imagina que, cuando la respiración llega a lo más alto, contienes el aliento y sigues apretando. Estarías empujando el líquido cefalorraquídeo hacia el cerebro.

CONTRACCIÓN DE LOS MÚSCULOS INTRÍNSECOS PARA DESPLAZAR EL LÍQUIDO CEFALORRAQUÍDEO HACIA EL CEREBRO

Uso de los músculos centrales para desplazar la energía

Figura 5.8

Cuando contraes los músculos intrínsecos de la parte inferior del cuerpo, respiras sostenidamente por la nariz y centras la atención en la cima de la cabeza, aceleras el movimiento del fluido cefalorraquídeo hacia el cerebro y provocas una corriente ascendente por el eje central de la columna vertebral.

El ejercicio reviste un gran interés, porque el líquido cefalorraquídeo está compuesto de una solución de proteínas y sales, y en el instante en que las proteínas y las sales se disuelven, se cargan. Si aceleras una molécula cargada —como harías si empujaras esa molécula hacia lo alto de la espina dorsal—, creas un campo de inductancia. Un campo de inductancia es un campo invisible de energía electromagnética que se desplaza en círculo en la misma dirección que toman las moléculas. Cuanto más cargadas están las moléculas que aceleras, mayor y más potente es el campo de inductancia. Echa un vistazo a la figura 5.9 para saber qué aspecto tiene ese tipo de campo.

CAMPO DE INDUCTANCIA

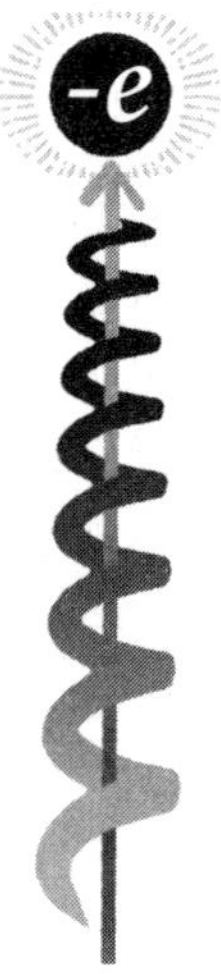

Cuando desplazas moléculas cargadas, se crea un campo de inductancia

Figura 5.9

El líquido cefalorraquídeo está compuesto de moléculas cargadas. Cuando aceleras el movimiento ascendente de esas moléculas por la columna vertebral, generas un campo de inductancia que se desplaza en la misma dirección que las moléculas cargadas.

MOVIMIENTO DE LA ENERGÍA ACUMULADA EN EL CUEPRO EN DIRECCIÓN AL CEREBRO

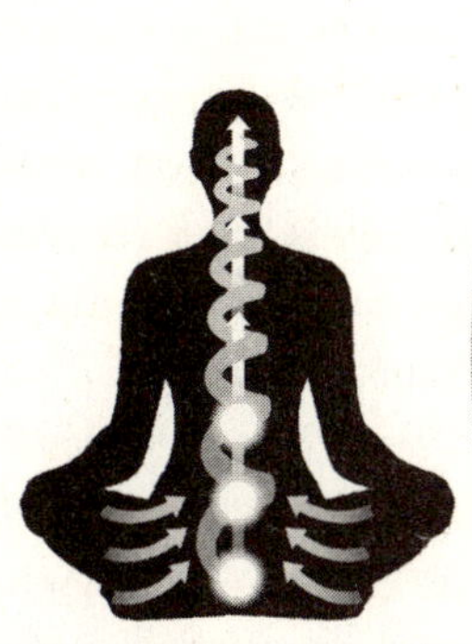

Cómo se libera la energía de los tres primeros centros hacia el cerebro

Figura 5.10A

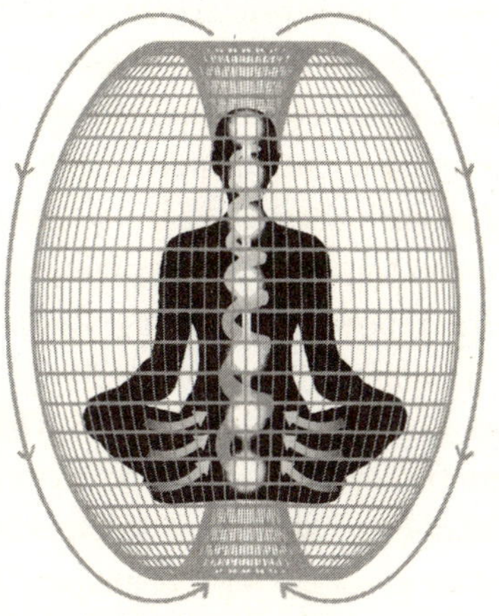

Cuando creamos una corriente ascendente en la columna vertebral para generar un campo electromagnético, el cuerpo se convierte en un imán

Figura 5.10B

Si generamos un campo de inductancia acelerando el movimiento ascendente del líquido cefalorraquídeo, éste atrae la energía acumulada en los tres primeros centros hacia el cerebro. Una vez creada la corriente que fluye de la base de la espina dorsal al cerebro, el cuerpo se comporta como un imán y se crea un campo electromagnético toroide.

Imagina la médula espinal como un cable de fibra óptica que discurre en ambos sentidos: transporta información del cuerpo al cerebro y del cerebro al cuerpo. Cada segundo, un gran volumen de información circula del cerebro al organismo (como el deseo de cruzar la habitación o darte un capricho). Al instante, una enorme cantidad de información procedente del cuerpo asciende por la médula espinal hacia el cerebro (como la consciencia del lugar que ocupa tu cuerpo en el espacio o las señales que indican que estás hambriento). Una vez que aceleras esas moléculas cargadas en un movimiento ascendente por la espina dorsal, el campo de inductancia resultante revertirá la corriente de información que fluye del cerebro al cuerpo y atraerá energía de los tres centros inferiores hacia el cerebro otra vez por la misma vía. Echa un vistazo a la figura 5.10A para ver cómo sucede. El proceso descrito genera una corriente que discurre por el cuerpo y el sistema nervioso central —igual que si fuera un imán— y, a consecuencia de esa corriente, el mismo tipo de campo electromagnético que rodea un imán envuelve el cuerpo, como ves en la figura 5.10B.

El campo electromagnético que has creado es tridimensional y su energía, según se desplaza, crea un campo de torsión o toroide. Por cierto, la forma de este campo electromagnético es un patrón muy habitual en el universo; tiene la misma forma que una manzana, y también que un agujero negro de una galaxia lejana. (Ver figura 5.11.)

Así pues, ahora entiendes por qué empleando esta técnica de respiración movilizas una buena cantidad de energía acumulada. Y si la realizas correctamente y con la frecuencia suficiente, vas a despertar a un dragón dormido.

EL CAMPO TOROIDE

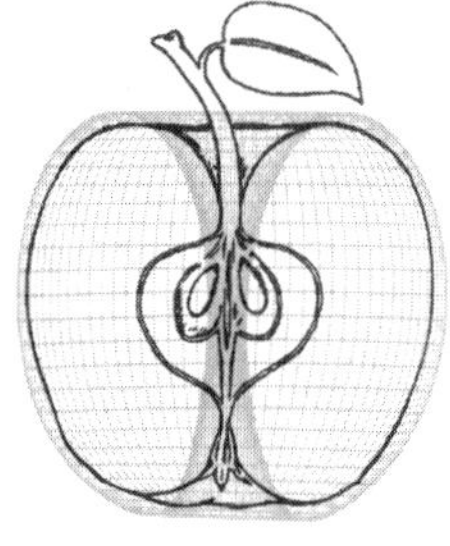

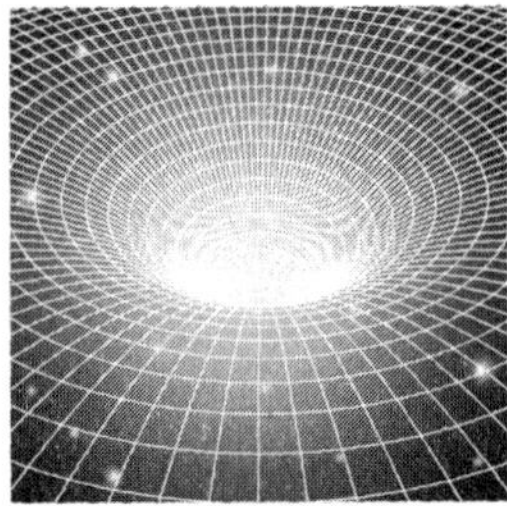

Manzanas y agujeros negros comparten la forma toroide

Figura 5.11

Desde las manzanas hasta los agujeros negros, la forma toroide es un patrón de creación recurrente en la naturaleza.

Transportando la energía al cerebro

Una vez que has movilizado la energía atascada, el sistema nervioso simpático (un subsistema nervioso autónomo que estimula al cerebro y al cuerpo ante las amenazas del exterior) entra en funcionamiento, y la energía empieza a desplazarse de los tres centros de energía inferiores al cerebro. Sin embargo, en este caso los estímulos no proceden del exterior, sino del sistema simpático, que has estimulado mediante tu propia respiración. Y cuando el sistema nervioso parasimpático (otro subsistema nervioso autónomo que relaja el cerebro y el cuerpo, como sucede después de una buena comida) se incorpora al sistema simpático, la energía que circula por los tres centros inferiores entra, por decirlo de algún modo, a chorro en el cerebro. En el instante en que la energía llega al bulbo raquídeo, una especie de puerta conocida como entrada talámica se abre y cede el paso a esa avalancha de energía.

Y cuando esa gran onda energética procedente del cuerpo inunda el cerebro, entramos en un estado gamma. (Hemos registrado las ondas gamma de numerosos participantes durante la práctica de esta técnica de respiración.) Las ondas gamma —que yo denomino supraconsciencia— son extraordinarias, no sólo porque producen más cantidad de energía que ninguna otra onda cerebral, sino también porque la energía procede del interior del cuerpo en lugar de ser liberada como reacción a un estímulo del entorno, del mundo exterior.

En ese último caso, el cerebro tiende a generar ondas beta altas ligadas a la presencia de hormonas del estrés, lo que te permite estar superalerta a los peligros procedentes del medio ambiente. Cuando tu cerebro genera ondas beta, el mundo exterior te parece más real que el interior. Y, si bien las ondas gamma crean un estado de alerta parecido en el cerebro —que amplifica la sensación de presencia, consciencia, atención y energía relacionada con experiencias más creativas, trascendentes o místicas—, la diferencia radica en que, en el caso de las gamma, lo que sea que está sucediendo en tu mundo interior deviene mucho más real que muchas de las experiencias que has vivido en la realidad exterior. Echa un vistazo a la figura 5.12 para comprobar el parecido entre las ondas cerebrales beta y gamma.

COMPARACIÓN ENTRE ONDAS BETA ALTAS Y ONDAS GAMMA

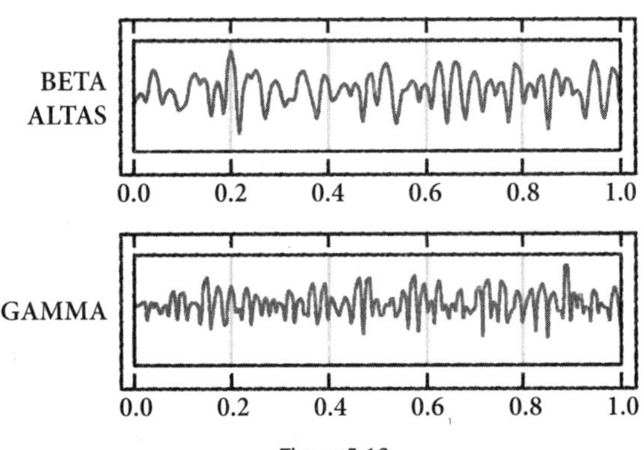

Figura 5.12

Gracias a la liberación de la energía almacenada en los tres primeros centros del cuerpo, el cerebro se activa y genera ondas gamma. Cuando eso sucede, es posible que pase por un estado beta de camino al grado gamma. Las ondas beta altas suelen manifestarse cuando el cerebro reacciona a un estímulo externo, lo que nos lleva a centrar la atención en el origen del estímulo. Las ondas gamma aparecen a raíz de estímulos procedentes del ambiente interno, lo que nos induce a prestar atención a lo que sea que esté sucediendo en la mente. La comparación muestra la semejanza de patrones entre ondas beta altas y gamma, si bien las frecuencias de las gamma son más rápidas.

Numerosos alumnos, al poner en práctica esta técnica respiratoria, han generado significativas ondas beta altas de camino al grado gamma (las ondas cerebrales de más alta frecuencia). Algunos, sencillamente, se detienen al llegar al estado beta. Hemos descubierto que los niveles más altos de beta también indican, en ocasiones, que el sujeto presta más atención al mundo interno que al externo. Además de apreciarse más energía en el cerebro tras la práctica de esta técnica respiratoria, hemos observado repetidamente un aumento significativo de la coherencia cerebral.

Echa un vistazo a los gráficos 6A y 6B del encarte en color. Verás los datos correspondientes a dos alumnos que han llevado a cabo la técnica con éxito. Muestran ondas cerebrales beta de muy alta frecuencia en transición a las ondas gamma. Fíjate en la gran amplitud de sus ondas cerebrales en el estado gamma. Cuanta mayor amplitud, más cantidad de energía concentrada en sus cerebros. Los alumnos muestran desviaciones estándar de 160 y 260 por encima de las típicas ondas gamma. Para que tengas un dato de referencia, tres desviaciones estándar por encima de lo normal suele considerarse un resultado alto. En el gráfico 6A(4) puedes comprobar también el incremento de la coherencia cerebral después de la respiración. Las zonas rojas del cerebro muestran una coherencia cerebral sumamente alta en cada uno de los estados registrados.

Cuando pones en práctica esta poderosa técnica respiratoria, atraes la energía que se acumula en los tres centros inferiores —la energía que empleas para el orgasmo y crear una vida, para digerir una comida o huir de un depredador— y en lugar de transformarla en compuestos químicos la desplazas por la columna vertebral (igual que absorberías líquido con una pajita) para liberarla en el cerebro.

De hecho, por la columna vertebral discurre una columna de luz o energía conocida como el tubo prana (ver figura 5.13). *Prana* es un término sánscrito que significa «fuerza vital». Los yoguis tienen conocimiento de su existencia desde hace miles de años. No se trata de una estructura física, sino energética. El tubo se considera etérico debido a la información eléctrica que recorre constantemente la columna. Cuanta más energía se desplaza por la médula espinal física, más energía se crea en este tubo de luz. Y cuanta más energía se crea en el tubo, más energía se desplaza por la médula espinal y mayor es la expresión de vida. En ocasiones, cuando enseño esta meditación, los estudiantes me dicen: «No noto mi tubo prana». Bueno, en realidad tampoco notas la oreja izquierda a menos que le prestes atención, ¿verdad? Pues, cuando te pida que contraigas los músculos y empujes la energía hacia arriba, estarás proyectando la luz a lo largo de la columna vertebral y creando un tubo prana más poderoso en la médula espinal.

TUBO PRANA

El tubo de luz que representa la energía que sube y baja por la médula espinal

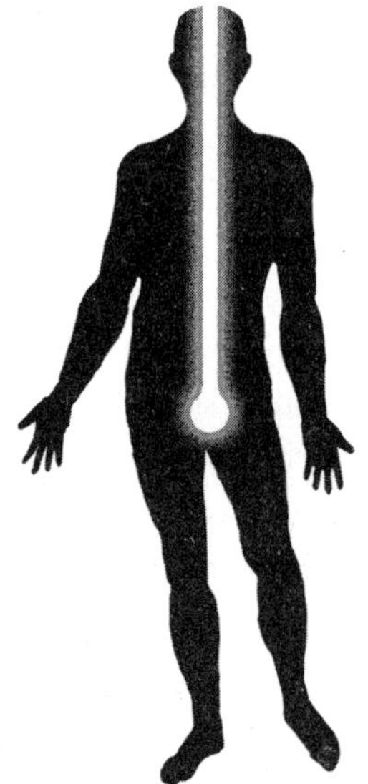

Figura 5.13

El tubo prana es una columna de luz o energía que representa el movimiento de la fuerza vital por la médula espinal. Cuanta más energía se desplaza por la columna, más intenso es el campo del tubo prana. Cuanta menos energía circula por la columna, más débil es el prana y, en consecuencia, menos energía vital recibe el cuerpo.

Es importante remarcar que no se trata de una respiración pasiva; se trata de un proceso extremadamente activo y apasionado. Desplazar toda esa energía atascada —energía que lleva ahí acumulada años y años, a veces décadas— requiere un acto de intención y voluntad. Igual que un alquimista transforma metales básicos como el plomo en oro, para sublimar las bajas emociones de supervivencia debes tomar sentimientos tan limitantes como la rabia, la frustración, la culpa, el sufrimiento y el miedo y convertirlos en emociones superiores como amor, gratitud y dicha. Otras emociones con las que puedes conectar son la inspiración, la emoción, el entusiasmo, la fascinación, el asombro, la maravilla, el agradecimiento, la bondad, la abundancia, la compasión, el empoderamiento, la nobleza, el honor, la grandeza, la voluntad inquebrantable, la fuerza y la libertad; por no mencionar la propia divinidad, la pasión ante el espíritu, la confianza en lo desconocido o en el místico o en el sanador que hay en ti.

Recuerda, sublimar esa energía requiere un nivel de intensidad mayor que el cuerpo en sustitución de la mente, mayor que tu adicción a cualquier emoción de supervivencia. Debes visualizar que devienes más energía que materia, usar el cuerpo como instrumento de consciencia para atraer hacia arriba la energía. Así pues, no permitas que tu cuerpo sea mente. Recuerda que estás liberando energía acumulada, transformando la culpa, el sufrimiento, la rabia o la agresividad en pura luz evolucionada, y que, según el cuerpo libere esa energía, te liberarás a ti mismo y te sentirás exultante, enamorado de la vida e inspirado por el mero hecho de estar vivo.

Según arrastras la energía por la columna vertebral al llevar a cabo esta meditación, debes acompañar tu aliento en su camino a la cima de la cabeza. Cuando llegue allí, quiero que contengas el aliento al mismo tiempo que sigues contrayendo los músculos del perineo y el abdomen. Cuando lo hagas, aumentarás la presión de la médula espinal y de la columna vertebral. Esa presión, llamada «intratecal», se produce en el interior de un sistema cerrado. Es la misma presión que ejerces cuando contienes el aliento y levantas algo pesado; estás empujando el cuerpo desde dentro. Sin embargo, en este caso, dirigirás la presión, la energía, en un sentido muy concreto para que todo ese líquido cefalorraquídeo suba por la columna y llegue al cerebro.

Cuando ese fluido presurizado llega al fondo del bulbo raquídeo, los centros del cerebro inferior, que incluyen el mismo bulbo raquídeo, el cerebelo y el cerebro límbico, acogen súbitamente la descarga energética a través de una galaxia de núcleos neuronales llamada «formación reticular». Esa energía cruza entonces la entrada talámica hasta el tálamo (la parte del cerebro que envía señales de los receptores sensoriales), que está ubicado en el cerebro medio y hace las veces de caja de empalme. Acto seguido, la corriente energética avanza hacia el centro del cerebro superior, la neocorteza. En ese momento empiezan a generarse las ondas gamma. Cuando la energía llega al tálamo, se libera también a la glándula pineal, y en ocasiones, sucede algo sorprendente. La glándula libera elixires muy poderosos, uno de los cuales anestesia la mente analítica y el cerebro pensante.

Mira la figura 5.14, que muestra el tálamo, la formación reticular, la entrada talámica y el instante en que la energía inunda los centros del cerebro superior.

Hablaremos largo y tendido de la glándula pineal más adelante. De momento, me conformo con que sepas que, cuando eso sucede, notas algo parecido a un orgasmo en el cerebro. Se trata de una energía muy poderosa que algunos llaman «el movimiento de la *kundalini*». Personalmente, no me gusta usar esa palabra porque podría evocar opiniones o creencias basadas en interpretaciones erróneas del concepto que podrían llevar a algunas personas a desestimar la técnica, pero quiero que entiendas que ésa es exactamente la energía que generas cuando practicas este tipo de respiración.

CÓMO LA ENERGÍA DEL CUERPO ACCEDE AL CEREBRO A TRAVÉS DEL SISTEMA ACTIVADOR RETICULAR

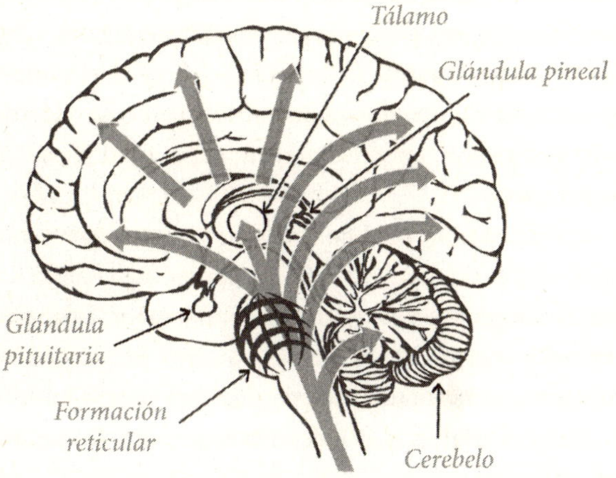

Figura 5.14

Según la entrada talámica se abre, una gran cantidad de la energía creativa que se acumulaba en el cuerpo recorre el sistema activador reticular hasta cada uno de los tálamos y la glándula pineal. A continuación la energía es liberada en la neocorteza, lo que genera ondas cerebrales gamma.

Si miras el gráfico 6B(4) del encarte en color, verás que la zona que rodea la glándula pineal se encuentra particularmente activa cuando el alumno entra en estado gamma. Mira las flechas azules. La zona roja representa la activación de la energía de la glándula pineal, así como la zona del cerebro límbico asociada a las emociones intensas y a la formación de nuevos recuerdos. El gráfico 6B(5) es una imagen tridimensional del cerebro del mismo estudiante. Una vez más, la zona pineal muestra una cantidad de energía significativa procedente del interior del cerebro.

Acogiendo las emociones superiores

Acabas de leer cómo el ejercicio de respiración que centra este capítulo despega la mente del cuerpo según libera energía almacenada en los tres primeros centros de energía; los centros de supervivencia. Cuando lo hagas habrá llegado el momento de reprogramar el cuerpo para una nueva mente, la segunda parte de la meditación, que involucra alcanzar estados emocionales superiores.

Quiero aclarar aquí por qué el gesto de acoger emociones superiores es tan poderoso. Como aprendiste cuando hablábamos de los genes en el segundo capítulo, sabemos que es el entorno el que activa el gen y no a la inversa. Si consideramos las emociones el resultado final de una experiencia en un entorno, será la emoción la que desencadene, o no, la expresión del gen.

Cuando alcanzas esas emociones elevadas mediante esta meditación, lo que haces en realidad es activar los genes *previamente a la experiencia*. El cuerpo desconoce la diferencia entre una emoción generada por una interacción con el ambiente exterior y otra creada internamente a través de una emoción inédita y superior. Así que, cuando accedes a esa emoción superior y generas pensamientos distintos a esos que te mantienen atado al pasado, más elevados, tu cuerpo empieza a prepararse químicamente para el mañana (porque piensa que el mañana ya está sucediendo). Dicho de otro modo, si llevas a cabo la meditación correctamente las veces suficientes, el cuerpo reacciona como si la regeneración física o cualquier otra circunstancia que pretendas manifestar en la realidad material ya se hubiera producido.

Esas emociones elevadas vibran en una frecuencia más alta (y más rápida) que las emociones básicas como culpa, miedo, celos o ira. Y como la vibración transporta información, cuando cambiamos de frecuencia transformamos nuestra energía. Esa nueva energía puede transportar, pues, una información distinta: una consciencia más amplia o intenciones o pensamientos distintos. Cuanto más elevada sea la emoción, más rápida la frecuencia y más te sentirás energía en lugar de materia; y dispondrás de más luz para crear un campo de energía coherente, alejado de la enfermedad e instalado en la salud (o, de hecho, para activar los genes que la favorecen). Cuando tus emociones tienden a limitarte, te sientes más materia y menos energía; y entonces requiere más tiempo generar cambios en la vida.

He aquí un ejemplo: si en algún momento del pasado sufriste una fuerte impresión, una traición o un trauma motivado por algún acontecimiento con una gran carga emocional y arrastras todavía el dolor, la tristeza o el miedo que te provocó, es muy probable que la experiencia se haya grabado en tu anatomía a muchos niveles. También es posible que los genes activados por la experiencia impidan que tu cuerpo se cure. Así pues, para suscitar en tu cuerpo una nueva expresión genética, la emoción interna que experimentes ahora deberá ser más intensa que la generada por la antigua experiencia. La magnitud de tu empoderamiento o la energía de tu inspiración debe superar tu dolor o tu tristeza. Estás cambiando el ambiente interno de tu cuerpo, que es el ambiente externo de la célula; vas a regular al alza los genes de la salud al mismo tiempo que regulas a la baja los de la enfermedad. Cuanto más profunda sea la emoción, con más fuerza estarás llamando a tu puerta genética y mayor será la señal enviada a los genes para que cambien la estructura y el funcionamiento del cuerpo. Así funciona.

Podemos demostrar la eficacia del proceso porque en uno de nuestros talleres avanzados, celebrado en Tampa en 2017, medimos la expresión genética de un total de treinta participantes elegidos al azar.[25] Los resultados demostraron que nuestros alumnos eran capaces de cambiar significativamente la expresión de ocho genes en el transcurso de un taller de cuatro días de duración, sencillamente, transformando sus estados internos. Hay una posibilidad entre veinte de que los resultados se deban al azar; es el umbral de relevancia que se suele aplicar en las estadísticas. Las funciones de los genes en cuestión son de largo alcance. Están involucrados en la neurogénesis, la generación de nuevas neuronas como consecuencia de experiencias novedosas y aprendizaje; en la protección del cuerpo contra diversos factores de envejecimiento celular; en la regulación de la regeneración celular, incluida la capacidad de llevar células madre a las zonas del cuerpo que precisan reparación de daños o tejidos envejecidos; en la construcción de estructuras celulares, sobre todo del citoesqueleto (el marco de moléculas rígidas que moldean nuestras células); en la eliminación de radicales libres y, en consecuencia, en el descenso del estrés oxidativo (asociado al envejecimiento y a muchos problemas de salud importantes); y en ayudar al cuerpo a identificar y eliminar células cancerosas, lo que implica impedir el crecimiento de tumores malignos. La estimulación de los genes de la neurogénesis resultó particularmente significativa, porque nuestros estudiantes, durante buena parte del tiempo que pasaron meditando, estaban tan presentes en el mundo interior de su imaginación que sus cerebros creyeron vivir experiencias reales. Mira la figura 5.15 que aparece a continuación para saber cómo actúa cada uno de esos genes y por qué son tan importantes para nuestra salud.

25. D. Church, G. Yount, S. Marohn *et al.*, «The Epigenetic and Psychological Dimensions of Meditation», presentado en el Instituto Omega, 26 de agosto de 2017. Pendiente de publicación.

CHAC1	Regula el equilibrio oxidativo de las células, por lo que contribuye a reducir los radicales libres que provocan estrés oxidativo (la causa más universal del envejecimiento). Ayuda a que las células neuronales se regeneren y crezcan de manera óptima.
CTGF	Contribuye a curar heridas, al crecimiento de los huesos y a regenerar el cartílago y otros tejidos conectivos. La disminución en su expresión se asocia con el cáncer y las enfermedades autoinmunes como la fibromialgia.
TUFT1	Contribuye a la regeneración y a la curación, incluida la regulación de las células madre (las células indiferenciadas o «en blanco» que se pueden convertir en el tipo de tejido que requiera el cuerpo en cada momento). Están involucradas en el proceso de mineralización del esmalte dental.
DIO2	Importante para la salud del tejido placentario y la función tiroidea (implicada en la producción de la hormona tiroidea T3). Contribuye a regular el metabolismo reduciendo la resistencia a la insulina y, por tanto, reduciendo la posibilidad de enfermedades metabólicas y, posiblemente, aminorando el apetito desmesurado y las adicciones. También ayuda a regular el estado de ánimo, sobre todo la depresión.
C5orf66-AS1	Elimina los tumores al contribuir a identificar y eliminar las células cancerosas.
KRT24	Asociado con la salud de la estructura celular. También elimina ciertos tipos de células cancerosas, incluidas las que se encuentran en el cáncer colorrectal.
ALS2CL	Elimina los tumores, sobre todo los que contribuyen al carcinoma de células escamosas, un tipo de cáncer de piel.
RND1	Ayuda a las células a organizar las moléculas que les proporcionan la estructura rígida. También contribuye al crecimiento de las neuronas y combate ciertos tipos de células cancerosas (como las que se encuentran en la garganta y en el cáncer de pecho).

Figura 5.15

Éstos fueron los genes cuya expresión se reguló en el taller avanzado de cuatro días que celebramos en Tampa, Florida, en 2017.

Si nuestros alumnos, generando emociones superiores, transformaron su expresión génica en sólo unos días, imagina lo que podrías lograr tú si practicaras esta meditación durante algunas semanas. Si empleas esta técnica respiratoria para liberar las antiguas emociones que se quedan atascadas en el cuerpo después de años y años pensando y sintiendo lo mismo, y practicas nuevos estados emocionales cada día, al cabo de un tiempo esas emociones expansivas se convertirán para ti en la nueva norma. Tu cerebro generará pensamientos distintos, acordes con tus sentimientos elevados. Por fin, a base de elegir una y otra vez esas emociones abarcadoras en lugar de aferrarte a las que te limitan, y si aceptas que estás activando genes y fabricando proteínas responsables del cambio de estructura y funcionamiento del cuerpo, hallarás más sentido en lo que estás haciendo, lo que a su vez fortalecerá tu intención y acabará provocando un resultado aún más impactante.

Está científicamente demostrado que empleamos alrededor de un 1,5 de nuestro ADN. Al resto lo conocemos como «ADN basura». Sin embargo, existe un principio biológico según el cual la naturaleza nunca desperdicia nada. En otras palabras, si el ADN está ahí, será por algo. De no ser así, la naturaleza, en su infinita sabiduría, lo habría eliminado en el proceso de evolución (debido a la ley universal que dicta que *si no usas algo, lo pierdes*). Así pues, podríamos considerar los genes como una biblioteca de posibilidades. Existen infinitas combinaciones de variables genéticas que esos genes latentes pueden expresar. Están ahí, esperando a que los actives. Hay genes que favorecen una mente genial e ilimitada, longevidad, inmortalidad, una voluntad de hierro, la capacidad de curar o de vivir experiencias místicas, la regeneración de órganos y tejidos, la activación de hormonas de la juventud para que disfrutes de más energía y vitalidad, una memoria fotográfica o la capacidad de hacer cosas fuera de lo común, por nombrar sólo unos cuantos.

El único límite es tu imaginación, tu creatividad. Cuando actives esos genes al margen del entorno, tu cuerpo, enviando señales a otros genes para crear nuevas proteínas que permitan una manifestación de la vida más portentosa, expresará un mayor potencial. Así que, cuando te pido que sientas determinadas emociones superiores para reprogramar tu cuerpo a una nueva mente, sé consciente de que, cada vez que experimentas una emoción, estás llamando a tu propia puerta genética. Te invito a que te dejes llevar por el proceso y te impliques al máximo en la experiencia.

Recondicionando el cuerpo a una nueva mente

Antes de que empecemos formalmente la meditación, vamos a efectuar unas cuantas sesiones de práctica. He preferido dividirlas en varios pasos aislados para que puedas aprenderlo poco a poco. Una vez que tengas dominado cada uno de los pasos, los uniremos en un todo. Así que, para empezar, siéntate en una silla con la espalda recta y planta los dos pies en el suelo. También puedes sentarte en el suelo en postura de loto (con las piernas cruzadas) y encajar un cojín debajo de tus posaderas. Coloca las manos en el regazo, sin cruzarlas. Si quieres, cierra los ojos.

Cuando estés listo para empezar, levanta tu perineo, tu suelo pélvico; los mismos músculos que empleas para el coito y la evacuación. No contengas el aliento; respira con normalidad. Tensa los músculos con todas tus fuerzas y mantenlos tensados durante cinco segundos. Repite el ejercicio durante la misma cantidad de tiempo. Hazlo una tercera vez, sostén la tensión durante cinco segundos y vuelve a relajarte. Quiero que adquieras control consciente sobre esos músculos, porque tendrás que usarlos de otro modo.

Ahora contrae los mismos músculos del perineo y, al mismo tiempo, los del abdomen inferior. Empuja la parte baja del abdomen hacia arriba y hacia dentro para cerrar los dos primeros centros. Aguanta durante cinco segundos y relájate. Recoge esos mismos músculos otra vez y aprieta. Sostén la postura durante otros cinco segundos y luego relájate. Repite el proceso una vez más. Acuérdate de respirar mientras lo haces; no contengas el aliento.

Ahora contrae los músculos del perineo y, al mismo tiempo que empujas hacia dentro los músculos del abdomen inferior, incorpora al ejercicio los del abdomen superior. Ahora estás contrayendo todo tu núcleo: los tres primeros centros. Aguanta así durante cinco segundos y vuelve a relajarte. Hazlo otra vez, en esta ocasión tensando los músculos un poco más. Mantén la postura durante cinco segundos y relájate. Repítelo por tercera vez y, mientras contraes y aprietas todos esos músculos, intenta estrujarlos un poco más y levantarlos aún algo más. Aguanta un rato, y luego relájate.

Como la experiencia crea redes neurológicas en el cerebro, según ejecutas cada paso y perfeccionas el anterior, instalas de antemano en el cerebro el equipo neurológico que necesitas para vivir la experiencia. Te pido que uses los mismos músculos que llevas años utilizando, pero ahora de un modo distinto. Este gesto escurrirá los centros y liberará la energía que lleva mucho tiempo acumulada en tu cuerpo.

Ahora vamos a probar otra cosa. Llévate la mano a la parte alta de la cabeza y posa el dedo índice en el centro para que recuerdes bien ese punto una vez que retires la mano. Recuerda que la energía acude allí donde pones la atención, así que ese punto será tu objetivo. Deja las manos en el regazo y, *sin contraer todavía ningún músculo*, respira pausadamente por la nariz. De momento, sólo te pido que acompañes la respiración con la atención desde el perineo pasando por la zona inferior del abdomen, luego por la superior, el centro del pecho, a través de la garganta, el cerebro y, por último, la cima de tu cabeza, donde antes has posado el dedo. Cuando llegues a ese punto, contén el aliento y mantén la atención en la cima de tu cabeza. Deja que la energía siga a tu consciencia. Quédate ahí durante unos diez segundos y relájate.

Ahora llévate el dedo a la cabeza otra vez. Retíralo y asegúrate de que notas el punto sin la ayuda del dedo. Deja las manos sobre los muslos. Respira una vez más sin contraer los músculos.

CAMBIOS DE ENERGÍA DURANTE UN TALLER AVANZADO

Gráfico 1A

Gráfico 1B

En algunos de nuestros talleres avanzados, cuando los alumnos cortan los vínculos energéticos con todo y con todos de su realidad pasada-presente, extraen energía del campo ambiental para construir sus campos electromagnéticos individuales. En ocasiones, en esos momentos, la energía de la sala baja. Las figuras de esta página reflejan el fenómeno, acaecido en dos talleres avanzados que celebramos en Australia, uno en 2015 y otro en 2016. La línea roja representa los valores de referencia a partir de las mediciones efectuadas el miércoles (el día antes del comienzo del retiro, con la sala vacía). La línea azul corresponde al jueves, el primer día completo. Como ves, la energía de la sala ha descendido ligeramente. La línea verde se refiere al viernes, el segundo día. Como puedes apreciar, la energía asciende considerablemente a partir de ese día. En ese momento, los alumnos aportan energía al campo en lugar de absorberla.

COHERENCIA E INCOHERENCIA

Coherencia **Incoherencia**

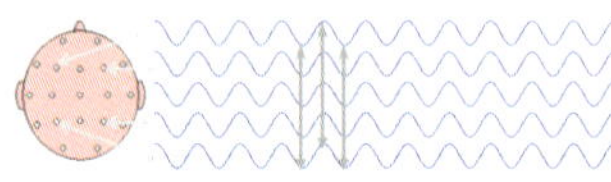

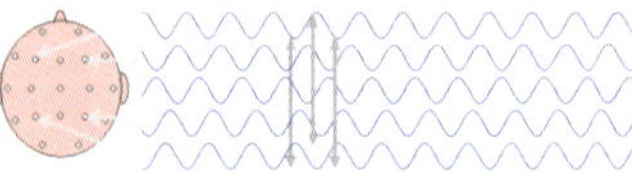

Coherencia

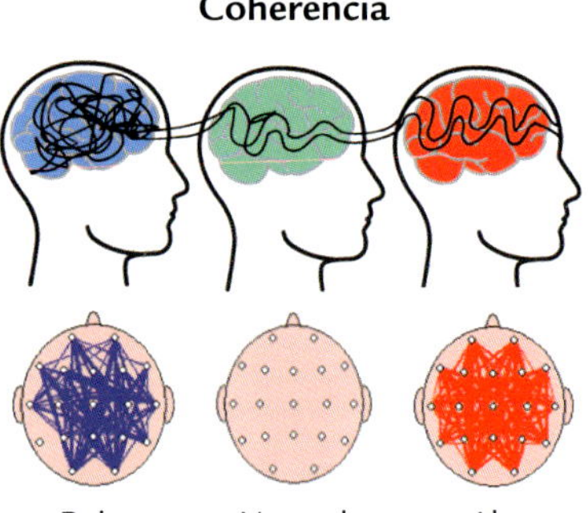

Baja Normal Alta

Gráfico 2

La primera imagen representa dos cabezas cubiertas con cascos para electroencefalograma. La cabeza mira hacia delante, de tal modo que la nariz estaría orientada hacia la parte alta de la página y las orejas quedarían a los lados. Los pequeños círculos blancos representan las distintas áreas del cerebro que son objeto de medición. Las flechas de la izquierda se encuentran alineadas en perfecto orden, lo que indica armonía entre las ondas. Eso es coherencia. Las ondas del cerebro de la derecha no muestran armonía, y los picos y los valles no se encuentran alineados. Eso es incoherencia.

Como vas a ver distintas imágenes cerebrales a lo largo de las páginas siguientes, quiero que te familiarices con nuestra forma de medir la coherencia y la incoherencia. Mira el segundo grupo de imágenes. Una abundancia de azul en el cerebro significa poca coherencia (hipocoherencia) y una comunicación deficiente entre las distintas áreas del cerebro. Una abundancia de rojo significa coherencia abundante (hipercoherencia) y mayor comunicación entre las distintas áreas del cerebro. La ausencia de rojo y azul implica una coherencia normal o media.

ONDAS CEREBRALES BETA NORMALES

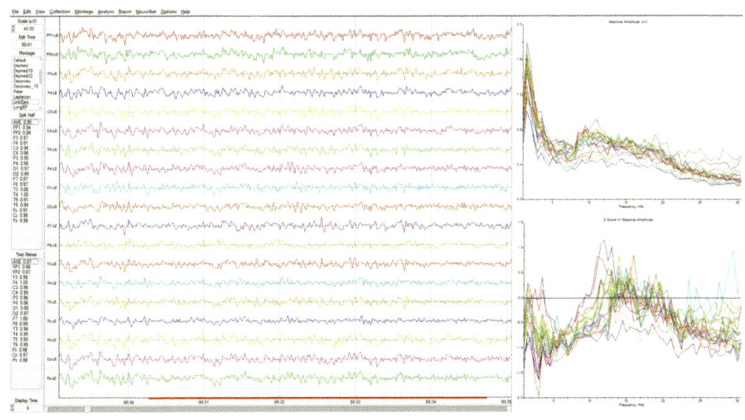

Gráfico 3A

ONDAS CEREBRALES ALFA COHERENTES Y SINCRONIZADAS

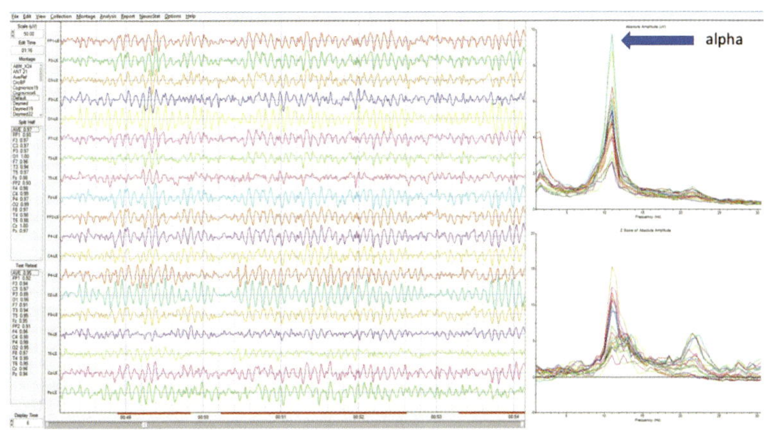

Gráfico 3B

ONDAS CEREBRALES ZETA COHERENTES Y SINCRONIZADAS

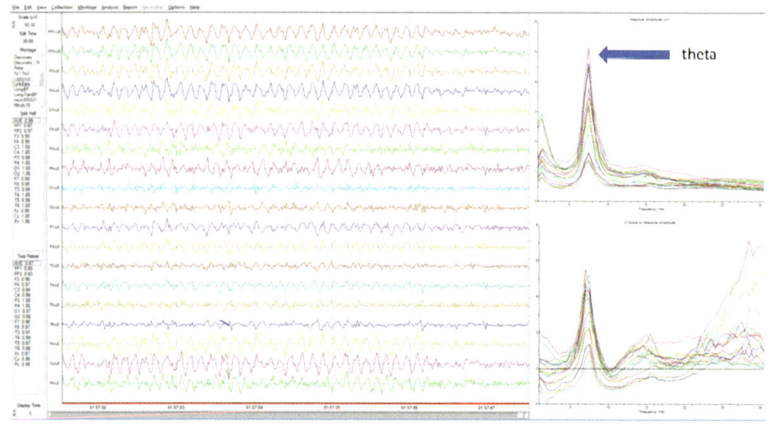

Gráfico 3C

Mira las líneas finas de color azul que cruzan el gráfico en vertical y síguelas hasta el fondo. Verás que representan intervalos de un segundo. Las diecinueve líneas onduladas que lo recorren en horizontal son registros referidos a las distintas áreas del cerebro: la anterior, las laterales, la superior y la posterior. Si cuentas el número de ciclos (desde el pico de una onda hasta el pico de la siguiente) que discurren entre dos líneas verticales azules, sabrás el número de ondas por segundo que genera cada zona del cerebro. Mediante este recuento determinamos el tipo de onda: beta, alfa, zeta, delta o gamma. Si necesitas repasar las frecuencias de las distintas ondas cerebrales, vuelve a mirar la figura 2.7.

Cuando pasas de un foco cerrado a uno abierto y retiras la atención de la materia (algo) para depositarla en el espacio o la energía (nada), las ondas de tu cerebro pasan de beta a alfa o a zeta. El gráfico 3A muestra un cerebro que piensa en estado beta, muy ocupado. El gráfico 3B muestra a una persona que ha entrado en ondas alfa coherentes de manera global. Fíjate en la maravillosa sincronización entre las distintas zonas del cerebro que se genera cuando abrimos el foco. La flecha azul que señala los picos muestra la coherencia del conjunto del cerebro en ondas alfa de 12 ciclos por segundo. El gráfico 3C muestra a una persona en estado zeta coherente. De nuevo, la flecha azul que señala la parte alta de los picos demuestra que el cerebro está sincronizado a unos 7 ciclos por segundo, que corresponde al rango zeta.

CAMBIOS DE ENERGÍA PRODUCIDOS POR LA BENDICIÓN DE LOS CENTROS ENERGÉTICOS

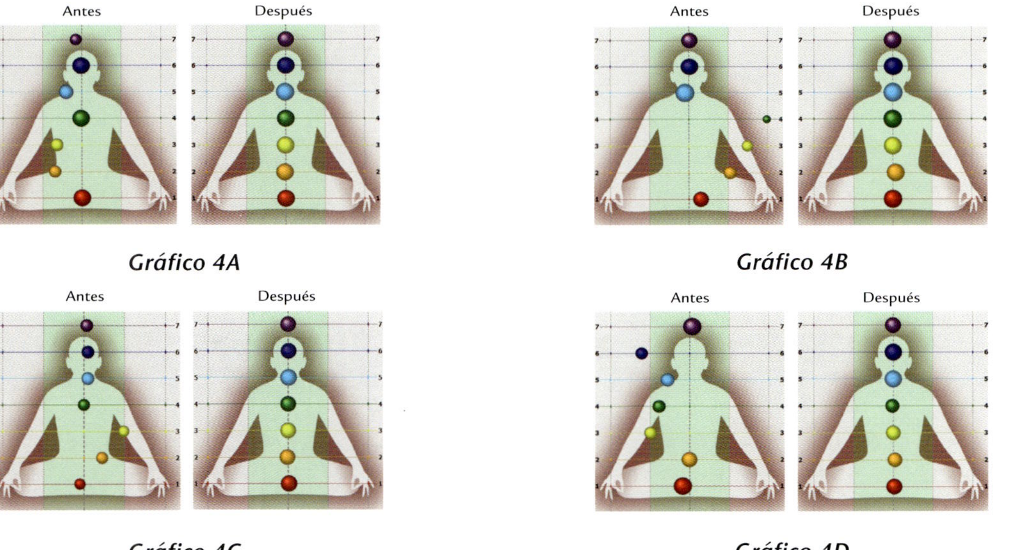

Las imágenes de la izquierda muestran registros GDV (visualización por descarga de gas) de los centros energéticos de los alumnos antes de comenzar un taller avanzado. Las imágenes de la derecha reflejan los cambios que han experimentado pocos días después, tras la bendición de los centros de energía. Fíjate en la diferencia de tamaño y alineación de los centros.

CAMBIOS DE ENERGÍA INTEGRAL ANTES Y DESPUÉS DE UN TALLER AVANZADO

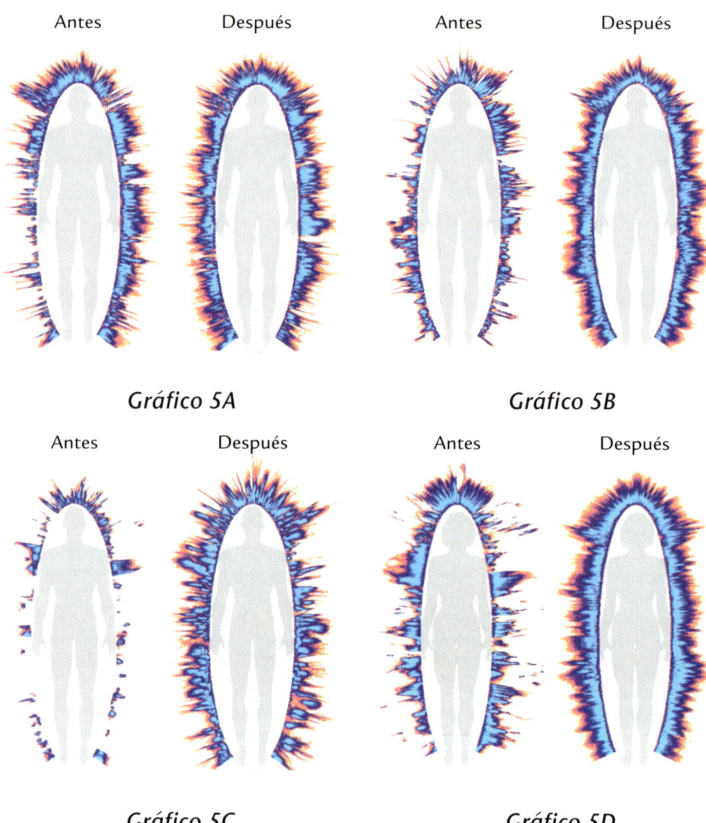

Las imágenes de la izquierda muestran registros GDV en la energía de los sujetos antes de comenzar un taller avanzado. Las imágenes de la derecha muestran modificaciones en su energía vital pocos días después del taller.

UN ALUMNO ENTRA EN ONDAS CEREBRALES GAMMA A PARTIR DE LA RESPIRACIÓN

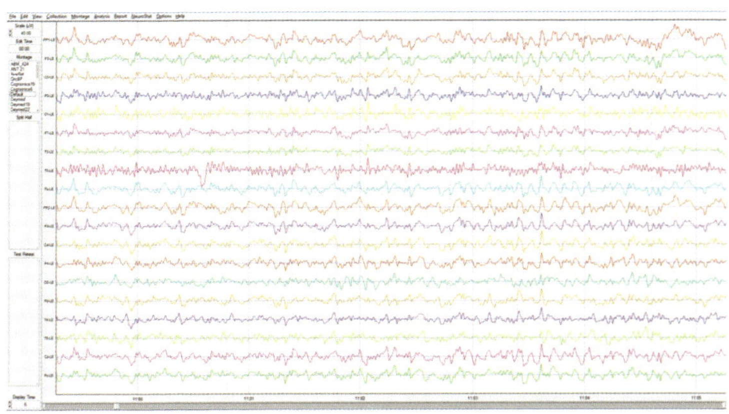

Gráfico 6A(1)

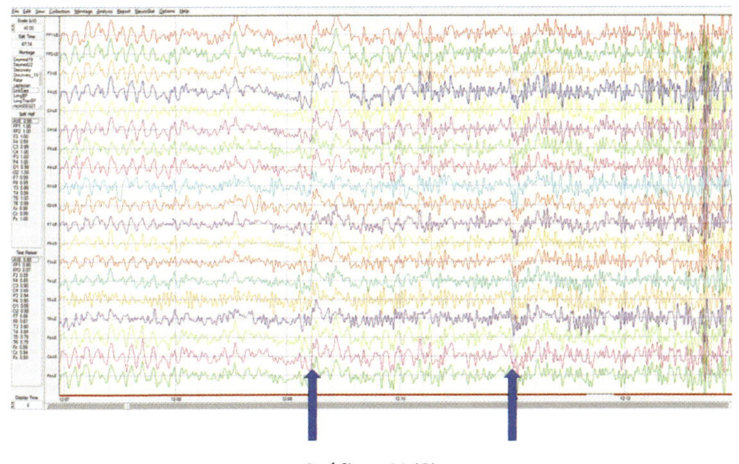

Gráfico 6A(2)

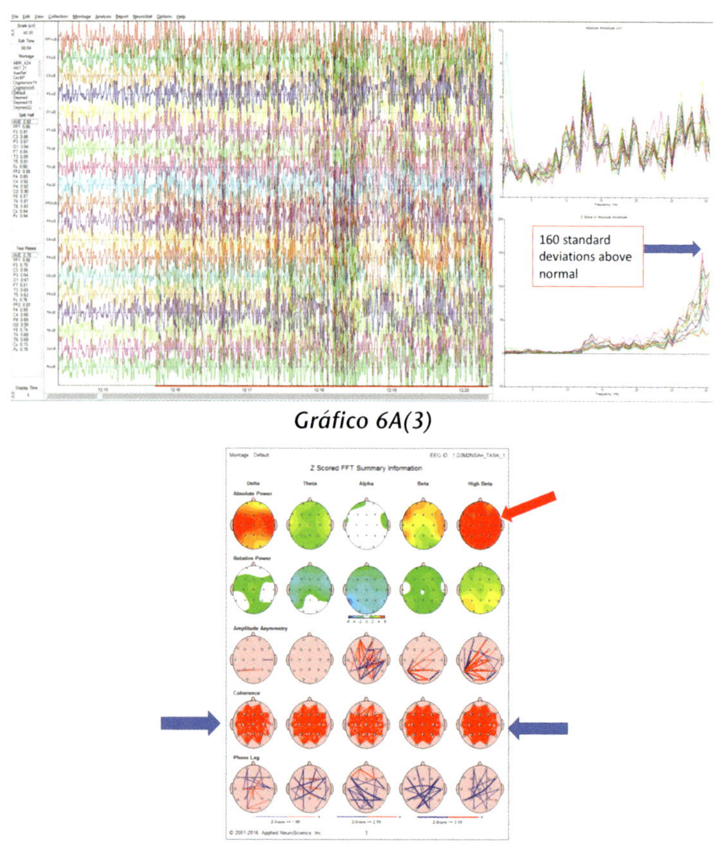

Gráfico 6A(3)

Gráfico 6A(4)

Los gráficos 6A(1), 6A(2) y 6A(3) muestran la transición de un alumno a las ondas cerebrales gamma, pasando por las beta altas, a consecuencia del ejercicio de respiración. Su cerebro muestra hiperexcitación energética. Cuando esto sucede, se advierte un cambio de frecuencia evidente (señalado mediante las flechas azules). La cantidad de energía en su cerebro muestra una desviación estándar de 160 por encima de lo normal. Ahora mira el gráfico 6A(4). La abundancia de color rojo en el cerebro indica una gran cantidad de energía. La presencia de azul sugiere que la energía es mínima. En consecuencia, la flecha roja que señala el círculo totalmente rojo significa una enorme acumulación de energía en un estado beta alto en transición al gamma. El programa informático empleado no graba las ondas gamma en sí mismas. Sin embargo, a partir de los otros registros del gráfico superior, sabemos que la cantidad de energía que se concentra en el cerebro en el círculo rojo refleja ondas gamma, así como beta altas. Las flechas azules que señalan la fila marcada como «coherencia» muestra una comunicación intensa junto con altos niveles de energía en las frecuencias cerebrales registradas.

OTRO ALUMNO ENTRA EN ONDAS CEREBRALES GAMMA A PARTIR DE LA RESPIRACIÓN

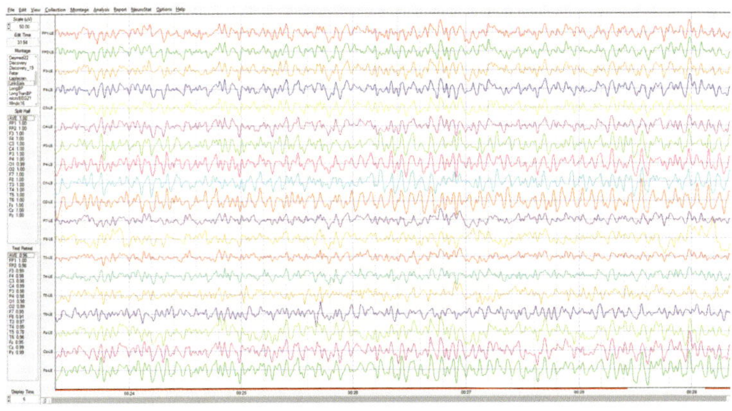

Gráfico 6B(1)

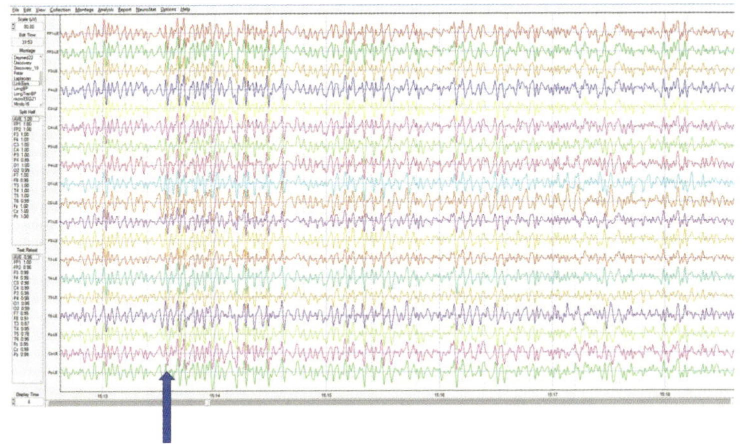

Gráfico 6B(2)

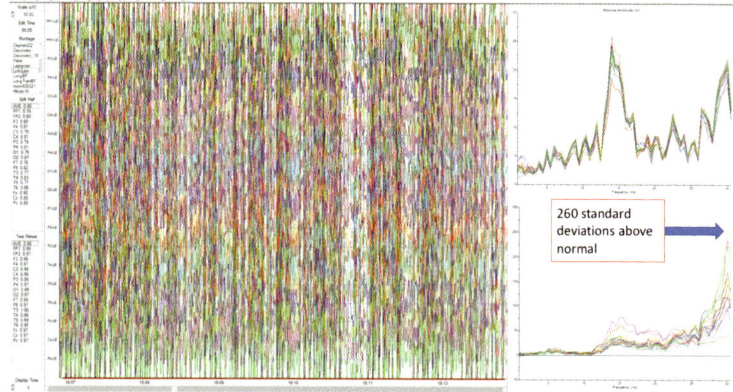

Gráfico 6B(3)

En estos gráficos se aprecia una transición similar. La flecha azul del fondo del gráfico 6B(2) muestra el instante en que el cerebro pasa de beta alto a gamma. El gráfico 6B(3) refleja que la desviación estándar de la energía es de 260 por encima de lo normal. Para ponerlo en contexto, el 99,7 por ciento de la población mostraría una desviación estándar 3 por encima o por debajo de lo normal. Todo lo que se aleje de 3 se puede considerar sobrenatural.

IMÁGENES DE LA ACTIVIDAD CEREBRAL EN EL ENTORNO DE LA GLÁNDULA PINEAL

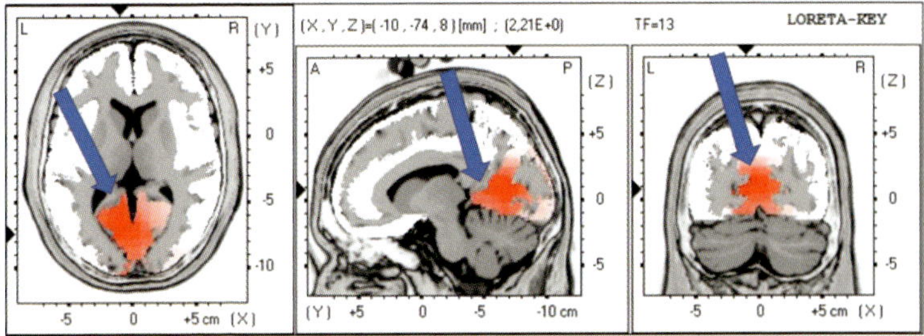

Gráfico 6B(4)

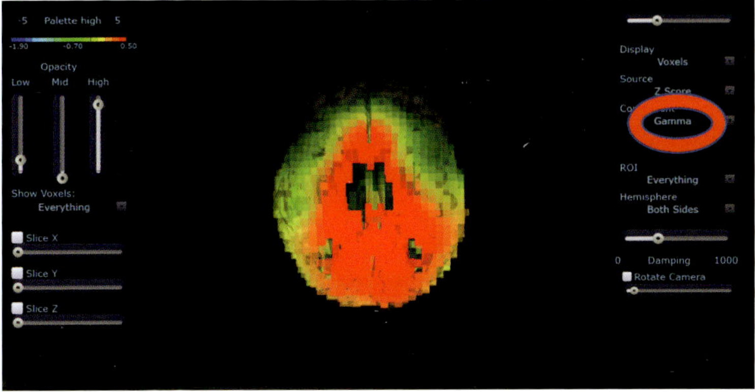

Gráfico 6B(5)

En el gráfico 6B(4), la zona roja del cerebro, señalada con flechas azules, es la zona que rodea la glándula pineal, así como otra región denominada área de Brodmann 30, asociada con emociones intensas y con la formación de recuerdos. Nuestro equipo aprecia repetidamente esta pauta en esas áreas concretas cuando los alumnos generan ondas cerebrales gamma. El gráfico 6B(5) es una imagen tridimensional del cerebro del mismo alumno visto por debajo. Muestra un nivel de energía significativo procedente del interior del cerebro límbico.

ELECTROENCEFALOGRAMAS DE FELICIA

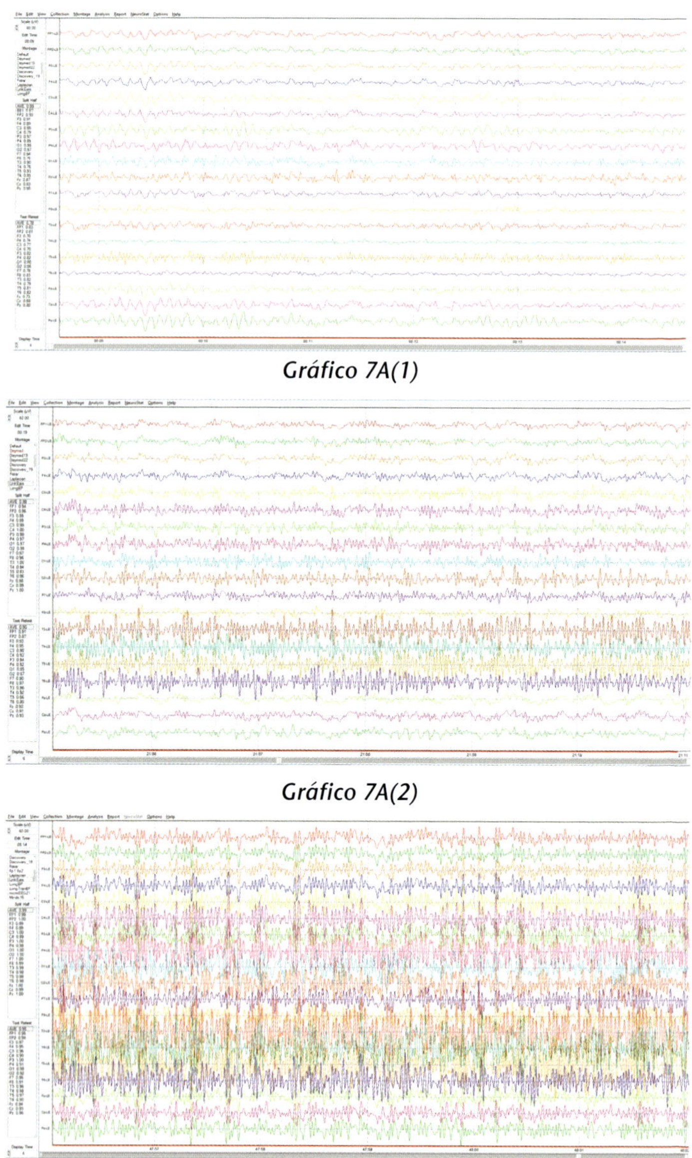

Gráfico 7A(1)

Gráfico 7A(2)

Gráfico 7A(3)

ELECTROENCEFALOGRAMAS DE FELICIA

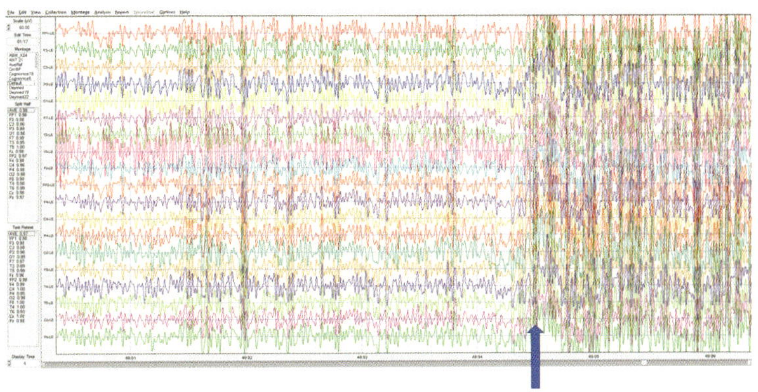

Gráfico 7A(4)

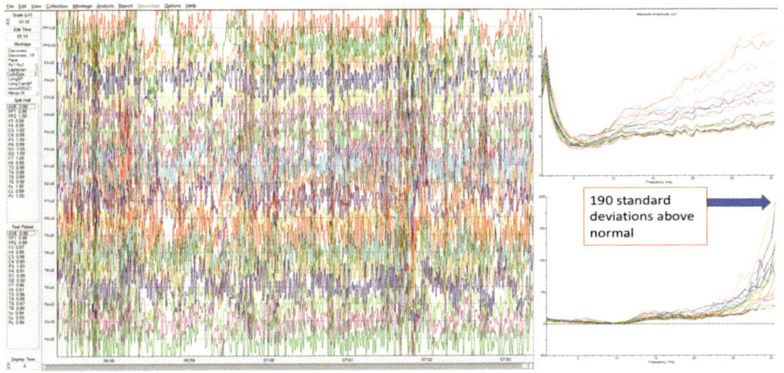

Gráfico 7A(5)

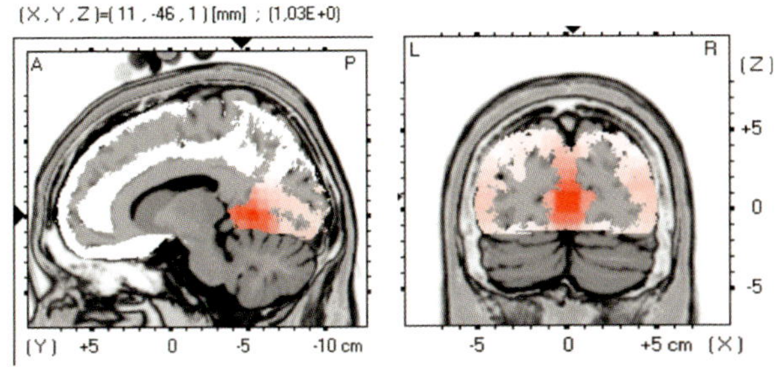

Gráfico 7B

CASO DE FELICIA, CONTINUACIÓN

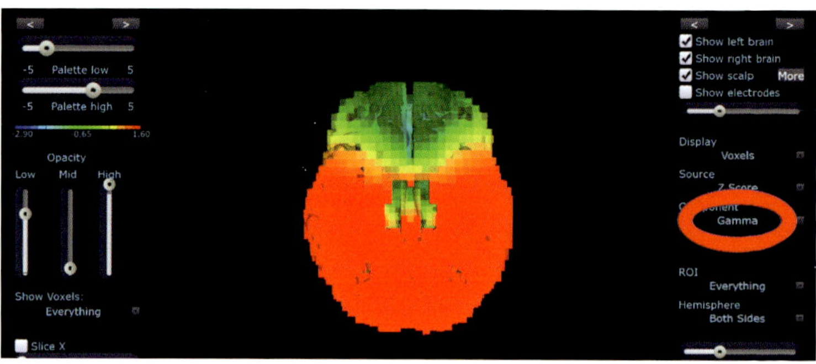

Gráfico 7C

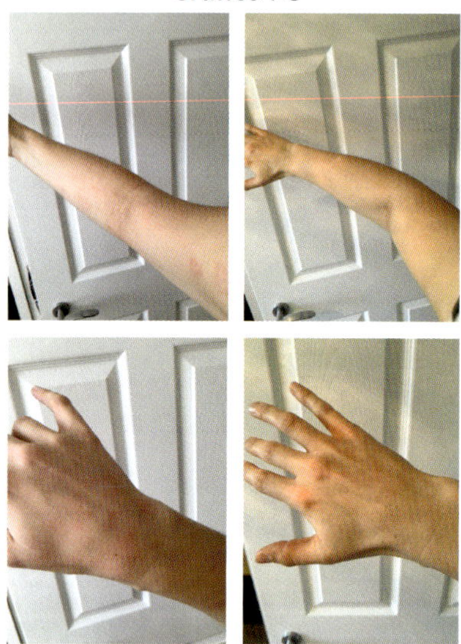

Gráfico 7D

Los gráficos 7A(1) a 7A(5) muestran la transición del cerebro de Felicia de beta normal a beta alto antes de entrar en un estado gamma de alta energía. (La flecha azul muestra la transición.) La desviación estándar en gamma es de 190 por encima de lo normal cuando conecta con el campo unificado. La zona de la glándula pineal, así como la parte del cerebro que procesa las emociones intensas, se encuentra fuertemente activada, como se aprecia en el gráfico 7B. La imagen del 7C muestra la cara inferior del cerebro. La región roja demuestra que la energía en gamma procede del interior del cerebro límbico. Echa un vistazo al gráfico 7D para ver los cambios en la enfermedad de la piel de Felicia al día siguiente de su mejora biológica en el campo unificado.

COHERENCIA CARDIACA Y COHERENCIA CEREBRAL

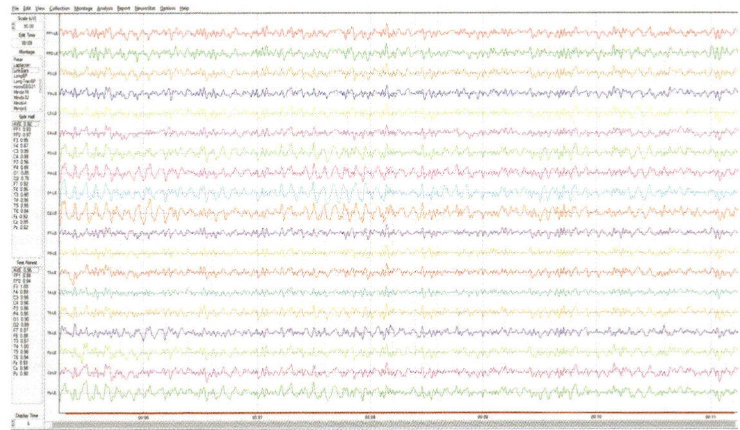

Gráfico 8A

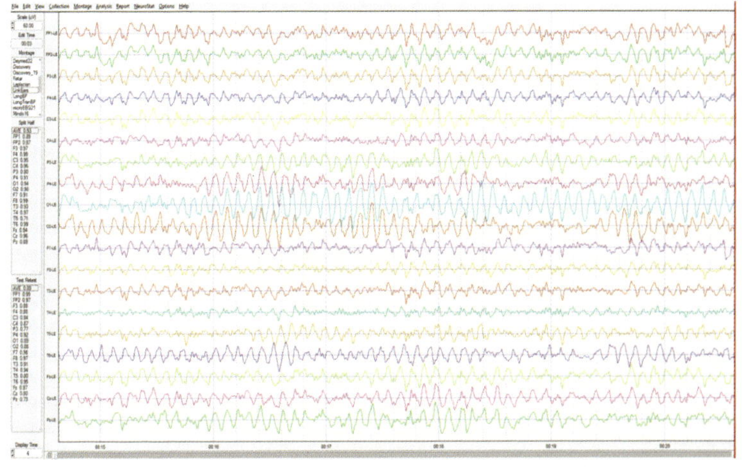

Gráfico 8B

El primer electro muestra la actividad cerebral de una persona antes de activar el centro energético del corazón. En el cerebro predomina una frecuencia de ondas beta no sincronizadas, lo que indica un cerebro muy ocupado y distraído. El segundo electro muestra el mismo cerebro cosa de diez segundos después, cuando la alumna entra en coherencia cardiaca. El cerebro pasa también a un estado alfa coherente

ONDAS CEREBRALES ALFA Y ZETA COHERENTES A PARTIR DEL VISIONADO DEL CALEIDOSCOPIO

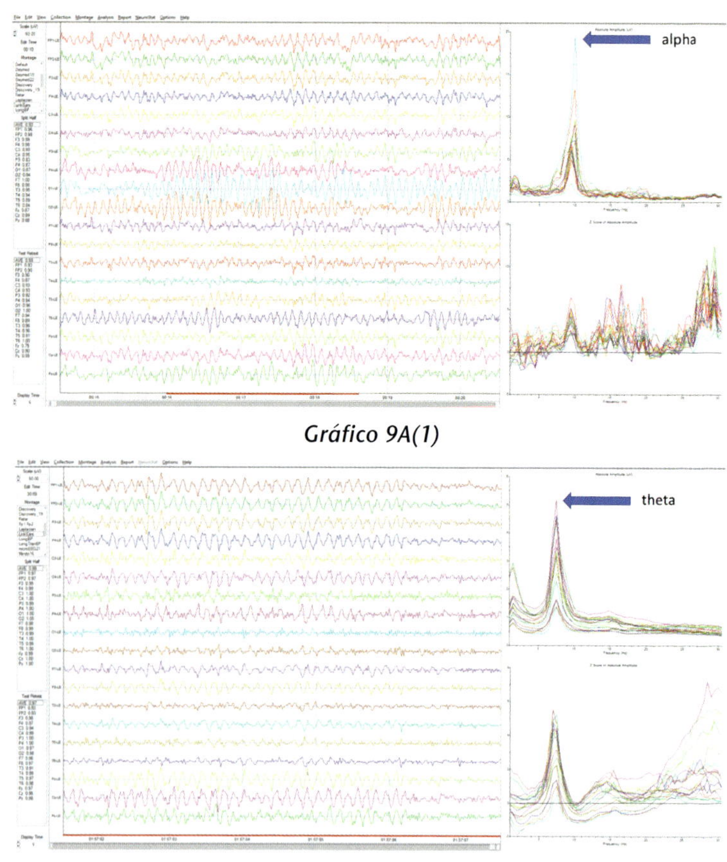

Gráfico 9A(1)

Gráfico 9A(2)

El gráfico 9A(1) muestra el electroencefalograma de un alumno en un estado alfa coherente mientras mira el caleidoscopio. El gráfico 9A(2) refleja las ondas coherentes zeta de una persona que mira el caleidoscopio en estado de trance. El gráfico 9A(3) muestra la imagen tridimensional del cerebro (casi todo en rojo) de otro alumno, lo que indica que está casi completamente inmerso en un estado zeta. El óvalo rojo de la derecha indica que se están tomando mediciones de un cerebro en zeta. El gráfico 9A(4) ofrece la imagen cerebral de un alumno en distintas frecuencias de onda mientras mira el caleidoscopio. Las zonas naranja y roja señaladas con flechas azules a la derecha de cada cerebro indican altos niveles de ondas cerebrales delta, zeta, alfa y beta.

CAMBIOS EN LA ACTIVIDAD CEREBRAL DURANTE EL VISIONADO DEL CALEIDOSCOPIO

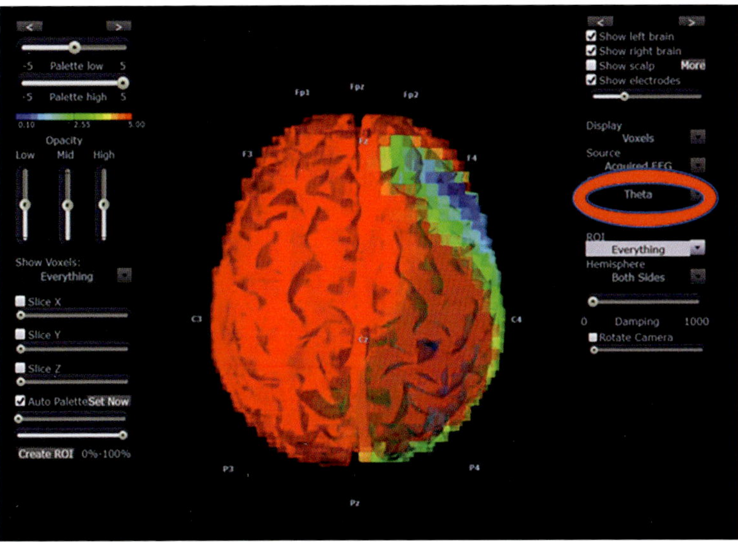

Gráfico 9A(3)

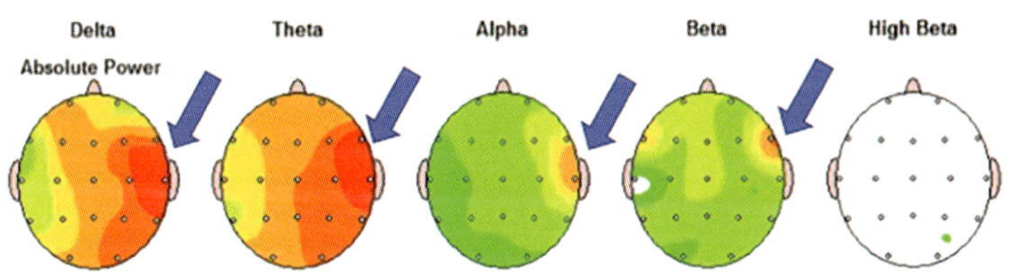

Gráfico 9A(4)

ALTA CONCENTRACIÓN DE ENERGÍA EN EL CEREBRO DURANTE EL VISIONADO DE LA PELÍCULA MENTAL

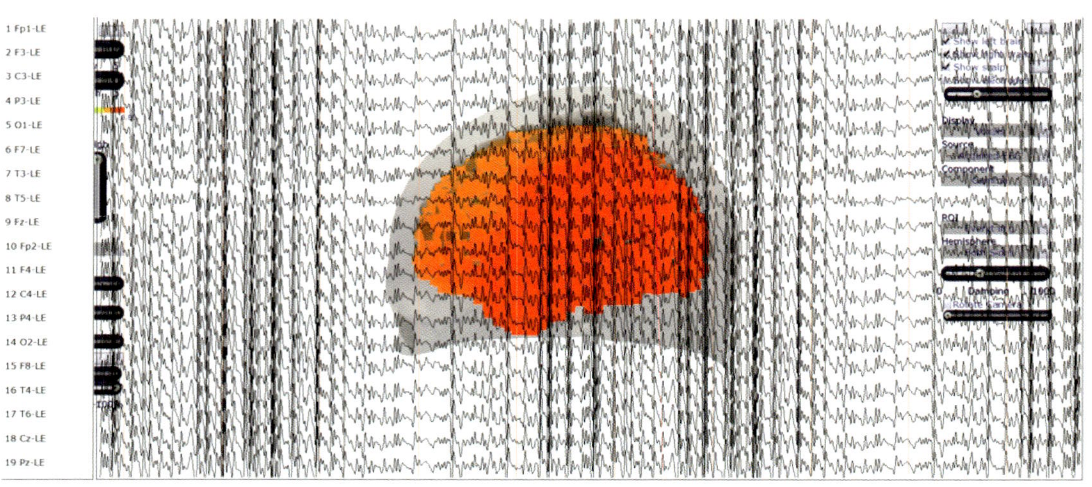

Gráfico 10

Aquí vemos un cerebro totalmente absorto en la experiencia de la película mental. Una cantidad significativa de ondas coherentes beta altas y gamma activan el conjunto del cerebro.

ACTIVIDAD CEREBRAL DURANTE EL PROCESO DE DIMENSIONAR UNA ESCENA DE LA PELÍCULA MENTAL

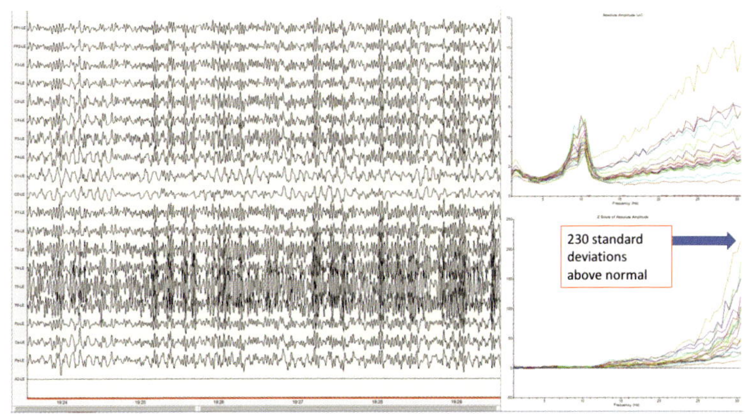

Gráfico 11A

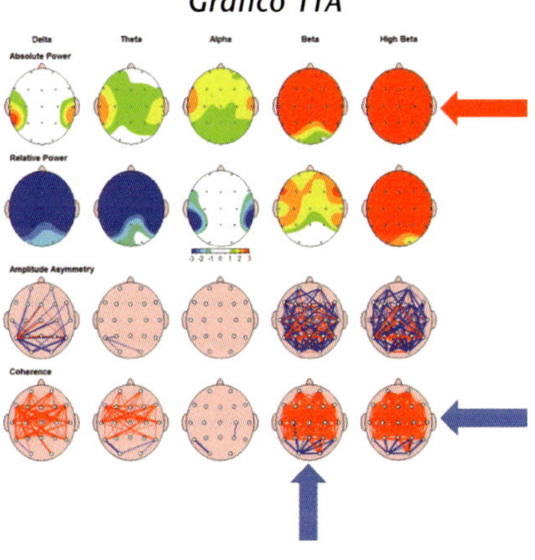

Gráfico 11B

Cuando esta alumna dimensionó la escena de su película mental durante una meditación, testimonió haber vivido una experiencia plenamente sensorial sin la participación de los sentidos físicos. En el gráfico 11A puedes ver su cerebro en estado de coherencia beta alto y gamma coherente. La energía de su cerebro muestra una desviación estándar de 230 por encima de lo normal. La flecha roja del gráfico 11B muestra una gran cantidad de energía en beta alto según entra en gamma. Las flechas azules indican que el cerebro experimenta gran coherencia también. Es importante advertir que ella no puede generar este estado en su cerebro. La experiencia sucede por sí misma.

CAMBIOS EN EL CEREBRO TRAS UNA MEDITACIÓN EN MOVIMIENTO

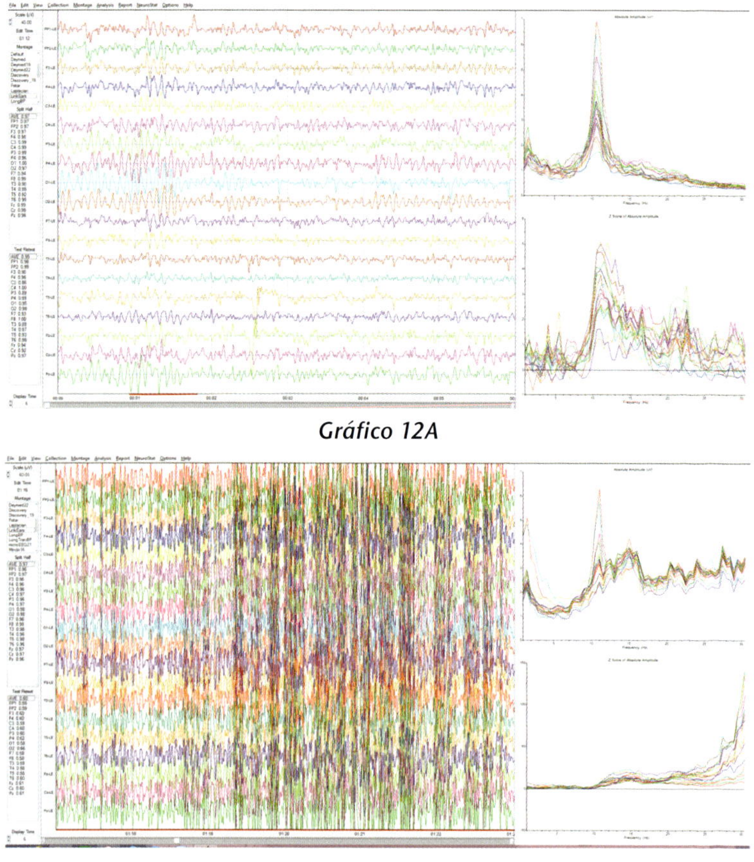

Gráfico 12A

Gráfico 12B

El gráfico 12A muestra los valores iniciales de una persona en un estado beta y alfa normal antes de poner en práctica la meditación en movimiento. Si echas un vistazo a los registros posteriores en el gráfico 12B, una hora y veinte minutos más tarde, verás que su cerebro ha cambiado a un estado gamma con alta presencia de energía.

ONDAS ESTACIONARIAS DE INFORMACIÓN

Gráfico 13A

Los patrones fractales en forma de complejas configuraciones geométricas son ondas estacionarias de frecuencia e información que el cerebro puede traducir en imaginería muy poderosa. Si bien las imágenes que te mostramos son bidimensionales, te pueden aportar una idea del aspecto que tienen dichos patrones.

CORRELACIÓN ENTRE ACTIVIDAD SOLAR Y ACONTECIMIENTOS HUMANOS

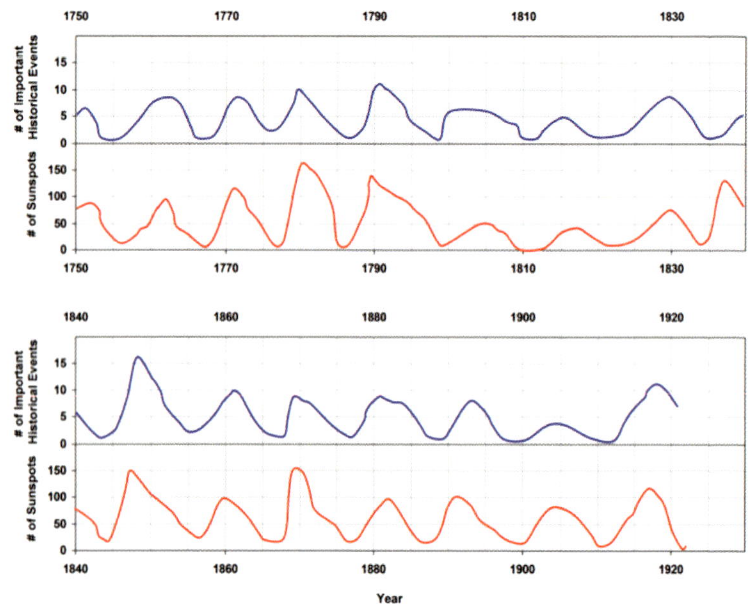

Gráfico 14

Alexander Chizhevsky comparó el número anual de acontecimientos políticos y sociales de importancia con un incremento de la actividad solar en el periodo comprendido entre los años 1749 y 1926. En el gráfico, la línea azul indica erupciones solares y la roja se refiere a los grados de hiperexcitación humana. Fíjate en la correlación entre una alta actividad solar y el incremento de los acontecimientos históricos.

Creado a partir de los datos proporcionados por la traducción del artículo de Alexander Chizhevsky «Factores físicos del proceso histórico».

COMPARANDO LOS NIVELES DE ENERGÍA DE LOS DÍAS MIÉRCOLES, JUEVES, VIERNES Y SÁBADO EN TACOMA, WASHINGTON, 2016

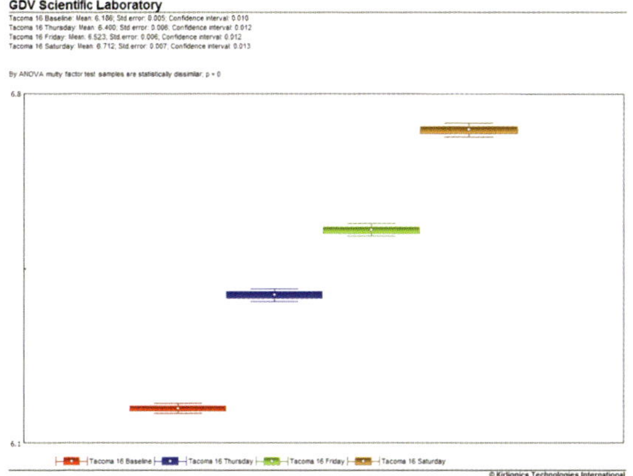

Gráfico 15A

COMPARANDO LOS NIVELES GENERALES DE ENERGÍA DE LOS DÍAS MIÉRCOLES, JUEVES, VIERNES Y SÁBADO EN CAREFREE, ARIZONA, 2015

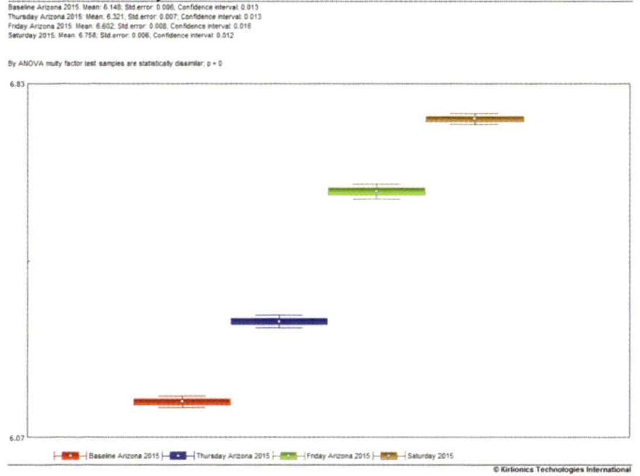

Gráfico 15B

Los gráficos 15A y 15B demuestran un incremento de la energía colectiva de una sala a lo largo de los tres días de dos talleres avanzados. La primera línea, en rojo, representa los valores iniciales y muestra la energía de la sala antes del comienzo del evento, el miércoles. Si miras las líneas roja, azul, verde y marrón (cada color representa un día distinto), verás cómo aumenta la energía paulatinamente.

COMPARANDO LOS NIVELES GENERALES DE ENERGÍA LAS MAÑANAS DE LOS DÍAS MIÉRCOLES, JUEVES, VIERNES Y SÁBADO EN CANCÚN, MÉXICO, 2014

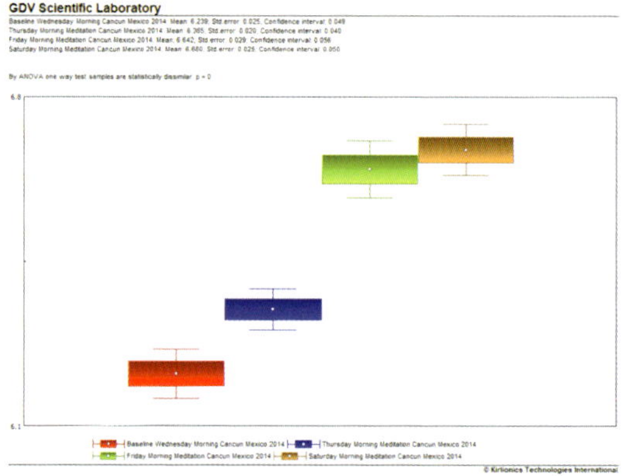

Gráfico 15C

COMPARANDO LOS NIVELES DE ENERGÍA DURANTE LAS MEDITACIONES MATUTINAS DE LOS DÍAS MIÉRCOLES, JUEVES, VIERNES, SÁBADO Y DOMINGO EN MÚNICH, ALEMANIA, 2015

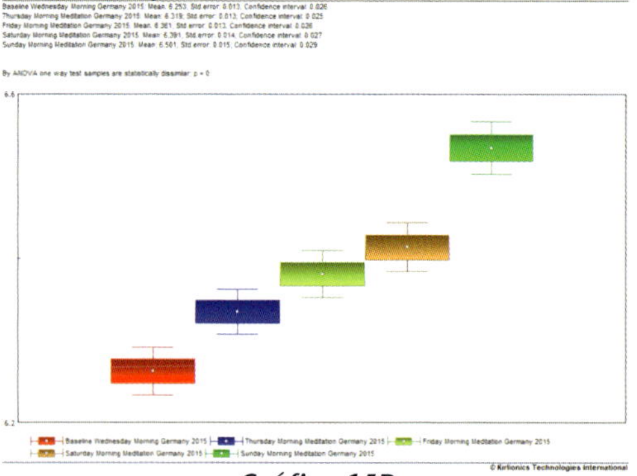

Gráfico 15D

En los gráficos 15C y 15D, se aplica la misma escala de color; sin embargo, estos registros reflejan intervalos temporales específicos relativos a las meditaciones matutinas. El gráfico 15D muestra una línea verde extra porque registramos la energía de la sala durante la meditación de la glándula pineal celebrada a las cuatro de la madrugada. Como ves, la energía era muy alta esa mañana.

Esta vez, cuando inspires por la nariz, imagina que estás absorbiendo energía por ese tubo —como cuando absorbes líquido por una pajita— hacia lo alto de la cabeza. Cuando hayas alcanzado ese punto, contén la respiración durante un rato similar al anterior y deja que la energía inunde tu conciencia. Luego, relájate.

Ha llegado el momento de hacerlo todo a la vez. Con la próxima respiración, por la nariz, contrae los músculos adentro y arriba al mismo tiempo que inhalas. Empieza por cerrar los músculos del perineo, recoge los del abdomen inferior y contrae los del abdomen superior. Y, según aprietas los músculos de cada centro —con la intención de desplazar toda esa energía almacenada en la zona inferior hacia el cerebro—, acompaña el camino de la respiración por cada uno de los tres centros. Mientras sigues contrayendo los músculos para cerrar esos tres primeros centros, lleva el aliento al pecho (el cuarto centro), a la garganta (el quinto) y luego deja que recorra el cerebro (el sexto). Acompáñalo a la parte alta de la cabeza, deja ahí la atención y contén el aliento al mismo tiempo que sigues contrayendo los músculos centrales. Aguanta el aire durante unos diez segundos y relájate según lo dejas salir.

Repite todo el proceso dos veces más como mínimo. Acuérdate de tensar los músculos de los dos primeros centros mientras el aliento sube por la columna vertebral pasando por cada centro de energía hasta llegar a la cumbre de la cabeza. Al llegar ahí, contén la respiración un rato y relájate otra vez según sueltas el aire.

Recuerda que, cuando pones en práctica esta técnica, estás usando el cuerpo como instrumento de consciencia, de modo que toda tu intención debería estar concentrada en separar la mente del cuerpo. Estás liberando energía que lleva mucho tiempo atrapada en los tres centros inferiores y la estás desplazando hacia los superiores, donde puedes usarla para sanar el cuerpo o crear algo insólito en lugar de emplearla únicamente para la supervivencia.

Practicar este ejercicio con frecuencia para familiarizarte con los distintos pasos te resultará muy útil de cara a aprender varias de las meditaciones del libro. Sé paciente contigo mismo; igual que cuando aprendes a hacer algo nuevo, tendrás que repetirlo muchas veces antes de llegar a dominarlo. Es posible que al principio te cueste sincronizar las acciones del cuerpo con la intención de la mente. Pero antes o después, si practicas lo suficiente, serás capaz de coordinar todos los pasos en un solo movimiento.

Soy consciente de que hay muchas técnicas respiratorias distintas, y es posible que hayas probado alguna otra con éxito en el pasado. A pesar de todo, te animo a intentar ésta, aunque cuentes ya con una favorita, porque sólo haciendo cosas nuevas puedes generar experiencias novedosas. Si continúas haciendo lo mismo, seguirás creando idénticas experiencias. Y si no haces nada, no consigues nada. Sí, esta técnica requiere cierto esfuerzo, pero a medida que le vayas cogiendo el tranquillo comprenderás que el esfuerzo ha valido la pena.

Ahora ya estás preparado para comenzar la meditación formal. Si has comprado mi CD *Reprograma el cuerpo para una nueva mente* o has descargado el audio en **drjoedispenza.com**, descubrirás que la grabación incluye una canción que he escogido para ayudarte a elevar la vibración de tu energía. Si haces la meditación por tu cuenta, practica la respiración mientras escuchas alguna melodía inspiradora que dure entre cuatro y siete minutos. A continuación abre el foco de atención y toma consciencia de las distintas partes de tu cuerpo, como también del espacio que las rodea. Acto seguido, despliégate como pura consciencia en el campo unificado para instalarte en el presente generoso y convertirte en un ser sin cuerpo, sin identidad, sin materia, ajeno al espacio y al tiempo.

Ahora ha llegado el momento de cultivar siete emociones elevadas, una a una, mediante el ensayo emocional de cada una. Recuerda: cuanto más poderosos sean tus sentimientos, más estarás regulando al alza tus genes. Bendice tu cuerpo. Bendice tu vida, bendice tu alma, bendice tu futuro al igual que tu pasado, bendice los desafíos de tu existencia y bendice también la inteligencia que mora en ti y que te da aliento. Para terminar, da las gracias por tu nueva vida antes de que se manifieste.

6

Estudio de casos: vivos ejemplos de la verdad

Con el paso de los años, he descubierto que los relatos sirven para algo muy importante: para reforzar los contenidos a través de ejemplos prácticos. Conocer la experiencia de otras personas torna la información más real. Cuando nos identificamos con los desafíos y las victorias que una persona ha vivido a lo largo del viaje de una consciencia a otra, empezamos a creer que podemos protagonizar algo parecido. Las historias consiguen también que las ideas expresadas en las enseñanzas se tornen menos filosóficas y más personales.

El estudio de casos que estás a punto de conocer concierne a personas reales que han puesto en práctica la información sobre la que has estado leyendo en capítulos anteriores. Al principio comprendieron los conceptos en un plano intelectual, luego los aplicaron y experimentaron con el cuerpo y, por fin, los transformaron en sabiduría del alma. Para poder protagonizar cambios tan sobrenaturales, esos alumnos, en último término, tuvieron que superar algún aspecto de sí mismos que los condicionaba o limitaba; y si ellos pudieron hacerlo, tú puedes.

Ginny se cura de su dolor crónico de espalda y pierna

El 9 de diciembre de 2013, Ginny conducía por la autopista de Las Vegas cuando su coche recibió un golpe por detrás. Aunque clavó los frenos, el impacto catapultó su coche hacia el coche que tenía delante, lo que provocó un doble impacto. Al momento notó una sensación ardiente en la parte inferior de la espalda al mismo tiempo que un dolor le atravesaba la pierna derecha. Cuando llegaron los paramédicos, describió el dolor como de una intensidad moderada, pero a lo largo de los días siguientes el dolor se había incrementado hasta tornarse agudo. Casi todo el malestar se concentraba en la parte inferior de la columna lumbar, provocado por dos discos herniados (L4 y L5). También experimentaba un dolor que irradiaba por toda la pierna hasta el pie.

Ginny acudía a un quiropráctico tres veces a la semana, pero el dolor empeoró. Entonces visitó a un médico especializado en gestión del dolor, que le recetó relajantes musculares, Neurotin (un medicamento para el dolor causado por daños en los nervios) y Mobic (un antiinflamatorio no esteroide). Al cabo de nueve meses el dolor seguía siendo intenso, así que le pusieron inyecciones en la espalda. No le sirvieron de mucho.

A causa de sus problemas, a Ginny le costaba caminar y apenas si podía conducir. También tenía problemas para conciliar el sueño y nunca lograba dormir más de cuatro o cinco horas cada noche. El dolor constante en la parte inferior de la espalda empeoraba cuando estaba sentada, levantaba peso o permanecía de pie durante mucho rato. A veces no aguantaba más de veinte minutos sentada. Por culpa de todo eso pasaba buena parte del tiempo en la cama, donde lograba cierto alivio si se tendía sobre el lado derecho con las piernas dobladas.

Ginny no podía cuidar de sus dos hijos, de tres y cinco años, y también era incapaz de trabajar tanto como antes. Dependía de su marido para desplazarse a cualquier parte, por cuanto ya no podía conducir. La combinación de todos esos factores empezó a provocar graves problemas financieros y un considerable estrés emocional a la familia. Ginny se deprimió y se enfadó con la vida. Aunque había asistido a uno de mis talleres por primera vez antes del accidente y había empezado a meditar, después del suceso dejó de hacerlo con regularidad porque el dolor era demasiado intenso y no podía sentarse ni concentrarse.

Al cabo de dos años, el doctor le sugirió cirugía lumbar para reparar los discos herniados. Si eso no funcionaba, le dijo, Ginny debería plantearse una intervención más delicada, incluida la fusión espinal. Decidió someterse a la primera operación.

Mientras tanto, el marido de Ginny la convenció para que asistiera a otro de mis seminarios avanzados en Seattle, que comenzó a una semana de la fecha prevista para la operación. Lo pasó muy mal teniendo que volar sentada, pero lo consiguió. Y si bien Ginny se alegró de ver a sus viejas amigas y de conocer a otras nuevas en el taller, también experimentó tristeza y frustración al no poder compartir el entusiasmo de los demás. Lo único que le apetecía era tomar unos cuantos analgésicos y meterse en la cama. La primera noche cuando se disponía a abandonar la reunión, su buena amiga Jill, llena de compasión y de esperanza, le dijo muy convencida:

—Ginny, mañana estarás aquí sentada completamente curada.

Al día siguiente comenzamos la jornada a las seis de la madrugada. Ginny decidió no tomar medicamentos fuertes para poder estar presente en sus meditaciones y disfrutar de la experiencia. Por desgracia, el dolor le impidió concentrarse durante la primera sesión y empezó a preguntarse si no se habría equivocado al apuntarse al seminario.

Durante la segunda sesión, que llevamos a cabo después del desayuno, las cosas empezaron a cambiar. Ginny decidió entregarse a la experiencia y renunciar a juzgarla. La meditación comenzó, como de costumbre, con el ejercicio de respiración para despegar la mente del cuerpo. En el transcurso de éste les pedí a los participantes que se concentraran en dos o tres emociones negativas o aspectos limitadores de su personalidad. Les sugerí que desplazaran toda esa energía acumulada en los primeros tres centros de energía, situados en la base de la columna, hacia el cerebro, y que por fin la liberaran por la cúspide de la cabeza.

En primer lugar, Ginny decidió trabajar su enfado, que, según creía ella, había contribuido a instalar el intenso dolor en su cuerpo. Durante la meditación, notó cómo la energía ascendía por su columna y luego abandonaba su cuerpo por la parte trasera de la cabeza. En segundo lugar, escogió trabajar con su dolor. Mientras trabajaba con la respiración para desplazar buena parte de la energía relacionada con su dolor del cuerpo al cerebro, notó la misma luz que había advertido cuando movilizaba la ira, sólo que esta vez vio que la luz adquiría un brillante tono violáceo. De repente, notó que la energía menguaba y se tornaba menos intensa. La música cambió y empezó la parte principal de la meditación. Ginny se sentía totalmente relajada. Había proyectado toda esa energía fuera de su cuerpo.

Como de costumbre, fui indicando al grupo que se concentrara en las distintas partes de su anatomía y en el espacio que las rodeaba. A continuación los acompañé hasta la oscuridad infinita que es el campo cuántico. Les pedí que se transformaran en un ser sin cuerpo, sin identidad y sin materia, fuera del tiempo y del espacio para mudar en pura consciencia: conscientes de estar presentes en ese espacio infinito. Al principio, mientras les daba instrucciones, Ginny tuvo la clara sensación de estar flotando. Una intensa sensación de paz y amor incondicional se apoderó de ella y perdió la noción de dónde se encontraba. No notaba su cuerpo físico ni tampoco sentía dolor alguno. Sin embargo, estaba totalmente presente y podía oír y seguir las instrucciones que yo le daba.

—Nunca había experimentado nada parecido —me dijo más tarde—. Fue tan profundo que me cuesta expresarlo con palabras. Mis sentidos estaban amplificados y me sentía conectada con todo el mundo, con todo y con todas las cosas, con todos los lugares y los tiempos. Yo era parte del todo y el todo formaba parte de mí. No había separación.

Ginny viajó más allá de su cuerpo, de su entorno y de su tiempo. Su consciencia había conectado con la consciencia del campo unificado (ese lugar en el que, según su descripción, reina únicamente la unidad y no la separación). Había encontrado el punto cero del presente generoso, y su sistema nervioso autónomo había intervenido para regenerar su organismo.

En nuestros talleres avanzados, los estudiantes se tumban después de meditar y ceden el control para que el sistema nervioso autónomo coja el volante y programe sus cuerpos. Al finalizar esta meditación, cuando les pedí a todos que regresaran a sus nuevos cuerpos, Ginny se quedó de una pieza cuando descubrió, al levantarse del suelo, que no sentía absolutamente ningún dolor; un proceso para el cual habría precisado ayuda en circunstancias normales. Echó a andar sin cojear y con la espalda recta.

Hicimos una pausa para comer, pero Ginny no tenía mucha hambre ni le apetecía demasiado hablar. Seguía todavía abrumada por su experiencia meditativa. Tras dos años acarreando un dolor casi constante, sentirse libre de él le parecía increíblemente liberador. Rompió a llorar de alegría y confusión al mismo tiempo. Compartió la buena noticia con dos de sus amigas, incluida Jill (la misma que la noche anterior se había mostrado tan segura de que Ginny se curaría). Éstas animaron a Ginny a probar a hacer movimientos que normalmente no habría podido llevar a cabo a causa del dolor; y los ejecutó sin problema y sin molestias. Según el día proseguía, el dolor de Ginny continuaba sin manifestarse. Ella aún se sentía conectada con el campo unificado.

Por la noche llamó a su marido, quien le dijo que, de algún modo, había presentido que Ginny se iba a librar de su dolor en el taller. La mujer compartió una magnífica cena con sus amigas y, cuando se acostó, no tomó ningún analgésico ni relajantes musculares. Durmió de un tirón por primera vez en años y despertó llena de energía. Al día siguiente, guie al grupo por una meditación en movimiento (de la que hablaré, y que tendrás oportunidad de poner en práctica más tarde). Ginny pudo caminar erguida, sin dolor ni dificultades. No hace falta añadir que canceló la operación y hasta hoy sigue libre de dolor.

Daniel supera su hipersensibilidad electromagnética

Hace unos cinco años, Daniel era (en sus propias palabras) «un emprendedor israelí loco y estresado de veintitantos años» que se obligaba a trabajar diariamente «a todo gas» para crear una empresa de éxito. Las semanas de sesenta horas laborables constituían para él la normalidad. Un día, mientras le chillaba y gritaba a un cliente por teléfono a todo pulmón, notó una especie de estallido en el lado derecho de la cabeza y se desmayó. Cuando despertó, no sabía lo que había pasado ni cuánto tiempo llevaba inconsciente, pero sufría la peor migraña de su vida. Albergaba la esperanza de que el descanso lo ayudara a superarla, pero no fue así.

Para su extrañeza, el dolor aumentaba exponencialmente cada vez que se encontraba cerca de algún objeto que emitía frecuencias electromagnéticas, incluidos teléfonos móviles, ordenadores portátiles, pantallas de vídeo, micrófonos, cámaras, redes de wifi y torres de antenas telefónicas. Si alguien contestaba a un teléfono en sus inmediaciones, Daniel lo notaba. Nunca antes había experimentado nada parecido. De hecho, anteriormente había trabajado en el campo de la informática y jamás había notado nada desagradable por estar cerca de equipos electrónicos de ninguna clase.

Daniel visitó a varios médicos y especialistas distintos, pero ninguno de ellos pudo encontrar la causa. Se sometió a una serie exhaustiva de análisis de sangre, escáneres cerebrales y revisiones físicas, pero todas las pruebas daban resultados negativos. Algunos médicos no daban crédito a sus síntomas e incluso lo trataban con condescendencia; ponían los ojos en blanco cuando Daniel relataba sus problemas. Algunos intentaron recetarle antidepresivos, pero él no los tomó. Le dijeron que su dolor era de índole mental (y, por supuesto, lo era, pero no en el sentido que apuntaban los médicos).

A continuación, Daniel empezó a acudir a médicos de orientación holística y éstos sospecharon de la presencia de un síndrome raro llamado «hipersensibilidad electromagnética» (HSE). Si bien la existencia de la HSE sigue siendo objeto de controversia entre la comunidad médica, la Organización Mundial de la Salud reconoce el síndrome.[26] Todavía no conocemos los mecanismos de la HSE, pero si consideras que el cerebro está formado de agua en un 78 por ciento y que el agua, si contiene minerales (como los que alberga el organismo normalmente, incluidos calcio y magnesio), conduce la electricidad, entenderás que para las personas hipersensibles esa carga electromagnética natural se amplifica de algún modo en presencia de cosas que emiten ese tipo de radiaciones.

Igual que muchas personas que padecen ese síndrome, Daniel experimentaba dolores crónicos y fatiga además de las migrañas.

---

26. «Electromagnetic Fields and Public Health: Electromagnetic Sensitivity», informe de la Organización Mundial de la Salud, diciembre de 2005, http://www.who.int/peh-emf/publications/facts/fs296/en/; taller WHO sobre sensibilidad electromagnética, 25-27 de octubre de 2004, Praga, República Checa, http://www.who.int/peh-emf/meetings/hypersensitivity_prague2004/en/.

Podía dormir doce horas y, pese a todo, levantarse agotado. Un médico de orientación holística le sugirió que tomara cuarenta suplementos nutricionales al día para combatir los síntomas, pero nada cambió. Seguía en un estado próximo a la agonía. Poco tiempo después, Daniel tuvo que cerrar el negocio. Se endeudó y perdió aquello que tanto esfuerzo le había costado. Por último se declaró en bancarrota y tuvo que mudarse a vivir con su madre.

—Básicamente, me retiré de la vida —me confesó—. Era una especie de zombi, porque no podía pensar, ni concentrarme, ni hacer nada. Ningún remedio me ayudaba, y cada vez que me acercaba al mundo real me asaltaba un terrible dolor de cabeza.

De hecho, Daniel me dijo que si se encontraba en las inmediaciones de cualquier objeto que emitiera una señal, sus dolores de cabeza eran mil veces peores. Su situación era tan crítica que se hundió emocionalmente. Daniel pasaba buena parte del tiempo acurrucado en la cama de su minúscula habitación, en casa de su madre, llorando de dolor.

—Estaba tirando mi vida por la ventana —me relató—. Mis amigos se casaban, tenían hijos, ascendían en su profesión, compraban casas, todo.

Cuando empezó a pensar en el suicidio, sus amigos y su familia lo empujaron a buscar cualquier tipo de ayuda.

A causa de la fatiga crónica, la depresión y el dolor agudo, Daniel tan sólo disponía de media hora de energía al día, así que empezó a emplear ese tiempo en buscar algo que pudiera ayudarlo. Tres años después de que comenzaran sus síntomas, leyó mi libro *El placebo eres tú*.

—Se me encendió una bombilla —me dijo el día que lo conocí, durante uno de mis talleres más recientes—. Supe que acababa de encontrar la solución.

Así que empezó a poner en práctica la meditación para cambiar convicciones y percepciones de la que hablo en ese libro. Muy despacio, con el tiempo, el dolor de Daniel empezó a remitir, así que siguió meditando. Al cabo de unos meses descubrió la meditación para bendecir los centros de energía y empezó a practicarla.

—La primera vez que la puse en práctica —me reveló Daniel— sucedió algo que no supe cómo explicar.

Al llegar al sexto centro de energía tuvo la sensación de que se desplegaba un espectáculo de luces en su cabeza. Vio cómo distintas zonas del cerebro que parecían apagadas se iluminaban súbitamente y se comunicaban entre sí. Entonces un enorme haz de «luz amorosa», según sus propias palabras, salió disparado de la parte superior de su cabeza. La experiencia interna se le antojó más real que el recuerdo de su vivencia pasada, aquella que había provocado el dolor de buen comienzo.

A partir de ese momento, Daniel notó un cambio significativo. Después de meditar disponía de diez minutos libres de dolor. Los periodos se fueron alargando hasta que, unos meses más tarde, el dolor desapareció por completo. Entonces se le ocurrió usar las meditaciones para cambiar su estado interno mientras se exponía a los mismos campos electromagnéticos que lo enfermaban. Así que empezó a meditar delante del móvil y del portátil. Al principio le resultó doloroso, pero, igual que la vez anterior, el dolor lo abandonaba al principio justo después de meditar, y luego, con el paso del tiempo, los periodos de calma se fueron alargando.

Por fin Daniel se sintió preparado para otro gran paso. Alquiló un escritorio en un espacio de trabajo compartido y decidió sentarse allí a meditar, rodeado de redes wifi, ordenadores, microondas y todo tipo de frecuencias electromagnéticas. Si bien las primeras semanas lo pasó mal, la cosa fue mejorando. Al cabo de un tiempo, era capaz de meditar cinco horas diarias en aquel entorno sin experimentar molestias. Por fin las migrañas de Daniel desaparecieron, como también el dolor crónico y la fatiga.

Hoy día, Daniel se considera curado al cien por cien. Volvió a trabajar y pagó las deudas. Y he aquí el giro inesperado: Daniel trabaja únicamente una hora y media al día, pero gana más que cuando vivía estresado para conseguir que su vida fuera tal y como él quería. Ahora disfruta a tope de la vida.

Jennifer, en la enfermedad y en la salud

Hace cinco años, los médicos le diagnosticaron a Jennifer varias enfermedades que se sumaron a los numerosos problemas de salud que ya sufría. En total, los diagnósticos incluían unos cuantos trastornos autoinmunes (lupus eritematoso y síndrome de Sjögren con complejo sicca), problemas gastrointestinales (enfermedad celiaca, intolerancia a salicilatos e intolerancia a la lactosa), asma crónico, afección renal, artritis y un vértigo tan agudo que a menudo acababa vomitando.

Cada día era un suplicio. El mero gesto de cepillarse los dientes le suponía un calvario porque carecía de fuerza suficiente para mantener el brazo en alto mucho rato. Su pareja, Jim, a menudo tenía que cepillarle el pelo. Cuando Jim estaba de viaje por negocios, lo que sucedía a menudo, Jennifer tenía que echarse una siesta después del trabajo si quería reunir fuerzas suficientes para preparar la cena.

—Lo peor de todo era la sensación de ser una pésima madre, porque no podía hacer nada con mis hijos… y eso me partía el corazón —me confesó—. Me pasaba durmiendo casi todo el fin de semana porque, de no hacerlo así, el lunes no podía levantarme para ir al trabajo. Todas las fotos alegres del fin de semana que colgaba en Facebook habían sido tomadas en el transcurso de una hora.

En esa época Jennifer sólo pesaba 48 kilos y tenía problemas para andar a causa de la artritis y de la hinchazón que sufría en tobillos y rodillas. El dolor y la artritis le impedían usar la mano derecha para abrir envases o cortar verduras. En ocasiones se tumbaba en la cama y se golpeaba los brazos contra la mesilla de noche para detener el dolor. Su cuerpo se encontraba en un estado constante de inflamación aguda. Ni siquiera los especialistas que visitaba la podían ayudar; le decían que tendría que aprender a vivir con sus dolencias lo mejor que pudiera. Aunque nunca lo reconoció ante nadie, Jennifer temía que le quedaran pocos años de vida. Tal vez ella estuviera a punto de tirar la toalla, pero su pareja, Jim, no.

Cada noche, Jim leía un libro tras otro en busca de alguna solución alternativa. Mientras tanto, animaba a Jennifer a que no dejara de luchar. Un día, Jim se topó con *El placebo eres tú* y leyó la historia de una mujer con problemas similares a los de su pareja que había logrado curarse a sí misma. Decidieron que Jennifer asistiera a un taller.

Dos meses más tarde, en junio de 2014, Jennifer se inscribió en un retiro de fin de semana que celebramos en Sídney, Australia. Empezó a encontrarse un poco mejor y se apuntó a uno avanzado que tuvo lugar en México. Por desgracia, en la época en que estaba programado el taller, desarrolló una piedra en el riñón de 8,5 milímetros y el médico se negó a dejarla subir a un avión. Así que se lo perdió, pero siguió meditando (levantándose a las cinco menos diez de la mañana cada día), y cuando celebré el siguiente taller avanzado en Australia al año siguiente, tanto ella como Jim asistieron.

—Recuerdo que la primera noche apenas si pude subir las escaleras que llevaban a la habitación, lo que era normal en mi caso —me contó—. Pero, al finalizar el taller, iba de acá para allá como cualquier persona sana y no tuve que usar el medicamento para el asma. El día antes de nuestra partida, Jim dijo que tenía tan buen aspecto que debía probar a comer con normalidad. Nerviosa, probé unos cuantos bocados… ¡y no sufrí efectos adversos! Ni molestias, ni asma, ni calambres, ni dolor de cabeza; ¡nada! Fue la mejor pizza que he comido en mi vida.

Cuando meditaba, Jennifer lo daba todo. Conectaba una y otra vez con la salud en potencia y notaba chorros de energía recorriendo su cuerpo que la acompañaban a lo largo del día. Durante la meditación, cuando les pedí a los estudiantes que vivieran desde el nuevo estado de su ser, ella imaginó los golpes de sus pies contra el suelo y se oyó jadear mientras corría contenta. Al final de la meditación, Jennifer lloraba de alegría. Con el tiempo indujo a su cuerpo a olvidar las sensaciones, los sonidos y los sabores de la enfermedad. Elevó su energía, cambió su frecuencia, programó su cuerpo para una nueva mente y activó genes que regeneraron su organismo.

—Ahora me alimento con normalidad —comenta— y no he vuelto a necesitar el medicamento para el asma desde junio de 2015. Puedo caminar dieciséis kilómetros al día y levantar veinte kilos. Hago ejercicio y me he propuesto el objetivo de correr media maratón, algo que haré muy pronto.

Felicia supera un eccema

Felicia padecía eccema e infecciones de piel intermitentes desde los tres meses de edad. El alivio a corto plazo que le procuraba una dieta estricta y una combinación de medicamentos (cremas, esteroides, antihistamínicos, antifúngicos, antibióticos y otros parecidos) nunca mantenía el problema a raya durante mucho tiempo.

En 2016, Felicia, médico británica de 34 años, estaba cada vez más frustrada con los límites que planteaba su profesión. Tras una década de práctica clínica, en el transcurso de la cual había visitado a más de 70.000 enfermos, empezaba a notar una sensación de impaciencia y desconexión parecida en sus pacientes. Buscando soluciones con base científica más satisfactorias, llegó a mi trabajo. Intrigada ante la posibilidad y ávida de ideas y soluciones alternativas pero empíricamente demostradas, Felicia se apuntó a un taller de fin de semana.

—El seminario me cambió la vida —afirma—. Me proporcionó herramientas para revisar convicciones acerca de mí misma que me limitaban, y cambió mi visión de lo que son capaces nuestros organismos. —La técnica de la respiración la intrigó particularmente—. Debo reconocer —dice— que era algo escéptica y me refrené. No me concedí permiso para rendirme del todo al proceso.

Felicia siguió meditando a diario a lo largo de los meses siguientes. Su piel mejoró y materializó con éxito nuevas relaciones en su vida. Inspirada, buscó maneras de dar un giro a su práctica clínica para adoptar un enfoque más holístico. Sin embargo, para su decepción, ninguna de las mutuas de salud del Reino Unido aceptaba incluir en sus seguros enfoques no convencionales. Felicia se sintió atrapada y, en diciembre de 2016, el eccema y las infecciones de piel reaparecieron.

A pesar de todo, ella siguió meditando e incluso se apuntó a un taller avanzado en el que creó su propia «película mental» previa (una poderosa herramienta para materializar deseos diversos que te explicaré en un capítulo posterior). Concibió unas intenciones muy claras de cara a su futuro, que incluían imágenes de piel sana así como una imagen de un micrófono en un escenario con la afirmación: «Inspiro a los demás compartiendo la verdad sin temor».

El primer día del taller avanzado, pusimos en práctica la técnica de la respiración para estimular la glándula pineal y, en esta ocasión, Felicia decidió no contenerse y entregarse por completo al proceso.

—Advertí que mi respiración empezaba a acelerarse —recuerda—. Una energía arrolladora se estaba acumulando en mi garganta. La sensación se intensificó hasta tal punto que temí no ser capaz de respirar. Asustada, cambié de posición y retorné al antiguo estado de mi ser durante el resto de la meditación.

Al día siguiente, el cerebro de Felicia contaba con todo el equipo necesario para la última meditación. Consideró que se le brindaba una oportunidad increíble de experimentar ese nuevo nivel de información. Atrapada en una profesión que predica la limitación, pensó: *¿Y si pudiera demostrar a los escépticos, así como a los creyentes, hasta qué punto somos ilimitados en realidad?* Con este pensamiento en la mente, decidió usar la respiración para conectar con el campo unificado —a través de una emoción superior de pura libertad y liberación— pasara lo que pasase.

Cuando comenzó la meditación, se abrió a la posibilidad y a lo desconocido. Enseguida se percató de que su respiración empezaba a cambiar y la misma energía arrolladora se concentraba en su garganta. Cada vez que la sensación se intensificaba, en lugar de dejarse vencer por el miedo, como hiciera el día anterior, permaneció en el proceso. Devolvió el cuerpo al momento presente, hizo caso omiso de la distracción y dedicó toda su energía y consciencia a conectar con el campo, con la verdad y el amor. Su cuerpo opuso resistencia, pero después, de vencer una y otra vez las luchas internas, se rindió por fin.

—Al otro lado me esperaba una maravillosa explosión de energía y una conexión instantánea con una consciencia amorosa que se encontraba dentro de mí y alrededor —relata—. Fue una sensación de conocimiento absoluto, de puro amor y reconocimiento, acompañada de la dicha más abrumadora que he experimentado en toda mi vida. Fue igual que volver a casa. Eso fue lo que sentí, una profunda unidad. Mientras tanto, era consciente de lo que percibían mis sentidos. Oía a los científicos decir algo de un «ataque» a mi espalda.

Contábamos con nuevos miembros en el equipo de neurocientíficos, y nunca habían presenciado ese tipo de energía en el cerebro.

Siendo doctora en medicina, esa afirmación un tanto alarmante habría preocupado a Felicia en otras circunstancias, pero comprendió que, en esos instantes, estaba experimentando la verdad y la libertad absolutas por primera vez. Durante las horas siguientes a la meditación, se sintió ligeramente mareada, pero más liviana que antes en el plano físico.

Si echas un vistazo a los escáneres cerebrales de los gráficos 7A-7C, comprobarás que el cerebro de Felicia exhibe los cambios que solemos presenciar cuando una gran cantidad de energía inunda el cerebro. Al principio muestra las habituales ondas beta, que transitan hacia las beta altas antes de entrar en el estado gamma de alta energía. La desviación estándar de las ondas cerebrales gamma es 190 veces por encima de lo normal. La zona que rodea la glándula pineal, así como la parte del cerebro que procesa las emociones intensas, se encuentra enormemente activada.

Durante los días siguientes, Felicia empezó a experimentar una sensación de intrepidez e hilaridad que emergía desde su interior. También protagonizó una serie de sincronicidades; incluida la materialización de la escena de su «película mental», en la que aparecía hablando por un micrófono en un escenario. De hecho, sin saber que la escena formaba parte de su película, la invité a subir a escena para compartir su experiencia. Ya estaba en casa cuando se percató de que el eccema había dejado de molestarla.

—Me miré la piel y todas las erupciones que la surcaban hacía sólo unos días habían desaparecido —informó. (Mira el gráfico 7D del encarte en color. Tomamos las primeras fotos antes del taller. El segundo juego de fotografías están tomadas al día siguiente, después del evento. El eccema ya no está.)

Hoy en día, Felicia no toma medicación y su piel sigue limpia de marcas. Su vida continúa tomando derroteros inesperados, emocionantes y sorprendentes.

—Me siento tan agradecida de haber descubierto que no hay límites para ninguno de nosotros —me dijo—. Fíjate bien en lo que te digo, si una doctora antes desencantada y profundamente cerebral puede hacerlo, cualquiera puede.

7
La inteligencia del corazón

Desde que los primeros humanos empezaron a dibujar sus relatos en las paredes de sus cuevas y en tablillas de piedra, el corazón aparece, igual que un hilo enhebrado en la aguja del tiempo, en todas las historias como símbolo de salud, sabiduría, intuición, guía e inteligencia superior. Los antiguos egipcios, que se referían al corazón como *ieb,* pensaban que éste, y no el cerebro, era el centro de la vida y la fuente de la sabiduría humana. Los mesopotámicos y los griegos lo consideraban la sede del alma. Los griegos, sin embargo, lo contemplaban como una fuente de calor independiente en el interior del cuerpo, mientras que los mesopotámicos lo suponían un fragmento del calor del Sol. Incluso llevaban a cabo sacrificios humanos que consistían en extraer un corazón humano todavía latiente para ofrecérselo al Dios Sol. Los romanos pensaban que el corazón era el órgano más cargado de fuerza vital de todo el cuerpo.

En el siglo XVII, durante los primeros años de la revolución científica, el filósofo francés René Descartes arguyó que la mente y el cuerpo eran dos sustancias totalmente distintas. A causa de este enfoque mecanicista del universo, la gente empezó a contemplar el corazón como una máquina extraordinaria. El funcionamiento del corazón en tanto que bomba extractora empezó a eclipsar su naturaleza de vínculo con una inteligencia innata. A través de la investigación científica, el corazón dejó de ser reconocido como la conexión del ser humano con sus sentimientos, sus emociones y su ser superior. Sólo gracias a una nueva vertiente de la ciencia, desarrollada a lo largo de las últimas décadas, hemos empezado a reconsiderar, entender y reconocer el verdadero papel del corazón como generador de campos electromagnéticos y vínculo con el campo unificado.

Sabemos que el corazón, al margen de su papel evidente para mantener la vida, no es una mera bomba muscular que envía sangre al cuerpo, sino un órgano capaz de influir en nuestros sentimientos y emociones. Se trata de un órgano sensorial que nos orienta en la toma de decisiones al mismo tiempo que contribuye a nuestra comprensión de nosotros mismos y de nuestro lugar en el mundo. Como símbolo, trasciende el tiempo, el espacio y la cultura. Pocos cuestionan la premisa de que, si conectamos con el conocimiento interno del corazón, podemos acceder a su sabiduría como fuente de amor y guía superior.

Tal vez te preguntes cómo es posible que, de todos los órganos del cuerpo (como el bazo, el hígado o los riñones), el corazón sea el único que posee inteligencia. Desde 2013, hemos avanzado enormemente en el cálculo y la cuantificación de la coherencia y la transformación, dos conceptos esenciales para comprender el papel del corazón. Casi todo el mundo reconoce que los más elevados sentimientos del corazón nos conectan con la consciencia del amor, la compasión, la gratitud, la dicha, la unidad, la aceptación y el altruismo. Todos esos sentimientos nos colman y nos hacen sentir más plenos y conectados, a diferencia de las emociones del estrés, que dividen comunidades y merman nuestra energía vital. El problema radica en que esos sentimientos superiores del corazón a menudo surgen por azar —en función de algún acontecimiento acaecido en el entorno— en lugar de ser algo que podamos evocar a voluntad.

No cabe duda de que supone un gran desafío conservar el equilibrio mental y emocional en la cultura actual, acelerada, estresante, centrada en la productividad y en el «acaba cuanto antes», y que la pérdida de ese equilibrio puede tener graves consecuencias para la salud. Por ejemplo, a comienzos del siglo XX casi nadie moría por un fallo cardiaco, mientras que hoy es la causa principal de muerte entre hombres y mujeres por igual. Cada año, tan sólo en los Estados Unidos, las enfermedades cardiacas cuestan aproximadamente doscientos siete mil millones de dólares en servicios de salud pública, medicamentos y pérdida de productividad.[27] El estrés es uno de los factores que más contribuyen a las enfermedades cardiovasculares y está alcanzando niveles de epidemia. Afortunadamente, existe un antídoto. Estudiando e investigando los diversos aspectos de la coherencia cardiaca hemos descubierto que *podemos*, de hecho, regular nuestros estados internos con independencia de cuáles sean las circunstancias del ambiente exterior. Igual que cualquier otro aprendizaje, generar voluntariamente coherencia cardiaca requiere conocimientos, dedicación y práctica.

Para el desarrollo de nuestro saber acerca del corazón ha sido fundamental la asociación con el Instituto HeartMath (HMI), artífice de un trabajo pionero y revolucionario sobre el tema. El HMI es una organización de investigación y educación sin ánimo de lucro dedicada a comprender mejor la coherencia cerebro-corazón. Desde 1991, el HMI ha investigado y desarrollado herramientas fiables con base científica para ayudar a las personas a reforzar el vínculo entre el corazón y la mente, así como a profundizar la conexión con los corazones de los demás. Su objetivo

27. D. Mozzaffarian, E. Benjamin, A. S. Go *et al.* en nombre del Comité de Estadísticas de la Asociación Cardiaca Americana y del Subcomité de Estadísticas de Apoplejías, «Heart Disease and Stroke Statistics; 2016 Update: A Report from the American Heart Association», *Circulation*, 133:e38-e360, 2016.

consiste en proporcionar ayuda para armonizar los sistemas físico, mental y emocional mediante la guía intuitiva que brinda el corazón.

El fundamento de esta asociación es la creencia compartida de que, para cambiar su futuro, una persona debe combinar una intención definida (cerebro coherente) con una emoción superior (corazón coherente). Las investigaciones del HMI demuestran que, si le sumamos a una intención o pensamiento (que, como ya has leído, se comportan como una carga eléctrica) un sentimiento o emoción (que, como ya sabes, actúa como una carga magnética), podemos transformar nuestra energía biológica. Y cuando transformamos nuestra energía, transformamos nuestra vida. La unión de esos dos elementos ejerce efectos constatables en la materia, por cuanto separa nuestra biología del pasado conocido para llevarla al nuevo futuro. En los talleres que llevamos a cabo por todo el mundo, enseñamos a los alumnos a mantener y sostener esos estados internos superiores para que dejen de vivir como víctimas de las circunstancias, dando bandazos de una emoción a la siguiente, y empiecen a vivir como creadores de su realidad. A través de este proceso, creamos un nuevo estado del ser o personalidad distinta que favorece a su vez una nueva realidad personal.

Durante los últimos años, uno de los objetivos de nuestra asociación con el HMI ha sido enseñar a los estudiantes a regular y sostener voluntariamente algo llamado «coherencia cardiaca». La coherencia se refiere a la función fisiológica del corazón que le permite latir de manera consistente, rítmica y ordenada, como el latido regular de un tambor. Por el contrario, cuando el corazón no funciona de manera ordenada aparece la incoherencia. Un corazón coherente nos permite acceder a la inteligencia del corazón, que el HMI define como el flujo de consciencia y conocimiento que experimentamos cuando la mente y las emociones entran en un estado de equilibrio y coherencia a través de un proceso autoprovocado. Esta forma de inteligencia se experimenta como un saber directo e intuitivo que se manifiesta en pensamientos y emociones para nuestro propio beneficio o el de los demás.[28]

Como descubrirás en este capítulo, los beneficios de la coherencia cardiaca son numerosos, incluidos un descenso de la presión sanguínea, una mejora del sistema nervioso y del equilibrio hormonal y un desarrollo de las funciones cerebrales. Cuando sostienes estados emocionales superiores con independencia de las condiciones externas, puedes acceder al tipo de intuición privilegiada que genera una mejor comprensión de uno mismo y de los demás. Un corazón coherente ayuda a prevenir patrones de estrés, incrementa la claridad mental y favorece una mejor toma de decisiones.[29] Además de los resultados de las investigaciones del HMI, nuestros datos apuntan con claridad a que las emociones centradas en el corazón, cuando son sostenidas, favorecen una expresión genética más sana.[30]

La coherencia cardiaca empieza por el latido del corazón regular y coherente que se manifiesta cuando cultivamos, practicamos y sostenemos emociones superiores. Dichas emociones incluyen gratitud, reconocimiento, agradecimiento, inspiración, libertad, bondad, altruismo, compasión, amor y dicha. Los beneficios de un latido coherente se notan en todos los sistemas del cuerpo. Consciente o inconscientemente, muchos de nosotros practicamos la infelicidad, la rabia o el miedo a diario. Así pues,

---

28. Childre, Martin y Beech, *The HeartMath Solution.*

29. HeartMath Institute, «The Heart's Intuitive Intelligence: A Path to Personal, Social and Global Coherence», http://www.youtube.com/watch?v=QdneZ4fIIHe, abril de 2002.

30. Church, Yang, Fannin *et al.*, «The Biological Dimensions of Transcendent States: A Randomized Controlled Trial»; Church, Yount, Marohn *et al.*, «The Epigenetic and Psychological Dimensions of Meditation».

¿por qué no practicar la creación y el mantenimiento de estados alegres, amorosos y altruistas en vez de esos otros? ¿No acabaríamos por crear un nuevo orden interno que redundase en mayor salud y bienestar general?

El puente del corazón

Como has leído en el capítulo que describía la bendición de los centros de energía, el corazón, ubicado detrás del esternón, es el cuarto centro de energía. Constituye el puente a mayores niveles de consciencia y energía, así como el primer centro de nuestra energía divina. El corazón es la intersección entre los tres centros de energía inferiores (asociados a un organismo sano) y los tres centros de energía superiores (asociados al ser superior). Nos conecta con el campo unificado y representa la unión de la dualidad o la polaridad. En este centro, la separación, la división y la energía polarizada se unifican; los opuestos —el yin y el yang, el bien y el mal, lo positivo y lo negativo, lo masculino y lo femenino, el pasado y el futuro— se funden para convertirse en uno.

Cuando el corazón se torna coherente, el sistema nervioso incrementa la energía, la creatividad y la intuición del cerebro, lo que influye positivamente en casi todos los órganos del cuerpo. En ese momento, el corazón y el cerebro trabajan en cooperación, de tal modo que te sientes más completo, conectado y satisfecho; no sólo respecto a tu propio cuerpo, sino también en relación con todos y con todo. Cuando el corazón rige tu estado, la plenitud que experimentas elimina cualquier sentimiento que puedas albergar de carestía o necesidad. Desde este creativo estado de plenitud y unidad, la magia se manifiesta en tu vida, porque ya no estás creando desde la dualidad o la separación; ya no esperas que algo externo a ti venga a poner remedio a tus sentimientos internos de falta, vacío o separación. En vez de eso, te vas familiarizando cada vez más con tu nuevo ser, con tu ser ideal, y creas inéditas experiencias *de* ti mismo. Si continúas activando el centro del corazón de manera correcta y las veces suficientes durante el proceso creativo, a diario, con el tiempo te sentirás más y más como si el futuro ya hubiera acaecido. ¿Cómo vas a experimentar un sentimiento de falta o necesidad si te sientes pleno?

Si los primeros tres centros reflejan nuestra naturaleza animal y se basan en la polaridad, los opuestos, la competición, la necesidad y la carencia, el cuarto centro da comienzo al viaje a la naturaleza divina. Desde el centro del corazón transformamos la mente y la energía de tal modo que dejamos de existir desde el egoísmo para pasar a existir desde el altruismo. En ese estado, la separación y la dualidad nos afectan menos y, en cambio, somos más propensos a hacer elecciones que redunden en el bien común.

Todos hemos notado la consciencia del centro del corazón alguna vez. Esta energía tiene que ver con sentirte colmado y en paz contigo mismo y con todo lo que te rodea. Cuando acogemos los sentimientos relacionados con el corazón —sentimientos que nos llevan a dar, nutrir, servir, cuidar, ayudar, perdonar, amar, confiar y tantos otros— experimentamos, lo queramos o no, plenitud, satisfacción e integración. Creo que ese estado constituye la naturaleza innata del ser humano.

Homeostasis, coherencia y resiliencia

Como ya has aprendido, el sistema nervioso autónomo, la parte involuntaria del sistema nervioso, se divide en dos subsistemas: el sistema simpático y el parasimpático. Cuando está en funcionamiento, el sistema nervioso simpático regula los actos y las reacciones inconscientes del cuerpo, como la aceleración de la respiración, la elevación de la frecuencia cardiaca, el exceso de transpiración, la dilatación de las pupilas y más. Su función principal consiste en estimular la reacción de lucha o fuga ante un peligro real o percibido. Ese sistema trabaja para protegernos del ambiente externo. El sistema nervioso parasimpático complementa al sistema nervioso simpático en cuanto que ejecuta las funciones exactamente opuestas. Se encarga de conservar la energía, relajar el cuerpo y ralentizar las funciones de alto rendimiento del sistema simpático. El sistema parasimpático se encarga de proteger nuestro sistema interno. Si el sistema nervioso autónomo fuera un coche, el sistema parasimpático sería el freno, y el simpático, el acelerador. Estas dos ramas del SNA comunican constantemente el corazón con el cerebro; de hecho, el corazón y el cerebro comparten más conexiones nerviosas que cualquier otro sistema del cuerpo.[31] El sistema simpático y el parasimpático trabajan todo el tiempo para mantener un estado de homeostasis (equilibrio relativo entre todos los sistemas) en el cuerpo.

Cuando el organismo se encuentra en homeostasis, solemos sentirnos relajados y a salvo en el entorno que nos envuelve. Instalados en este estado en que los sistemas del cuerpo trabajan en armonía y el gasto de energía es mínimo, podemos influir voluntariamente en el sistema nervioso para generar coherencia. Si queremos acceder a esas emociones que producen coherencia, las conexiones neuronales entre el corazón y el cerebro deben funcionar a la perfección, de manera equilibrada y coordinada. Cuando el corazón late de manera coherente y ordenada, aporta coherencia también al SNA, que a su vez mejora las funciones cerebrales, y eso nos lleva a ser más creativos, centrados, racionales y conscientes y a estar más abiertos al aprendizaje.

Como ya sabes, lo contrario de la coherencia es la incoherencia. Cuando el corazón late de manera incoherente nos sentimos

---

31. R. McCraty, M. Atkinson, D. Tomasino *et al.*, «The Coherent Heart: Heart-Brain Interactions, Psychophysiological Coherence, and the Emergence of System-Wide Order», *Integral Review*, vol. 5, n.º 2, págs. 10-115, 2009.

desequilibrados, ansiosos, nerviosos y desconcentrados. Como el cuerpo opera en modo de supervivencia, funcionamos desde un lugar más animal y primitivo que cuando accedemos a las emociones que surgen del corazón, más humanas y divinas. La incoherencia procede del estrés, que es la reacción del cuerpo y la mente a interferencias y molestias del ambiente externo. Si el sistema nervioso parasimpático funciona óptimamente cuando nos sentimos a salvo, el simpático tiende a activarse cuando nos invade la inseguridad. El estrés que experimentamos en esas circunstancias no depende necesariamente del estímulo exterior, sino que puede ser la consecuencia de reacciones emocionales mal gestionadas.

El cuerpo, en un estado de homeostasis, se parece a una máquina sofisticada y bien calibrada, pero cuando nos instalamos en emociones como el resentimiento, la rabia, los celos, la impaciencia y la frustración perdemos el equilibrio interno. Piensa en alguna experiencia reciente que te haya estresado; seguramente tuviste la sensación de que habías perdido el ritmo. (De hecho, es eso exactamente lo que le sucede al corazón; late de forma desacompasada.) En un estado de estrés crónico, el cuerpo se esfuerza por mantener la homeostasis, y es posible que empecemos a sufrir infinidad de síntomas relacionados con el estrés. Esta desazón constante se alimenta del campo invisible de energía que envuelve el cuerpo y merma nuestra fuerza vital, de tal modo que el tiempo y la energía para la reparación y la restauración quedan reducidos al mínimo. Como el cuerpo pasa a depender de las hormonas del estrés, nos vemos atrapados en un bucle adictivo en el que la incoherencia y el caos empiezan a constituir la normalidad, pero ¿a qué precio?

Los efectos del estrés a largo plazo pueden ser catastróficos. Según una investigación de la clínica Mayo centrada en personas con dolencias cardiacas, el estrés psicológico es el mayor predictor de futuros fallos cardiacos, incluidos muerte cardiaca, paro cardiaco y ataque al corazón.[32] Muchas de las personas que padecen estrés crónico ni siquiera se dan cuenta de que viven en ese estado hasta que sufren un problema tan grave como un infarto. Es lógico pensar, pues, que si el corazón late de manera incoherente durante largos periodos de tiempo y no funciona de manera equilibrada y ordenada, fallará antes o después.

Para gestionar el estrés, es crucial una cualidad que conocemos como «resiliencia», que el HMI define como «la capacidad de prepararse, recuperarse y adaptarse frente al estrés, la adversidad, el trauma o el desafío».[33] La resiliencia y la gestión de las emociones son fundamentales en numerosos procesos psicológicos implicados en la regulación de la energía, la rapidez con la que el cuerpo se repone tras una reacción de estrés y la capacidad para conservar la salud y mantener la homeostasis.

VRC: comunicación entre el corazón y el cerebro

Nos han hecho creer que el cerebro gobierna nuestra biología. Si bien esa afirmación es verdad en parte, también es cierto que el corazón es un órgano autorrítmico, lo que significa que el latido se origina en el interior del corazón y no por una orden del cerebro. Por ejemplo, es sabido que a numerosas especies se les puede extraer el corazón del cuerpo y depositarlo en una solución salina llamada «solución Ringer», donde seguirá latiendo durante largos periodos de tiempo...

---

32. T. Allison, D. Williams, T. Miller *et al.*, «Medical and Economic Costs of Psychologic Distress in Patients with Coronary Artery Disease», *Mayo Clinic Proceedings*, vol. 70, n.º 8, págs. 734-742, agosto de 1995.

33. R. McCraty y M. Atkinson, «Resilience Training Program Reduces Physiological and Psychological Stress in Police Officers», *Global Advances in Health and Medicine*, vol. 1, n.º 5, págs. 44-66, 2012.

con independencia de cualquier conexión neurológica con el cerebro. En el caso del feto, el corazón empieza a latir antes de que el cerebro se haya formado siquiera (a las tres semanas de vida aproximadamente), mientras que la actividad eléctrica del cerebro no comienza hasta la quinta o la sexta semana de vida.[34] Eso demuestra que el corazón posee la capacidad de tomar la iniciativa de la comunicación con el sistema nervioso central.

Otro factor que presta singularidad al corazón es el hecho de que contiene nervios pertenecientes a las dos ramas del SNA. Eso significa que cualquier cambio, tanto en el sistema nervioso parasimpático como en el simpático, afecta al funcionamiento del corazón entre latido y latido. El dato es importante porque, tanto si somos conscientes de ello como si no, cada emoción que experimentamos influye en el ritmo cardiaco, por cuanto el corazón recibe la información a través del sistema nervioso central. En ese sentido, el corazón, el cerebro límbico y el SNA están íntimamente relacionados, porque el equilibrio o desequilibrio de uno de ellos afecta a los demás. (Por cierto, el cerebro límbico —la sede del sistema nervioso autónomo— también se conoce como «cerebro emocional»; así pues, cuando transformas tus emociones estás modificando tus funciones autónomas.) Hoy día, mediante el análisis de la variabilidad del ritmo cardiaco, la ciencia es capaz de pronosticar cómo se encuentra una persona con una precisión del 75 por ciento. Basta echar un vistazo a la actividad de su corazón de un latido a otro.[35]

La VRC (variabilidad del ritmo cardiaco) es un fenómeno fisiológico que permite evaluar los desafíos ambientales y psicológicos en función de la variación del intervalo entre latido y latido del corazón (de ahí el término *variabilidad*). Entre las utilidades que

---

34. M. Gazzaniga, «The Ethical Brain», *The New York Times*, 19 de junio de 2005, http://www.nytimes.com/2005/06/19/books/chapters/the-ethical-brain.html.

35. R. McCraty, «Advanced Workshop with Dr. Joe Dispenza», Carefree Resort and Conference Center, Carefree, Arizona, 23 de febrero de 2014.

ofrece, la VRC permite calcular la flexibilidad del corazón y el sistema nervioso (como indicador de salud y buena forma física), así como el grado de equilibrio en nuestra vida mental y emocional.[36] Analizando los ritmos del corazón, los científicos detectan patrones que nos ayudan a entender mejor cómo procesan los seres humanos las emociones y los efectos de los sentimientos y las emociones en nuestro bienestar. En ese sentido, la investigación extensiva sobre la VRC nos ofrece una perspectiva privilegiada de los mecanismos de comunicación entre el corazón, el cerebro y las emociones.[37]

Numerosos estudios demuestran que poseer un nivel moderado de variabilidad nos hace más capaces de adaptarnos a los desafíos de la vida.[38] Sin embargo, un nivel bajo de variabilidad en la frecuencia cardiaca constituye un predictor importante e independiente de futuros problemas de salud, incluidas todas las causas de mortalidad.[39] Una baja VRC se asocia también con numerosas enfermedades. Cuando somos jóvenes mostramos una

---

36. W. Tiller, R. McCraty y M. Atkinson, «Cardiac Coherence: A New, Noninvasive Measure of Autonomic Nervous System Order», *Alternative Therapies in Health and Medicine*, vol. 2, n.º 1, págs. 52-65, 1996.

37. McCraty, Atkinson, Tomasino *et al.*, «The Coherent Heart: Heart-Brain Interactions, Psychophysiological Coherence, and the Emergence of System-Wide Order».

38. R. McCraty y F. Shaffer, «Heart Rate Variability: New Perspectives on Physiological Mechanisms, Assessment of Self-Regulatory Capacity and Health Risk», *Global Advances in Health and Medicine*, vol. 4, n.º 1, págs. 46-61, 2015; S. Segerstrom y L. Nes, «Heart Rate Variability Reflects Self-Regulatory Strenght, Effort, and Fatigue», *Psychological Science*, vol. 18, n.º 3, págs. 275-281, 2007; R. McCraty y M. Zayas, «Cardiac Coherence, Self-Regulation, Autonomic Stability, and Psychosocial Well-Being», *Frontiers in Psychology*, vol. 5, págs. 1-13, septiembre de 2014.

39. K. Umetani, D. Singer, R. McCraty *et al.*, «Twenty-Four Hour Time Domain Heart Rate Variability and Heart Rate: Relations to Age and Gender over Nine Decades», *Journal of the American College of Cardiology*, vol. 31, n.º 3, págs. 593-601, 1 de marzo de 1998.

variabilidad mayor, pero, a medida que envejecemos, ésta se va reduciendo. Los patrones de VRC son tan consistentes que, cuando los científicos echan un vistazo a este parámetro, pueden calcular la edad del sujeto con un margen de error de apenas dos años.

Durante mucho tiempo se pensó que un ritmo cardiaco regular era signo de buena salud, pero ahora sabemos que el ritmo de nuestro corazón cambia con cada latido, incluso cuando dormimos. Con el paso de los años, los investigadores han descubierto información codificada en los intervalos. La clave radica en mirar los espacios *entre* latidos de los registros de VRC más que en los picos que señalan los propios latidos. Sería algo parecido al código Morse, cuya interpretación se basa en los intervalos entre transmisiones.[40] En el caso del corazón, los intervalos entre latidos constituyen transmisiones complejas que albergan mensajes entre el cerebro y el cuerpo.

Durante la década de 1990, los científicos que investigaban la VRC descubrieron que, cuando las personas se concentraban en el corazón y evocaban emociones superiores como reconocimiento, dicha, gratitud y compasión, esas emociones se reflejaban en forma de patrones coherentes en el ritmo del corazón. Lo contrario se advertía también en relación con los sentimientos estresantes, que provocaban ritmos incoherentes con patrones irregulares y aserrados. Este descubrimiento permitió relacionar los estados emocionales con los patrones de la VRC (ver figura 7.1).[41] Los investigadores observaron también que la frecuencia cardiaca (latidos por minuto) y el ritmo del corazón eran reacciones biológicas distintas. Por ejem-

---

40. D. Childre, H. Martin, D. Rozman y R. McCraty, *Heart Intelligence: Connecting with the Intuitive Guidance of the Heart*, Waterfront Digital Press, 2016, pág. 76.

41. R. McCraty, M. Atkinson, W. A. Tiller *et al.*, «The Effects of Emotions on Short-Term Power Spectrum Analysis of Heart Rate Variability», *The American Journal of Cardiology*, vol. 76, n.º 14, 1995, págs. 1089-1093.

plo, una persona podía mostrar una frecuencia alta y seguir reflejando un estado de coherencia; en consecuencia, se concluyó que los ritmos cardiacos pueden crear estados internos coherentes.

PATRONES DE RITMO CARDIACO

VRC INCOHERENTE

frustración, ansiedad, preocupación, irritación

Frecuencia cardiaca

100
90
80
70
60
50

1 50 100 150 200

TIEMPO (*segundos*)

Perjudica el rendimiento

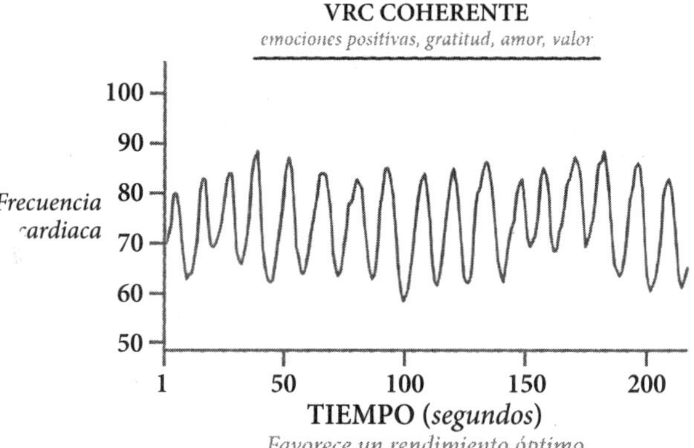

Figura 7.1

Gentileza del Instituto HeartMath, el gráfico superior representa un ritmo cardiaco incoherente, consecuencia de experimentar emociones como resentimiento, impaciencia y frustración. El gráfico inferior representa un ritmo cardiaco coherente, como resultado de sentir gratitud, reconocimiento, bondad y otras emociones positivas.

Cuando la VRC es coherente, esta coherencia se refleja en la sincronía y la armonía de las dos ramas del SNA, así como en la actividad que desempeñan los centros cerebrales superiores. Buena parte de lo que nos enseña la medicina occidental nos ha llevado a pensar que no podemos controlar el sistema nervioso autónomo del organismo (como la frecuencia cardiaca o la presión arterial) porque dichas funciones no pertenecen a los dominios de la mente consciente, por no mencionar la desconexión entre el sistema nervioso voluntario y el involuntario. Ahora sabemos, sin embargo, que no hace falta ser un yogui o un místico para ejercer ese tipo de control. Basta con ser sobrenatural, algo que se puede aprender. Por esa razón, entre otras, el HMI enseña la importancia de la coherencia cardiaca, no sólo a los individuos, sino también a los ejércitos, los agentes de la ley, los centros de educación, los equipos deportivos y otras personas que llevan a cabo funciones de alto rendimiento, con el fin de que puedan conservar la concentración, la capacidad de tomar decisiones y la compostura en situaciones de mucho estrés.

Las ventajas de la coherencia cardiaca

Cuando decidimos cultivar y experimentar emociones elevadas y la señal coherente que éstas transportan llega al cerebro, se liberan en el cuerpo compuestos químicos acordes con esos sentimientos y emociones, siempre y cuando dicha señal sea lo bastante alta. Llamamos a ese proceso un «sentimiento», y los sentimientos positivos nos provocan sensación de liviandad y libertad; dicho de otro modo, la energía que alienta el estado de tu ser en esas ocasiones es elevada. Si experimentas una gran sensación de bienestar en un entorno seguro, la energía provoca un efecto cascada de, cuando menos, 1.400 transformaciones bioquímicas en el cuerpo que favorecen el crecimiento y la regeneración.[42] En lugar de recurrir al campo invisible de energía que rodea tu cuerpo para transformar esta energía en compuestos químicos, estás enriqueciendo y expandiendo ese campo, lo que provoca una nueva expresión química acorde con el cambio de energía. ¿Cómo? Si los primeros centros de energía del cuerpo se dedican a consumirla en situaciones de desequilibrio, el corazón, por el contrario, expande la energía, y cuando prestas atención al corazón para crear y sostener emociones elevadas, la energía coherente resultante lo hace latir como un tambor. Ese latido rítmico y coherente crea un campo magnético mensurable alrededor del corazón y, por consiguiente, del cuerpo. Igual que el latido rítmico de un tambor genera una onda de sonido registrable, cuanto más fuerte es el ritmo coherente del corazón, más se expande el campo de energía.

En cambio, cuando te sientes herido, enfadado, estresado, celoso, rabioso, comparado o frustrado, la señal que viaja del corazón al cerebro se torna incoherente y eso desencadena la liberación de unos 1.200 compuestos químicos al organismo acordes con esos sentimientos.[43] Este vertido químico dura de noventa segundos a dos minutos. A corto plazo, los sentimientos de estrés no son dañinos; de hecho, si los gestionas bien, aumentarán tu resiliencia. Sin embargo, los efectos a largo plazo de las emociones de supervivencia no resueltas colocan al conjunto del organismo en estado de incoherencia, lo que te hace más vulnerable a los problemas de salud relacionados con el estrés. Esas emociones de supervivencia se alimentan del campo de energía que envuelve tu cuerpo, incrementando así tu sentimiento de separación y tu materialismo, porque estás centrando la atención en la materia, en el cuerpo, en el entorno, en el tiempo y, por supuesto, en la fuente de tus problemas.

---

42. Pert, *Molecules of Emotion.*

43. Ibíd.

Uno de los descubrimientos más significativos del Instituto HeartMath es el hecho de que nuestras sensaciones influyen, minuto a minuto, segundo a segundo, en el corazón, y que nuestros sentimientos y emociones ofrecen una de las claves para desentrañar la «inteligencia del corazón». Como los sentimientos y las emociones son energías que emiten poderosos campos magnéticos, cuanto más fuertes sean los sentimientos elevados, más intenso será este campo. De hecho, el corazón crea el campo magnético más intenso del cuerpo; cinco mil veces más fuerte que el producido por el cerebro.[44]

Coloca un dedo sobre la muñeca para notar el pulso. Ese pulso es una onda de energía conocida como «onda de la presión sanguínea» y viaja por el organismo influyendo en la totalidad de sus funciones, incluidas las del cerebro. El pulso magnético del corazón no sólo reverbera en cada célula, sino que crea un campo alrededor de tu cuerpo que se puede medir a una distancia de hasta entre dos y tres metros mediante un detector de gran sensibilidad llamado «magnetómetro».[45] Cuando activas el corazón evocando emociones elevadas, no sólo envías esa energía a cada célula; también irradias los sentimientos al espacio. Es entonces cuando el corazón deja atrás la biología para internarse en la física.

Recurriendo a electroencefalogramas, los científicos del laboratorio que investigaba la VRC descubrieron que, cuando el corazón entra en un estado de coherencia, el ritmo cardiaco arrastra las ondas cerebrales a una frecuencia de 0,10 hercios. Además, la sincronización entre el corazón y el cerebro se incrementa cuando el corazón del sujeto muestra un patrón coherente. La frecuencia coherente de 0,10 hercios se ha revelado un estado óptimo de rendimiento relacionado con un mayor acceso a la in-

44. Song, Schwartz y Russek, «Heart-Focused Attention and Heart-Brain Synchronization».

45. Childre, Martin y Beech, *The HeartMath Solution*, pág. 33.

tuición más profunda y a la guía interna. Una vez que la mente analítica se retira de escena, el individuo puede bajar por la escalera de la consciencia de las ondas alfa a las zeta y a las delta; el estado en que las funciones regeneradoras del cuerpo se ponen en marcha. Casualmente, nuestros alumnos a menudo revelan experiencias místicas o profundas cuando alcanzan ondas delta profundas de entre 0,09 y 0,10 hercios (0,09 representa un desvío de tan sólo una centésima parte de la considerada coherencia óptima) mientras sus corazones se encuentran en un estado muy coherente. Ahora bien, la amplitud de la energía producida por el corazón incrementa la del cerebro, en algunos casos de 50 a 300 veces o más por encima de lo normal.

El doctor Gary Schwartz y sus colegas de la Universidad de Arizona llevaron a cabo una serie de experimentos que aportaron renovadas pruebas acerca de la coherencia corazón-cerebro. En sus experimentos descubrieron que existía una comunicación inexplicable entre ambos órganos, imposible de atribuir a la vía neurológica o a otros caminos de información establecidos. Su descubrimiento demostró el hecho de que las interacciones energéticas entre el corazón y el cerebro se producen a través de campos electromagnéticos.[46] Ambos ejemplos apuntan al hecho de que, cuando ponemos el foco de atención en el corazón y las emociones, el latido cardiaco actúa como un amplificador, lo que incrementa la sincronización entre el corazón y el cerebro al mismo tiempo que genera coherencia no sólo entre los órganos físicos, sino también en el campo electromagnético que envuelve el cuerpo.

También es interesante señalar el hecho de que, justo detrás del esternón, tenemos una pequeña glándula llamada «timo», que se encuentra íntimamente ligada al centro del corazón. El timo, uno de los órganos más importantes del sistema inmunitario, posee un

---

46. Song, Schwartz y Russek, «Heart-Focused Attention and Heart-Brain Synchronization».

papel primordial en la generación de las células T, que defienden el organismo de patógenos como virus y bacterias. El funcionamiento de la glándula timo es óptimo al comienzo de la pubertad, pero empieza a mermar según envejecemos, por una disminución natural en la producción de la hormona del crecimiento.

Como tantos órganos vitales, el timo es propenso a sufrir los efectos negativos del estrés a largo plazo. Cuando vivimos en modo de emergencia durante largos periodos de tiempo y nuestro campo vital disminuye, la totalidad de la energía se dirige hacia el exterior para protegernos de las amenazas externas, de tal modo que disponemos de poca energía para afrontar las amenazas internas. Al final, esta situación lleva a una disfunción del sistema inmunitario. Resulta lógico, pues, concluir que, si movilizamos el sistema nervioso parasimpático, encargado del crecimiento y la regeneración, la glándula timo se activará también, por cuanto le estamos insuflando energía. En consecuencia, la glándula timo se beneficiará de cualquier práctica que implique incrementar y sostener la coherencia del organismo, lo que redundará en una mayor vitalidad del sistema inmunitario y en la salud a largo plazo.

Tal como he explicado en capítulos anteriores, a partir de mis estudios independientes, cuando nuestros alumnos eran capaces de experimentar y sostener gratitud y otras emociones elevadas durante un total de entre quince a veinte minutos diarios a lo largo de cuatro días, la energía de las emociones incitaba a los genes de las células inmunitarias a que fabricaran una proteína llamada inmunoglobulina A. El incremento significativo de la IgA ofrece el ejemplo perfecto de uno de los muchos efectos cascada de la coherencia cardiaca.

De todo ello se deduce que la calidad del ritmo cardiaco tiene consecuencias en la salud general. Si el corazón late con un ritmo armonioso, su eficiencia reduce el estrés en otros sistemas del organismo, maximiza nuestra energía y crea estados que nos permiten mejorar mental, emocional y físicamente. Si el ritmo cardiaco refleja falta de armonía, sucede todo lo contrario. La incoherencia nos resta energía, necesaria para la curación, para conservar la salud y para la regeneración a largo plazo, a la vez que interfiere en el bienestar interno y aumenta el estrés en el corazón y otros órganos.[47] Los ataques al corazón y las dolencias cardiacas, por ejemplo, se producen cuando el cuerpo lleva largos periodos de tiempo sometido a estrés. Cuando decidimos albergar emociones superiores, en cambio, y nos concentramos menos en las disonancias y más en la gratitud, el organismo reacciona positivamente y nuestra salud mejora.

La próxima vez que recurras a una emoción elevada para sintonizar con tu futuro y experimentar sentimientos acordes con éste antes de que se materialice —y experimentes gratitud cuando se hayan manifestado—, ten en cuenta que lo peor que te puede pasar es que empieces a sanar.

Los efectos del estrés crónico

Cuando vivimos en un estado de estrés constante, el centro del corazón entra en incoherencia y ahoga nuestra capacidad de crear. Como reacción al desorden en el ritmo cardiaco, el cerebro sufre *des-integración* e incoherencia, y esa incoherencia se refleja en las dos vertientes del SNA. Si el sistema parasimpático es el freno y el simpático es el acelerador, cuando funcionan en discrepancia tu cuerpo recibe un mensaje parecido a dar gas al mismo tiempo que pisas el freno. No hace falta ser un experto en automoción para entender las repercusiones de la oposición de esas dos fuerzas: desgastamos los frenos y forzamos la transmisión. Al mismo tiempo, la resistencia malgasta energía y reduce la eficiencia del combustible. Al final, el estrés prolongado

47. Childre, Martin y Beech, *The HeartMath Solution.*

desgasta el organismo hasta tal punto que suprime nuestra capacidad de reparar el cuerpo y conservar la salud, y acabamos privados de vitalidad y resiliencia.

Si la resiliencia se basa en la gestión eficiente de la energía, es muy posible que, mientras te encuentres bajo los efectos del estrés crónico te sientas agotado de mal humor, enfermo tal vez. Cuanto más adictos seamos a estos estados de estrés, más nos costará abrir el corazón, entrar en él y crear coherencia cardiaca de manera consciente.

Viví una experiencia en una zona rural del estado de Washington que nos podría servir de ejemplo. Una noche de noviembre llegué a casa del trabajo, aparqué el coche como hacía siempre y eché a andar el camino de cuarenta metros que lleva a mi casa. La oscuridad era total. A unos treinta metros de la puerta, a la derecha, oí un siniestro gruñido procedente de detrás de unos peñascos. De inmediato, centré el foco de atención en la materia y me sorprendí a mí mismo pensando: *¿Qué puede haber acechando en la oscuridad?* Empecé a revisar mi banco de memoria en busca de algún hecho conocido que me ayudara a predecir el futuro. ¿Será uno de mis perros?, me pregunté. Procedí a gritar sus nombres, pero nada me respondió. Avancé unos pasos más y el gruñido se tornó más intenso.

Sin pensar ni por un momento en movilizar la energía de mi cuerpo, se me erizó el vello de la nuca y se me aceleraron tanto el pulso como la respiración según todos mis sentidos se aguzaban. Estaba listo para luchar o huir. Busqué el teléfono móvil y encendí la linterna para alumbrar la posible amenaza, pero seguía sin ver el origen del ruido. Procedente de la oscuridad, el gruñido continuaba. Retrocedí despacio y por fin corrí hacia el establo, donde estaban los trabajadores del rancho resguardando a los caballos para la noche. Echamos mano de armas y linternas y regresamos al lugar justo a tiempo de ver a un puma escapando entre las matas con sus crías.

Seguramente habrás colegido de esta historia que una situación tan estresante como ésa no ofrece la oportunidad ideal para abrir el corazón y confiar en lo desconocido. No es el momento de retirar la atención del mundo material para concentrarte en las nuevas posibilidades que te ofrece la mente. En instantes como ése sólo cabe escapar, esconderse o luchar. Sin embargo, si estás perpetuamente instalado en el estado de huida o lucha —aun si no hubiera puma entre los arbustos—, hay menos probabilidades de que estés dispuesto a cerrar los ojos y entrar en tu interior, porque debes mantener la atención centrada en la supuesta amenaza que procede de fuera. Ninguna información nueva puede acceder a tu sistema nervioso que no sea equivalente a las emociones que estás experimentando o relevante en relación con éstas, así que no puedes programar tu cuerpo para un flamante destino. Así pues, cabe pensar que cuanto más adicto seas a las hormonas del estrés en la vida cotidiana, menos probabilidades hay de que estés dispuesto a crear, meditar o abrir el corazón y ser vulnerable.

El cerebro del corazón

En 1991, el revolucionario trabajo del doctor en medicina J. Andrew Armour demostró que el corazón posee, literalmente, una mente propia. Dotado nada menos que de 40.000 neuronas, el corazón posee un sistema nervioso que funciona con independencia del cerebro. El término técnico acuñado para este sistema es «sistema nervioso intrínseco cardiaco», más conocido como «el corazón del cerebro».[48] El descubrimiento fue tan importante

48. J. A. Armour, «Anatomy and Function of the Intrathoracic Neurons Regulating the Mammalian Heart», en I. H. Zucker y J. P. Gilmore, eds., *Reflex Control of the Circulation*, Boca Raton, Florida, CRC Press, 1998, págs. 1-37.

que supuso el nacimiento de un nuevo campo científico llamado *neurocardiología*.

El corazón y el cerebro están conectados a través de vías eferentes (descendentes) y aferentes (ascendentes); sin embargo, el 90 por ciento de las fibras nerviosas que los conectan ascienden del corazón al cerebro.[49] Armour descubrió que estas vías neurales directas y aferentes envían continuamente señales e información que interactúa y modifica la actividad en los centros cognitivos y emocionales superiores del cerebro.[50] Esas señales que van del corazón al cerebro recorren el nervio vago, continúan directamente hasta el tálamo (que sincroniza la actividad cortical como pensar, percibir y entender el lenguaje), siguen a los lóbulos frontales (responsables de las funciones motoras y de la resolución de problemas) y llegan al centro de supervivencia del cerebro, la amígdala (encargada de la memoria emocional). Los núcleos neuronales de la amígdala están sincronizados incluso con el latido del corazón.[51] (Ver figura 7.2.) Eso implica que si el centro energético de tu corazón está abierto, los centros de supervivencia de tu cerebro no pueden tomar el mando. Es posible pues que cuanto más te centres en el corazón, menos probabilidades tengas de reaccionar a los factores de estrés. Lo mismo sucede a la inversa: cuanta menos energía inviertas en el centro energético de tu corazón, más probabilidades tienes de vivir en modo de supervivencia.

---

49. O. G. Cameron, *Visceral Sensory Neuroscience: Interoception*, Nueva York, Oxford University Press, 2002.

50. McCraty and Shaffer, «Heart Rate Variability: New Perspectives on Physiological Mechanisms, Assessment of Self-Regulatory Capacity, and Health Risk».

51. H. Martin, «TEDxSantaCruz: Engaging the Intelligence of the Heart», auditorio del Cabrillo College, Aptos, California, 11 de junio de 2011, https://www.youtube.com/watch?v=A9kQBAH1nK4.

CÓMO LA COHERENCIA DEL CORAZÓN INFLUYE EN LA COHERENCIA CEREBRAL

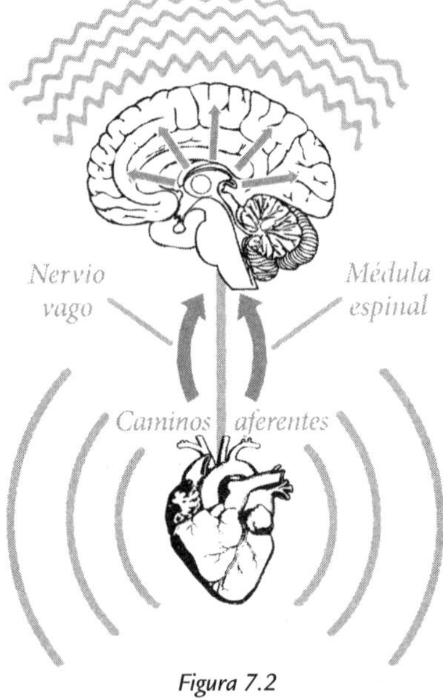

Figura 7.2

Cuando el corazón entra en un estado de coherencia, se comporta como un amplificador que envía información coherente a través de caminos nerviosos aferentes al tálamo, sincronizando así la neocorteza y los centros de supervivencia del cerebro.

De lo anterior podemos deducir que los sentimientos y los ritmos cardiacos influyen en la memoria emocional y en las reacciones que transpiran en nosotros, así que el estrés y la ansiedad pueden desencadenar ondas cerebrales acordes con el hábito de ansiedad que arrastramos. Por el contrario, igual que un ordenador que empareja patrones similares, las emociones superiores del corazón pueden suscitar coherencia en los patrones de las ondas cerebrales, así que si apelas a los sentimientos del futuro creando estados elevados, tu cerebro empezará a construir redes neuronales para esas emociones futuras o para ese nuevo destino. El descubrimiento de Armour acerca de los caminos neuronales aferentes del corazón al cerebro demuestra que el corazón procesa emociones de manera independiente, reacciona directamente al entorno y regula sus propios ritmos… sin recibir información del cerebro. Sucede así porque el corazón y el SNA siempre funcionan unidos. Cabe destacar también que los nervios que facilitan esta comunicación permiten al corazón sentir, recordar, autorregularse y tomar decisiones sobre el control cardiaco con independencia del sistema nervioso.[52]

Simplificando, las emociones y los sentimientos que se originan en el corazón ejercen una gran influencia en nuestra manera de pensar, procesar información, sentir y comprender el mundo y el lugar que ocupamos en él.[53] Una vez que el centro de este órgano se activa, se comporta como un amplificador que arrastra al cerebro, mejora su actividad y crea equilibrio, orden y coherencia en todo el cuerpo.

Vivir centrado en el corazón

Como decía antes, cada pensamiento que albergas genera unas reacciones químicas equivalentes a ese pensamiento, lo que a su vez da lugar a una emoción. En consecuencia, únicamente te afectan los pensamientos correspondientes a tu estado emocional. Tras

52. J. A. Armour, «Peripheral Autonomic Neuronal Interactions in Cardiac Regulation» en J. A. Armour y J. L. Ardell, eds., *Neurocardiology*, Oxford University Press, Nueva York, 1994, págs. 219-244; J. A. Armour, «Anatomy and Function of the Intrathoracic Neurons Regulating the Mammalian Heart» en Zucker y Gilmore, eds., *Reflex Control of the Circulation*, págs. 1-37.

53. McCraty, Atkinson, Tomasino et al., «The Coherent Heart».

muchas experiencias, sabemos que, si nuestros alumnos se centran en el corazón y se sienten más satisfechos e integrados, están menos separados de sus sueños. Cuando experimentan gratitud, abundancia, libertad o amor, todas esas emociones atraen pensamientos afines. Esas emociones asociadas al centro del corazón abren la puerta a la mente inconsciente con el fin de que puedas programar el sistema nervioso autónomo en consonancia con los pensamientos de tu nuevo futuro. También sabemos que, si viven inmersos en un sentimiento de miedo o carencia pero intentan generar pensamientos de riqueza, no consiguen resultados significativos, porque el cambio sólo se produce cuando los pensamientos y el estado emocional del cuerpo están en consonancia. Pueden pensar en positivo todo lo que quieran, pero sin el correspondiente sentimiento o emoción, el resto del cuerpo no va a sentir ni captar el mensaje.

Así pues, podrías repetir la afirmación *No tengo miedo* hasta quedarte afónico, pero si lo que estás sintiendo es miedo, tu pensamiento no pasará del bulbo raquídeo, y eso implica que no estás enviando al cuerpo y al SNA las indicaciones que necesitan para crear un destino inédito y concreto. Es el sentimiento el que emite la carga emocional (energía) capaz de estimular tu SNA para que trabaje en la nueva dirección. En ausencia del sentimiento, existe desconexión entre el cerebro y el cuerpo —entre la idea de salud y el sentimiento de salud— y no puedes incorporar ese nuevo estado del ser.

Sólo cuando transformas tu energía eres capaz de conseguir resultados consistentes. Si sostienes emociones elevadas a diario, antes o después tu cuerpo, con su inteligencia innata, empezará a efectuar cambios en tu genética del modo que he descrito anteriormente. Sucede así porque el cuerpo da por supuesto que la emoción que estás sintiendo procede de una experiencia física. Así pues, cuando abres el centro del corazón, abrigas una emoción previamente a la experiencia y la combinas con una intención concreta, el cuerpo reacciona igual que si los hechos ya hubieran acaecido. Esa coherencia entre el corazón y la mente influye en las reacciones químicas y en la energía de tu cuerpo de muchas maneras distintas.

Si la coherencia entre el corazón y el cerebro puede originarse en el primero y la sincronización de ambos da lugar a un rendimiento y una salud óptimos, deberías concederte un rato cada día para concentrarte en activar el centro de tu corazón. Eligiendo voluntariamente experimentar las emociones elevadas de este centro, en lugar de esperar a que algo exterior a ti suscite esas emociones, te convertirás en la persona que estás destinada a ser: un individuo empoderado desde el corazón. Cuando vives de corazón, escoges el amor por instinto y lo demuestras espontáneamente a través de la compasión y el cuidado de ti mismo, de los demás y del planeta Tierra. Gracias a nuestra asociación con HMI, nuestros alumnos han demostrado que, con la práctica, podemos generar, regular y sostener sentimientos y emociones elevados... sean cuales sean las circunstancias del mundo exterior.

En los talleres que llevamos a cabo por todo lo largo y ancho del mundo, enseñamos a nuestros alumnos a generar coherencia en el cerebro y en el corazón mediante la práctica de la regulación del ritmo cardiaco para sostener emociones superiores. A continuación observamos el resultado empleando monitores de VRC. En el transcurso de las meditaciones guiadas, pedimos a los estudiantes que se sumerjan en sentimientos de gratitud, alegría y amor, y les animamos a practicar a diario por su cuenta, porque cuando uno decide ejercitar la coherencia a través de la meditación, ésta se convierte en un hábito. Espero que, con la práctica suficiente, nuestros alumnos sean capaces de reemplazar antiguos guiones mentales de miedo, baja autoestima o inseguridad por estados del ser más elevados y por un profundo amor a la vida. Muchos de ellos nos han demostrado una y otra vez que es posible conseguir resultados positivos, tangibles y constatables, sencillamente, transformando el paradigma de los pensamientos y sentimientos. Esos entregados individuos regresan a sus casas, y entonces los cambios que han logrado en sus vidas resuenan positivamente en sus familias y comunidades, expandiendo así esa influencia vibratoria de armonía y coherencia por todo el mundo.

Practicando una y otra vez la regulación de los estados emocionales amplificados, conseguimos que, con el tiempo, la sensación constante de vivir inmersos en emociones elevadas cree una nueva base emocional. Este estado por defecto suscitará constantemente pensamientos acordes con esos sentimientos elevados. La suma de todos los nuevos pensamientos creará un nuevo nivel mental, que a su vez va a generar las emociones correspondientes a esos pensamientos fortificando así esa base emocional. Cuando se instala este tipo de retroalimentación entre el corazón (el cuerpo) y la mente (el cerebro), la expresión de tu ser —la consciencia de la mente ilimitada y la energía de un amor y una gratitud intensos— cambia por completo. La repetición de este proceso es el camino por el cual lograrás recondicionar tu cuerpo, reprogramar el cerebro y reconfigurar la biología para ajustarlo todo a la nueva expresión de tu ser. A partir de ese momento, emites al campo, natural, automática y regularmente, una impronta electromagnética inédita. Esa señal define quién eres o la persona en la que te has convertido.

A través de la lente de las emociones incoherentes podrían escribirse incontables libros de historia. Tanto si dan lugar a una tragedia digna de Shakespeare como a un genocidio o a una guerra mundial, las emociones de supervivencia como el sentimiento de culpa, el odio, la rabia, la competitividad y la venganza han dejado a su paso un rastro innecesario de dolor, sufrimiento, opresión y muerte. Por culpa de estas emociones, los humanos han vivido en desacuerdo y conflicto en lugar de hacerlo en paz y armonía. En este preciso momento de la historia de la humanidad, podemos romper el ciclo. Estamos asistiendo a un instante crucial en que la antigua sabiduría y la ciencia moderna han entrado en intersección con el fin de aportar la tecnología y el enfoque científico que necesitamos para aprender no sólo una manera más sana y eficaz de gestionar nuestras emociones, sino también lo que ese gesto implica para nuestra salud, nuestras relaciones, nuestro niveles de energía y nuestra evolución personal y colectiva. No hace falta mover montañas; tan sólo cambiar el estado interno del ser. Dicha transformación nos permite modificar nuestra manera de relacionarnos y remplazar las situaciones estresantes por experiencias positivas que nos proporcionen energía, eleven nuestro espíritu y nos aporten sensación de plenitud, conexión y unidad. Es posible que el cerebro *piense*, pero el corazón, cuando lo conviertes en un instrumento de percepción, *sabe*.

Ejemplos extraídos de nuestros talleres

Para ver un ejemplo de cómo la coherencia del corazón genera coherencia cerebral, echa un vistazo a los gráficos 8A y 8B en el encarte en color. La primera imagen muestra patrones de ondas cerebrales beta normales tirando a bajas, registradas antes de que la persona empiece a generar coherencia cardiaca. La segunda imagen muestra un cambio significativo una vez que la persona se desplaza hacia una coherencia cardiaca sostenida sólo unos segundos más tarde. Sucede así porque el corazón se comporta como un amplificador que influye en el cerebro para crear ondas cerebrales alfa coherentes y sincronizadas.

En las figuras 7.3A y 7.3B verás un análisis de la VRC de una de nuestras alumnas, llevado a cabo en un taller avanzado. La estudiante tiene un día genial. El primer cuadro de la figura 7.3A representa dos meditaciones, una llevada a cabo por la mañana y la segunda efectuada justo después de comer. Cada uno de los cuadros muestra los registros de cinco minutos. La primera flecha gris, en la zona superior del gráfico, que señala a la derecha indica el momento en que la alumna entra (y sostiene) un estado de coherencia cardiaca. Durante nuestra meditación llevada a cabo a las siete de la mañana, mantuvo ese estado durante más de 50 minutos, hasta la segunda flecha que apunta a la izquierda. Al fondo del gráfico, donde aparece la segunda flecha gris que señala a la derecha, se aprecia el momento en que vuelve a entrar en coherencia cardiaca durante 38 minutos en la meditación que realizamos antes de comer. La coherencia termina allí donde ves la segunda flecha gris que señala hacia la izquierda. Como ves, cada vez le resulta más fácil.

Ahora mira la figura 7.3B. Si echas un vistazo a las dos flechas grises que aparecen en lo alto del cuadro verás que en la siguiente meditación, celebrada esa misma tarde, entró en coherencia cardiaca otra vez durante un mínimo de 45 minutos. Lo más fascinante de este registro, sin embargo, es lo que sucede hacia las ocho de la noche (ver el segundo juego de flechas que señalan hacia dentro). Puesto que en ese momento no estábamos llevando a cabo ninguna meditación, le preguntamos más tarde qué había experimentado. Su corazón entró en «supracoherencia» durante más de una hora mientras la alumna se encontraba en un estado de vigilia normal.

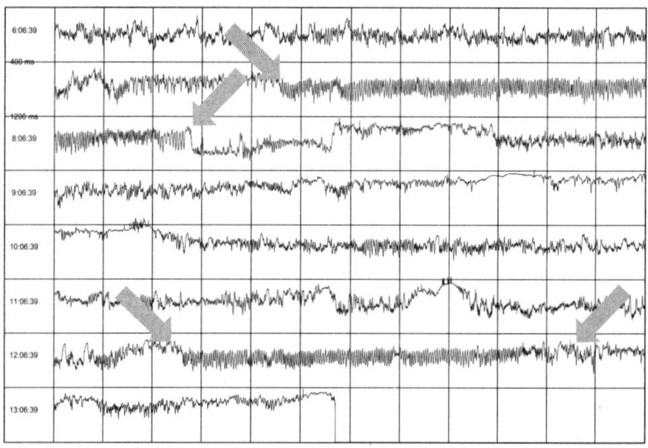

Figura 7.3A

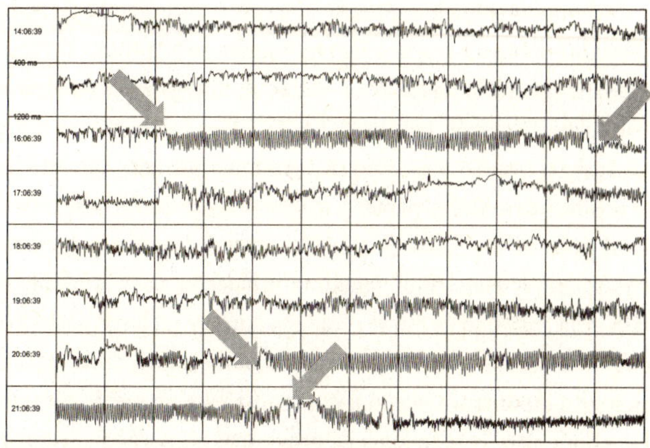

Figura 7.3B

Las flechas grises que aparecen en los cuadros indican los momentos en que los alumnos entran en estado de coherencia cardiaca porque están sosteniendo un estado emocional superior. Cada casilla representa un intervalo de cinco minutos. De las figuras 7.3A y 7.3B puedes deducir que esta alumna en concreto está empezando a dominar la capacidad de regular sus estados internos. En la parte inferior de la figura 7.3B, allí donde aparecen dos flechas que señalan hacia dentro, observamos cómo la alumna entra espontáneamente en un estado de coherencia cardiaca durante más de una hora. Su cuerpo empieza a responder a una nueva mente.

Nos contó que se estaba preparando para acostarse cuando súbitamente experimentó un abrumador sentimiento de amor. La sensación fue tan fuerte que tuvo que tumbarse para entregarse a ella. Su corazón entró en coherencia de manera espontánea, y durante una hora y diez minutos, tendida en la cama, se sintió inundada de un profundo amor por la vida. Su SNA experimentó un cambio sostenido. La última flecha indica el momento en que dio media vuelta y se durmió. Qué manera más agradable de terminar el día, ¿verdad?

Así pues, medita lo siguiente: albergar pensamientos de miedo o ansiedad sobre un mañana que ni siquiera se ha producido resulta sumamente fácil, ¿verdad? La mente se entrega emocionalmente a ese relato ficcional una y otra vez. Y sabes también que cuanta más energía insufles a ese tipo de pensamientos, más rumiarás sobre posibles desenlaces y antes o después tus pensamientos te llevarán al peor de los casos. Son las emociones las que dirigen esos pensamientos. Has condicionado a tu cuerpo a ser la mente del miedo y la ansiedad. Si eso se prolonga durante un largo periodo de tiempo, tu cuerpo podría sufrir un ataque de pánico: una reacción fisiológica espontánea que tu mente consciente no puede controlar.

Ahora bien, ¿y si en lugar de programar el cuerpo para convertirse en la mente del miedo y la ansiedad, experimentases emociones elevadas de manera sostenida y programaras tu cuerpo para una mente de amor y coherencia? En lugar de vivir con miedo a que el ataque de pánico se repitiera, sentirías emoción e ilusión ante la idea de experimentar un *ataque de amor* espontáneo.

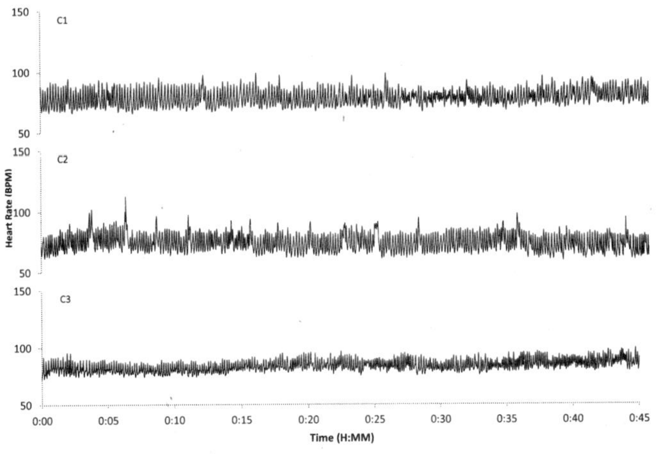

Figura 7.4

Ejemplo de tres alumnos sosteniendo sus emociones centradas en el corazón durante 45 minutos.

La figura 7.4 muestra tres ejemplos más de alumnos que fueron capaces de sostener la coherencia cardiaca durante periodos prolongados. Si te fijas bien, comprobarás que todos sus corazones responden a un estado consistente de emociones elevadas durante un mínimo de 45 minutos; es decir, sus cuerpos responden a una nueva mente. A mí me parece totalmente sobrenatural.

Las figuras 7.5A y 7.5B muestran dos ejemplos de personas con una variabilidad de ritmo cardiaco muy baja (indicada con dos flechas negras que apuntan hacia arriba) en una situación de movimiento natural. Echa un vistazo a los cambios en la variabilidad del ritmo cardiaco cuando practican la coherencia, mostrada en la zona que discurre entre las dos flechas grises que apuntan hacia arriba. Aunque sólo fuera durante periodos que abarcan de ocho a quince minutos, esos alumnos estaban transformando su biología.

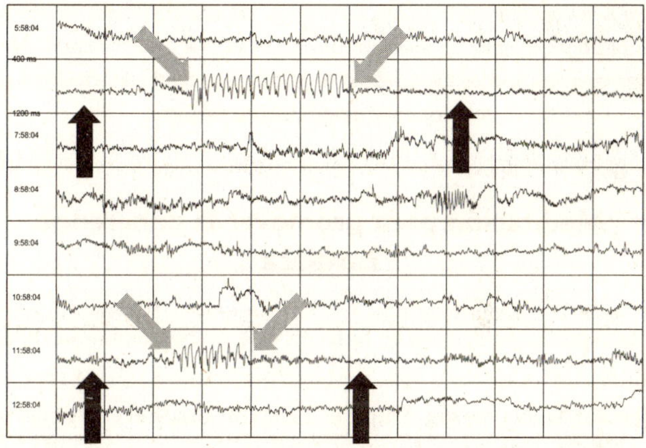

Figura 7.5A

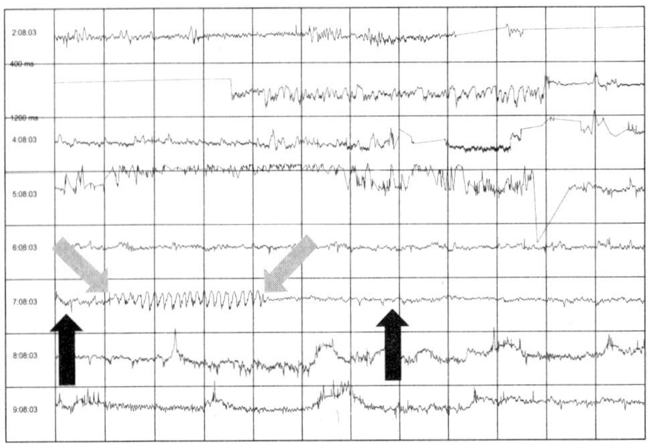

Figura 7.5B

En ambas figuras puedes apreciar el registro de dos estudiantes distintos cuya variabilidad del ritmo cardiaco es muy baja (indicada mediante dos flechas negras que apuntan hacia arriba). Sin embargo, llegado el momento de abrir sus corazones, el cambio es significativo, como apreciarás si miras entre las dos flechas grises. Aunque sólo sea durante un lapso que abarca de ocho a quince minutos, están modificando su fisiología.

Meditación para promover la coherencia cardiaca

Esta meditación se basa en la técnica de desbloqueo desarrollada por el HMI. Cierra los ojos, deja que tu cuerpo se relaje y centra la atención en el corazón. Empieza a respirar desde el centro del corazón y sigue haciéndolo más despacio y profundamente. Cuando tu mente divague, devuelve la atención y la consciencia al pecho, al corazón y a la respiración.

A continuación, con la atención puesta en el cuarto centro, evoca emociones elevadas mientras sigues respirando desde el centro del corazón. Una vez que notes esas emociones sinceras en la zona del pecho, envía la energía más allá del cuerpo, y únela a tu intención. Sigue proyectando energía e intención a tu alrededor. Empieza haciéndolo diez minutos, e intenta alargar la duración de la práctica cada día.

Al final, cuando hayas descubierto cómo se siente tu cuerpo cuando albergas esas emociones superiores, puedes practicar a lo largo del día con los ojos abiertos (aprenderás más sobre esta técnica en el capítulo 9, «Meditación en movimiento»). Incluso podrías programar una alarma en el teléfono para que suene cuatro veces al día y, cuando la apagues, darte un minuto o dos para experimentar esas emociones elevadas.

8
Películas mentales / caleidoscopio

Acababa de finalizar una conferencia inaugural un sábado por la noche en Orlando, Florida. Al día siguiente, mientras hacía las maletas para el viaje de vuelta, encendí la televisión para ponerme al día de la situación política en los Estados Unidos. Estábamos en plena campaña electoral de las elecciones presidenciales de 2016 y, como había pasado tres semanas viajando y pronunciando conferencias por el extranjero, sentía curiosidad por saber qué había sucedido en ese tiempo. Fui cambiando de canal a toda prisa hasta encontrar un canal de noticias, dejé el mando a distancia sobre la mesa y seguí haciendo el equipaje al mismo tiempo que escuchaba distraídamente la televisión. De repente, un anuncio captó mi atención y al instante entendí por qué hablamos de *programación* televisiva.

El anuncio comienza con un plano nocturno de la casa de una pareja vista por fuera. Según el foco se centra en la casa, las palabras *Catorce noches con herpes zóster* aparecen en la pantalla. Cuando el plano cambia al interior de la vivienda, suena una música agradable pero con un punto inquietante mientras un anciano gime de dolor a los pies de su cama. Su preocupada esposa entra en la habitación y le pregunta cómo se encuentra.

—Duele —responde él. En la esquina inferior derecha de la pantalla, en una fuente minúscula casi del mismo color que el fondo, se ven las palabras: «Dramatización interpretada por actores».

La esposa se acerca con una expresión angustiada y, despacio, levanta la camisa del marido para dejar a la vista unas enormes costras rojas que le cubren más de la mitad de la parte inferior de la espalda. La imagen resulta impactante, grotesca y horrible, semejante a una enorme quemadura de tercer grado. He examinado a cientos de pacientes con herpes zóster en mis 31 años de práctica clínica y jamás he visto nada con un aspecto tan terrible como las lesiones simuladas de ese anuncio. Al momento comprendí que estaba creado para provocar una fuerte reacción emocional en los espectadores; porque fue lo que me provocó a mí.

En cuanto ves el sarpullido del hombre, el anuncio consigue su objetivo de captar tu atención. Como el retrato del eccema es tan llamativo, te arranca del estado emocional en el que te encontrabas instantes antes de ver el *spot*. Y en el momento en que tu estado emocional cambia, diriges más atención y consciencia al origen de la perturbación. Cuanto más fuerte es la emoción que te provoca (estímulo), más te induce a prestar atención (reacción). Esta asociación entre estímulo y respuesta, llamada también programación, ofrece un ejemplo de cómo se crea la memoria a largo plazo o asociativa.

El proceso de programación se inicia con la asociación de un símbolo o una imagen a un cambio en el estado emocional; una combinación que abre la puerta entre la mente consciente y la subconsciente. En el caso del anuncio, ahora que ha captado toda tu atención (e iniciado el proceso de programación), no podrás evitar sino preguntarte qué dirán a continuación. La película continúa con la voz de un lúgubre narrador: «Si alguna vez has sufrido varicela, el virus del herpes zóster está en tu interior. Cuando envejeces, tu sistema inmunitario se debilita y pierde la capacidad de mantener a raya el virus del herpes». Basado en el elemento emocional, el anuncio plantea por primera vez dudas de índole ética al decirle a la audiencia que el sistema inmunológico se debilita con la edad. A continuación vemos al hombre en el cuarto de baño, mirándose al espejo. Parece preocupado, hundido y derrotado.

La escena cambia. Ahora muestra a su esposa hablando por teléfono en la cocina.

—No soporto verlo así —dice.

A continuación aparece el hombre doblado de dolor en la cama, con la palma en la frente. El narrador hace entonces una afirmación categórica, reforzada por la aparición en pantalla de las mismas palabras: «Una de cada tres personas sufrirá herpes zóster a lo largo de su vida». Y prosigue, acompañado de la frase en la pantalla: «La erupción puede durar hasta treinta días».

La escena cambia otra vez. Ahora vemos a la mujer suplicando directamente a la pantalla:

—No sé qué hacer para ayudarlo.

De nuevo aparece el hombre atenazado de dolor, y en la pantalla se leen las palabras: «Una de cada cinco personas que padecen herpes zóster sufrirá neuralgia crónica». La frase permanece sobreimpresa durante el resto de la narración, que prosigue: «La neuralgia producida por el herpes zóster puede durar desde unos meses hasta varios años. No esperes a que uno de tus seres queridos sufra las consecuencias. Habla con tu médico o farmacéutico para evaluar el riesgo de contraerlo».

Vamos a analizar a fondo lo que trata de conseguir este anuncio. En primer lugar, cambia tu estado emocional para conmoverte. Una vez que ha captado tu atención, eres más sugestionable. Ahora que estás más dispuesto a aceptar, creer y asimilar la información (sin analizarla), si te sientes asustado, indefenso, vulnerable, preocupado, impactado, débil o cansado o si experimentas dolor, serás más susceptible a incorporar una información acorde con esas emociones. Es posible que empieces a preguntarte si podrías contraer la enfermedad.

En varios momentos de la película, ciertos «hechos» aparecen sobreimpresos en la pantalla para que puedas leer la información al mismo tiempo que la escuchas. Eso sirve para reforzar la programación. Además, mientras el cerebro pensante está concentrado en la lectura del texto, el contenido del mensaje burla la mente consciente y accede directamente a la subconsciente. Igual que una grabadora, ésta registra el mensaje al completo y crea un programa interno.

Luego, mediante una sugerencia directa y literal, el narrador te infunde el miedo a que el virus del herpes zóster se encuentre ya en tu cuerpo y, a causa del envejecimiento natural, tu sistema inmunitario no sea lo bastante fuerte como para mantenerlo a raya. La maniobra estimula tu cerebro emocional (la sede del sistema nervioso autónomo), facilitando así su programación. El sistema nervioso autónomo, una vez recibida la sugerencia, obedece la orden sin cuestionarla y corre a provocar reacciones químicas en tu cuerpo afines a la insinuación. Dicho de otro modo, el anuncio programa subconsciente y automáticamente a tu cuerpo para que debilite su propia función inmunitaria. En conclusión, corres el riesgo de contraer herpes zóster, y será mejor que tomes medidas cuanto antes. El efecto del anuncio alcanza proporciones aún mayores: si has pasado la varicela y después de mirar el anuncio *piensas* que tu sistema inmunitario está debilitado a causa de la edad, juzgarás aún más urgente si cabe prevenir la enfermedad, así que estarás todavía más motivado para comprar el medicamento.

Si por casualidad padeces herpes zóster y estás viendo el anuncio, al descubrir que tu condición no es tan grave como la del actor, es muy posible que pienses: *Debería tomar el medicamente antes de que empeore. No quiero acabar como él.* Si no sufres la enfermedad, al llegar al final del anuncio es probable que estés rumiando: *¿Formaré parte de los dos tercios de la población que están a salvo? ¿O seré yo el uno de cada tres que desarrollará la dolencia?* Y si te dices: *Espero no formar parte del tercio de la población que corre peligro de contraerlo*, significa que consideras la posibilidad de ser vulnerable al virus, lo que equivale a dar por sentado inconscientemente que ya lo tienes.

¿Y sabes lo que me parece más absurdo del anuncio? Ni siquiera menciona el nombre del medicamento, seguramente para no tener que revelar los efectos secundarios. Como el anuncio había llamado mi atención, dejé de hacer las maletas y busqué en Internet algún otro anuncio de la misma empresa farmacéutica. Quería saber qué medicamento aconsejaban para aliviar la gravedad de las exageradas lesiones del actor. Tras una rápida búsqueda, encontré varios *spots* parecidos que transmitían el mismo mensaje, expresado con pequeñas variaciones. Todos tenían una cosa en común: buscaban captar la atención del espectador.

En otro vídeo, una mujer vestida con bañador y gafas de natación nada largos en una piscina. La imagen está en blanco y negro. Dando un giro al anuncio anterior, el narrador (una autoritaria voz femenina con acento británico) es el propio virus del herpes zóster, como si la narración se desplegara en la mente de la mujer:

«Impresionante, Linda. Sigues siendo tan activa como en tu juventud, pero el sistema inmunitario se debilita con la edad y corres el riesgo de que yo, el virus del herpes zóster, te ataque. Llevo acechando en tu interior desde que pasaste la varicela. Podría manifestarme en cualquier momento en forma de doloroso sarpullido». La escena pasa abruptamente del blanco y negro al color y un hombre se levanta la camisa para mostrar la lesión más horrible que has visto en tu vida. Una vez más, el grotesco y virulento eccema capta tu atención. Tan deprisa como cambió al color, regresa a la nadadora en blanco y negro.

El anuncio prosigue con una estructura parecida a la del anterior: empieza con una afirmación impactante o una imagen desagradable para transformar el estado emocional del espectador, lo coloca en una posición proclive a aceptar la información y, por último, emplea la autosugestión para llevarlo a preguntarse si el virus del herpes zóster estará ya en su organismo. Este anuncio insinúa también que, por más que disfrutes de buena salud, estés en forma y te cuides, podrías contraer la enfermedad de todos modos, por cuanto nadie es inmune. Una vez más, las palabras sobreimpresas en la pantalla refuerzan el mensaje: «Una de cada tres personas me conocerán a lo largo de su vida. ¿Serás tú una de ellas, Linda?» Si por casualidad te identificas con la mujer en algún sentido, la voz te habla directamente a ti.

El tono del anuncio cambia, y ahora un narrador masculino toma la palabra en un tono tranquilo y desenfadado, libre de preocupación. Con un acento británico parecido, la voz anuncia: «Y por eso Linda recurrió a mí, el medicamento X». La pantalla sigue en blanco y negro, salvo por el bañador de la mujer, su gorro de natación y el nombre del medicamento, que aparece en la pantalla con una fuente grande y sofisticada. Ahora el nombre de la medicina se ha grabado en tu cerebro a otro nivel. Una vez más, el anuncio se las ha ingeniado para asociar la salud y la seguridad con el medicamento que, en teoría, te va a proteger. El eslogan aparece en la pantalla según el narrador lo lee en voz alta, afirmando que el medicamento ayuda a «reforzar el sistema inmunitario contra el virus del herpes zóster. La protege a ella de *ti*».

Al final del anuncio, el narrador advierte: «El medicamento X previene el herpes zóster en adultos de cincuenta años o más. No sirve para tratar la enfermedad y no ayuda a todo el mundo». Y ahora viene lo mejor: «No tome el medicamento si su sistema inmunitario está debilitado».

Hala..., *¿qué?* Repítelo. He aquí la ironía: te están diciendo que, a tu edad, las defensas bajan y corres un riesgo mayor de contraer herpes zóster. La medicina, en teoría, está pensada para reforzar el sistema inmunitario, *pero* no debes recurrir a ella si tus defensas ya están bajas. Lo que nos lleva a una interesante cuestión: si decides recurrir al medicamento, das por supuesto que éste es más poderoso que tu sistema inmunitario posiblemente debilitado. La programación ha funcionado.

Lo que los astutos anunciantes, por no decir inmorales, han comprendido es que el mensaje resulta confuso y desorientador para la mente consciente. Al mismo tiempo, sin embargo, programan en la mente subconsciente la idea de que estás bajo de defensas, seguramente ya albergas el virus y tienes muchas probabilidades de contraer herpes zóster, por más que goces de buena salud. Por si fuera poco, te dicen que si no recurres al fármaco tienes muchos números de sufrirlo —aunque no te garantizan que te vayas a curar fácilmente— y que, *pese a todo,* podría no funcionar si tu sistema inmunitario está débil.

Para terminar, el anuncio detalla los efectos secundarios (que no son secundarios en absoluto, sino directos): «un sarpullido parecido al del herpes, rojez, dolor, picor, hinchazón, nódulos, calor, hematomas o hinchazón en la zona de la inyección y dolor de cabeza. Consulte al doctor si convive con recién nacidos, embarazadas o personas con el sistema inmunitario comprometido, porque la vacuna contiene una versión debilitada del virus y podría contagiarlos».

¡Caray! Empecé a preguntarme en qué planeta vivo. Este tipo de programación te lleva a plantearte si de verdad gozamos de libre albedrío o si nuestras decisiones se basan en lo que nos hacen creer, ya sea la elección de la cerveza, el champú o el acondicionador, el último *smartphone* o una pastilla que tal vez, o tal vez no, te ayude a combatir un virus que puede que no tengas. Casi todas las veces la publicidad apela al sentimiento de falta o de separación, al recordarnos que *queremos* lo que no tenemos, *deseamos* lo que necesitamos para encajar en determinada consciencia social o buscamos *llenar* una sensación de vacío o soledad. Y por supuesto, en este caso, si estás enfermo o crees estarlo, el anunciante tiene la solución para tus síntomas.

En una búsqueda final encontré un *spot* parecido centrado en la misma temática: un actor que supuestamente llevaba padeciendo síntomas 17 días, la impactante exposición de una enorme lesión y las palabras sobreimpresas para influir en el pensamiento del espectador y reforzar el contenido. Igual que el anterior, este anuncio informa explícitamente al público de que el medicamento no sirve para tratar el herpes zóster pero, al final del anuncio, el apuesto actor sonríe y declara: «Por probar no se pierde nada». Yo, por mi parte, me quedé a cuadros, preguntándome por qué querría probarlo si llevara 17 días sufriendo de herpes zóster, sobre todo si el medicamento no cura la enfermedad. No entendía nada.

Hace años, mientras estudiaba, aprendí que la hipnosis se basa en una desorientación de los procesos inhibitorios de la mente consciente que consiste en burlar la mente analítica para que la primera reaccione a las sugerencias y la información del subconsciente. Mientras la mente consciente está ocupada tratando de desentrañar el mensaje, la subconsciente lo acepta todo sin discreción. Si desorientas a la gente con información (o, en el mundo actual, con *desinformación*), desconcierto o confusión, resulta muy sencillo programar su mente subconsciente.

En este capítulo aprenderemos a llevar a cabo el gesto contrario: reprogramar positivamente la programación negativa que llevamos soportando buena parte de la vida.

Tres mentes en un solo cerebro: la mente consciente, la subconsciente y la analítica

Por ahora, has aprendido que cuando transformas tus ondas beta en ondas alfa, la neocorteza (el cerebro analítico y pensante) se retira de la escena. Según las ondas cerebrales se ralentizan, abandonas el dominio de la mente consciente para entrar en el reino del subconsciente. Podríamos decir, pues, que si estás consciente y presente pero no del todo involucrado en los procesos de pensamiento, tu consciencia se desplaza de la neocorteza pensante al cerebro medio, también conocido como subconsciente, la sede del sistema nervioso autónomo y del cerebelo.

Si alguna vez has visto a alguien totalmente absorto en un programa de televisión, tanto que cuando intentabas hablarle ni siquiera te oía, es posible que hayas presenciado el efecto de las ondas cerebrales alfa; un estado en el que somos altamente sugestionables. La sugestionabilidad es la facilidad para aceptar, creer y asimilar información sin analizarla. En ese estado, el espectador está tan ensimismado, tan concentrado en lo que está viendo, que parece hipnotizado. Para él no existe nada salvo el objeto de su atención.

Si la persona no analiza la información a la que se expone, es muy probable que la acepte, la crea y la asimile, porque no hay filtro que la analice. Es lógico pensar, pues, que cuanto más sugestionable seas, menos analítico. También se puede expresar a la inversa: cuanto más analítico seas, menos sugestionable; en consecuencia, más dificultades experimentará tu cerebro para entrar en un estado alfa o caer en trance. Echa un vistazo a la figura 8.1 para entender mejor la relación entre la sugestionabilidad, la mente analítica, el trance y las ondas cerebrales.

Los creadores de los anuncios que he mencionado anteriormente sabían muy bien que el mejor modo de programar a una persona para que emprenda una acción determinada es llevarlo a un estado alfa, para que *no* analice la información que recibe. Cuando el anuncio se emite varias veces u otro parecido con el mismo mensaje se reproduce una y otra vez, antes o después el programa se grabará en el subconsciente del espectador. Cuanto más nos exponemos a los estímulos (en este caso, el spot), más automática se torna la respuesta programada. Al final, cuando hemos memorizado inconscientemente el estímulo y la respuesta es automática, la mente consciente ya no necesita pensar o analizar la información entrante. Al mismo tiempo, la mente subconsciente cartografía la información; la almacena como una grabadora de vídeo o de voz. Una vez que el mensaje se haya grabado en tu cerebro, cada exposición al anuncio imprimará las mismas redes neuronales, reforzando así el mismo programa, pensamiento y convicción. De ese modo, la información no sólo influye en tu salud, sino que te ofrece la solución al problema que ha creado el anuncio.

RELACIÓN ENTRE EL TRANCE, LA SUGESTIONABILIDAD, LAS ONDAS CEREBRALES Y LA MENTE ANALÍTICA

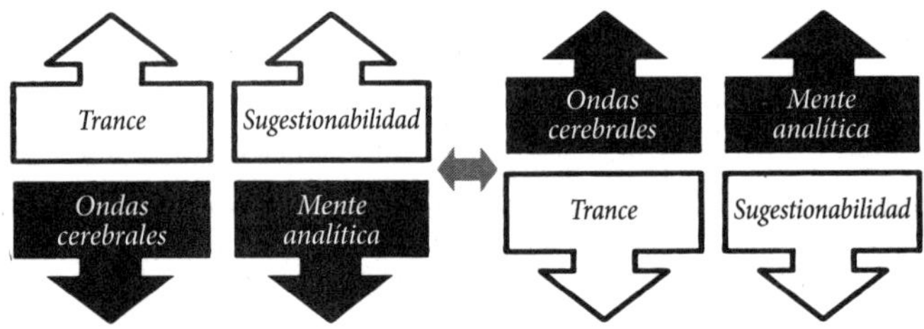

Figura 8.1

Cuando las ondas de tu cerebro se ralentizan y te separas de la mente analítica, tu cerebro entra en trance y eres más sugestionable. Lo mismo sucede a la inversa: si las ondas de tu cerebro se aceleran, te vuelves más analítico, el cerebro sale del trance y eres menos sugestionable. La capacidad de sugestión es la facilidad para aceptar, creer y asimilar información sin analizarla.

Otras situaciones que incrementan la sugestionabilidad incluyen el estupor, el trauma o una fuerte reacción emocional. Por ejemplo, cuando una persona se queda de piedra o se ve expuesta a una situación con una gran carga emocional, el cerebro tiende a alterarse. Como el cerebro desconecta a causa de una sobrecarga sensorial —un accidente automovilístico, por ejemplo—, la persona se vuelve más sugestionable. En los casos más graves, cuando una persona se queda paralizada o entumecida a causa de una fuerte impresión, su capacidad de pensar queda mermada. Por consiguiente, exponer a alguien a la imagen de un sarpullido tan agresivo que le causa repulsión (combinado con la música y la narración adecuadas para crear un ambiente inquietante y ominoso) equivale a abrir la puerta a la mente subconsciente y programarlo más fácilmente.

Recuerda que la mente subconsciente acecha justo detrás de la consciente. El cerebro límbico es la sede del subconsciente y del sistema nervioso autónomo, que controla las funciones biológicas automáticas al minuto. Una vez que un pensamiento ha quedado programado, igual que un criado que cumpliera las órdenes de su amo, el sistema nervioso autónomo ejecuta la orden del pensamiento.

Si te repiten una y otra vez que el sistema inmunitario se debilita con la edad y que una de cada tres personas que han pasado la varicela contraerá herpes zóster, la carga emocional de la experiencia permite al mensaje burlar la mente pensante y analítica. Como respuesta a esa información, tu SNA cumplirá las órdenes y es muy posible que debilite tu sistema inmunitario interno.

Con el fin de amortizar el dinero que han invertido en este discurso comercial, los anunciantes deben emitir el anuncio por la noche, cuando somos más susceptibles a la programación. ¿Por qué? Porque los niveles de melatonina aumentan con la oscuridad, y la melatonina ralentiza la actividad cerebral con el fin de prepararnos para el descanso y el sueño. Y habida cuenta de que por la noche las ondas cerebrales pasan de beta a alfa, a zeta y a delta, las personas somos menos analíticas a esa hora, cuando el subconsciente se abre de par en par. Si la luz del día nos despabila y nuestro cerebro empieza a producir serotonina, también sucede a la inversa: las ondas cerebrales pasan del estado delta al zeta, al alfa (momento en el cual el inconsciente se presta una vez más a la programación) y por último a beta.

Así pues, si eres un anunciante y sabes que el público, por lo general, ignora los mecanismos de la programación subconsciente, ¿por qué no crear una serie de anuncios para emitir por la noche con el mensaje que pretendes inculcar, reforzarlo con la cantidad exacta de sobresalto y desazón para captar la atención del espectador y programar su sistema nervioso autónomo para que proceda a ejecutar las órdenes justo antes de que se vaya a dormir?

He aquí una regla básica: no mires nada en la televisión ni en Internet ni participes en ninguna clase de entretenimiento que no quieras experimentar…, ni antes de irte a dormir ni nunca.

Ojos de caleidoscopio: entramados en el trance

Llevo muchos años pensando en cómo se nos programa constantemente para que asumamos ideas que nos limitan; es decir, para que creamos que necesitamos algo ajeno a nosotros mismos con el fin de incrementar nuestro bienestar interior. En eso consiste la publicidad, al fin y al cabo: en llevarnos a depender de objetos externos, y a consumirlos, creyendo que nos harán más felices o mejores. Esta idea, que se alimenta de nuestra sensación de separación y falta, se nos inculca sin cesar a través de los medios de comunicación, los programas de televisión, los anuncios, las noticias, los videojuegos, las páginas web y, en ocasiones, incluso la música. La estrategia es muy sencilla, en realidad: si logras taponar por un momento los sentimientos de carencia, miedo, rabia, oposición, prejuicio, dolor, tristeza y ansiedad en los individuos, éstos desarrollarán dependencia hacia alguien o algo externo a ellos mismos para poder ahuyentar esos sentimientos. Si vives permanentemente ocupado y andas siempre preocupado, inmerso en emociones de supervivencia, nunca te concedes la posibilidad de creer en ti mismo.

Ahora bien, ¿y si fuera posible deshacer o revertir la programación, de tal modo que pensaras en ti mismo y en tu vida de manera ilimitada? Eso es exactamente lo que llevamos años haciendo en nuestros talleres avanzados mediante dos herramientas muy sencillas, incluida una con la que los niños juegan desde antaño: un caleidoscopio. La única diferencia es que nosotros la empleamos como tecnología para inducir al trance.

Hasta aquí, hemos aprendido a entrar en trance y a llevar al cerebro a producir ondas alfa y beta con los ojos cerrados durante la meditación. Pero si pudiéramos generar ondas alfa e incluso beta y exponernos voluntariamente a información relevante en relación con nuestros sueños y objetivos vitales, podríamos reprogramarnos para sustituir los estados inconscientes que experimentamos a diario por otros sobrenaturales. Pero ¿por qué el caleidoscopio?

Desde hace muchos años, me apasionan los temas que guardan relación con los estados místicos. Cada vez que he protagonizado una experiencia trascendente y supralúcida, he experimentado la clase de cambios que te ayudan a entenderte mejor a ti mismo y tu relación con el misterio de la vida. Una vez que has vivido una de esas experiencias místicas y has echado un vistazo al otro lado del velo, tu vida cotidiana ya nunca vuelve a ser la misma, y con cada experiencia trascendente que vives a continuación te acercas un poco más a la fuente, la plenitud, la unidad y el campo unificado indivisible. La buena noticia es que ese tipo de vivencias ya no están reservadas a personas como santa Teresa de Ávila, san Francisco de Asís o los monjes budistas que llevan cuarenta años meditando. Cualquiera es capaz de participar, experimentar y acceder al mundo místico.

Cuando protagonizo una experiencia mística, me parece más real que nada de lo que me ha sucedido jamás y pierdo la noción del espacio y el tiempo. A menudo, justo antes de vivirla, veo mentalmente (y a veces fuera de mí) formas circulares y geométricas hechas de luz y energía. Por lo general recuerdan a mandalas, sólo que no son estáticas; parecen ondas estacionarias de frecuencias entrelazadas con patrones fractales. Si tuviera que describir sus propiedades, diría que son formas vivas, en movimiento y cambiantes que evolucionan constantemente a patrones más complejos dentro de otros patrones.

Se parecen a lo que vemos cuando miramos en un caleidoscopio, pero tienen tres dimensiones en lugar de dos. En cuanto veo y me fijo en esas divinas formas geométricas, empiezan a cambiar, y al momento comprendo —según mi cerebro procesa ese patrón de información y lo transforma en una serie de imágenes vívidas— que estoy a punto de experimentar una profunda vivencia mística. Por eso creamos un caleidoscopio para los alumnos con la esperanza de inducir ese tipo de experiencias. Sin embargo, no pude encontrar una película que mostrase las imágenes de un caleidoscopio de verdad. En aquella época, todos los vídeos de geometría fractal que encontrabas en Internet estaban generados por ordenador, y yo quería contar con una representación más realista. Bajo la inspiración de Roberta Brittingham, una querida amiga y artista talentosa, tras largas conversaciones durante meses, Roberta y yo acometimos el proceso creativo. Con su genialidad nació una herramienta que ha contribuido a cambiar tantas vidas. Después de mucho buscar, Roberta encontró una familia que llevaba tres generaciones fabricando caleidoscopios, así que compramos una de sus mejores obras.

A continuación, alquilamos una cámara RED, la marca más importante de cinematografía profesional con tecnología digital y la más usada en las películas de Hollywood. Dividimos el caleidoscopio en dos secciones: en un extremo el tubo por el que miras y en el otro una sección que rota y que contiene los cristales. Después alineamos el objetivo de la cámara con los cristales e instalamos luces para amplificar los colores en el interior de esa parte. Una vez que calibramos el objetivo de la cámara fijamos un motor a la pieza giratoria que aloja los cristales. A continuación los hicimos girar lentamente para que los aceites se desplazaran creando transiciones suaves y uniformes. Pasamos horas en un estudio de

Seattle, en Washington, grabando hermosas imágenes y colores contra un fondo negro. El negro representa la ausencia de materia física (el lugar en el que nos convertimos en un ser sin cuerpo, sin identidad, sin materia, sin espacio ni tiempo). Sugiere la oscuridad infinita o vacío de la que hablábamos en el capítulo 3.

Mientras grabábamos la película, un proceso que duró varios días, nos percatamos de que la gravedad hacía que los cristales y el aceite cayeran y se aceleraran con cada rotación, así que un técnico tuvo que revisar cada segundo, fotograma a fotograma, para asegurarse de que todas las transiciones fueran suaves. Si la transición no era fluida, podía romper la concentración o el trance del espectador. Nos llevó dos meses transformar toda la grabación en el vídeo de una hora que usamos en los talleres avanzados. Por fin, el talentoso compositor Frank Pisciotti creó la banda sonora. Queríamos que los alumnos quedaran hipnotizados por la hermosa simetría y las cambiantes formas.

Mind Movies: la película de tu futuro

En nuestros talleres avanzados todos los alumnos reciben un divertido programa, muy fácil de usar, llamado Mind Movies, que sirve para crear la película de su futuro. Lo usamos en combinación con el vídeo del caleidoscopio. En función de lo que deseen crear en su vida, la película incluirá imágenes, sugerencias escritas concretas e información diseñada para ayudarlos en su creación; igual que el anuncio del herpes zóster aportaba información sobreimpresa. Las sugerencias abarcan desde superar una enfermedad a fortalecer el sistema inmunológico, encontrar un nuevo empleo, manifestar oportunidades inesperadas, viajar por el mundo, atraer abundancia, encontrar un compañero de vida, protagonizar experiencias místicas y más. Busca recordarles que pueden cumplir sus sueños, crear cosas increíbles y ser sobrenaturales. Los objetivos de esta presentación digital personalizada incluyen:

1. Ayudar a los alumnos a definir qué desean crear en su futuro.
2. Programar su mente consciente, así como la inconsciente, para ese flamante mañana.
3. Transformar su cerebro y su cuerpo de tal modo que reflejen, en el plano biológico, ese futuro.
4. Asociar repetidamente las imágenes con música para generar nuevas redes neuronales en el cerebro y acondicionar emocionalmente el cuerpo a una nueva mente. Es una forma de que recuerden su futuro.

La tecnología *Mind Movie* o película mental fue creada por dos socios australianos, Natalie y Glen Ledwell. No sólo son los creadores, sino también el mejor ejemplo de su increíble eficacia. El viaje empezó en 2007, cuando un amigo les mostró la película que había creado sobre su propia vida. Más tarde les propuso fundar una empresa basada en lo que llegó a ser el programa informático Mind Movie. Para poner el negocio en marcha, decidieron distribuir el producto a través de una página web. De ese modo podían mostrar a los clientes de todo el planeta cómo crear sus propias películas. Sin embargo, ya tenían cuatro empresas y no sabían nada de Internet ni de los negocios digitales. Glen a duras penas era capaz de encender un ordenador, y Natalie ni siquiera había oído hablar de YouTube. A pesar de todo, se dieron cuenta de que Mind Movie podía convertirse en una poderosa herramienta para convencer a la gente de que podían dirigir sus vidas en direcciones concretas.

Con esa idea en la mente, decidieron subir a YouTube un vídeo sobre el poder de Mind Movie. La demostración concluía animando a los espectadores a visitar su página web, donde podrían aprender a crear su propia película mental.

A principios de 2008, después de recibir una enorme cantidad de *emails* de clientes que les contaban cómo Mind Movie había cambiado sus vidas, Natalie y Glen decidieron ir a por todas. Se desplazaron a los Estados Unidos, asistieron a un seminario sobre *marketing*, se apuntaron al grupo Marketing Mastermind y empezaron a planear el lanzamiento global de Mind Movie. Sin embargo, cuando llegaron a los Estados Unidos estaban prácticamente en bancarrota y apenas si les quedaba dinero para pagar el resto de los trámites que requería el lanzamiento del negocio. Así que decidieron aprender, controlar e implementarlo todo ellos mismos. Trabajaron doce horas al día durante varios meses en su oficina..., también conocida como su dormitorio. A lo largo del proceso dejaron tan atrás su zona de confort que ya ni sabían qué zona era ésa. Cada día afrontaban un sinnúmero de desafíos técnicos, empresariales y personales, pero contaban con un arma secreta: su propia película mental.

En ésta, Natalie y Glen definieron el número de clientes que deseaban atraer y quiénes serían esos clientes. Imaginaron el respeto que despertarían en sus colegas de industria y planearon lo que harían una vez que el negocio hubiera triunfado: a qué restaurantes irían, dónde pasarían las vacaciones. Por fin, decidieron que generarían ventas por valor de un millón de dólares. (*¿Por qué no apuntar alto?*, pensaron. Tenían amigos que habían ganado un millón de dólares con programas que costaban 5.000.) Miraban su película mental varias veces al día para reducir el estrés y permanecer concentrados e inspirados, aunque en aquellos momentos todo parecía conjurarse en su contra. Sin embargo, sabían que tantos esfuerzos, riesgos y sueños darían fruto el día del lanzamiento mundial. Ya atisbaban la línea de meta... Y entonces sucedió lo inimaginable.

Previsto para septiembre de 2008, el lanzamiento coincidió con la crisis económica global. Las instituciones financieras de todo el mundo afrontaban pérdidas astronómicas mientras que los ciudadanos y las familias perdían sus ahorros, sus posesiones, sus hogares, en la peor recesión que había conocido el mundo desde la Gran Depresión. Entretanto, Glen y Natalie afrontaban sus propias dificultades. Para cuando lanzaron el negocio, habían acumulado una deuda de 120.000 dólares en tarjetas de crédito. Si el negocio fracasaba, lo perderían todo, su hogar, los coches y las inversiones, además de soportar una deuda impagable.

La mañana del lanzamiento, sin que ellos lo supieran, el servidor de correo electrónico estaba fuera de servicio por mantenimiento rutinario, así que ninguno de sus clientes recibió el *email* de confirmación de la compra. A la hora de comer, su bandeja de entrada estaba inundada de quejas de clientes, por no hablar de los problemas que les estaba planteando su banco digital (querían congelarles la cuenta debido a la inusual actividad). Por la tarde, pese a todo, habían protagonizado el día más memorable de sus vidas.

En la primera hora del primer día, alcanzaron unas ganancias de 100.000 dólares, que por la noche ascendían a 288.000. Finalmente, Glen y Natalie ganaron 700.000 dólares por las ventas de un programa que costaba 97 sin promoción. Pero la historia no termina ahí.

Como es natural, estaban encantados con los resultados, pero se enfrentaban a un último y monumental desafío. A causa de la volubilidad y la incertidumbre del clima financiero en aquellos tiempos, el banco les congeló la cuenta, de modo que no tenían acceso al dinero. Eso implicaba que no podían pagar comisiones a los socios afiliados ni devolver los 120.000 dólares del crédito, ni tampoco pagar participaciones de las ganancias a las personas que les habían ayudado a lanzar el negocio. Si no les liberaron los fondos, estaban perdidos. Por fin, después de pasar seis meses en esa situación, sin poder apoyarse en nada más que en su visión y en su película mental, consiguieron acceso a la cuenta bancaria y se libraron de las deudas que habían estado a punto de dejarlos en la ruina total. Y ahora viene la mejor parte de la historia.

Como el mundo todavía se tambaleaba económicamente, el valor del dólar americano era superior al del australiano, así que, con el cambio de divisas, cuando el dinero les fue transferido a Australia descubrieron que habían ganado 250.000 dólares más. Con eso, más las comisiones que recibieron a cambio de promocionar programas de socios afiliados, Glen y Natalie lograron su objetivo de ganar un millón de dólares.

Atribuyen una buena parte del éxito —que alcanzaron mientras el resto del mundo se hundía— al hecho de que todos y cada uno de los días se concentraban en su película mental.

Si bien es cierto que la historia de Natalie y Glen ofrece un ejemplo excepcional del potencial de esta técnica, y que las opciones son infinitas, el proceso es más o menos el mismo en todos los casos. Los alumnos escogen una canción, una de esas que nunca te cansas de escuchar. A continuación eligen imágenes y/o vídeos —bien de sí mismos, bien de un acontecimiento futuro— y los organizan de manera secuencial de tal modo que narren cómo será ese futuro. Por fin, les pedimos que piensen palabras, frases o afirmaciones concretas para añadir a las escenas, que colocan sobreimpresas en las imágenes. Mediante el mismo sistema exacto que usan los anuncios de la televisión para programar en los espectadores un complejo de víctima o una sensación de carencia, la película mental programa a los estudiantes para creer en su capacidad de creación sin límites.

En los talleres avanzados, los alumnos observan el vídeo del caleidoscopio antes de mirar su película mental, porque les ayuda a alcanzar y sostener con los ojos abiertos el estado de trance alfa y zeta que abre la puerta entre la mente consciente y la subconsciente. Si entran en estados alfa o zeta mientras meditan, son más sugestionables a su propio proceso de programación. Esta idea es importante porque, cuanto más sugestionables son a la hora de mirar la película mental, menos probabilidades hay de que la mente analítica intervenga con su retahíla de dudas internas al estilo de: *¿Dará resultado?* O: *¡Es imposible!* O: *Jamás podré permitirme algo así.* O: *La última vez no funcionó. ¿Por qué iba a funcionar ahora?*

Si bien el caleidoscopio induce un estado de trance en los alumnos con el fin de que su subconsciente se abra a la programación, la película mental es ahora el programa. Las películas mentales influyen en la mente subconsciente de los estudiantes igual que nos influyen los anuncios de la televisión, pero de maneras más positivas, abiertas y constructivas. Cuando los pensamientos del cerebro se acallan, la mente consciente ya no analiza la información entrante. A consecuencia de ello, cualquier mensaje al que nos expongamos en este estado queda codificado en el subconsciente. Igual que si grabaras algo en vídeo o en audio para reproducirlo más tarde, estamos grabando un nuevo programa en la mente inconsciente.

A lo largo de los años se han realizado numerosas investigaciones sobre la relación entre el hemisferio derecho y el hemisferio izquierdo de la neocorteza. Sabemos ahora que el hemisferio derecho procesa el pensamiento espacial, no lineal, abstracto y creativo, mientras que el izquierdo procesa el pensamiento lógico, racional, lineal, metódico y matemático. Las últimas investigaciones, sin embargo, sugieren también que el hemisferio derecho se encarga de las novedades cognitivas y el hemisferio izquierdo de las rutinas.[54] De lo anterior se deduce que, cuando aprendemos algo nuevo, el hemisferio derecho está más activo, y cuando los aprendizajes se integran en la rutina, quedan almacenados en el hemisferio izquierdo.

54. E. Goldberg y L. D. Costa, «Hemisphere Differences in the Acquisition and Use of Descriptive Systems», *Brain Language*, vol. 14, n.º 1 (1981), págs. 144-173.

La mayor parte de la gente tiende a operar desde el hemisferio izquierdo del cerebro, porque funciona a partir de hábitos y programas automáticos que han interiorizado. Considera el hemisferio derecho el territorio de lo desconocido, y el izquierdo, el territorio de lo conocido. Es lógico concluir, pues, que el hemisferio derecho tiende a ser romántico, creativo y no lineal, mientras que el izquierdo suele ser metódico, lógico y estructurado. Nosotros hemos constatado el funcionamiento de esta estructura dual observando los escáneres cerebrales de los alumnos en tiempo real.

Como el flujo de figuras geométricas ubicadas en el interior de otras figuras que ofrece el caleidoscopio no se parece a nadie ni a nada y está fuera del tiempo y el espacio, sus formas están diseñadas para saltarse las redes perceptivas y los centros asociativos del cerebro referidos a personas, materia, objetos, lugares y tiempos conocidos. Esas figuras reflejan patrones fractales recurrentes iguales a los que encontramos una y otra vez en la naturaleza; de ahí que activen centros cerebrales inferiores. Eso explica que no puedas mirar un calidoscopio y ver a tu tía María, la bicicleta que tenías en segundo o la casa en la que te criaste; porque no estás activando los centros asociativos relativos a recuerdos que se ubican en el hemisferio izquierdo de tu cerebro. Como dejas de pensar y analizar para ir entrando poco a poco en un estado alfa y zeta, la actividad en el hemisferio derecho se incrementa. Si el hemisferio izquierdo opera a partir de lo conocido y el hemisferio derecho trabaja con lo imprevisible, cuando incrementamos la actividad del hemisferio derecho estamos más abiertos a crear algo diferente e inesperado.

Los gráficos 9A(1) y 9A(2) del encarte en color muestran escáneres cerebrales de dos alumnos que se encuentran en estado alfa y zeta coherente. En el gráfico 9A(3) verás el cerebro de otro estudiante que ha entrado en estado zeta mientras miraba el calidoscopio. El gráfico 9A(4) muestra el escaneo cerebral de un estudiante mirando el calidoscopio; la zona derecha de su cerebro refleja más actividad por cuanto se encuentran inmersos en la novedad de la experiencia, que induce al trance.

Cuando mostramos las imágenes del calidoscopio en los talleres avanzados, lo hacemos en una sala a oscuras para incrementar los niveles de melatonina y favorecer los cambios cerebrales. Les pido a los alumnos que se relajen y, conscientemente, reduzcan la frecuencia de la respiración. A medida que su respiración se ralentiza, también lo hacen sus ondas cerebrales, pasando de beta a alfa. Luego les pido que se relajen en sintonía con su cuerpo y que se sientan cada vez más en contacto con él. Intento llevarlos a un estado de duermevela, el mismo en el que son más sugestionables, con el fin de predisponer su cerebro a aceptar la programación de la película mental.

Igual que nos influyen los anuncios nocturnos porque la producción de melatonina (que nos prepara para un sueño reparador) nos induce a bajar la guardia, yo me propongo elevar los niveles de melatonina de los alumnos y favorecer las ondas alfa y zeta en sus cerebros con el fin de que estén totalmente abiertos a la información y a las posibilidades que les ofrece la película mental.

La banda sonora de tu futura vida

La música posee la capacidad de evocar recuerdos referidos a un lugar y un tiempo específicos. De ahí que el presentador Dick Clark dijera en una ocasión que «la música es la banda sonora de la vida». En el instante en que una canción nostálgica despliega su magia, el cerebro empieza a rescatar imágenes de momentos y lugares, y esas imágenes te conectan con experiencias relacionadas con ciertas personas y acontecimientos. En términos neurológicos, la canción actúa como una señal externa que estimula determinadas redes neurológicas del cerebro. Gracias a los mecanismos de asociación, ves imágenes mentales que han quedado congeladas en el tiempo. Llamamos a este fenómeno «memoria asociativa».

Si llevas la experiencia más lejos y te sumerges en la canción y quizás incluso la cantas y la bailas, notarás que las emociones asociadas con el recuerdo empiezan a recorrer tu cuerpo. Tanto si relacionas la melodía con tu primer amor como con la llegada de la primavera en tu primer año de universidad o con lo que sentiste mientras paseabas por el campo antes del mejor partido de tu vida, cada uno de esos recuerdos está empapado de sentimientos y emociones. Si experimentas la emoción con la intensidad suficiente, te conectará con la energía de tu pasado; cuanto más fuerte sea la reacción emocional, más claro será el recuerdo. En el instante en que lo sientes y lo experimentas, el recuerdo te transporta a otra época y tu mente viaja a través del tiempo hasta esa experiencia. Igual que te sucedió en el pasado, tu cuerpo abandona su estado de reposo, experimenta las mismas emociones que sintió en aquel entonces y evoca un estado mental idéntico al que generó el recuerdo. Por un momento, el estado de tu ser pertenece al pasado.

Los recuerdos a largo plazo tendrán más fuerza cuanto más intensas sean las emociones asociadas con el acontecimiento. El hecho de que el recuerdo sea positivo o negativo no influye en los procesos mentales de la memoria. Por ejemplo, los recuerdos de traumas, traiciones y sucesos que han causado una honda impresión despiertan emociones tan poderosas como los positivos, sólo que en el primer caso las emociones asociadas serán desagradables. Cuando recordamos y revivimos experiencias de dolor, rabia o tristeza y experimentamos las emociones intensas asociadas con esos recuerdos traumáticos, nuestra química interna empieza a cambiar. Y eso nos lleva a prestar más atención al entorno exterior, en busca de la persona o el objeto que provocó esas emociones de buen comienzo.

Así pues, ¿qué pasaría si crearas una película de tu *futuro* y le sumaras una canción que te motivara y te inspirara hasta tal punto que te arrancara del estado de reposo, transformara tu realidad y te conectara con la energía de tus *recuerdos futuros*? Si la música es la banda sonora de la vida y determinadas canciones nos transportan al pasado, ¿no podrías evocar el mañana del mismo modo?

Es ahí donde la película mental entra en juego. Si aunamos imágenes poderosas y conmovedoras referidas al futuro con palabras y frases que refuercen el contenido y combinamos todos esos elementos con emociones elevadas y música inspiradora, estamos creando recuerdos a largo plazo que transportan nuestra biología del ayer al mañana. En otras palabras, las imágenes provocan sentimientos que se correlacionan con las experiencias que deseas tener en el futuro. El ejercicio podría incluir la casa de tus sueños, las vacaciones que tanto ansías, una nueva profesión, libertad de expresión, una relación o un cuerpo sano, experiencias interdimensionales y mucho más. Éstas son tan sólo algunas de las posibilidades que te ofrece tu futura experiencia vital. Ten presente cuando mires tu película mental y conectes con los sentimientos y las emociones de tu futuro que, cuanto más intensas sean esas emociones, más atención prestarás a las imágenes que las generan. Mediante este mecanismo, estarás creando recuerdos a largo plazo de tu futuro… y atrayéndolos a tu experiencia. El elemento mágico e interdimensional del porvenir será la canción, porque los sentimientos asociados con la melodía cambiarán tu energía en consonancia con las sensaciones que experimentarás cuando ese futuro se materialice. De ahí que sea preferible escoger música inspiradora, motivadora o aspiracional.

A continuación, añadirás afirmaciones o información a la película mental que te recuerde quién eres y lo que esperas de tu futuro. Incluso podrías añadir una cronología si te pareciera oportuno. Algunos ejemplos serían:

- Las puertas de las dimensiones están abiertas para que pueda vivir experiencias místicas.
- Mi cuerpo se renueva día a día.
- Mi palabra es la ley.
- Me siento profundamente amado, a diario.
- La riqueza fluye hacia mí.
- Todas mis necesidades están siempre cubiertas.
- Mi cuerpo rejuvenece día a día.
- Lo divino se manifiesta en mi vida a diario.
- Mi compañero de vida me considera su igual y predica con el ejemplo.
- Protagonizo sincronicidades cada día.
- Me siento cada día más plena.
- Mi sistema inmunitario se fortalece día a día.
- Afronto la vida con valor.
- Poseo un talento ilimitado.
- Siempre soy consciente del poder que albergo y proyecto.
- Creo en mí misma.
- Estoy abierto a lo desconocido.
- Cuando invoco al Espíritu, éste me responde.

Si piensas en tu videoclip favorito o en una escena de tu musical preferido, es muy posible que recuerdes la letra de la canción así como las imágenes que la acompañan hasta la última nota, ritmo, melodía y armonía. Igualmente, con toda probabilidad, el poder de esa combinación evocará en tu mente una serie de personas, sentimientos, emociones y experiencias. Ése es, precisamente, el objetivo de tu película mental, salvo que en lugar de recordar el ayer estarás creando recuerdos del mañana. Si escuchas tu canción las veces suficientes al mismo tiempo que observas las imágenes de tu futuro, ¿no crees que cuando oigas la melodía, aunque no estés mirando la película mental, te sentirás automáticamente transportado a esas situaciones futuras igual que algunas canciones te llevan al pasado? Con la práctica, no sólo experimentarás las emociones que te conectan con los recuerdos futuros, sino que tu biología también se alineará con ese mañana.

Ya sabes cómo funciona: si tu cuerpo es la mente inconsciente y desconoce la diferencia entre la experiencia que crea la emoción y la emoción que surge únicamente del pensamiento, puedes llevar al cuerpo a creer, en el presente, que está viviendo una realidad futura. Y como el entorno envía señales a los genes y las emociones son consecuencia del entorno, si experimentas las emociones asociadas a esos acontecimientos antes incluso de vivirlos empiezas a transformar tu cuerpo, que en el momento presente se alinea biológicamente con el futuro. Puesto que todos los genes fabrican proteínas y las proteínas son responsables de la estructura y las funciones del organismo, el cuerpo empieza a transformarse biológicamente igual que lo haría si el mañana ya estuviera aconteciendo.

La suma de todo

¿Y si invitaras a un grupo de gente a dejar sus vidas de lado durante cuatro o cinco días con el fin de alejarlos de los estímulos externos, que les recuerdan constantemente la personalidad con la que se identifican? Si los separases el tiempo suficiente de las personas que conocen, de los lugares que frecuentan, de las rutinas que siguen cada día a la misma hora exacta, recordarían quiénes son en realidad: seres humanos ilimitados. Y si pasases un par de días enseñándoles a generar más coherencia en sus corazones y en sus cerebros —y siguieran cultivando ese estado cada día— cabe pensar que, antes o después, aprenderían a abrir sus corazones y conseguirían que sus cerebros rindieran al máximo. De hecho, libres de distracciones, estarían más centrados en la visión del nuevo futuro y, al mismo tiempo, serían más capaces de experimentar las emociones que el porvenir les depara. Y según aportaran más coherencia a sus cerebros y corazones, sus campos energéticos se tornarían más coherentes, y eso generaría una impronta electromagnética más clara.

Y a medida que trabajaran en trascenderse a sí mismos, sus cuerpos, su entorno y el tiempo —ralentizando y transformando sus ondas cerebrales, entrando en el campo unificado y dejando atrás este ámbito tridimensional—, les resultaría cada vez más fácil y estarían más acostumbrados a activar el centro del corazón y a crear. Y después de haber aprendido a trascender el cuerpo, las emociones, los hábitos, el dolor, la enfermedad, la identidad, las convicciones que los limitan, la mente analítica y los programas inconscientes, para cuando les mostrases la técnica de la película mental estarían listos para asimilar una cantidad y un tipo de información acorde con la persona en la que se estuvieran convirtiendo, lo que a su vez incrementaría su capacidad de conectar con el mañana. Exactamente así empleamos la película mental en nuestros talleres.

Imagina la película mental como un tablero de visión (una herramienta que se utiliza para definir, sostener y concentrarse en unos objetivos vitales concretos) en versión del siglo XXI, dinámico en lugar de estático. Cuando se usa en combinación con el calidoscopio, la tecnología Mind Movie ofrece una magnífica herramienta para atraer el futuro deseado, por cuanto ya se ha experimentado repetidamente. También es fantástico para definir con claridad lo que deseas vivir y para recordarte a ti mismo a diario lo que te depara el porvenir. Ese gesto se llama «intención».

Como la tecnología de la película mental es tan versátil, se puede usar para muchos propósitos distintos en múltiples escenarios. No sólo sirve para crear relaciones, riqueza, salud, éxito profesional y otras cuestiones de tipo material, sino también para ayudar a los niños y a los adolescentes a concebir una visión de futuro y permitirles experimentar que tienen algún tipo de control sobre sus vidas. Los jóvenes de hoy están abrumados por el ritmo frenético, la presión y las exigencias de las redes sociales y de la sociedad contemporánea. El suicidio es la causa principal de muerte entre los adolescentes estadounidenses, así que los creadores de Mind Movies están llevando la técnica a los colegios para ayudar a los más jóvenes a visualizar un futuro más luminoso y mejor.

Las películas mentales se usan también en las grandes corporaciones para la creación de equipos y la visión de empresa. Los emprendedores emplean el *software* para abrir negocios, definir objetivos y estrategias o redactar planes de empresa. Imagina a un grupo de gente motivada que no sólo lee e intelectualiza los objetivos de empresa, sino que también ve el plan desplegarse ante sus ojos en un formato dinámico y visual... antes de que se manifieste.

Esta técnica triunfa igualmente en el ámbito de la curación integrativa. Los médicos la emplean para ayudar a los pacientes a visualizar una versión sana de sí mismos, para guiarlos en el proceso de curación e inducirlos a mantenerse fieles a un nuevo estilo de vida que deban observar a diario. Este aspecto incluye los programas de tratamiento y rehabilitación de adicciones, que recurren a la técnica para inducir a los pacientes a definir con claridad el mañana que desean crear en la fase siguiente de su recuperación. Las películas mentales han ayudado también a los desempleados generacionales a encontrar empleo o cambiar de profesión y llevar vidas más orientadas al mañana y productivas, no sólo por ellos mismos, sino también por sus familias.

Como ves, las posibilidades de la técnica son infinitas. Da igual cómo se aplique, el poder de las películas mentales reside en que permite a las personas construir una realidad inédita, tan sólo recordándose a diario las decisiones que deben tomar, las conductas que deben observar y los sentimientos a partir de los cuales se tienen que guiar. Una vez que programas esos sentimientos y esas conductas en el subconsciente, puedes romper tu adicción a los viejos hábitos, al estilo de vida de siempre y a las reacciones inconscientes. Depende totalmente de ti el grado de creatividad que decidas aplicar a la hora de proyectar el mañana.

Si bien cualquier momento es bueno para mirar la película mental, yo sugiero hacerlo a primera hora de la mañana y justo antes de acostarse, porque en esos instantes somos más sugestionables. Si la miras en cuanto te levantas, empiezas el día en positivo, alerta y centrado en lo que deseas conseguir a lo largo de la jornada y en el futuro. Cuando la miras antes de ir a la cama, tu mente subconsciente seguirá viéndola en sueños, alineará tu cuerpo y tu mente con el futuro y dará con soluciones que tu sistema nervioso autónomo podrá poner en práctica mientras duermes. En resumidas cuentas, puedes usarla cada vez que necesites motivación o para recordarte que debes tomar una decisión distinta. La clave radica en estar absolutamente presente mientras la observas.

Desde que incorporamos la técnica a los cursos he visto a numerosos participantes manifestar nuevas viviendas en la vida real y he oído historias de ventas de propiedades que llevaban años en el mercado. He visto vacaciones que aparecían como por arte de magia y he presenciado relaciones surgidas de la nada. He oído infinidad de testimonios sobre abundancia, libertad, nuevas profesiones, coches flamantes, todo tipo de curaciones, mejora de situaciones insoportables y, por supuesto, experiencias trascendentes que han cambiado para siempre a sus protagonistas. Sin embargo, no se trata de magia ni de brujería. Se trata, sencillamente, de convertirse en un creador consciente; de aprender a sintonizar con el propio destino.

La película mental es algo así como ajustar un radar al propio futuro. Y luego, según visitas una y otra vez ese mañana desde el corazón y la mente, todos y cada uno de los pensamientos, la elecciones, las acciones, las experiencias y las emociones que experimentas entre la realidad presente y la futura no son sino ajustes de rumbo que te conducen a tu objetivo. Cuanto más vivo mantengas ese porvenir mediante la intención, la atención, la energía y el amor, más fácil será que se haga realidad, porque estarás recordando el mañana igual que recuerdas el ayer. Tu trabajo, pues, consiste en enamorarte de esa visión, en lograr que circule tu energía y no permitir que las circunstancias (entorno), las actitudes programadas de antemano, los sentimientos negativos o los hábitos inconscientes te desvíen de tus objetivos.

El hecho de que esta tecnología sea tan poderosa se debe a que percibimos la realidad a partir de pautas asociativas o vínculos entre las redes neuronales y los objetos, las personas y los lugares del entorno exterior. Por ejemplo, cuando ves a alguien que conoces, las redes neuronales al instante recuperan recuerdos y experiencias relacionados con esa persona. En cambio, si alguien no ha quedado registrado en tu cerebro, es probable que no lo reconozcas. Y si el cerebro carece del *hardware* necesario (familiaridad con las imágenes, los pensamientos y las emociones de la película mental) antes de que el futuro se despliegue —si no cuentas con la arquitectura neuronal programada en el cerebro—, ¿cómo vas a reconocer a tu nueva pareja, el trabajo de tus sueños, la flamante casa o el nuevo cuerpo? (Piénsalo de este modo: no puedes abrir un documento de Microsoft en un ordenador Mac a menos que tengas el *software* de Microsoft instalado.) Si no puedes sentir las emociones y crear la energía de tu futura realidad, es posible que no reconozcas o no confíes en esa experiencia imprevista cuando te topes con ella. Sucede así porque, en ese caso, tu energía y estado emocional no se encuentran en sintonía con esa vivencia, así que en lugar de sentir seguridad o de reconocerla, podría invadirte el miedo o la incertidumbre.

Muchos de mis alumnos avanzados me han dicho que ya van por su tercera, cuarta o incluso quinta película mental, porque todo aquello que incluyeron en las primeras ya se ha hecho realidad.

Siempre me inunda el asombro y la humildad cuando me cuentan cómo sus creaciones se han materializado. Da igual lo distintas que sean esas manifestaciones; todas tienen una cosa en común: preparan al cuerpo para seguir a la mente a un futuro intencional. Es lógico que sea así, porque si dedicas tiempo a estudiar, memorizar y crear las redes neuronales del mañana, es ahí adonde fluye la atención. Y, como ya sabes a estas alturas, la energía fluye donde se posa la atención.

Echa un vistazo al gráfico 10 del encarte en color. Muestra un ejemplo de la actividad cerebral de un participante mientras observa su película mental. El cerebro refleja una enorme cantidad de energía, porque el alumno está plenamente involucrado en la experiencia.

Cómo llevar la técnica más lejos: el salto dimensional

Por último, hay una manera más de usar la película mental para llevar a cabo este trabajo. Una vez que los alumnos han generado el mapa neurológico de su presentación, les pido que escojan una escena de la película mental y la desarrollen en un espacio y tiempo determinados con el fin de dotar a la escena de cualidad tridimensional durante la meditación. Es posible que hayas reparado en que nunca uso la palabra *visualizar*. La visualización, por lo general, implica ver algo en la imaginación al modo de una imagen plana o bidimensional. Por ejemplo, si visualizas la foto de un coche, creas una *imagen* de un coche. En lugar de eso, yo busco que experimentes la escena al completo, con los cinco sentidos, como si fuera una experiencia tridimensional de la vida real.

Mucha gente, al descubrir mi obra, se pregunta por qué insisto tanto en que sean conscientes del «espacio» que ocupa su cuerpo, que abran el foco de atención hacia el espacio que envuelve su cuerpo e incluso al espacio que ocupa la habitación en el espacio. Aparte de los cambios coherentes que mis apuntes generan en el cerebro, todo ello sirve como entrenamiento para esta actividad, que aúna el poder de la película mental con la del calidoscopio durante la meditación.

Cuando un estudiante inicia el proceso de aportar dimensión a su película, se le pide que antes de ver nada mentalmente entre en la escena en cuanto que presencia. Quiero que, cuando empiece, el participante sepa que participa en esa escena como consciencia. La idea implica que su cuerpo está ausente y que carece de sentidos. Tan sólo es una presencia en el vacío, incapaz de ver, oír, sentir, saborear u oler nada.

Una vez que han asimilado la idea de ser sólo una presencia, les pido que escojan una escena de su película mental. El cerebro, como es natural, al momento incorpora datos de tipo sensorial, lo que aporta un principio de dimensión al escenario. A continuación se les sugiere que perciban lo que tienen a la derecha, a la izquierda, encima de ellos y debajo. La acción de percibir aporta a la escena estructuras, formas y espacio tridimensionales. Según expanden la consciencia hacia lo que sea que hay en el espacio, los sentidos empiezan a incorporar otras sensaciones, lo que añade a la escena nuevas formas, estructuras, curvas, texturas, olores, imágenes, sentimientos y espacio. Por fin, cuando la escena cobra vida en sus mentes, en el tiempo y espacio futuros, comienzan a encarnar su cuerpo, pero no es el cuerpo que está sentado en la silla de meditación, sino el cuerpo físico del mañana. Se les pide que sientan los brazos, las piernas, el torso, los músculos y todo lo demás hasta notar toda la anatomía en esa escena. Sólo entonces están listos para moverse por ella y experimentar su realidad.

Tengo la teoría de que, si estimulan simultáneamente las suficientes redes neuronales asignadas a objetos, cosas y personas en un espacio y un tiempo específicos, sus posibilidades de vivir una experiencia holográfica completa, al estilo IMAX, se incrementa. Sucede así porque, si el alumno se convierte en presencia y despliega una escena totalmente dimensional, una buena parte del cerebro se pone en marcha, incluida la arquitectura neuronal asignada a los aspectos sensoriales (sensaciones) y motores (movimiento) de su cuerpo, así como a la propiocepción (consciencia de la posición del cuerpo) del lugar que ocupan en el espacio. Antes de darse cuenta están viviendo una experiencia sensorial de su futuro, igual a las de la vida real, en el momento presente y con los ojos cerrados.

Echa un vistazo al gráfico 11 del encarte en color. Es el escáner cerebral de una alumna que está viviendo una película mental de apariencia real en estado de meditación. La energía se concentra en su cerebro mientras aporta dimensión a la escena. Describió ese momento como una experiencia virtual con los cinco sentidos. Su vivencia subjetiva quedó cuantificada en el escáner.

Numerosos alumnos afirman que las experiencias vividas en meditación se les antojaban más reales que cualquier otra del pasado. Sus sentidos se amplificaban sin que ningún estímulo externo los estimulara. Sencillamente, estaban sentados con los ojos cerrados. Numerosos estudiantes han informado de que, en el transcurso de estas vivencias lúcidas, percibían ciertas fragancias como agua de colonia, el aroma de ciertas flores específicas como jazmín o gardenias o el olor a cuero de un coche nuevo. También he oído a algunos alumnos referirse a recuerdos muy concretos, como una barba de dos días en la cara, el azote del viento en el cabello o la sensación de tener el cuerpo rebosante de energía. Algunos alumnos han comentado también haber oído sonidos muy específicos, como campanadas lejanas en un pueblo de vacaciones o el ladrido del perro en su casa nueva. Varios participantes han visto colores increíblemente nítidos y vívidos o han experimentado sabores exuberantes, como chocolate, canela o coco. La combinación de todos esos sentidos, literalmente, creó una nueva experiencia para ellos.

Son los cinco sentidos los que nos conectan con la realidad externa. Por lo general, cuando participamos en una situación novedosa, todo lo que vemos, oímos, olemos, saboreamos y notamos viaja al cerebro a través de estas vías sensoriales. Una vez que la información llega al cerebro, los grupos de neuronas empiezan a organizarse en redes. En el momento en que las neuronas forman una cadena, el cerebro límbico produce la reacción química que conocemos como emoción. Como la experiencia enriquece el cerebro y genera una emoción que activa genes distintos, en ese instante profundamente sensorial que se produce cuando un alumno experimenta una vivencia interna —sin recurrir siquiera a los sentidos externos— transforma su cerebro y su cuerpo en la misma medida que si el futuro ya hubiera acontecido. ¿Y no es ésa la consecuencia de la experiencia? Me encanta que los alumnos, tras vivir una de esas escenas lúcidas, me digan: «No lo entiendes. ¡Yo estaba ahí! ¡Sé que eso va a pasar porque ya ha pasado y yo lo he experimentado!» Tiene esa sensación porque la vivencia ya ha sucedido.

Cuando el cuerpo no participa, la energía de la nueva vivencia actúa como plantilla de la realidad física. Cuanta más energía inviertas en el mañana y cuanto más experimentes y te abras emocionalmente a él antes de que suceda, más profunda es la impronta energética que dejas en esa realidad futura. Y sin duda tu cuerpo seguirá a tu mente a ese porvenir desconocido, porque tu energía ya ha llegado. Según prosigas colocando allí tu atención y tu luz, mayor será el amor que te inspire y, como el amor es el nexo de unión entre todas las cosas, te estarás vinculando con ese futuro y, en consecuencia, atrayéndolo hacia ti.

Para más información sobre la película mental o el caleidoscopio, por favor visita mi página web en **drjoedispenza.com/mindmovies** o **drjoedispenza.com/kaleidoscope**, respectivamente.

Meditación con el calidoscopio y la película mental

En nuestros talleres avanzados, pedimos a los alumnos que creen la película mental antes de acudir al evento con el fin de que puedan integrarla con el vídeo del caleidoscopio durante la meditación. Empezamos por centrarnos en el corazón, tal como has aprendido en el capítulo 7, y sostenemos esas emociones elevadas durante varios minutos al mismo tiempo que emitimos la energía hacia el exterior del cuerpo. A continuación los acompañamos por la siguiente meditación.

Sumérgete en el momento presente y, cuando te hayas instalado en él, abre los ojos y mira el caleidoscopio. Una vez en trance, observa tu película mental. Dedica unos ocho minutos al caleidoscopio y ocho minutos más a mirar la película. Luego, repite el proceso. Cuando hayas visto la película mental tantas veces que seas capaz de predecir la siguiente escena, la habrás grabado en tus neuronas. Con el tiempo, asociarás distintas partes de la canción que has escogido con las diferentes imágenes de tu película mental.

Para terminar, dedica varios minutos a mirar el caleidoscopio mientras escuchas la música de tu película mental. Según observas las formas del caleidoscopio en estado de trance al mismo tiempo que oyes la canción, tu cerebro evocara por asociación las imágenes de la película. Este proceso te ayuda a recordar el futuro biológicamente, por cuanto las redes neuronales se activan y se conectan de forma automática y reiterada. De ese modo programas en tu cerebro la creencia de que el mañana deseado ya ha sucedido, mientras que las emociones indican a los nuevos genes que transformen tu cuerpo en el plano biológico en anticipación al nuevo futuro.

Observa el caleidoscopio en combinación con la película mental a diario durante un mes o, cuando menos, intenta mirar la película dos veces al día, recién levantado y antes de acostarte. Podrías incluso escribir un diario para llevar un registro de maravillosas aventuras y sincronicidades que, al volver la vista atrás, se revelarán como hitos en la ruta que te llevó a la materialización de ese futuro. Considera la idea de crear varias películas mentales: una para conseguir salud y bienestar, por ejemplo, y otra centrada en la pareja, las relaciones y la riqueza.

9

Meditación en movimiento

Casi todas las tradiciones espirituales contemplan cuatro posturas de meditación, y en nuestros talleres avanzados las practicamos todas. Una posibilidad es meditar sentado, una postura con la que esperamos ya estés familiarizado. También se puede meditar de pie y caminando, dos opciones que vamos a combinar en la práctica que aprenderás en este capítulo. Y, por último, existe la posibilidad de meditar tumbado. Si bien cada postura responde a un propósito, un lugar y un momento concreto, cada cual se combina con la anterior para ayudarnos a conservar y regular nuestros estados internos, sea lo que sea lo que esté pasando en el entorno externo.

Ahora bien, ¿por qué es importante enlazar la meditación sentada con la meditación de pie y en movimiento? Si bien practicar la meditación a primera hora de la mañana es un modo ideal de empezar el día, si no sostienes la energía y la concentración a lo largo de la jornada es probable que los programas inconscientes que llevan años funcionando tomen de nuevo las riendas.

Por ejemplo, pongamos que das por finalizada tu meditación sentada. Cuando abras los ojos, seguramente te sentirás más vivo, despierto, despejado, poderoso y listo para empezar la jornada. Puede que notes el corazón abierto, expandido y conectado, o quizás hayas superado algún aspecto de ti mismo, hayas transformado tu energía y estés listo para acoger un futuro lleno de novedades.

Sin embargo, lo más habitual es que caigas al momento en las viejas pautas. En ese caso, todo el trabajo que acabas de llevar a cabo para crear un estado interior elevado se disuelve en la interminable lista de tareas pendientes: preparar almuerzos y enviar a los niños al colegio, correr al trabajo, ponerte furioso con la persona que te adelanta de mala manera, contestar llamadas, devolver correos electrónicos, correr a las citas y tantas cosas más. Dicho de otro modo, ya no te encuentras en estado creativo, porque acabas de caer en los programas de siempre y en las emociones de supervivencia del pasado. En esos casos, desconectas de la energía del mañana y, en resumidas cuentas, dejas la energía que has creado en el asiento que usas para meditar en lugar de llevarla contigo a lo largo del día. En el plano energético, has regresado al pasado.

Como yo también pecaba de lo mismo, empecé a pensar cómo podía ayudar a los alumnos a llevar esa energía consigo durante la jornada. Por eso creé una meditación que incluye levantarse y caminar. De ese modo, cuando domines la técnica de elevar tus vibraciones o tu energía y combines ese gesto con una visión nítida, contarás con un ejercicio que te permitirá mantener la energía en ese plano elevado y, con el tiempo, la experiencia se convertirá en tu estado natural. El propósito de este capítulo es ayudarte a hacer justamente eso.

De camino al futuro

Tal como te he explicado, durante buena parte del día actúas desde el inconsciente, sin saber a menudo lo que estás haciendo ni por qué. Por ejemplo, es posible que no recuerdes haber recorrido el trayecto al trabajo porque estabas rememorando la discusión que mantuviste unos días atrás o pensando la respuesta al mensaje de texto que alguna persona significativa te ha enviado. Es posible que se pongan en marcha tres programas al mismo tiempo, mientras envías un mensaje, hablas y miras *emails*. Tal vez no seas consciente de tus tics nerviosos o de aquello que los desencadena, de tu postura, que quizás transmite timidez, o de cómo tu manera de hablar, tus expresiones faciales y la energía que llevas a una sala afectan a tus colegas de trabajo. Esos programas y conductas inconscientes aparecen porque el cuerpo remplaza a la mente, y la combinación de esos programas inconscientes te convierte en la persona que eres. A estas alturas ya sabes que, cuando el cuerpo sustituye a la mente, dejas de vivir en el momento presente y, en consecuencia, ya no te encuentras en un estado creativo, lo que equivale a decir que mantienes a raya tus objetivos, sueños y aspiraciones.

Si cobras consciencia de esas conductas y programas inconscientes, en cambio, puedes trabajar activamente para emitir una nueva impronta electromagnética que esté en sintonía con tu futuro; y cuanto más potente sea la impronta electromagnética que proyectas al campo, antes la encarnarás y ella te encarnará a ti. Cuando tu energía y el porvenir en potencia que ya existe en el campo cuántico vibran en sintonía, el mañana acude a tu encuentro; o, aún mejor, tu cuerpo se siente atraído a una nueva realidad. Te transformas en un imán de un destino insólito que se manifestará en forma de experiencias inesperadas.

Imagina por un momento que tu realidad futura ya existiera, que vibrara como energía no materializada en el campo cuántico. Imagina tu futuro como la vibración de un diapasón recién activado. El sonido que emite es una vibración que viaja en determinada frecuencia. Si tú también eres, a cierto nivel, un diapasón y transformas tu energía para que resuene en el mismo armónico que la posibilidad cuántica de tu mañana, conectarás y sintonizarás con esa frecuencia. Cuanto más tiempo puedas sostener la energía en esa frecuencia, mayor será el grado de sincronización. Pongamos que ya has conectado con esa realidad futura porque compartís una misma frecuencia o vibración. Si consigues que ambas frecuencias se aproximen al máximo en el espacio y en el tiempo, se influirán mutuamente hasta crear una sola. En ese momento, el futuro sale a tu encuentro. Así creamos nuevas realidades.

Es lógico pensar, pues, que en el instante en que tu energía cambia porque te embargan emociones inferiores, las que conocemos como emociones de supervivencia, se genera disonancia e incoherencia entre tu realidad ansiada y tú. Ya no resuenas en la frecuencia de esa posibilidad y eso te separa del futuro que intentas crear. Si te instalas en esas emociones porque tu adicción a ellas es más fuerte que tú, acabarás por crear más de lo mismo, porque tu energía vibrará en sintonía con la misma realidad que intentas dejar atrás.

En el capítulo 3 aprendiste que todas las posibilidades existen en el eterno ahora, y que cuando superas tu identidad como cuerpo conectado con personas, objetos, lugares y momentos en el tiempo devienes pura consciencia. Te transformas en un ser sin cuerpo, sin identidad, sin materia, sin espacio y sin tiempo. En ese momento elegante trasciendes el reino de la materia y entras en el campo cuántico de la información y la energía. En el instante en que dejas atrás las asociaciones con esta realidad física, empiezas a actuar en el campo unificado; estás creando desde un nivel de energía superior a la materia. Los alumnos acostumbran a practicar este proceso principalmente sentados. Si te propongo meditar de pie y caminando es para ayudarte a ser más consciente del momento presente, a sostener y conservar estados elevados a lo largo del día, a mantener la conexión con el futuro cuando tienes los ojos abiertos y llevarla contigo, literalmente, en el camino a ese nuevo mañana.

Cuando empiezas a practicar la meditación en movimiento, es preferible buscar un lugar tranquilo en la naturaleza donde no abunden las distracciones. Cuanta menos gente y actividad haya a tu alrededor, menos te costará permanecer centrado. Con el tiempo, conforme vayas dominando el proceso, podrás practicar en un centro comercial, mientras paseas al perro o en cualquier espacio público.

En muchos sentidos, meditar de pie y en movimiento es igual que hacerlo en reposo. Empiezas por permanecer muy quieto, con los ojos cerrados, y te concentras en el corazón al mismo tiempo que apaciguas la respiración e intentas llevarla a ese centro. Una vez que hayas alcanzado el estado adecuado, haz lo mismo que haces cuando meditas sentado: cultiva las emociones superiores que te conectan con el futuro.

Cuando te sientas totalmente inmerso en esas emociones elevadas, amplía el foco de atención durante unos minutos e irradia la energía más allá del cuerpo, hasta notarla no sólo dentro de ti, sino también a tu alrededor. A continuación, impregna la energía de esas emociones elevadas con la intención de los deseos que albergas para ese día o para el futuro, ya sea sincronicidad, una vida digna, contribuir al mundo, crear un empleo o relación maravillosos o alguna otra cosa. A la sazón estás enviando una nueva impronta electromagnética al campo. Tan sólo cambia el hecho de que, en lugar de estar sentado con los ojos cerrados e irradiando emociones positivas y elevadas, estás de pie con los ojos cerrados, y cuando los abras y eches a andar llevarás contigo esa energía superior.

Todavía de pie, con los ojos cerrados y el foco abierto, traslada la atención al mundo exterior al mismo tiempo que te desplazas de un estado beta a uno alfa. El gesto acallará los pensamientos, los análisis y las voces internas y te llevará a un estado de trance que te hará más sugestionable. Como has aprendido en el capítulo anterior, cuanto más tiempo pases en estado de trance, menos resistencia encontrará la nueva información a la hora de acceder a tu mente subconsciente. Cuando entres en un estado emocional superior en sintonía con el futuro, serás más propenso a aceptar, creer y acoger los pensamientos intencionales acordes con esas emociones. En consecuencia, los pensamientos, las visiones y las imágenes que tu mente vaya creando podrán sortear la mente analítica y serás capaz de programar el sistema nervioso autónomo para que cree la biología del porvenir que deseas.

Como has creado la energía de tu nuevo futuro mientras estabas de pie con los ojos cerrados, te resultará muy fácil abrirlos y echar a andar. No mires a nadie, no prestes atención a los objetos, a la materia ni a nada de lo que te rodea. Limítate a mantener el foco abierto, a dejar la mirada perdida en el horizonte, y mantente en estado de trance. Cuanto más tiempo sostengas ese estado, menos probabilidades hay de que caigas en viejos patrones. Entretanto, tu mente seguirá conectada a las imágenes del nuevo mañana en lugar de volver a reproducir los viejos programas de siempre. Ya estás preparado para internarte en el futuro como una persona distinta.

Habida cuenta de que eres un ser del futuro, ahora debes ser consciente de que siempre has caminado *inconscientemente*. Ha llegado el momento de transformar los andares, el paso, la postura, la respiración y los movimientos. Podrías sonreír en lugar de mirar inexpresivamente al vacío. Podrías imaginar qué se siente cuando eres rico y caminar como si lo fueras. Podrías adoptar la actitud de alguna persona valiente que te inspire admiración o desplazarte transportando contigo la energía elevada de un cuerpo sano, o andar como una persona amorosa y tolerante, que tiene el corazón abierto. En resumidas cuentas, se trata de encarnar al individuo que siempre has querido ser, pero caminando como si te hubiera poseído. Por ejemplo, podrías imaginar que han pasado dos años y ya has conseguido todo lo que ansías. Lo más importante es que incorpores a tu futuro yo en el *ahora*. Si tu identidad le pertenece, no tiene sentido desear ser otro porque tu deseo se ha cumplido; ya encarnas las cualidades del mañana. Sencillamente, piensas, actúas y te comportas como tu futuro ser.

Según empieces a adoptar un nuevo andar y sigas practicando un día sí y otro también, vas a adquirir la costumbre de caminar como una persona rica, de pensar como una persona sana, de plantarte como alguien que confía en sí mismo y sentirte libre, ilimitado y agradecido (la gratitud implica que un deseo se ha manifestado) en lugar de, quizás, un ser derrotado, agotado y estresado. Cuanto más practiques, más vas a incorporar este nuevo hábito, que devendrá un patrón inédito de pensamiento, conducta y emoción. Una vez que empieces a sentir y encarnar esas emociones elevadas de manera natural, éstas se adueñarán de ti y te convertirás efectivamente en la persona que quieres ser. El gráfico 12 del encarte en color muestra el cerebro de un alumno que sufrió una transformación alrededor de una hora después de llevar a cabo la meditación en movimiento.

Programando el cerebro para futuros recuerdos

La meditación en movimiento también consiste en crear recuerdos de experiencias que aún no han sucedido en el tiempo lineal; de hecho, en recordar el futuro. Cuando generas sentimientos elevados con los ojos cerrados, irradias esa energía más allá del campo de tu cuerpo. Y cuando los abres y echas a andar debes concentrarte en el corazón (experimentando esas emociones superiores con los ojos abiertos), pues cuanto más intensas sean la emociones, más atención prestarás a las imágenes y los pensamientos que susciten tus sentimientos. Este proceso eleva de manera natural tus circuitos neuronales, por cuanto crea una nueva experiencia interna. La vivencia enriquece el cerebro y crea recuerdos. A la sazón, tu cerebro ya no vive en el pasado, sino en el futuro. Cuanto más encarnes las emociones elevadas de manera correcta, más se comportarán tu cerebro y tu cuerpo como si esa experiencia ya se hubiera manifestado, lo que implica que, en un sentido muy real, estás recordando el futuro.

Es importante que permanezcas en trance, porque cuando alineas el cuerpo con el futuro *y* cambias tu mundo interior, creas recuerdos a largo plazo. Y como la energía acude allí donde depositas la atención, no sería mala idea que evocaras escenas de tu película mental mientras visualizas, encarnas y sientes el futuro. Según lo hagas, las escenas de la película se convertirán en mapas energéticos y biológicos del porvenir. El gesto de experimentar emociones futuras (en el momento presente) y combinar esas emociones con la intención ejerce un doble efecto: instalas nuevos circuitos que graban en tu cerebro un mapa intencional del mañana y también generas la química emocional de ese suceso futuro, lo que incita a nuevos genes de maneras distintas, induciendo así a tu cuerpo a prepararse para su flamante destino.

Recuerda que esta meditación no se centra tanto en los resultados que esperas alcanzar como en la persona que quieres ser... o estás en proceso de convertirte. Si te concentras en «conseguir» riqueza, éxito, salud o una nueva relación, significa que sigues considerando esas cosas como ajenas a ti; de ahí que debas alcanzarlas. Sin embargo, cuanto más te acercas a esa persona, más se ajustará la realidad al nuevo estado de tu ser. Es el proceso de transformarte conscientemente en otro lo que te ayuda a seguir alineado con un destino distinto. Cuanto más practiques la meditación en movimiento y más entres en la piel de tu futuro, más capacidad tendrás para cambiar el estado de tu ser con los ojos abiertos, igual que hacías con los ojos cerrados. Si practicas este ejercicio las veces suficientes, no sólo llevarás contigo esa energía a lo largo del día, sino que será parte de ti. La repetición te ayudará a estar más presente durante las horas de vigilia, y antes de que te des cuenta estarás actuando, pensando y sintiendo de manera distinta, automáticamente. Se trata de programar una personalidad inédita acorde con una nueva realidad.

Y con el tiempo, ¿quién sabe? Tal vez te sorprendas a ti mismo caminando de manera natural como una persona feliz; actuando como un líder valiente y compasivo; pensando como un genio noble y poderoso; sintiéndote como un emprendedor valioso y rico. Es muy posible que, en el momento menos pensado, cobres consciencia de que ese dolor molesto ha desaparecido porque te sientes pleno, ilimitado y lleno de amor por la vida. Habrás adquirido el hábito de ser ese mismo en el que deseas transformarte. Y sucederá así porque habrás programado los circuitos y activado los genes latentes necesarios para pensar, actuar y sentir de otro modo. Biológicamente, te habrás convertido en esa persona.

El día ofrece abundantes momentos para estar presente y encarnar el futuro. Imagina que estás esperando a un amigo que llega tarde y, en lugar de sumirte en la frustración y el aburrimiento, generas la energía del mañana. Si estás en mitad de un atasco, en vez de enfadarte e impacientarte, puedes sintonizar con la energía del futuro sin cerrar los ojos. Y si estás en la cola del supermercado, enjuiciando a una persona por lo que ha comprado, procura transformar tus pensamientos y sentirte increíblemente agradecido por tu flamante vida para encarnar a tu futuro ser. Cuando caminas hacia el coche en el aparcamiento o te diriges a mirar el correo, puedes empoderarte sencillamente evocando la maravillosa existencia que te aguarda. Y a medida que empieces a aceptar, creer y entregarte a los pensamientos que surgen de ese estado emocional, tu cuerpo creará los compuestos químicos acordes con ese estado emocional. A través de estos gestos programamos el sistema nervioso autónomo para experimentar un destino distinto, y cuanto más practiques, menos probabilidades hay de que pongas el piloto automático y te pierdas el momento presente.

La meditación en movimiento

Empieza por buscar un lugar tranquilo en la naturaleza. Desconecta del entorno y cierra los ojos para centrarte en el momento presente. Dirige la atención al centro del corazón, donde el alma y el corazón conectan con el campo unificado, e inúndalo de emociones superiores tales como gratitud, dicha, inspiración, compasión, amor u otras similares. Si vas a creer en tu nuevo futuro de todo corazón, será mejor que lo abras y lo actives al máximo.

Mantén el foco de atención en el corazón e imagina que tu respiración entra y sale por ese centro —cada vez más lenta, profunda y relajada— durante un par de minutos. Vuelve a crear emociones superiores durante dos o tres minutos más. Irradia la energía hacia el espacio que rodea tu cuerpo y sé consciente de esa energía. Sintoniza con la energía de tu futuro.

Pasados unos minutos, imagina algo que represente una intención definida. Puedes elegir un símbolo significativo que te conecte con el porvenir, como aprendimos a hacer en el tercer capítulo. Usa los sentimientos que te transmiten esas emociones elevadas para cambiar el estado de tu ser y concéntrate en enviar la nueva señal electromagnética al campo. Permanece en ese estado durante dos o tres minutos.

A continuación abre los ojos y, sin mirar a nada ni a nadie, abre el foco de atención y sé consciente del espacio que rodea tu cuerpo en el espacio sin salir del estado de trance. Echa a andar con los ojos abiertos. Con cada paso, incorpora la nueva energía; la nueva frecuencia o el futuro que hayas decidido crear. Siempre que lleves contigo esa energía en la vida diaria, caminando en la piel de tu nuevo ser, estarás poniendo en funcionamiento las mismas redes neurológicas y generando idéntico nivel mental que cuando meditas con los ojos cerrados.

Ahora, recuerda tu futuro. Deja que las imágenes acudan, siéntelas, incorpóralas. Hazlas tuyas. Transfórmate en ellas. Sigue andando durante cosa de diez minutos y luego detente para hacer los ajustes que sean necesarios. Cierra los ojos de nuevo y eleva tu energía. Permanece presente, siendo consciente de esa energía durante cinco o diez minutos. Durante los diez minutos siguientes, con los ojos abiertos pero todavía en trance, camina con intención y propósito en la piel de tu futuro ser. Con cada paso que des llevando contigo esa nueva energía, estarás avanzando hacia tu destino y éste avanzará hacia ti.

Repite dos veces todo el proceso. Cuando hayas terminado el segundo ciclo, detente y permanece inmóvil una última vez, completamente centrado en la sensación que te produce la apertura de tu cuarto centro de energía. Puedes aprovechar ese instante para afirmar quién eres a partir de cómo te sientes. Por ejemplo, si te sientes ilimitado, puedes reconocer: «Soy un ser ilimitado». A continuación, posa la mano abierta sobre tu hermoso corazón y siente que mereces recibir lo que has creado. Eleva tu energía al máximo y siente gratitud, reconocimiento y dicha.

Ahora da las gracias al ser divino que habita en ti; la energía que te sostiene y es la fuente de toda vida. Agradece esa nueva vida antes de que se manifieste. Reconoce el poder que albergas, pídele a la vida maravillosas sorpresas, sincronicidades y coincidencias que te brinden una existencia dichosa. Irradia amor para dar impulso a esa nueva vida.

10
Estudio de casos: deseos cumplidos

En el estudio de casos que vas a leer a continuación, conocerás a personas muy parecidas a ti que se tomaron un descanso en sus ajetreadas vidas para crear un nuevo futuro. Se definieron a sí mismos a diario a partir de su visión del mañana en lugar de hacerlo a partir de recuerdos del ayer. Podríamos decir que estaban más enamorados del futuro que del pasado. El gesto de ejercitarse a diario y llegar a dominar las prácticas expuestas en los últimos tres capítulos les permitió convertirse en seres sobrenaturales. Presta atención a la facilidad con que lo lograron.

Tim da con la clave de su futuro

La primera noche de un taller avanzado que celebramos regularmente en Seattle y que suele coincidir con Halloween, pedimos a los alumnos que se disfrazaran de su futuro yo. Tim se disfrazó de *swami*. Siempre se había identificado con los gurús de la India, suscribía su estilo de vida y siendo muy joven había dejado Connecticut, su tierra natal, para estudiar en un *ashram*. Al comienzo del evento, los participantes recibieron también un regalo de la organización: una llave que simbolizaba su capacidad para acceder a su futuro ser.

Tim había asistido ya a varios talleres avanzados en el pasado. La primera vez que creó una película mental, incluyó la imagen de unas monedas de plata y oro en una de las escenas. Llevaba años tratando de vencer la emoción del miedo, pero en cierto momento se percató de que ese miedo escondía el convencimiento de no estar a la altura. Para Tim, las monedas simbolizaban su propia valía.

—Todo el mundo quiere ser rico —me dijo—. Pero yo, como había tomado la senda de la búsqueda espiritual y estaba en el mundo del yoga y todo lo que conlleva, estaba convencido de que debía ser pobre y asimilar la pobreza para demostrar mi discurso con hechos. Así que las monedas de oro y plata no significaban mera riqueza, sino merecimiento.

En su película mental de Seattle, Tim añadió nuevas imágenes que enriquecieran su visión. Usó un carácter chino que significa «riqueza» como segundo símbolo de valía, pero, como nunca había deseado dinero, escribió «afluencia» debajo del símbolo. Prefería la palabra «afluencia» porque, al buscar la definición, describía que según su etimología latina significaba «fluir hacia». *¿No sería genial* —pensaba— *que todo aquello que deseo fluyera hacia mí?*

Si bien Tim es una persona muy analítica, después de mirar una y otra vez su película mental en combinación con el calidoscopio, descubrió que le costaba muy poco burlar la mente analítica y entrar en la subconsciente, el sistema operativo, para programar su futuro.

Durante el taller, cuando llegó el momento de dar profundidad a una escena de la película mental, vivió una experiencia trascendente. Empezó a experimentar una gran alegría, seguida de un amor entusiasta por la vida, casi como un ardor en el corazón. Dijo que se había sentido como si fuera capaz de incendiar el mundo. Luego, durante la meditación, les indiqué a los alumnos que había llegado el momento de abrirse y recibir. En ese momento, afirma Tim, la energía empezó a entrar en su cuerpo.

—No sé de dónde procedía —me confesó—, pero fue igual que si alguien hubiera abierto una espita. Recibí un chorro de energía, que entraba por la parte superior de mi cabeza y salía por las manos. Tenía las palmas hacia abajo y, sin que yo lo decidiera, la propia energía me obligó a darles la vuelta. Perdí la noción del tiempo y el espacio, no sabía dónde estaba, pero pasé el resto de la meditación en ese estado de éxtasis exaltado. Sabía que, de algún modo, todo iba a cambiar a partir de ese momento y ya nunca sería la misma persona.

Tim estaba convencido de que la descarga de energía lo había llevado a creer en su propia valía, porque a partir de ese momento no volvió a ser el mismo.

—Estoy seguro de que la nueva información que penetró en mi cuerpo reescribió mi ADN y borró mi viejo ser, porque esa parte de mi personalidad ha desaparecido —aseguraba.

Cuando Tim llegó a Phoenix, donde poseía y regentaba una tienda de camas japonesas, abrió el negocio como de costumbre un lunes por la mañana. El jueves, una mujer que le había comprado un futón hacía años se presentó en su establecimiento. Tim y la mujer habían trabado amistad y ella pasaba por allí de vez en cuando para charlar. Ahora se había retirado y acudió a la tienda para decirle a Tim que acababa de redactar su testamento. Quería que Tim fuera el albacea. Él se sintió muy honrado por la deferencia y le dio las gracias.

—Aquí está — dijo ella, y lo dejó sobre el mostrador junto con una llave—. Léelo.

Echando un vistazo al documento, Tim descubrió que no sólo lo había nombrado albacea, sino que también le dejaba monedas de oro y plata por un valor de 110.000 dólares. La llave del mostrador abría la caja de seguridad en la que guardaba las monedas (que, por supuesto, eran muy parecidas a las de la película mental de Tim). Al momento, Tim recordó la «llave del futuro» que había recibido en el taller avanzado de Seattle. ¡Pues vaya si lo merecía!

Sarah no puede tocar el suelo

En la Fiesta del Trabajo de 2016, Sarah resultó gravemente herida al tratar de evitar que un barco de cinco toneladas se estrellara contra un muelle. Durante varias semanas vivió un tormento asistiendo a terapia física y tomando un cóctel de fármacos, además de realizar visitas constantes al quiropráctico. Como nada parecía hacerle efecto, los médicos le aconsejaron operarse. Sarah, sin embargo, decidió asistir a un taller avanzado en Cancún antes de someterse a la cirugía.

Como sufría tantos dolores, su hijo le sugirió que llevara una silla de ruedas consigo. Ella decidió no hacerlo, y cuando llegó al hotel cayó al suelo desplomada de dolor. Más tarde, tras bañarse en la piscina con un flotador, sufrió leves espasmos al intentar salir del agua.

Sarah ya conocía mi trabajo, así que acudió a Cancún con su cojín de meditación y su película mental. En ésta aparecía fuerte y sana, capaz de correr otra vez. Jugaba al baloncesto con su hijo y a lacrosse con su hija. También se veía a sí misma ejecutando yoga aéreo, y cada vez que contemplaba la escena acogía la dicha que atribuía a la experiencia. Igualmente, cuando oía la canción de su película mental, notaba elevarse su energía.

Durante los primeros días, cada vez que tensaba los músculos centrales y dirigía la energía columna arriba con nuestra técnica respiratoria, notaba el pulso del nervio ciático, igual que si una cálida corriente eléctrica viajase nervio arriba. Al mismo tiempo, ponía toda su intención en imaginar que la energía era una luz sanadora en ascenso por su columna vertebral.

El tercer día, a primera hora, buscó en Internet la imagen de una mujer practicando yoga aéreo. Tuvo muy presente esa imagen todo el día. Por la tarde, los alumnos trabajaron con el calidoscopio y la película mental. Una vez que se desplegaron en el campo cuántico, les pedí que prestaran dimensión a una escena de su película mental. Cuando la meditación hubo terminado, les sugerí que se tendieran; pero, según me confesó Sarah más tarde, ella no podía encontrar el suelo. Empujaba el cuerpo hacia abajo, pero no estaba ahí. Antes de que se diera cuenta, se sorprendió a sí misma en otra dimensión protagonizando una experiencia sensorial estilo IMAX en toda regla; pero sin sus sentidos. Estaba viviendo una escena futura de su película mental. En su cerebro se habían conectado los suficientes circuitos como para que su experiencia subjetiva se le antojase tan real como cualquier vivencia objetiva. No visualizaba la escena; la protagonizaba en primera persona.

—Comprendí que me encontraba en otra realidad, en un tiempo y un espacio distintos. Estaba en mi futuro —explicó—. Y hacía ejercicios de yoga aéreo. Colgaba cabeza abajo y el suelo no estaba ahí. No dejaba de buscarlo, pero tan sólo me columpiaba en una preciosa cinta de seda roja. El dolor no me molestaba. Flotaba libre en el espacio.

Por fin, se tumbó. Lágrimas de alegría le corrían por las mejillas. Cuando dimos por concluida la meditación, el dolor había desaparecido.

—Supe que estaba curada —afirmó—. Mi propio poder mental me inspiraba un asombro reverencial y sentí una gratitud inmensa. Las imágenes de mi película mental no han dejado de manifestarse; de hecho, mi película mental no se puede comparar a mi maravillosa vida.

Terry camina hasta un nuevo futuro

En septiembre de 2016, mientras practicaba la meditación en movimiento por la hermosa Sunshine Coast de Australia, Terry vivió una experiencia trascendente. Hacia el final de la meditación, cuando se detuvo para ejecutar la última parte, se sentía conectada, contenta y expansiva. Siguiendo mis instrucciones, se abrió al campo con la intención de merecer su vida futura. Sin previo aviso, notó cómo una corriente eléctrica le entraba por la parte alta de la cabeza hacia el corazón. Según la energía le recorría el resto del cuerpo, atravesándole los muslos hacia los pies, las piernas le empezaron a temblar de manera incontrolada.

—El intenso temblor parecía venir de dentro —me explicó—, pero mi cuerpo nunca había experimentado una energía tan intensa. Creí que las piernas no me sostendrían. Y, en ese momento, perdí por completo el control consciente de la parte inferior de mi cuerpo.

Rompió en sollozos incontrolables y, con ese gesto liberador, su mente y su cuerpo también empezaron a soltarse. El tiempo pareció detenerse. Terry comprendió que su organismo estaba movilizando toda una vida de emociones no resueltas. Y según la corriente eléctrica la recorría por dentro, notó cómo enormes cantidades de materia densa y oscura se desprendían de su cuerpo.

—Creo que esa materia eran traumas, no sólo de mi vida actual, sino también de vidas pasadas —recordaba—. Incluía el intento de suicidio de mi padre cuando yo tenía ocho años, que ha marcado mi vida. A causa de ese trauma, nunca me he permitido a mí misma recibir amor incondicional.

Notó cómo todos los convencimientos que la limitaban —adquiridos a través de un condicionamiento emocional particularmente intenso y de las creencias inconscientes de otros— se disolvían sin más.

—Todo aquello que no estaba en sincronía con la persona que soy en realidad desapareció —dijo Terry—. Experimenté una verdadera liberación, algo que mi alma ansiaba desde hacía mucho tiempo. Supe que mi alma me había llevado a esa playa, en ese instante, con toda esa gente, para llevar a cabo este trascendente trabajo.

Cayó de rodillas y un amor abrumador fluyó a través de su ser. Arrodillada en la arena, sintiéndose humilde ante ese poder, vio que cada paso del camino había sido necesario para que viviera ese momento transformador. Observó a la persona que había sido a lo largo del último año, cómo había escogido conscientemente meditar a diario y cómo se había enamorado de sí misma una y otra vez. Supo que su yo futuro había llamado a su ser del pasado para que viviera esa experiencia de profundo amor.

Cuando Terry regresó a la realidad tridimensional y recuperó los sentidos, la invadió una increíble sensación de paz y unidad con todo lo que la rodeaba. Según contaría después, experimentó una profunda reconexión con su ser físico, mental, emocional y espiritual, y afirmó que hacía mucho tiempo que no se sentía tan «dentro de su ser».

—La experiencia me recordó que soy, como somos todos, una expresión de la energía divina —expresó—, y que *merezco* recibirla.

11

Espacio-tiempo y tiempo-espacio

Vivimos en un universo tridimensional (*uni* entendido como «uno») compuesto de personas, objetos, lugares y tiempo. En su mayor parte, se trata de una dimensión de partículas y materia. A través de los sentidos experimentamos ambas como formas, estructuras, masa y densidad. Si coloco un cubito de hielo, tu teléfono móvil o un pastel de manzana delante de ti, por ejemplo, no podrás percibir ninguno de los tres objetos a no ser a través de los sentidos; son los sentidos los que producen la *experiencia* de realidad física.

Si bien el cubito de hielo, el móvil y el pastel de manzana poseen longitud, anchura y profundidad, únicamente existen porque puedes verlos, oírlos, saborearlos, olfatearlos y tocarlos. Si perdieras los cinco sentidos, serías incapaz de percibir estos objetos físicos porque no tendrías *conciencia* de ellos; literalmente, dejarían de existir para ti, por cuanto en esta realidad tridimensional es imposible percibir nada sin recurrir a los sentidos. ¿O no?

Según la astrofísica, en esta región tridimensional —el universo conocido (llamémoslo «realidad espacio-temporal»)— existe una cantidad de espacio infinito. Párate un momento a considerar esta idea. Desde la pequeña cornisa en la que nos sentamos a mirar el universo cuando alzamos la vista hacia la noche estrellada, apenas si vemos una rendija de la totalidad. Nos parece infinito, y sin embargo el infinito es todavía más inmenso. En otras palabras, en el ámbito del espacio-tiempo, *el espacio es eterno;* no tiene fin y se extiende sin límite. Pero ¿qué pasa con el tiempo?

Nuestra manera más habitual de experimentar el tiempo es desplazando el cuerpo por el espacio. Por ejemplo, si quisieras beber un vaso de agua, precisarías unos minutos para dejar el libro, acercarte a la cocina, servirte un vaso de agua y volver. Sucede así porque, una vez que un pensamiento genera una visión (en este caso, ir a buscar un vaso de agua), ejecutas el pensamiento y, en consecuencia, experimentas el tiempo desplazándote de un punto a otro a través del espacio.

Antes de que te encaminaras a la cocina, mientras estabas sentado en la silla, cuando has cobrado consciencia de la cocina en relación con tu asiento, has percibido una separación entre dos puntos de consciencia: la ubicación del asiento por un lado y la cocina por otro. Para cerrar la brecha entre estos dos puntos de consciencia, has desplazado el cuerpo por el *espacio*, y eso te ha llevado un *tiempo*. Es lógico, pues, concluir que cuanto mayor sea el espacio o la distancia entre dos puntos, más tiempo requerirá desplazarse de uno a otro. Igualmente, cuanto más deprisa viajes entre esos dos puntos, menor cantidad de tiempo exigirá el desplazamiento.

Esta forma de medir el tiempo a partir de un objeto que se desplaza por el espacio constituye la base de la física newtoniana (o mecánica clásica). En el mundo newtoniano, si conocemos ciertas propiedades de un objeto, tales como fuerza, aceleración, dirección, velocidad y distancia que recorre, podemos hacer predicciones basadas en el tiempo. De ahí que la física newtoniana se base en resultados preestablecidos y previsibles. Podríamos decir, pues, que cuando existe una separación entre dos puntos de consciencia, si tú te mueves de un punto de consciencia a otro, estás *colapsando el espacio*. Y cuando colapsas el espacio, *percibes el tiempo*. Echa un vistazo a la figura 11.1 para entender mejor la relación entre espacio y tiempo en nuestro mundo tridimensional.

He aquí otro ejemplo: si estoy escribiendo este libro y quiero terminar el capítulo, voy a necesitar tiempo. Puede que no tenga que desplazar el cuerpo a través del espacio, pero de todos modos experimentaré el tiempo. ¿Por qué? Porque el lugar en el que estoy ahora mismo en el proceso de escribir este capítulo representa un punto de consciencia y su finalización representa otro. La conclusión del capítulo constituye un momento futuro separado del momento presente. El espacio intermedio —el cierre de la brecha entre estos dos puntos de consciencia— encierra la experiencia del tiempo. Si miras nuevamente la figura 11.1, entenderás más claramente la noción de tiempo.

Para alcanzar el objetivo deseado de concluir el capítulo, tendré que hacer «algo» repetidamente. Eso me obliga a usar los sentidos para interactuar con el entorno y a moverme por ese entorno mediante una serie de acciones coordinadas; y eso, de nuevo, requiere tiempo. Si dejo de escribir y hago otra cosa, como mirar una película, tardaré más tiempo en alcanzar el resultado que busco; en consecuencia, para conseguir mi objetivo de terminar este capítulo, debo sintonizar mis actos con mis intenciones de manera sostenida.

LA RELACIÓN ENTRE ESPACIO Y TIEMPO EN EL MUNDO TRIDIMENSIONAL

En este ámbito, el espacio es eterno

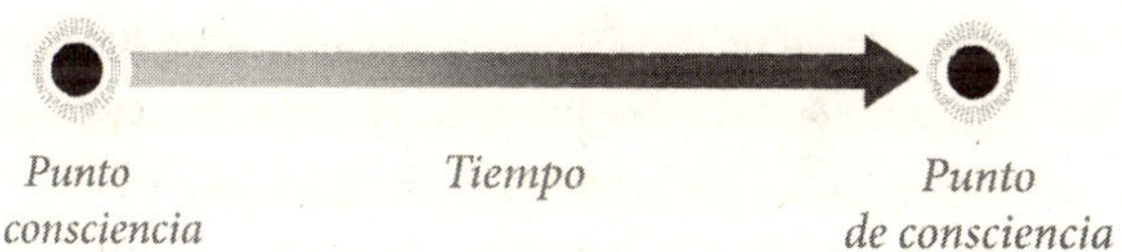

Cuando nos desplazamos por el espacio, experimentamos el tiempo

Figura 11.1

Según nos desplazamos por el espacio de un punto de consciencia a otro, percibimos el tiempo. Cuando borramos el espacio en nuestro mundo tridimensional, se crea tiempo.

En este mundo material de tres dimensiones en el que usamos los sentidos para navegar por el espacio, colocamos buena parte de la atención en los aspectos físicos, como personas, objetos y lugares. Están compuestos de materia y se encuentran ubicados (es decir, ocupan una posición en el espacio y el tiempo). Todos ellos representan puntos de consciencia a partir de los cuales experimentamos la separación. Por ejemplo, cuando ves a tu mejor amigo sentado al otro lado de la mesa o miras tu coche aparcado en la calle, percibes el espacio que existe entre tu amigo o tu coche y tú. En consecuencia, te sientes separado de ellos. Tú estás aquí mientras que tu amigo o tu coche están allí. Igualmente, si albergas sueños y objetivos, la distancia entre el lugar que ocupas tú en el presente y el lugar en el que tus sueños existen como realidad futura crea una experiencia de separación. De todo ello podemos concluir que:

1. Para movernos por esta realidad tridimensional necesitamos los sentidos.
2. Cuanto más usamos los sentidos para definir la realidad, más percibimos la separación.
3. Como buena parte de esta realidad tridimensional es de tipo sensorial, el espacio y el tiempo crean experiencia de separación de todos los seres, de todas las cosas, de todos los lugares y personas en todo momento.
4. Todos los objetos materiales ocupan una posición en el espacio y el tiempo. En física, ese concepto se conoce como «el principio de localidad».

En este capítulo vamos a explorar y comparar dos modelos de realidad: el espacio-tiempo y el tiempo-espacio. El espacio-tiempo se refiere al mundo físico newtoniano basado en resultados conocidos y previsibles, materia y el mundo en tres dimensiones que habitamos (que está compuesto de *espacio* infinito). El tiempo-espacio se refiere al mundo cuántico, no físico: una realidad inversa basada en lo desconocido, en las posibilidades infinitas, en la energía y en el multiverso multidimensional que también habitamos (compuesto de *tiempo* infinito).

Estoy a punto de desafiar tu noción y percepción de la realidad, porque si vas a experimentar el misterio del yo como ser dimensional, vas a necesitar un mapa para llegar al destino.

El estrés y las consecuencias de vivir en un perpetuo estado de supervivencia

Habida cuenta de que usamos los sentidos para observar y determinar la realidad física, nos identificamos con un cuerpo que vive en un espacio y un tiempo, si bien separado de todo aquello que forma parte de nuestro entorno. Con el paso de los años, dicha interacción crea la sensación de identidad. A lo largo de la vida, gracias a las distintas interacciones que mantenemos en ciertos momentos y lugares con personas, objetos y materia, la identidad evoluciona hasta devenir personalidad. La calidad de esas relaciones con el entorno externo da lugar a recuerdos duraderos, que a su vez moldean a la persona que llegamos a ser. Como ya sabes, la personalidad, en casi todos los casos, se basa en experiencias pasadas.

Como aprendimos en el capítulo 8, el cerebro percibe la materia, los objetos, las personas y los lugares con los que convive a partir de patrones; llamamos «memoria» al reconocimiento de esos patrones. Si el ser se crea a partir de recuerdos de experiencias pasadas, los recuerdos están basados en datos ya conocidos; en consecuencia, buena parte de nuestro mundo tridimensional se basa en datos conocidos. Y ahora llegamos al meollo de la cuestión. Cuando relacionas los objetos materiales de tu mundo externo con recuerdos de experiencias pasadas, todo te resulta conocido. Estás asociando la realidad física con un grupo de redes neurológicas ya establecidas en tu cerebro. Eso se conoce como «reconocimiento de patrones» y es el proceso por el cual casi todos nosotros percibimos la realidad: a través de la lente del pasado.

Podríamos decir, pues, que somos seres plenamente materialistas. No sólo habitamos esta dimensión, sino que también estamos atados y limitados por ella, por cuanto nos definimos como cuerpos que viven en un entorno, en un momento determinado, y ponemos el foco de atención más en la materia que en la energía. Desde una perspectiva cuántica, estamos pendientes de la partícula física (materia) en lugar de centrarnos en la onda inmaterial de posibilidades (energía). A través de ese proceso acabamos inmersos en esta realidad tridimensional.

Cuando el estrés asoma a la ecuación, nuestro cuerpo empieza a absorber energía del campo invisible electromagnético que nos envuelve para producir compuestos químicos. Cuanto mayor sea la frecuencia, la intensidad y la duración del estrés, más energía consumirá el organismo. La misma naturaleza de estos compuestos potencia los sentidos, lo que nos lleva a prestar atención, de nuevo, a la materia y a lo conocido. Según este campo de energía vital que rodea el cuerpo se reduce, nos *sentimos* más materia y menos energía. De hecho, según nuestra vibración baja, nuestros cuerpos se densifican, al mismo tiempo que perdemos energía.

Como ya hemos comentado, el proceso es adecuado a corto plazo, cuando un peligro, una crisis o un depredador acecha a la vuelta de la esquina; de hecho, el instinto de lucha o huida ha sido un factor fundamental de nuestra evolución. En ese estado, los compuestos químicos relacionados con el estrés aguzan los sentidos, reducen el foco de atención a lo que sea que representa un peligro en potencia. En esos casos, la neocorteza —la parte del cerebro implicada en la percepción sensorial, toma de decisiones, razonamiento espacial y lenguaje— se despabila y funciona a pleno rendimiento. A fin de asegurar la supervivencia, la atención se cierra sobre el propio cuerpo y la amenaza externa, lo que nos lleva a estar plenamente concentrados en el tiempo que discurre entre el momento en que percibimos la amenaza y el instante en que nos ponemos físicamente a salvo; dos puntos de consciencia. Cuanto más estrés experimentamos, mayor es también la sensación de separación.

Como has leído en el capítulo 2, los efectos a largo plazo de vivir en modo de supervivencia son la dependencia —y la adicción— a esas sustancias químicas relacionadas con el estrés. Cuanto más adictos somos a ellas, más local consideramos el cuerpo; es decir, mayor es nuestro convencimiento de vivir en un lugar y un espacio determinados y de ocupar una posición particular en el tiempo lineal. Y eso nos lleva a un estado frenético y maníaco, en el que desplazamos la atención constantemente de una persona a un problema y de éste a un objeto o un lugar del entorno. El rasgo evolutivo que un día nos protegió se ha vuelto contra nosotros y nos sume en una alerta constante. Puesto que consideramos peligroso el entorno externo, ponemos toda la atención en él.

Como el mundo exterior nos parece ahora más real que el mundo interno, somos adictos a alguien o a algo del entorno, y cuanto más vivimos en ese estado, más generamos ondas beta de alta frecuencia. Y, como ya sabes, las ondas beta altas, durante periodos prolongados, nos llevan a sentir dolor, ansiedad, preocupación, miedo, rabia, frustración, reprobación, impaciencia, agresividad y deseos de competir. En esos casos las ondas cerebrales se tornan incoherentes…, y nosotros también.

Cuando las emociones de supervivencia nos atrapan, necesitamos circunstancias externas (problemas con otras personas, dificultades económicas, miedo al terrorismo, desdén hacia el trabajo) para afianzar la adicción a esas emociones. Las adicciones emocionales nos llevan a estar pendientes de lo que sea que pueda estar desequilibrando el entorno —tanto si se trata de «alguien» como de «algo»—, lo que acaba por activar los genes de supervivencia. Y a partir de ese momento, empezamos a vivir una profecía autocumplida.

Si aceptas que la energía se concentra allí donde pones la atención, ya sabrás que cuanto más fuerte sea la reacción emocional asociada con un conflicto, más pendiente estarás de la persona, el objeto o el problema que lo ha generado. Y si lo haces estás cediendo buena parte de tu poder a otro. Toda tu atención y energía se atan a este mundo tridimensional de lo material, y tu estado emocional te lleva a confirmar una y otra vez la realidad presente. Es muy fácil apegarse emocionalmente a la misma realidad que uno desea cambiar. Y esa mala gestión de la energía te esclaviza al mundo de lo conocido, según tratas de predecir el futuro a partir del pasado; y todavía peor, cuando estás instalado en un estado de supervivencia, lo imprevisible da miedo. Así que, si de verdad quieres que tu vida cambie, tal vez tengas que dar un paso hacia lo desconocido. Porque, si no lo haces, nada cambiará nunca.

La realidad newtoniana en el espacio-tiempo tridimensional: la vida cuando eres un cuerpo con una identidad en algún lugar y en cierto tiempo

Si los sentimientos y las emociones son registros del pasado y esos sentimientos gobiernan tus pensamientos y tu conducta, seguirás reproduciendo el pasado una y otra vez; en consecuencia, te tornarás predecible. Lo que equivale a decir que estarás plenamente instalado en el mundo newtoniano, porque la física de Newton se basa en los resultados que podemos predecir. Cuanto más tiempo pases en estado de estrés, más devendrás materia que intenta influir en la materia, esto es, en materia que intenta luchar, forzar, manipular, predecir, controlar y competir por un resultado concreto. De ahí que transformar, manifestar o crear cualquier cosa te requiera mucho tiempo, porque en este espacio-tiempo tienes que desplazar el cuerpo en el espacio para lograr los resultados deseados.

Cuanto más vives en modo de supervivencia y más empleas los sentidos para definir la realidad, mayor es tu sensación de separación del futuro. Entre el lugar que ocupas en la actualidad, entendido como un punto de consciencia, y el lugar al que deseas llegar, otro punto de consciencia, media una larga distancia, por no mencionar que tu obsesión constante por definir cómo se va a materializar ese cambio se basa en *opiniones* y *predicciones*. Y cuando predices tu pensamiento recurre a lo que ya conoces, de modo que no hay espacio en tu vida para lo imprevisto o la novedad.

Si te propones comprar una casa, por ejemplo, tendrás que ahorrar para la paga y señal, buscar la casa, pedir una hipoteca, hacer una oferta, superar a los otros compradores y luego pasar treinta años deslomándote a trabajar (a través del espacio) para pagarla. Esos dos puntos de consciencia —la idea de comprar la casa y llegar a poseerla con la hipoteca pagada— tardarán mucho tiempo en coincidir. De manera parecida, si deseas iniciar una nueva relación, puede que te apuntes a una página de Internet, crees un perfil, eches un vistazo a un montón de perfiles, redactes una lista de personas con las que contactar, te pongas en contacto con cada una de ellas y, por fin, quedes con unas cuantas con la esperanza de encontrar a alguien interesante. Si quieres cambiar de trabajo, dedicarás el tiempo a redactar el currículum, buscarás ofertas y acudirás a las entrevistas.

Estos tres procesos tienen algo en común: requieren *tiempo*, que tú percibes como algo lineal. Puede que consigas lo que quieres, pero cuanto más vivas en modo de supervivencia más tiempo te va a costar conseguirlo, porque eres *materia* que trata de influir en la *materia*, y media una gran distancia espacial y temporal entre el lugar que ocupas ahora y ese al que deseas llegar.

Estarás de acuerdo, pues, en que, en esta realidad tridimensional, eso que tú experimentas como tiempo consta de un pasado, un presente y un futuro. Como vives en una realidad lineal, también experimentas el tiempo como algo separado, por cuanto el pasado, el presente y el futuro se encuentran distanciados entre sí; tú estás *aquí* mientras que tu futuro está *allí*. La figura 11.2 representa gráficamente la existencia del pasado, el presente y el futuro como momentos aislados y discontinuos entre sí.

TIEMPO LINEAL, DOTADO DE PASADO, PRESENTE Y FUTURO

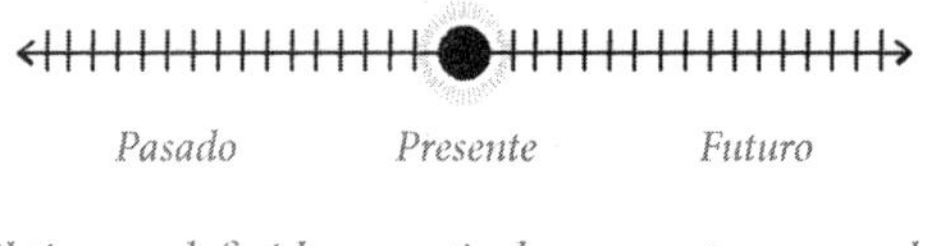

El tiempo definido a partir de momentos separados

Figura 11.2

En nuestra realidad tridimensional, consideramos el pasado, el presente y el futuro como momentos separados, aislados y lineales en el tiempo.

Como decía antes, gracias a la física newtoniana hemos podido desentrañar las leyes naturales de la fuerza, la aceleración y la materia, lo que nos permite predecir resultados. Si conocemos la dirección, la velocidad y la rotación de un objeto que viaja por el espacio podemos anticipar a dónde irá a parar y cuánto tiempo tardará en llegar. De ahí que podamos viajar de Nueva York a Los

Ángeles en avión, calcular cuánto tiempo durará el viaje y saber dónde aterrizaremos.

Conforme a la mentalidad de la física newtoniana y a este mundo tridimensional que habitamos, muchos de nosotros pasamos buena parte de la vida enfocados hacia el exterior, tratando de crear una identidad, tener a alguien al lado, poseer ciertas cosas, ir a alguna parte y experimentar algo en algún momento. Cuando no conseguimos lo que queremos, experimentamos carencia y separación, lo que nos lleva a vivir en un estado de *dualidad* y *polaridad.* Es natural desear lo que no se tiene. De hecho, es necesario para crear, porque cuando te sientes separado de tus deseos, piensas y sueñas en tu visión y, a continuación, llevas a cabo una serie de actos en el tiempo lineal para plasmarla.

Si nos encontramos en un estado permanente de estrés financiero, por ejemplo, queremos dinero; si estamos enfermos, deseamos salud; si nos sentimos solos, ansiamos una relación o compañía. A consecuencia de esa experiencia de dualidad y separación, sentimos el impulso de crear y, a través de ese gesto, evolucionamos de manera natural y crecemos en función de esos sueños. Pero si somos *materia* centrada en *materia* que intenta influir en la materia, para conseguir dinero, salud, amor o cualquier otra cosa vamos a necesitar, como ya sabemos, buena cantidad de tiempo y energía.

Cuando por fin nuestro anhelo se hace realidad, la emoción que nos produce la fruición de la creación (o la intersección entre esos dos puntos de consciencia) sacia la sensación de carencia anterior. Cuando cambiamos de trabajo por fin, nos sentimos seguros; cuando aparece la nueva relación, experimentamos amor y alegría; cuando nos curamos, nos sentimos plenos. En todos esos casos estamos convencidos de que sólo «alguna cosa» o «alguna persona», algo externo a nosotros, podrá transformar nuestro estado interno. Y cuando nos invade el alivio porque la sensación de carencia ha desaparecido, como estamos centrados en una emoción asociada con la materialización de algo externo, prestamos atención al objeto o la persona que ha generado ese alivio. Esta relación de causa y efecto da lugar a un nuevo recuerdo y, hasta cierto punto, nos ayuda a evolucionar.

Ahora bien, cuando el mundo exterior no nos da lo que queremos, o transcurre demasiado tiempo, experimentamos una sensación de falta todavía más intensa si cabe, porque nos sentimos aún *más separados* de eso que intentamos crear. En ese caso, ese mismo estado emocional de carencia, frustración, impaciencia y separación mantiene a raya nuestros sueños, de tal modo que el tiempo necesario para que el resultado deseado se materialice se incrementa todavía más.

De ser un cuerpo a la ausencia de cuerpo, de ser alguien a no ser nadie, de tener algo a no tener nada, de estar en alguna parte a estar en ninguna parte, de vivir en un tiempo a estar en el sin tiempo

Si las leyes newtonianas son la expresión *externa* de las leyes físicas y materiales del espacio-tiempo —una región donde hay más espacio que tiempo—, podríamos decir que, en cierto sentido, las leyes cuánticas funcionan a la inversa. El cuanto es la expresión *interna* de las leyes de la naturaleza: un campo indivisible de información y energía que unifica toda materia. Este campo inmaterial organiza, conecta y gobierna las leyes de la naturaleza. En ese plano hay más tiempo que espacio; dicho de otro modo, hablamos de una región en la que *el tiempo es eterno*.

Como te explicaba en los capítulos 2 y 3, cuando retiramos la atención de las personas y las cosas que ocupan ciertos lugares en el mundo externo —cuando dejamos de concentrarnos en el propio cuerpo y de pensar en tiempo y horarios— devenimos nadie, ninguno, nada, sin espacio y sin tiempo. Eso se logra mediante un proceso de desconexión con el cuerpo, la identidad, el género, la enfermedad, el nombre, los problemas, las relaciones personales, el dolor, el pasado y todo lo demás. A eso me refiero cuando hablo de trascender el ser: pasar de la consciencia de tener un cuerpo a no tenerlo, de ser alguien a no ser nadie, de la consciencia de tener algo a no tener nada, de estar en alguna parte a no estar en ninguna y de la consciencia del tiempo al sin tiempo (ver figura 11.3).

EL PASO DEL MUNDO DE LOS SENTIDOS A LOS MUNDOS QUE TRASCIENDEN EN LOS SENTIDOS

Entrando en el cuanto

Realidad del mundo material y tridimensional newtoniano		*El umbral al universo cuántico como pura consciencia*
Consciencia de:		*Consciencia de:*
Ser un cuerpo	→	*No ser materia*
Ser alguien	→	*No ser nadie*
Tener algo	→	*No tener nada*
En alguna parte	→	*En ninguna parte*
En algún momento	→	*En el sin tiempo*

Figura 11.3

Cuando desviamos la atención del cuerpo, el entorno y el tiempo, trascendemos el «ser» —que habita un cuerpo físico, con una identidad, en posesión de objetos, en alguna parte y en algún momento— *y nos convertimos en un ser sin cuerpo, sin materia, sin posesión alguna, en ninguna parte y fuera del tiempo. Con ese gesto desplazamos la consciencia y la presencia del mundo material de la física newtoniana al mundo inmaterial del campo unificado.*

Ahora echa un vistazo a la figura 11.4.

MÁS ALLÁ DEL SER

Cuando te trasciendes a ti mismo, pasas de:

Un foco estrecho	a	*Un foco abierto*
Prestar atención a objetos, cosas, personas y lugares (partícula)	a	*Prestar atención al espacio, la energía, la frecuencia y la información (onda)*
Lo material (materia)	a	*Lo inmaterial (antimateria)*
El mundo tridimensional newtoniano	a	*El mundo cuántico pentadimensional*
Lo predecible	a	*Lo imprevisible*
El espacio-tiempo (un ámbito del espacio eterno)	a	*El tiempo-espacio (un ámbito del tiempo eterno)*
Un estado de separación, dualidad, polaridad y localidad	a	*Un estado de unidad, integración, plenitud y no localidad*
Lo conocido	a	*Lo desconocido*
Posibilidades limitadas	a	*Posibilidades ilimitadas*
El universo	a	*El multiverso*
El reino de los sentidos	a	*Un reino más allá de los sentidos*

Figura 11.4

Diferencias entre un mundo constituido de materia y otro constituido de energía.

Según abrimos el foco de atención y aceptamos los múltiples aspectos del ser, dejamos atrás el mundo externo de las personas, las cosas, los lugares, los horarios y las listas de tareas pendientes para cobrar consciencia del mundo interior de energía, vibración, frecuencia y presencia. Nuestras investigaciones demuestran que cuando retiramos la atención de los objetos y la materia para abrir el foco hacia la energía y la información, distintas zonas del cerebro cooperan en armonía. A consecuencia de esta cooperación nos sentimos más integrados y plenos.

Si lo hacemos correctamente, el corazón se abre, late más rítmicamente y se torna más coherente. Cuando el corazón funciona con coherencia, el cerebro también lo hace, y como la identidad se ha retirado de la escena —es decir, hemos trascendido el cuerpo, un lugar concreto en el entorno y el tiempo conocidos— entramos en estados alfa y zeta y conectamos con el sistema nervioso autónomo. Cuando el SNA se activa, procede de inmediato a restaurar el orden y el equilibrio, lo que genera coherencia y armonía en el corazón, el cerebro, el cuerpo y el campo de energía. Dicha coherencia se reflejará en todos y cada uno de los aspectos de nuestra anatomía.

A través de ese gesto, empezamos a conectar con el campo cuántico (o unificado).

De la ilusión de la separación a la realidad de la unidad

Si la física newtoniana explica las leyes de la naturaleza y el universo a gran escala (la fuerza gravitacional del Sol sobre los planetas, la velocidad a la que una manzana cae de un árbol…), el mundo cuántico se refiere a la naturaleza fundamental de las cosas a la escala más ínfima, como las partículas atómicas y subatómicas. Las leyes de Newton son constantes físicas de la naturaleza, así que el mundo newtoniano se basa en resultados mensurables y predecibles.

Las leyes cuánticas, en cambio, se refieren a lo invisible e impredecible: el mundo de la energía, las ondas, la frecuencia, la información, la consciencia y todos los espectros de la luz.

Está gobernado por una constante invisible: un único campo de información que conocemos como «el campo unificado». Podría decirse que el mundo newtoniano es de naturaleza objetiva —por cuanto la mente y la materia son entes separados—, mientras que el mundo cuántico es de naturaleza subjetiva: en éste, la energía unifica la mente y la materia o, todavía mejor, la mente y la materia están tan unidas que es imposible discernirlas. En el campo cuántico o unificado no existe separación entre dos puntos de consciencia. Es el reino de la unidad o de la consciencia unificada.

Si bien en nuestra realidad tridimensional el *espacio* es infinito, en el mundo cuántico el *tiempo* es infinito. Y si el tiempo es infinito y eterno, deja de ser lineal; por tanto, no hay separación entre el pasado y el futuro. Y como el pasado y el futuro no existen como tales, todo está sucediendo *ahora* mismo, en este presente eterno. Así pues, si el *tiempo* es infinito en la realidad del tiempo-espacio, experimentaremos el espacio (o los espacios) según nos desplacemos por el tiempo.

En el mundo material, cuando nos desplazamos por el espacio percibimos el tiempo. En cambio, en el mundo inmaterial de la energía y la frecuencia —en el mundo cuántico— sucede a la inversa:

- En el ámbito del espacio-tiempo, el tiempo que tardamos en ir del punto A al punto B varía en función de la *velocidad* a la que nos desplazamos.
- En el mundo del tiempo-espacio, podemos desplazarnos de un espacio a otro o de una dimensión a otra en función de la *frecuencia* o *vibración* de la energía.

Cuando el espacio colapsa, experimentamos el tiempo en su realidad material. Cuando el tiempo colapsa, experimentamos los espacios o las dimensiones en su realidad inmaterial. Cada una de esas frecuencias individuales transporta una información, o un nivel de consciencia, que nosotros experimentamos como distintas realidades según accedemos a ellas. En la figura 11.5 apreciarás cómo, cuando te desplazas por el tiempo, experimentas distintas dimensiones en la eternidad del instante presente.

RELACIÓN ENTRE ESPACIO Y TIEMPO EN EL MUNDO PENTADIMENSIONAL

En este reino el tiempo es eterno

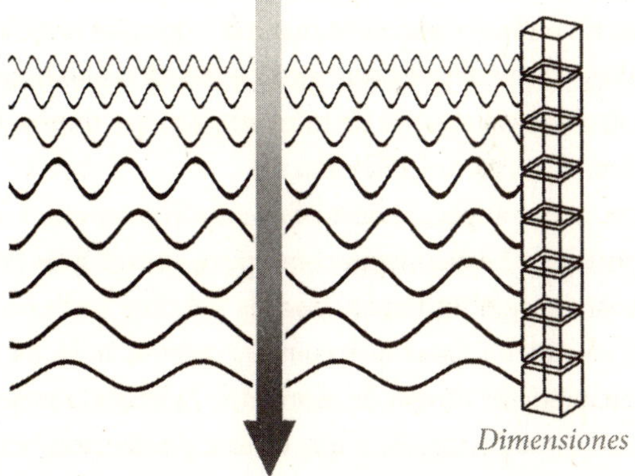

Según nos desplazamos por el tiempo (el eterno ahora, donde existen todas las posibilidades) experimentamos distintos espacios o dimensiones

Figura 11.5

En el mundo del cuanto, donde el tiempo es eterno, todo está sucediendo en la eternidad del momento presente. Según te desplazas por el tiempo, experimentas otro(s) espacio(s), otras dimensiones, otros planos, otras realidades y posibilidades infinitas. Igual que cuando te sitúas entre dos espejos y te ves en infinitas dimensiones que se extienden a ambos lados, las cajas representan un número infinito de yoes posibles, todos viviendo en el momento presente.

En el espacio-tiempo percibes el entorno con el cuerpo, con los sentidos y a través del tiempo. En esa realidad la constante temporal parece lineal porque te percibes a ti mismo como algo separado de los objetos, las cosas, las personas y los lugares…, así como del pasado y el futuro. En el tiempo-espacio, en cambio, experimentas la realidad a través de la presencia, en cuanto que consciencia y *no* como un cuerpo dotado de sentidos. Se trata de un ámbito de la realidad que existe más allá del plano sensorial. Accedes a él cuando te encuentras totalmente inmerso en el presente, de tal modo que no existe pasado ni futuro, tan sólo un largo ahora. Como tu consciencia ha dejado atrás el reino de la materia —porque ya no le prestas atención—, puedes reparar en la existencia de distintas frecuencias, todas cargadas de información, que te brindan acceso a dimensiones desconocidas.

De manera que, si accedes a una región que trasciende los sentidos y te despliegas como pura consciencia en el campo de la energía unificada, podrás percibir numerosas realidades posibles. (Ya sé que cuesta digerirlo todo de una vez, así que quédate con eso de momento. Si ahora mismo te sientes desorientado, significa que estás a punto de aprender algo nuevo.)

Cuando afirmo que según te desplazas por el tiempo percibes el espacio o los espacios, me refiero a todas las dimensiones *posibles* y las realidades *posibles*. Podríamos decir, pues, que en el tiempo-espacio la totalidad de espacios o dimensiones existe en el tiempo infinito. Eso, precisamente, es el campo unificado: el reino de la posibilidad, lo desconocido y de las realidades en potencia, todo lo cual habita un instante interminable que abarca todos los tiempos.

Vamos a plantearlo de otro modo. Todas las personas que conozco se quejan siempre de tener muchas cosas que hacer y muy poco tiempo. Seguramente también es tu caso. Si tuvieras más tiempo, podrías disfrutar de más experiencias, hacer más cosas y conseguir más resultados, lo que equivale a decir que disfrutarías de más oportunidades y sacarías más partido a la vida.

Ahora imagina que existe un volumen de tiempo infinito (porque el pasado y el futuro han desaparecido, de manera que el tiempo ha dejado de correr) y tú puedes disponer de todo el que necesites. ¿Verdad que en ese caso tendrías a tu alcance incontables experiencias, lo que equivaldría a vivir muchas vidas? Podríamos decir, pues, que dispondrías de un número infinito de vivencias, equivalentes a tu capacidad de imaginación. Dicho de otro modo:

- Si el tiempo es eterno, esa eternidad puede albergar un sinfín de espacios.
- Si lo alargamos aún más o creamos más tiempo, tendrá capacidad para más espacios todavía.
- Si el tiempo es infinito, entonces puede dar cabida a un número inagotable de espacios, lo que equivale a decir infinitas posibilidades, realidades, dimensiones y experiencias.

En el campo cuántico no hay diferencia entre pasado y futuro, porque todo lo que *es* existe en la eternidad del momento presente. Y si todo lo que *es* se encuentra unificado o conectado en el campo cuántico, en ese caso las infinitas frecuencias albergan información sobre todas las personas, toda la materia, todos los objetos, todos los espacios y tiempos. Así pues, a medida que tu consciencia se funde con la energía del campo unificado, pasas de ser un cuerpo a no serlo, y de ahí a ser todos; de la consciencia de ser alguien pasas a la de ser nadie, y de ahí a la de ser todo el mundo; de la consciencia de tener algo pasas a la de no tener nada, y de ahí a la de tenerlo todo; de la consciencia de estar en alguna parte pasas a la de no estar en ninguna, y de ahí a la de estar en todas partes; y de la consciencia de estar en cierto tiempo pasas al sin tiempo, y de ahí a la de experimentar todos los tiempos. (Ver figura 11.6.)

PERDERSE EN LA NADA
PARA DEVENIR TODO

Realidad del mundo material y tridimensional newtoniano	El umbral al universo cuántico como pura consciencia	Realidad del campo unificado, inmaterial y pentadimensional
Consciencia de:	*Consciencia de:*	*Consciencia de:*
Ser un cuerpo *Ser alguien* *Tener algo* *En alguna parte* *En algún momento*	*No ser materia* *No ser nadie* *No tener nada* *En ninguna parte* *En el sin tiempo*	*Toda materia* *Toda identidad* *Tenerlo todo* *En todas partes* *En todo momento*

Figura 11.6

Cuando tu consciencia se une a la del campo unificado y te sumerges todavía más en él, te conviertes en la consciencia de toda materia, toda identidad, todo, en todas partes y en todo momento. En este reino no existe separación entre dos puntos de consciencia, tan sólo unidad.

El átomo: realidad y ficción

Para ayudarte a entender cómo está constituido el campo cuántico, primero tenemos que revisar las características del átomo. El átomo es materia reducida a su mínima unidad y vibra en una frecuencia muy alta. Si pudiéramos pelar el átomo como si fuera una naranja, encontraríamos un núcleo y esas partículas subatómicas que conocemos como protones, neutrones y electrones, pero lo que hallaríamos sobre todo sería un 99,999999999999 por ciento de espacio vacío o energía, como ya hemos comentado anteriormente.

Echa un vistazo a la figura 11.7. A la izquierda vemos el modelo clásico de átomo tal como nos lo enseñaban en el instituto, aunque ese modelo ha quedado desfasado. En realidad, los electrones no se desplazan en órbitas fijas alrededor del núcleo como planetas que orbitasen alrededor del Sol. En vez de eso, como puedes ver a la derecha, el espacio que rodea el núcleo es más bien un campo invisible o una nube de información. Y, como ya sabemos, toda información consta de luz, frecuencia y energía. Para que te hagas una idea de hasta qué punto son pequeñas esas partículas subatómicas, imagina que ampliásemos un átomo al tamaño de un Volkswagen Escarabajo. Pues el electrón equivaldría a un guisante que tendría a su disposición un espacio de unos ciento cuarenta mil kilómetros cuadrados: dos veces el tamaño de Cuba. Eso es mucho vacío para un electrón, ¿verdad?

COMPARACIÓN ENTRE EL MODELO CLÁSICO Y EL MODELO CUÁNTICO DE UN ÁTOMO

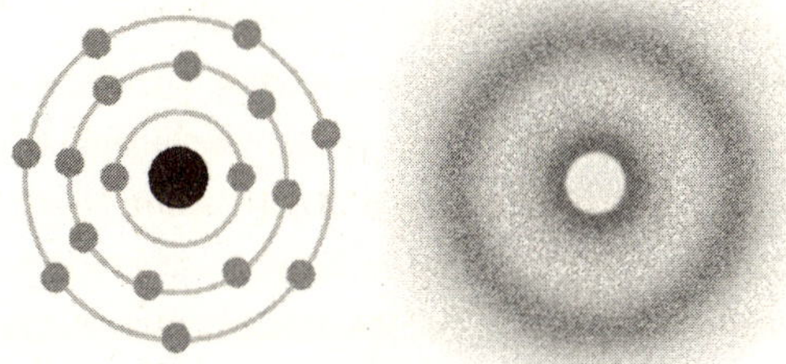

Figura 11.7

El modelo clásico del átomo, que muestra a los electrones girando en órbita alrededor del núcleo central, ha quedado desfasado. Los electrones existen en cuanto que ondas de probabilidad en una nuble invisible de energía que rodea el núcleo. En consecuencia, el átomo es ante todo energía inmaterial y muy poca materia.

Según el principio de la incertidumbre de Heisenberg, nunca sabemos en qué lugar de la nube aparecerá el electrón, pero aparece, y surge de la nada. Por eso, seguramente, la física cuántica resulta tan emocionante e imprevisible. El electrón no siempre es materia física; más bien existe en cuanto que energía o probabilidad de una onda. Sólo aparece si un *observador* lleva a cabo un *acto de observación*. Una vez que el observador (la mente) lo busca, el acto de observación (la energía dirigida) provoca que toda esa energía en potencia se exprese en forma de electrón (materia); es decir, de un reino de posibilidades infinitas (lo desconocido) surge algo cognoscible. Se convierte en un cuerpo localizado en el espacio y en el tiempo. Y cuando el observador ya no está observando, el electrón se transforma de nuevo en posibilidad; ésa es la función de la onda. Dicho de otro modo, vuelve a ser energía y retorna al ámbito de lo desconocido, donde se rige por otras leyes. Cuando el electrón se transforma otra vez en energía y posibilidad, pierde la capacidad de localizarse. En el reino del cuanto, mente y materia son indivisibles. En consecuencia, si las leyes newtonianas definen el mundo de lo predecible, el cuanto es el mundo de lo imprevisible.

Cuando cerramos los ojos para meditar y abrimos el foco de atención hacia el espacio infinito, eso es exactamente lo que estamos haciendo: nos convertimos en el observador. Desplazamos la atención hacia la energía, el espacio, la información y la posibilidad en detrimento de la materia. Somos menos conscientes del ámbito material y más del inmaterial. Invertimos la energía en lo impredecible y lo desconocido desviándola de lo predecible y lo conocido. Y cada vez que lo hacemos nos orientamos un poco mejor por el campo unificado.

Antes de continuar, vamos a repasar brevemente lo que acabamos de aprender. Vuelve a mirar un momento la figura 11.8. El mundo tridimensional newtoniano está formado de objetos, personas, lugares, materia, partículas y tiempo (básicamente, todo aquello que conocemos del mundo externo), y en este universo hay más espacio que tiempo. Como cuerpos que somos, usamos los sentidos para definir este infinito que habitamos, un universo de formas, estructuras, dimensiones y densidad. Es el ámbito de lo conocido y previsible.

ESPACIO-TIEMPO ÁMBITO DEL ESPACIO INFINITO MUNDO NEWTONIANO	EL NEXO DEL CUANTO EL PUENTE
• *Universo tridimensional* • *Altura, anchura, profundidad* • *Densidad, forma, estructura* • *Materia, partículas: cuerpos, personas, cosas, lugares, tiempo* • *El tiempo es lineal: pasado-presente-futuro* • *Los sentidos generan separación dualidad, polaridad, localidad* • *Localidad: cuerpos, personas, cosas ubicados en un espacio y un tiempo* • *Lo conocido-predecible* • *Consciencia de:* SER UN CUERPO SER ALGUIEN TENER ALGO EN ALGUNA PARTE EN ALGÚN MOMENTO	*Consciencia de:* SER INMATERIAL SER NADIE TENER NADA EN NINGÚN LUGAR EN UN SIN TIEMPO VELOCIDAD DE LA LUZ 

Figura 11.8

Resumen del espacio-tiempo en el mundo newtoniano tridimensional y del puente que nos permite acceder al ámbito del tiempo-espacio del mundo cuántico pentadimensional.

Como percibimos el universo material a través de los sentidos, la información se registra en forma de patrones que asociamos con estructuras preestablecidas. A través de este proceso, el entorno exterior deviene conocido. También a través de este proceso nos identificamos con un cuerpo y una identidad que posee objetos en algún lugar y en cierto tiempo. Para concluir, puesto que percibimos el universo a través de los sentidos, nos percibimos como algo separado de éste; en consecuencia, habitamos un mundo de dualidad y polaridad.

ESPACIO-TIEMPO ÁMBITO DEL TIEMPO ETERNO **MUNDO CÚANTICO**	POSIBILIDADES **INFINITAS Y DESCONOCIDAS**
• *Multiverso pentadimensional* • *No-localidad, sin forma, sin estructura* • *Antimateria, ondas: energía y consciencia, frecuencia e información, vibración y pensamiento* • *El tiempo es infinito, eterno, no lineal* • *Todo sucede en el eterno ahora* • *La ausencia de sentidos crea plenitud, unidad, totalidad, conexión, posibilidades* • *Lo desconocido-impredecible* • *Consciencia de:* TODA LA MATERIA TODO EL MUNDO TENERLO TODO EN TODAS PARTES EN TODO MOMENTO	*Consciencia de:* SER CUALQUIER MATERIA SER CUALQUIERA TENER CUALQUIER COSA EN CUALQUIER PARTE EN CUALQUIER MOMENTO

Figura 11.9

Resumen del tiempo-espacio en la realidad pentadimensional del mundo cuántico.

Ahora vuelve a mirar la figura 11.9. Si el mundo newtoniano es un ámbito material que se define a través de los sentidos, en el mundo cuántico sucede a la inversa. Se trata de un mundo *inmaterial* definido por la *ausencia de sentidos*; dicho de otro modo, allí no hay nada con base sensorial, ni materia. Mientras que el mundo newtoniano se basa en hechos conocidos y predecibles como materia, partículas, personas, lugares, cosas, objetos y tiempo, ésta es una dimensión impredecible compuesta de luz, frecuencia, información, vibración, energía y consciencia.

Si nuestro mundo tridimensional es un ámbito de materia, donde hay más espacio que tiempo, el mundo cuántico se compone de *antimateria*; allí abunda más el tiempo que el espacio. Y como hay más tiempo que espacio, todas las posibilidades existen en la eternidad del momento presente. Mientras que el mundo tridimensional en el que vivimos nos ofrece una sola realidad, el mundo cuántico es un multiverso que alberga múltiples realidades. En el espacio-tiempo la realidad se basa en la separación, pero en el mundo cuántico o campo unificado se basa en la unión, la conexión, la totalidad y la unidad (no-localidad).

Para poder desplazarnos del universo espaciotemporal de lo conocido (tridimensional) —un universo compuesto de materia en el que experimentamos dualidad y polaridad— al multiverso temporoespacial de lo desconocido (pentadimensional) —una región donde la luz, la información, la frecuencia, la vibración, la energía y la consciencia sustituyen a la materia—, tenemos que cruzar un puente. Ese puente es la velocidad de la luz. En el momento en que devenimos pura consciencia y nos convertimos en una entidad sin cuerpo, sin identidad, sin materia, ajenos al espacio y al tiempo, cruzamos el umbral que comunica la materia con la energía.

Cuando Einstein presentó la ecuación $E=mc^2$ en su teoría de la relatividad especial, demostró matemáticamente por primera vez en la historia de la ciencia que la energía y la materia están relacionadas. Lo que transforma la materia en energía es la velocidad de la luz: cualquier objeto material que viaje a una velocidad superior a la de la luz abandona la realidad dimensional para transformarse en energía inmaterial. En otras palabras, en el mundo tridimensional, la velocidad de la luz es el umbral más allá del cual la materia —o cualquier objeto físico— pierde su forma. «Nada» puede sobrepasar la velocidad de la luz, ni siquiera la información. Todo aquello que viaje de un punto a otro a menor velocidad que la luz precisará tiempo. De ahí que la cuarta dimensión sea el tiempo, el nexo que conecta el mundo tridimensional con el pentadimensional y más allá. Si algo sobrepasa la velocidad de la luz, desaparece el tiempo y la separación entre dos puntos de consciencia, porque «todo» lo material se transforma en energía. Este mecanismo nos permite viajar de las tres dimensiones a las cinco dimensiones, de un universo al multiverso, de esta dimensión a todas las dimensiones.

Te pondré un ejemplo para que entiendas mejor esta idea tan compleja. El físico francés Alain Aspect llevó a cabo un famoso experimento de física cuántica a principios de la década de 1980 conocido como la prueba de Bell.[55] Para llevarlo a cabo, los científicos entrelazaron dos fotones con el fin de vincularlos. A continuación enviaron los dos fotones en direcciones opuestas para crear distancia y espacio entre ambos. Cuando hicieron los ajustes necesarios para que un fotón desapareciera, el otro se esfumó en el mismo momento exacto. Este experimento se considera crucial para el desarrollo de la física cuántica, porque demostraba que la teoría de la relatividad de Einstein no era del todo correcta.

55. A. Aspect, P. Grangier y G. Roger, «Experimental Realization of Einstein-Podolsky-Rosen-Bohm Gedankenexperiment: A New Violation of Bell's Inequalities», *Physical Review Letters*, vol. 49, n.º 2, 1982, págs. 91-94; A. Aspect, J. Dalibard y G. Roger, «Experimental Test of Bell's Inequalities Using Time-Varying Analyzers», *Physical Review Letters*, vol. 49, n.º 25, (1982), págs. 1804-1807; A. Aspect, «Quantum Mechanics: To Be or Not to Be Local», *Nature*, vol. 446, n.º 7138, 19 de abril de 2007, págs. 866-867.

La prueba evidenció que existe un campo de información unificador, más allá del espacio y el tiempo tridimensional, que vincula la materia. Si dos partículas de luz no estuvieran conectadas por energía invisible, haría falta tiempo para que la información viajara de un punto ubicado en el espacio a otro punto ubicado en el espacio. Según la teoría de Einstein, si una partícula desaparecía, la otra debería hacerlo un instante más tarde; a menos que ocuparan el mismo espacio simultáneamente. Aun si el segundo fotón hubiera recibido la información un milisegundo más tarde, el tiempo habría tenido un papel crucial en la transmisión de la información. El desfase temporal habría confirmado que el techo de la realidad física es la velocidad de la luz y que todos los objetos materiales que existen están separados.

Sin embargo, como las dos partículas desaparecieron en el mismo instante exacto, la prueba demostró que toda la materia —cuerpos, personas, cosas, objetos y lugares— e incluso el tiempo se encuentran conectados por frecuencia e información en una región que trasciende el tiempo y la realidad tridimensional. Más allá de la materia, «todo» está unificado en un absoluto. La información viajó entre los dos fotones de manera no local. Habida cuenta de que no hay separación entre dos puntos de consciencia en la realidad pentadimensional, el tiempo lineal no existe. El tiempo es (los tiempos son) uno.

El místico y físico cuántico David Bohm definió el universo del cuanto como «el orden implicado en el que todo está conectado». Se refirió al ámbito material de la separación como el orden explícito.[56] Si vuelves a mirar las figuras 11.8 y 11.9, te resultará más fácil entender las diferencias entre ambos mundos.

---

56. D. Bohm, *Wholeness and the Implicate Order* volumen 135, Nueva York, Routledge, 2002 [Edición en castellano: *La totalidad y el orden implicado*, Barcelona, Kairós, 2016].

Cuando dejas de prestar atención al cuerpo, a la identidad, a algo ubicado en un lugar y un tiempo para devenir un ser sin materia, sin identidad, sin posesiones, al margen del tiempo y del espacio, devienes pura consciencia. Tu presencia se funde con el campo unificado —compuesto tan sólo de consciencia y energía— donde conectas con la consciencia ordenadora de toda la materia, todos los seres, todas las cosas, en todo lugar y en todo momento. Así pues, según tu consciencia (al margen de los sentidos) accede a este campo unificador donde la separación, sencillamente, no existe y se sumerge aún más en el vacío o negrura, la distancia entre ésta y el campo unificado se esfuma, porque nada físico existe allí. Y si consigues estar aún más presente y continúas prestando atención a la vivencia, si inviertes en ella toda tu energía y atención para acercarte todavía más, experimentas menos separación y más plenitud.

Y por último, como la eternidad del momento presente reina en el campo unificado, porque el tiempo lineal no tiene cabida allí (tan sólo el tiempo absoluto), la consciencia y la energía que observa la materia para darle forma mora en ese ahora eterno. De ahí que, si quieres conectar con el campo e integrarte con él, tendrás que sumirte completamente en el instante presente también. Si revisas la figura 11.10, verás cómo puedes borrar tu propia consciencia individual y aislada para experimentar la totalidad del campo unificado.

Una última observación acerca de la velocidad de la luz. En esta región material, la luz visible es una frecuencia basada en la polaridad (electrones, positrones, fotones…). Si te adelantas hasta la figura 11.11, realizada a escala, verás que más o menos a un tercio de la imagen empezando por la frecuencia más baja se produce la división de la luz. Por encima de esta onda o frecuencia la materia se transforma en energía y singularidad, mientras que por debajo se encuentran la división y la polaridad. Cuando la división de la luz se lleva a cabo, fotones, electrones y positrones se manifiestan, porque el campo de luz visible alberga la pauta de información de la materia como frecuencia organizada en patrones de luz. En este punto, donde la luz se divide, se produjo el Big Bang: allí donde la singularidad deviene dualidad y polaridad, y donde el universo apareció por fin como información y materia organizada. De ahí que ese vacío sea negrura eterna: carece de luz visible.[57]

Como la materia vibra a una frecuencia tan baja, para entrar en el tiempo-espacio del campo unificado no puedes llevar tu cuerpo contigo, así que tendrás que dejarlo atrás. No puedes llevar tu identidad contigo, así que tendrás que convertirte en nadie. No puedes llevarte tus cosas contigo, así que deberás renunciar a ellas. No puedes estar en parte alguna, de manera que tendrás que llegar a ninguna parte. Y, por fin, si vives a partir de un pasado conocido o un futuro previsible basados en un tiempo lineal, para llegar al tiempo-espacio tendrás que experimentar la ausencia de tiempo. ¿Y cómo se hace? Debes enfocar la atención en el campo unificado; no a través de los sentidos, sino desde la presencia. Y a medida que transformes tu consciencia, elevarás tu energía. Cuanto más consciente seas del campo unificado, más te alejarás de la separación que caracteriza a la materia y más cerca estarás de la unidad.

Y por fin llegarás al cuanto o campo unificado, el universo de la información que nos conecta a toda la materia, todos, todo, en todas partes y en todo momento.

---

57. I. Bentov, *Stalking the Wild Pendulum: On the Mechanics of Consciousness*, Nueva York, E. P. Dutton, 1977; Ramtha, *A Beginner's Guide to Creating Reality*, Yelm, WA, JZK Publishing, 2005 [Edición es español: *Guía del iniciado para crear la realidad*, Madrid, Arkano Books, 2008].

EL VIAJE A LA UNIDAD

Cuando colapsan dos puntos de consciencia, experimentamos menos separación y más unidad. Si nuestra consciencia se funde con la del campo unificado (según nos acercamos a él), experimentamos la ausencia de tiempo y espacio.

REALIDAD MATERIAL: *Atención dirigida al exterior*

Materia
Alguien
Algo
En alguna parte
En algún tiempo

Observador omnipresente, fuente de energía, campo unificado

CONSCIENCIA PURA: *Atención dirigida al momento*

No materia
Nadie
Nada
Sin espacio
Sin tiempo

Estamos presentes en ella

CONSCIENCIA INTEGRADA: *El paso de la ausencia de espacio y tiempo a todos los espacios y tiempos*

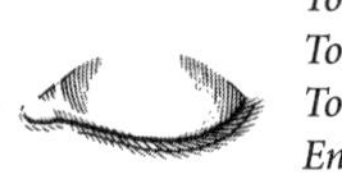

Toda materia
Todos
Todo
En todas partes
En todo momento

Según nos acercamos, devenimos ella

Figura 11.10

Cuanto más centramos la atención en el mundo exterior, habitando esta realidad tridimensional como un cuerpo dotado de una identidad que posee algo en alguna parte y en algún momento, más carencia y separación experimentamos. Según retiramos la atención de la realidad externa para enfocarla en el mundo interno, en el instante presente, nuestra consciencia se alinea con la del campo unificado y estamos más presentes en él. A medida que nos sumergimos más profundamente en el campo unificado como pura consciencia, menos vacío y separación experimentamos y más unidad e integración. Si no existe separación entre dos puntos de consciencia, el tiempo y el espacio desaparecen… para convertirse en todos los tiempos y todos los espacios. En consecuencia, cuanto más integrados nos sintamos y menos carencia experimentemos, mayor será nuestra sensación de que el futuro ya se ha producido. En ese caso ya no estamos creando desde la dualidad, sino desde la unidad.

El campo unificado: cómo ser toda la materia, todos, todo, en todas partes, en todo momento

La materia es sumamente densa. A causa de esa densidad, vibra en la frecuencia más baja de todo el universo. En la figura 11.11 verás que, si elevas la frecuencia de la materia acelerándola más y más, se convierte en energía. En cierto punto, justo por encima del espectro de luz visible —por encima del ámbito de la dualidad y la polaridad—, cualquier información sobre la materia se transforma en energía más unificada. Como puedes ver, cuanto más alta es la frecuencia, más ordenada y coherente se torna la energía. En ese nivel de frecuencia y energía, la dualidad y la polaridad desaparecen. Llamamos a este fenómeno «amor» o «integración», porque la división y la separación dejan de existir. En ese punto se encuentran lo positivo y lo negativo, se unen lo masculino y lo femenino, el pasado y el futuro se funden, el bien y el mal pierden su razón de ser. Allí ya no se aplican los conceptos «correcto» e «incorrecto». Los opuestos devienen uno.

Según sigues ascendiendo por la escala que te aleja de la materia y la separación, vas experimentando un grado cada vez mayor de plenitud, orden y amor. La armonía de esta energía coherente transporta información, y esa información contiene más y más amor. Si sigues acelerando la materia, por fin vibrará a una frecuencia tan rápida que se convertirá en una línea recta. Esa línea alberga infinitas frecuencias, lo que implica también infinitas posibilidades. Se trata del campo punto cero, o punto de singularidad del cuanto: un campo de información omnipresente y ubicuo que existe como energía y frecuencia y que ordena toda la realidad desde un solo punto.

DE PENSAMIENTO A ENERGÍA A MATERIA

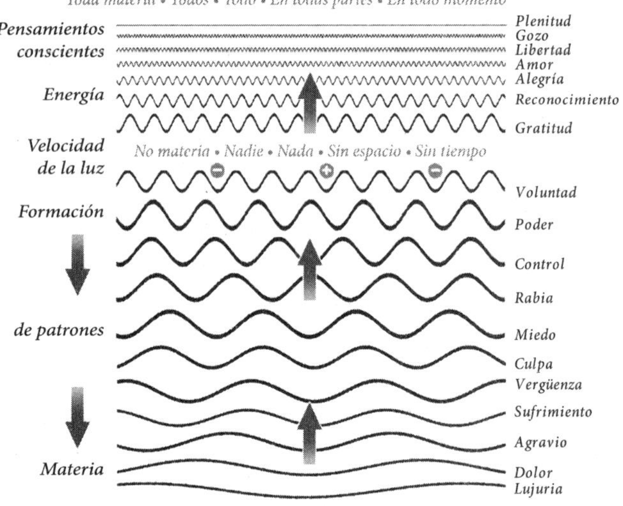

Figura 11.11

Todo comienza con un pensamiento consciente. Según la frecuencia del pensamiento consciente baja, la energía también lo hace, hasta que por fin adopta una forma y deviene materia.
A la frecuencia de la velocidad de la luz, el gesto de la materia adopta un patrón para tornarse estructura. A la velocidad de la luz, la energía se divide en polaridad o dualidad y se crean los positrones, los electrones… Por encima de la velocidad de la luz, el orden es mayor y eso aumenta el grado de integración.
Según viajamos de la consciencia a la materia para trascendernos a nosotros mismos, enfocando la atención hacia dentro y hacia el campo unificado, vamos dejando atrás el plano de la luz visible. Es entonces cuando nos convertimos en no-materia, nadie, nada, en ninguna parte y en ningún momento. En esta región, siendo pura conciencia, captamos otras dimensiones, otras realidades y otras posibilidades. Habida cuenta de que la frecuencia alberga información y que hay infinitas frecuencias en el cuanto, experimentamos otros planos.

Si miras las fechas que se desplazan desde la materia hasta el campo unificado —la línea recta de la parte superior— y que representan todas las posibilidades, advertirás que debes viajar a través de las frecuencias más bajas, que representan distintos niveles de pensamientos y emociones. Mira los niveles de consciencia que deberás atravesar para llegar a la plena unidad y comprenderás por qué muchos abandonan a mitad del viaje.

Podríamos referirnos a esa línea recta como la mente de Dios, la consciencia unitaria, la fuente de energía o la nomenclatura que quieras adoptar para definir el principio por el cual el universo se organiza a sí mismo. En ese lugar, todas las posibilidades existen en el plano del pensamiento: la fuente definitiva de inteligencia amorosa y un amor creador que da forma a la realidad física a través de la observación. En consecuencia:

- Cuanto más alta es la frecuencia que experimentamos, mayor es la energía.
- Cuanta mayor energía, más información a nuestro alcance.
- Cuanta más información, mayor es el grado de consciencia.
- Cuanto mayor grado de consciencia, más aumenta la presencia.
- Cuanta mayor presencia, más se despliega la mente.
- Cuanto más se despliega la mente, mayor es nuestra capacidad para influir en la materia.

En la jerarquía de las leyes universales, las leyes cuánticas vencen a las newtonianas (o clásicas). De ahí que Einstein dijera: «El campo es el único gobierno de la partícula», pues el campo cuántico gobierna, organiza y unifica las leyes de la naturaleza, y constantemente ordena la energía creando forma a partir de patrones de luz. Basta mirar la naturaleza aquí, en este planeta, para advertir cómo la secuencia de Fibonacci, también conocida como la proporción áurea (una fórmula matemática que aparece una y otra vez en la naturaleza para crear orden y coherencia), aporta organización a la materia. Es el campo punto cero, hecho de posibilidades o pensamientos (porque los pensamientos son posibilidades), el que reduce su propia frecuencia para generar forma y estructura.

El campo unificado es una inteligencia organizada en sí misma que produce orden y forma en el mundo material a través de la observación. Cuanto mayor sea tu capacidad para aceptarlo, más te acercarás a él, más te unirás a él, menos separación y carencia experimentarás y más pleno e integrado te sentirás. Cuando tú, en cuanto que consciencia, te despliegas en esa región infinita de posibilidades, empiezas a notar la conexión con la consciencia de toda materia, todos, todo, en todo momento, en todo lugar, incluida la de tus sueños del futuro. Como la consciencia es presencia y la presencia consiste en prestar atención, el primer paso para captar el campo unificado consiste en ser consciente de su existencia, porque si no lo eres, no existe. Así pues, cuanta más atención prestes a este campo, más consciente serás de su realidad.

Sin embargo, debo hacerte una advertencia. Como ya hemos visto, la única manera de acceder al ámbito de la pura consciencia es transformarse en presencia también; dicho de otro modo, a esta región de pensamiento únicamente se puede acceder con el pensamiento. Eso significa que tendrás que trascender tus sentidos, desviar la atención de la materia y las partículas para enfocarla en la energía o la onda. Si eres capaz de desplegarte en este ámbito invisible e inmaterial de negrura infinita y ser consciente de que eres presencia ante una presencia mayor, tu consciencia se fundirá con esa otra, más grande.

Si lo consigues, si logras retirarte a un lado y permanecer en este campo sin forma y sin identidad, si puedes ponerte en las manos de ese amor creador —la misma inteligencia innata que organiza el universo y te da la vida—, te consumirá. Esta inteligencia amorosa es tanto personal como universal, está dentro de ti y a tu alrededor, y cuando te consuma creará y restaurará el orden y el equilibrio en tu anatomía, porque su naturaleza la induce a organizar la materia de manera más coherente. Cruzarás el ojo de la aguja, y al otro lado ya no vas a encontrar separación entre dos puntos de consciencia. Tan sólo una misma presencia o unidad. Es allí donde existen todas las posibilidades.

Y como estás en los dominios de la consciencia, pensamiento, información, energía y frecuencia, el puente que discurre del espacio-tiempo al tiempo-espacio es el paso de tener un cuerpo, ser alguien, tener algo, en algún lugar y en algún momento a ser no-materia, nadie, no tener nada, en ningún lugar y en el no-tiempo. He ahí el nexo, el umbral al campo cuántico o unificado (vuelve a mirar las figuras 11.8 y 11.9).

En esta región de infinitas posibilidades por descubrir, te aguardan ilimitadas experiencias y futuros en potencia. Despídete de las viejas situaciones que has vivido una y otra vez. Al fin y al cabo, ¿no nos referimos a eso cuando hablamos de lo desconocido? Una incógnita no es más que una posibilidad que existe en forma de pensamiento. Cuando entras, a través del pensamiento, en este universo de pura inteligencia, el único límite es tu imaginación. Ahora bien, si cuando estás en este ámbito de pensamiento te sorprendes a ti mismo pensando una y otra vez en tu cuerpo, en alguien, en algo, en algún lugar o tiempo *conocido*, tu consciencia (y, en consecuencia, tu energía) retornará a la vieja realidad de este espacio-tiempo tridimensional; regresará al ámbito de la separación.

Habida cuenta de que cada uno de tus pensamientos vibra en una frecuencia, en cuanto empieces a pensar en el dolor de tu cuerpo, en la evolución de tu enfermedad, en los problemas del trabajo, en las diferencias con tu madre o en las tareas que debes llevar a cabo en las próximas horas o días, regresarás al mundo tridimensional. Tu consciencia viajará al reino de lo material y tus pensamientos vibrarán en una frecuencia equivalente a materia y partículas (vuelve a mirar la figura 11.10). Tu energía descenderá al nivel del mundo físico tal como lo conoces, así que perderás capacidad para influir en tu realidad personal. Estarás vibrando otra vez como materia, y ya sabemos adónde te lleva eso.

Según tu frecuencia desciende a planos más densos, te alejas más y más del campo unificado; y en ese caso experimentas separación. De ser así, si tus sueños existen en cuanto que pensamientos en el campo unificado, vas a tardar mucho tiempo en verlos materializados.

Si estás pensando en tu cuerpo, en alguien, en algo, en algún lugar o momento, no trasciendes tu identidad, que ha sido modelada por la totalidad de tus experiencias pasadas. Continúas, literalmente, instalado en los mismos recuerdos de siempre, pensamientos habituales y emociones reflejas que asocias con personas y objetos de ciertas épocas y lugares de tu realidad conocida, lo que implica que tu atención y energía se encuentran centradas en tu realidad personal pasado-presente. Tus pensamientos reflejan tu identidad, así que tu vida seguirá siendo la misma. Eres la personalidad de siempre tratando de crear una nueva realidad personal.

Cuando digo que debes trascenderte a ti mismo, me refiero a que olvides tu *ser*; que desvíes la atención de tu personalidad y de tu realidad pasada. Cabe concluir, pues, que si quieres sanar tu cuerpo tendrás que trascender ese mismo cuerpo. Para crear algo nuevo en tu vida, tendrás que olvidar la vieja vida de siempre. Para solucionar algún problema de tu entorno externo, tendrás que avanzar más allá de tus recuerdos y de las emociones asociadas a ellos. Y si quieres generar acontecimientos nuevos e inesperados, deberás dejar de anticipar inconscientemente un futuro predecible, basado en los recuerdos del pasado. Tendrás que alcanzar un nivel de consciencia mayor que la consciencia que creó esas realidades.

En el campo unificado no hay lugar adonde ir, porque ya estás en todas partes; no hay objeto que desear, porque te sientes tan pleno y completo que no necesitas nada; no cabe juzgar a nadie, porque tú eres todos; y no precisas convertirte en otro, porque el otro eres tú. ¿Y por qué preocuparte por la falta de tiempo, si habitas una región donde el tiempo es infinito?

Cuanto más completo te sientes y menos carencia experimentas, menos ansías. ¿Cómo vas a querer algo, o a sentir carencia, si eres un ser completo? Y cuando se reduce la sensación de carencia desciende también la necesidad de crear desde la dualidad, la polaridad y la separación. ¿Qué sentido tiene querer algo cuando lo tienes todo? Cuando creas desde la plenitud, te embarga la sensación de que ya posees eso que deseas. El ansia, el intento, el deseo, la predicción, la lucha y la esperanza dejan de existir. Al fin y al cabo, la esperanza es un mendigo. Cuando creas desde un estado de plenitud, únicamente existen el saber y la observación. Ésa es la clave para materializar una realidad: sentirse conectado, no separado.

Si el tiempo, en tu mundo tridimensional, se crea por la ilusión del espacio que discurre entre dos objetos o puntos de consciencia, cuanto más integrado te sientas en el campo unificado, menos distancia percibirás entre los objetos materiales y tú. Cuando tu consciencia se funde o se conecta en mayor grado con el campo cuántico —el reino de la integración y la unidad—, la separación entre los puntos de consciencia se esfuma. La plenitud se refleja entonces en tu biología, tus reacciones químicas, tus circuitos, tus hormonas, tus genes, tu corazón y tu cerebro, devolviendo así el equilibro a todo tu organismo. Una frecuencia o energía más elevada circula ahora por tu sistema nervioso autónomo; un sistema que constantemente te da la vida y cuya función es crear orden y equilibrio. La nueva energía transporta un mensaje de integración y, a consecuencia de ello, eres más *sagrado*. Cuanto más elevada sea la vibración que experimentes, menos tardará en manifestarse en este espacio-tiempo tridimensional.

Como comentábamos al principio de este capítulo, si disminuyes el espacio entre dos puntos de consciencia, colapsas el tiempo. Cuando esa ilusión de separación deja de existir, percibes menos espacio entre tu persona (una identidad que vive en un cuerpo, en un entorno físico, en el tiempo lineal) y el resto de las personas, objetos, lugares y materia, e incluso tus sueños. En consecuencia, según te acerques al campo unificado, más conectado te sentirás con todo y con todos.

Tú, en cuanto que consciencia, estás en el reino de la unidad y, como no hay separación, el tiempo es eterno. Y recuerda: cuando el tiempo es infinito, hay espacios infinitos, dimensiones posibles y realidades que experimentar. Estarás allí donde «pienses» que estás, serás quienquiera que «creas» ser. De hecho, no tendrás que esforzarte por crear nada porque ya existe como pensamiento en el ámbito de todos los pensamientos. Basta con que seas consciente de ello y lo manifiestes por propia experiencia a fuerza de observación.

Echa un vistazo a la figura 11.12 antes de continuar. Cuando desplazas la atención del cuerpo a la no-materia y de ahí a toda la materia, puedes crear cualquier cuerpo. Cuando pasas de vivir como alguien a no ser nadie y de ahí a ser todos, puedes convertirte en cualquiera. Según desvías la atención de una cosa, entras en el reino de la nada, te fundes con todo y, en consecuencia, puedes poseer cualquier cosa. Y si desplazas la presencia de algún lugar a ninguna parte, estarás en todas partes y podrás vivir donde quieras. Y, por fin, si tu consciencia viaja de un tiempo al sin tiempo para descubrir el siempre, puedes desplazarte a cualquier momento.

A eso lo llamo yo ser sobrenatural.

En los talleres que imparto por todo el mundo, me he esforzado durante muchos años en enseñar a mis alumnos a trascenderse a sí mismos. Ahora sé que el primer paso del proceso radica en dominar el cuerpo, superar los condicionantes del entorno externo y trascender el tiempo. Cuando lo consiguen, les falta muy poco para experimentar el campo unificado. Cuando llegan al nexo, sin embargo, tengo que decirles que aún hay más por experimentar.

Realidad del mundo newtoniano material y tridimensional	*La puerta al cuanto como pura consciencia*	*Realidad del campo unificado inmaterial y pentadimensional*	*Reino de las posibilidades ilimitadas*
Consciencia de:	*Consciencia de:*	*Consciencia de:*	*Consciencia de:*
Ser un cuerpo *Ser alguien* *Tener algo* *En alguna parte* *En algún momento*	*No-materia* *Ser nadie* *Tener nada* *En ninguna parte* *En el sin tiempo*	*Ser toda materia* *Ser todos* *Tener todo* *En todas partes* *Siempre*	*Ser cualquier materia* *Ser cualquiera* *Tener cualquier cosa* *En cualquier parte* *En cualquier momento*

Figura 11.12

Una vez que adquirimos la consciencia de ser toda materia, todas las identidades, tener todas las cosas, en todas partes, en todo momento..., teóricamente, podemos crear cualquier materia, ser cualquiera, tener cualquier cosa, vivir en cualquier parte y habitar cualquier momento.

Si aprender significa generar nuevas conexiones sinápticas, cuanto más aprendes acerca de algo más capacidad tienes de apreciarlo, de ser consciente de ello y de experimentarlo, porque posees nuevas redes neuronales que te permitan disfrutarlo. Mediante el proceso de aprendizaje cambias y enriqueces tu experiencia, al fin y al cabo. Si no has aprendido nada nuevo, tu experiencia seguirá siendo la misma, por cuanto percibes la realidad a través del mismo circuito neuronal que antes. El conocimiento es el precursor de las nuevas vivencias.

A mí, por ejemplo, me encanta el vino tinto, y cada año organizo visitas turísticas a varios lugares del mundo relacionadas con el vino. Muchas de las personas que participan en esas excursiones me dicen, al comienzo, que no «saben» nada de vino. Mi interpretación de ese comentario es que seguramente nunca han aprendido nada acerca de la uva fermentada, o quizás que su exposición a ésta ha sido escasa. Lo que pasa en realidad es que, como poseen conocimientos limitados y pocas experiencias del pasado, su cerebro carece de las herramientas neuronales necesarias para percibir el sabor o los matices. Podríamos decir, pues, que, sencillamente, no saben qué buscar para disfrutar de la experiencia.

Ahora bien, ¿qué pasa cuando aprenden cómo se produce el vino y entienden su historia, el tipo de uvas que se emplean y por qué se escogen ésas y no otras? Si les explicas todo eso y luego descubren cómo se almacena el vino en toneles de roble, durante cuánto tiempo y por qué, empiezan a familiarizarse con todo el proceso y van entendiendo por qué un vino en particular proporciona una experiencia tan placentera.

Esa información se refiere al proceso, pero luego toca aprender cómo disfrutar de ese vino una vez que está en la botella. Si no perciben el sabor a ciruela, las notas de cereza morada y pasas, los matices de la vainilla y del cuero, los aromas florales, los porcentajes de taninos y la diferencia entre un vino envejecido en barrica de roble o en tonel de acero durante más o menos tiempo, no saben qué buscar y no serán capaces de apreciar la vivencia en su totalidad. Sólo en el instante en que saben qué buscar y dónde poner la consciencia empiezan a disfrutar. Podríamos decir, pues, que la consciencia modifica la experiencia.

Sé que todo eso es verdad porque, en el transcurso de una semana, esas mismas personas que al principio decían no saber nada de vino o no apreciarlo se marchan con una impresión totalmente distinta. Tras pasar varios días aprendiendo y descubriendo qué buscar —tratando de estar presentes con cada cata y concentrándose en ciertos sabores y aromas, probando día tras día toda clase de vinos para averiguar qué les gusta y qué no, prestando atención constantemente y, en consecuencia, activando, programando y creando nuevas conexiones neuronales—, esas mismas personas tienen muy claro cuáles son sus vinos favoritos. En una semana alcanzan nuevos niveles de disfrute, consciencia y comprensión. Una vez más, la experiencia los ha transformado. Lo mismo sucede en relación con el campo unificado. Si no le prestas atención, no existe para ti. En cambio, cuanto más sabes acerca de éste y más comprendes qué debes buscar, más presencia le puedes dedicar y más aumenta tu fruición. Y ese gesto debería transformarte.

Desde el nacimiento te han enseñado a atender a la materia y no a la energía. Te han inducido a creer que precisas los sentidos para percibir la realidad; en otras palabras, si no ves, oyes, sientes, hueles, tocas o saboreas algo, no existe. Debido a eso, las personas tienden a colocar buena parte de su atención en la materia, los objetos y la partícula, mientras que apenas reparan en la energía, la información y la onda. Por ejemplo, no eres consciente de la existencia de tu dedo gordo del pie izquierdo a menos que le prestes atención. Siempre ha existido, pero tú no te dabas cuenta. En el instante en que le aplicas la consciencia, sin embargo, cobra vida. Lo mismo sucede con el campo unificado. Cuanto más consciente seas de su realidad, más presente estará en la tuya. Al concentrarse únicamente en la materia, las personas excluyen la posibilidad de sus vidas. Y la onda no es sino eso: la energía de la posibilidad. Para desplegar nuevas posibilidades en tu vida, tienes que fijarte en ellas.

Como la energía se concentra allí donde enfocas la atención, en el instante en que cobras consciencia de la existencia del campo unificado y le prestas atención, el campo se expande. Por ejemplo, cuando atiendes y eres consciente de un dolor, éste se agudiza, porque lo experimentas con más intensidad. Si te concentras aún más en ese malestar para percibirlo en toda su magnitud, se convierte en parte de tu vida. Lo mismo se aplica al campo unificado; si colocas la atención en él y adquieres mayor consciencia de su existencia, se expande. E, igual que el dolor del que hablábamos antes, si te concentras más y más en el campo, empieza a formar parte de tu vida.

El mero gesto de prestar atención al campo unificado —cobrar consciencia de que está ahí, advertirlo, experimentarlo, sentirlo, interactuar con él y estar presente en su realidad momento a momento— contribuye a que se manifieste y se despliegue en tu vida a diario. ¿Cómo se expresa y se multiplica? A través de lo inesperado:

azar afortunado, sincronicidades, oportunidades, coincidencias, suerte, estar en el lugar y en el momento adecuados e instantes repletos de transcendencia.

Si tuviera que describirlo a partir de mi experiencia, diría que el campo unificado es una inteligencia divina y amorosa y un amor creador que se encuentra dentro de nosotros y a nuestro alrededor, de tal modo que, cada vez que enfocas tu atención en él, cobras consciencia de la divinidad en tu interior y en tu entorno. Si te fijas en ella, la divinidad se expresará en tu vida más a menudo. Como la consciencia es presencia y la presencia implica prestar atención, cuando eres consciente de la divinidad y le prestas atención empiezas a fundirte con ella. Tu participación en ella misma te llevará, literalmente, a *ser* divinidad, y a medida que te sumerjas más y más en el campo unificado descubrirás más y más para explorar y experimentar.

Si miras nuevamente la figura 11.11 comprobarás cómo, según te vas acercando a la línea recta que representa la fuente de energía o unidad, más atento debes estar a ella y más consciente debes ser de su presencia para seguir avanzando. Cuando lo haces correctamente, como los sentimientos son el resultado final de la experiencia, según viajes de la dualidad o separación hacia la unidad y la integración mayor debería ser el grado de amor, unidad y plenitud que *sientas*. Y cuando sientes y experimentas este amor creador en mayor grado, te suceden tres cosas.

En primer lugar descubrirás que, según aportas atención y la presencia al campo unificado y te vas acercando a la fuente y sumergiéndote en ella, más real se torna. El viaje graba un camino neurológico desde tu cerebro pensante hasta tu sistema nervioso autónomo. A partir de ese momento, cada vez que te aventures en sus profundidades y tus ondas cerebrales se ralenticen, estarás ampliando los carriles de tu autopista neurológica. Y esa *neuroautopista* se definirá más y más, porque la transitarás con frecuencia. Con el tiempo, te hundirás en el campo con más facilidad.

En segundo lugar, como la experiencia enriquece el cerebro, cada vez que interactúas con el campo unificado y lo vivencias, el cerebro cambia. Ésa es la consecuencia de la experiencia: enriquece y mejora los circuitos cerebrales. Así pues, cuando accedes al campo estás instalando el sistema operativo que tu cerebro necesita para ser más consciente del campo la próxima vez que te sumerjas en él. Igualmente, como la experiencia genera emoción, a medida que *sientas* el campo unificado empezarás a incorporarlo. En consecuencia, estarás incorporando la divinidad.

Según el modelo cuántico de la realidad, puesto que toda enfermedad se debe a una vibración baja e inadecuada, en el instante en que el cuerpo accede a una vibración elevada y coherente, la energía que se genera eleva a su vez la vibración del organismo hacia el orden y la coherencia. En los talleres avanzados que llevamos a cabo por todo el mundo hemos presenciado con frecuencia que, cuando los cuerpos de nuestros alumnos vibran en frecuencias más elevadas, su salud mejora al instante.

Como la función del sistema nervioso autónomo es favorecer el equilibrio y la salud, en cuanto nos apartamos de la escena dejamos de analizar, paramos de pensar y nos dejamos llevar y una inteligencia mayor toma el mando para poner orden. Pero ahora transporta un mensaje más nuevo y mejor organizado que vibra en una frecuencia más elevada del campo unificado. Esa misma energía coherente eleva la vibración de la materia. Es igual que mover el dial de una radio en busca de una señal más clara. El cuerpo recibe una señal más coherente.

Cuando eso suceda sentirás un amor intenso, una profunda alegría de vivir, mayor sensación de libertad, una dicha indescriptible, reverencia ante la vida, grandes niveles de gratitud y una humilde sensación de auténtico empoderamiento. En ese momento, la energía del campo unificado —en forma de emoción— reacondiciona tu cuerpo a una nueva consciencia y una nueva mente. En un abrir y cerrar de ojos, las emociones elevadas activan nuevos genes de manera distinta, lo que transforma tu organismo y te arranca del pasado biológico.

En tercer lugar, según te acercas al campo unificado empiezas a asimilar y a procesar el conocimiento y la información de otro modo. Sucede así porque tus circuitos neuronales han cambiado y ya no eres la misma persona. Captarás la verdad a un nivel sin precedentes, y cosas que creías saber te parecerán totalmente nuevas. Tu experiencia interior habrá transformado la percepción que tienes de lo que sucede en el mundo exterior. En otras palabras, despertarás.

Una vez que protagonizas una experiencia, que albergas un sentimiento o que alcanzas una comprensión más profunda en relación con el campo unificado —una vez que las conexiones neuronales se modifican— experimentas y percibes la realidad de otra manera. De hecho, serás capaz de ver un espectro de la vida que tu cerebro no podía percibir anteriormente por carecer de los circuitos necesarios. La próxima vez que se activen esos circuitos, ya poseerás el sistema operativo que precisas para disfrutar de esa realidad en un grado todavía *mayor* si cabe. Estarás percibiendo algo que siempre ha existido; sencillamente, tu cerebro no estaba preparado para verlo.

Y si consigues viajar a la fuente con la frecuencia suficiente (ver nuevamente la figura 11.11) y conectar con ella, en el instante en que realmente interactúes con ella tu conducta empezará a reflejarla. Su naturaleza devendrá tu naturaleza y el amor creador se manifestará aún más a través de ti. ¿Qué cualidades emana? Serás más paciente e indulgente, estarás más presente y serás más consciente, generoso, altruista, voluntarioso, amoroso y considerado, por nombrar tan sólo unas cuantas. Comprenderás que eso que tanto buscabas te busca constantemente. Te convertirás en ella, y ella se expresará en ti.

La disciplina, pues, consiste en:

- Permitir que tu consciencia se funda en una consciencia más grande.
- Entregarte aún más al amor creador.
- Confiar en lo imprevisible.
- Renunciar constantemente a algún aspecto del ser limitado para unirte a un ser mayor.
- Sumirte en la nada para devenir el todo.
- Flotar en el mar infinito de la energía coherente.
- Seguir desenvolviéndote más y más en la unidad.
- Renunciar constantemente al control.
- Experimentar grados de integración cada vez más grandes.
- Desde la consciencia, momento a momento, estar presente, prestar atención, experimentar y sentir cada vez más el campo unificado a tu alrededor... sin devolver la consciencia a la realidad tridimensional.

Si lo haces correctamente, ya no precisarás usar los sentidos porque los habrás trascendido. Serás pura consciencia.

Meditación del espacio-tiempo y el tiempo-espacio

Empieza por llevar la presencia al corazón y, una vez que estés centrado en el lugar que tu corazón ocupa en el espacio, sé consciente de la respiración. Permite que entre y salga del corazón, al mismo tiempo que alargas y relajas las respiraciones. Sin desviar la atención del corazón, evoca una emoción superior y mantén ese sentimiento durante un rato al mismo tiempo que atiendes a la respiración. Proyecta esa energía más allá de tu cuerpo en el espacio.

A continuación, recurriendo a una canción que te inspire (puedes usar la que empleaste para la meditación del capítulo 5), realiza esa misma meditación para separar la mente del cuerpo. Toma toda la energía que almacena tu cuerpo en forma de emociones de supervivencia y transfórmala en emociones elevadas. Recuerda que su grado de intensidad debe ser mayor que la energía del cuerpo cuando remplaza a la mente.

Durante los siguientes diez o quince minutos, escucha un par de canciones (sin letra) que te lleven a un estado de trance. Transfórmate en consciencia pura hasta no tener cuerpo y no ser nadie ni nada, fuera del tiempo y del espacio según te despliegas desde la presencia en el campo unificado.

Ha llegado el momento de conectar con la consciencia de toda materia, de toda identidad, de todas las cosas en todas partes y en todo momento para unirte a una consciencia mayor en el campo unificado. Tan sólo tienes que ser consciente de ese campo, prestarle atención, permanecer presente en su seno y sentirlo, momento a momento. Empezarás a notar una sensación de integración y unidad que se reflejará en tu biología porque una energía más coherente recorre tu cuerpo ahora, según construyes tu propio campo de energía. Permanece en ese estado durante diez o veinte minutos e intenta sumergirte en él más y más profundamente. Cuando hayas terminado, devuelve la consciencia a tu nuevo cuerpo, al nuevo entorno y a un tiempo enteramente distinto.

12
La glándula pineal

Como ya sabes, cuando trascendemos desde la consciencia el mundo de los sentidos en esta realidad tridimensional podemos sintonizar con frecuencias que transportan información específica cuya vibración trasciende la materia y la velocidad de la luz. En esas circunstancias, el cerebro procesa amplitudes de energía extremadamente altas. Hemos observado y registrado este fenómeno una y otra vez en los escáneres cerebrales de nuestros alumnos avanzados. También has aprendido que, cuando se produce un incremento de energía en el cerebro, aumentan la consciencia y la presencia, y viceversa. De hecho, es muy difícil determinar qué provoca esos valores tan altos, si la energía o el nivel de consciencia. Sin embargo, no creo que se puedan separar una de otra, pues la energía no se transforma sin un cambio de consciencia. O, dicho de otro modo, la frecuencia no se transforma sin un cambio de información.

Cuando conectas con niveles más profundos del campo unificado, una energía mayor que transporta información específica en forma de pensamientos e imágenes activa el cerebro, que, literalmente, monitoriza y graba este intenso acontecimiento interno. A la persona que protagoniza la experiencia, lo que sea que está sucediendo en su cerebro se le antoja más real que cualquier acontecimiento objetivo del pasado. La energía incrementada captura la atención de la mente en forma de emoción poderosa. En ese instante, tanto el cerebro como el cuerpo experimentan una mejora biológica.

Si alguien sentado en una silla con los ojos cerrados durante una meditación puede vivir una experiencia sensorialmente aumentada sin la participación de los sentidos, cabe preguntarse: *¿qué sucede en el cerebro en tales circunstancias? ¿Cómo explicar ese efecto sobrenatural?* Al protagonista de la vivencia, por más que esté sentado e inmóvil, se le antoja más real que cualquier otro suceso (definido por la participación de los sentidos) del pasado. Lo que suscita aún más preguntas: *¿cómo podemos vivir experiencias sensorialmente aumentadas sin la participación de los sentidos? ¿Qué funciones específicas del cerebro y el cuerpo traducen las interacciones con el campo cuántico a profundas experiencias internas?*

Dicho de otro modo, si podemos relacionarnos con un campo de información más coherente que es capaz de generar acontecimientos internos tan estimulantes, debe de haber una explicación neurológica, química y biológica para tales sucesos sobrenaturales. ¿Qué sistemas, órganos, glándulas, tejidos, compuestos químicos, neurotransmisores y células contribuyen a generar experiencias tan profundas? ¿Acaso nuestro organismo posee componentes fisiológicos en estado latente que pueden ser activados?

Cuatro estados de consciencia nos ayudarán a construir un marco para la información de este capítulo. El primero es la vigilia, un estado en el que, como ya sabemos, nos encontramos conscientes y despiertos. El siguiente es el efecto de dormir, un estado de inconsciencia que favorece la reparación del cuerpo. A continuación vendría el sueño, un estado alterado de consciencia en el que el cuerpo yace en catatonia mientras la mente se enzarza en imaginería visual y simbolismo. Y por último debemos hablar de momentos trascendentales de consciencia que escapan a nuestra noción de realidad. Estos acontecimientos trascendentes, por lo que parece, nos cambian, a la vez que transforman para siempre nuestra concepción del mundo. A continuación me propongo ofrecer mi punto de vista acerca de la biología, la química y la neurociencia de estas experiencias trascendentales. Empezaremos hablando de la molécula melatonina, la principal responsable.

Melatonina: el neurotransmisor del sueño

Cuando despiertas por la mañana y retornas al mundo de los sentidos, tan pronto como tus ojos perciben la luz a través del iris, los receptores del nervio óptico envían una señal a una parte de tu cerebro denominada «núcleo supraquiasmático». Éste, a su vez, estimula la glándula pineal, que reacciona fabricando serotonina, el neurotransmisor diurno.

Como recordarás, los neurotransmisores son mensajeros químicos que transmiten y comunican información entre células nerviosas. La serotonina le indica a tu cuerpo que ha llegado la hora de levantarse y comenzar la jornada. Según integras la información procedente de los sentidos para dar significado a los estímulos externos e internos, la serotonina estimula tu cerebro, cuyas ondas pasan de un estado delta a zeta y de ahí a alfa y beta, lo que te ayuda a ser consciente, de nuevo, de que ocupas un cuerpo físico ubicado en el espacio y el tiempo. Así pues, cuando tu cerebro genera ondas beta, prestas buena parte de la atención al entorno externo, al cuerpo y al tiempo. Eso es normal.

A medida que cae la noche y empieza a oscurecer se produce un proceso similar a la inversa. La inhibición de la luz envía una señal que recorre la misma ruta hasta la glándula pineal, que ahora fabrica melatonina, el neurotransmisor del sueño. La producción y liberación de melatonina ralentiza las ondas cerebrales, que pasan de beta a alfa, de tal modo que tienes sueño, estás cansado y eres menos propenso a pensar y analizar. A medida que disminuye la actividad cerebral, te sientes más predispuesto a prestar atención al mundo interno que al externo. Por fin, cuando el cuerpo se duerme y entra en estado catatónico, las ondas cerebrales cambian de alfa a zeta y a delta, lo que induce periodos de ensoñación, así como un sueño profundo y reparador.

Viviendo al ritmo que marca el ambiente externo, a partir de esa pauta de vigilia y sueño (basada en lo que dicta el mundo), nuestro cerebro se adapta automáticamente a la producción diaria de esos compuestos químicos en momentos concretos de la mañana y la noche. Llamamos a ese proceso «ritmo circadiano». Muchos de nosotros sabemos que cuando rompemos el ritmo natural del sueño nos ponemos de mal humor; por ejemplo, cuando viajamos a otra parte del mundo, donde el Sol sale y se pone siete horas antes que en nuestra zona horaria habitual. Conocemos este fenómeno como «desfase horario» y tardamos un tiempo en recuperarnos. Cuando el cuerpo abandona su ritmo circadiano, nos cuesta unos días adaptarnos a los tiempos solares del nuevo entorno. La explicación hay que buscarla en las reacciones químicas derivadas de nuestra interacción con el mundo externo tridimensional, que parten de la reacción de los ojos al Sol y a la frecuencia de la luz visible.

La melatonina induce el sueño REM (de movimientos oculares rápidos), una fase del ritmo circadiano que provoca las ensoñaciones. Según los pensamientos y la charla interna disminuyen, nos dormimos y empezamos a soñar, un estado en el que el cerebro ve y percibe internamente imágenes, figuras y símbolos. Pero antes de entrar a explicar por qué la melatonina es tan importante, vamos a mirar de cerca la estructura molecular de este neurotransmisor nocturno.

El proceso de la creación de la melatonina comienza con el aminoácido esencial L-triptófano, el material responsable de la fabricación de la serotonina y la melatonina. Para convertirse en melatonina, el triptófano debe atravesar una serie de transformaciones químicas conocidas como metilación. La metilación es el proceso por el cual un carbono y tres hidrógenos (conocidos como el grupo metilo) participan en infinidad de funciones críticas para el organismo tales como el pensamiento, la reparación del ADN, la activación y la desactivación de genes, la lucha contra las infecciones y mucho más. En este caso es parte de la producción de melatonina.

En la figura 12.1 puedes ver la melatonina en acción. Como el grupo metilo está formado por elementos muy estables, la estructura básica de los anillos de cinco y seis lados sigue siendo la misma durante toda la serie de reacciones químicas. Sin embargo, a medida que distintos grupos de moléculas se adhieren a estos anillos, las propiedades y las características de la molécula cambian.

PROCESO DE METILACIÓN DE LA SEROTONINA Y LA MELATONINA

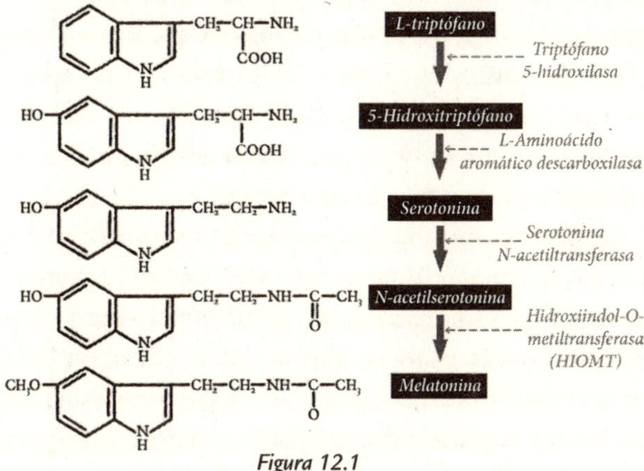

Figura 12.1

Proceso de metilación del aminoácido L-triptófano en serotonina y melatonina.

La glándula pineal transforma el L-triptófano en 5-hidroxitriptófano (5-HTP), que a su vez se convierte en serotonina. La serotonina es una molécula más estable que el 5-HTP, se conserva en el cerebro y posee una función más útil, como veremos enseguida. A través de otra reacción química distinta, la glándula pineal transforma la serotonina en N-acetilserotonina, que una reacción adicional transforma en melatonina. Y todo eso sucede en la glándula pineal. En un ciclo de 24 horas, la producción de melatonina alcanza el nivel máximo entre la una y las cuatro de la madrugada. Es importante que lo recuerdes.

Sabemos ahora que existe una relación inversa entre las hormonas adrenales y la melatonina. En la medida en que los niveles de cortisol adrenal aumentan, los niveles de melatonina descienden. Eso explica que no podamos dormir cuando sufrimos estrés. En la antigüedad, este fenómeno servía como mecanismo de supervivencia. Por ejemplo, si un depredador te perseguía unas cuantas veces cuando ibas de camino a la charca y luego avistabas unas cuantas fieras más cerca de tu territorio, tu cuerpo, gracias a su inteligencia innata, hacía lo posible por impedir que acabaras devorado. En esos casos, el sueño y la restauración no eran tan importantes como la supervivencia o, expresado con más propiedad, seguir vivo aun a costa de permanecer despierto toda la noche era preferible a dormir y arriesgarse a morir.

Cuando el cuerpo intenta descansar sin renunciar a permanecer atento, no consigue el sueño reparador que necesita porque los compuestos químicos relacionados con la supervivencia, como el cortisol, activan los genes correspondientes. Si el agente estresor no es un tigre dientes de sable, sino la complicada relación con tu exesposa, con la que debes tratar a diario, el estrés crónico mantiene activado el sistema de supervivencia. En ese caso, la válvula de seguridad ya no es adaptativa, sino mal adaptativa. El estrés crónico altera los niveles normales de melatonina (e incluso los de serotonina) y rompe el equilibrio homeostático.

Ahora bien, si reduces los niveles de cortisol, los de melatonina aumentan. En otras palabras, cuando cortas la reacción de estrés porque superas la adicción emocional a esas combinaciones químicas, tu cuerpo es libre para volver a concebir proyectos a largo plazo en lugar de gestionar constantemente la supuesta emergencia. Echa un vistazo a la figura 12.2 para repasar la relación entre la melatonina y el cortisol.

LA VIDA EN EL PROGRAMA

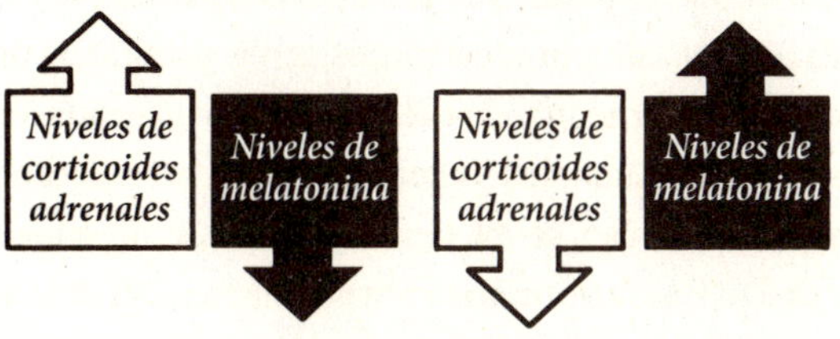

Figura 12.2

Según los niveles de hormonas del estrés ascienden,
los de melatonina descienden.
Según las hormonas del estrés aumentan,
los niveles de melatonina se reducen.

DATOS CIENTÍFICOS ACERCA DE LA MELATONINA

- *Detiene la secreción excesiva de cortisol como reacción al estrés.*
- *Mejora la metabolización de los carbohidratos.*
- *Reduce los niveles de triglicéridos.*
- *Inhibe la arterioesclerosis (el endurecimiento de las arterias).*
- *Refuerza el sistema inmunológico (celular y metabólico).*
- *Reduce el desarrollo de ciertos tumores.*
- *Incrementa la expectativa de vida en ratas de laboratorio un 25 por ciento.*
- *Activa un neuroprotector en el cerebro.*
- *Incrementa el sueño REM (con ensueños).*
- *Estimula el barrido de radicales libres (antienvejecimiento, antioxidantes).*
- *Promueve la reparación del ADN y la replicación.*

Figura 12.3

Lista de algunos de los beneficios de la melatonina.

La melatonina posee muchas otras aplicaciones interesantes. Por ejemplo, se ha demostrado que mejora el metabolismo de los carbohidratos. Esto es importante, porque el cuerpo de algunas personas reacciona al estrés almacenando los carbohidratos en forma de grasas, y la grasa no es nada más que energía almacenada. Sucede porque algunos genes primitivos ordenan al cuerpo que haga acopio de energía por si llegase una hambruna. La melatonina también es conocida por sus propiedades antidepresivas. Incluso se ha demostrado que incrementa los niveles de DHEA, la hormona antiedad. Para saber más sobre la importancia de la melatonina, el neurotransmisor del sueño, ver la figura 12.3.[58]

Ahora entenderás mejor toda la información que has estado estudiando hasta este punto.

Activando la glándula pineal

Durante años, he dedicado muchísimo tiempo al estudio de la glándula pineal y a buscar investigadores que llevaran a cabo mediciones exhaustivas de sus tejidos y metabolitos. Intentaba relacionar lo que iba descubriendo sobre esta singular glándula con algunos antiguos misterios. Un extracto en particular llamó mi atención:

> La glándula pineal es un transductor neuroendocrino que secreta melatonina, responsable del control fisiológico del ritmo circadiano. Una nueva forma de biomineralización es objeto de estudio en la glándula pineal. Consiste en pequeños cristales de menos de 20 micrones de longitud. Esos cristales son responsables de un

---

58. W. Pierpaoli, *The Melatonin Miracle: Nature's Age-Reversing, Disease-Fighting, Sex-Enhancing Hormone*, Nueva York, Pocket Books, 1996; R. Reiter y J. Robinson, *Melatonin: Breakthrough Discoveries That Can Help You Combat Aging, Boost Your Immune System, Reduce Your Risk of Cancer and Heart Disease, Get a Better Night's Sleep*, Nueva York, Bantam, 1996.

> mecanismo de transducción electromecánica y biológica de la glándula pineal gracias a sus propiedades estructurales y piezoeléctricas.[59]

Es mucha información para digerir de una vez, pero vamos a reducirla a dos puntos esenciales. Las palabras clave (en orden inverso) son *propiedades piezoeléctricas* y *transductor*.

El efecto piezoeléctrico se produce cuando aplicas presión a ciertos materiales y ese estrés mecánico se transforma en carga eléctrica. Por decirlo de manera más simple, la glándula pineal contiene cristales de calcita compuestos de calcio, carbono y oxígeno que, a causa de su estructura, pueden cargarse de electricidad. Igual que una antena, la glándula pineal posee la capacidad de activarse eléctricamente y generar campos electromagnéticos capaces de captar información. Ése es el primer punto. Además, igual que una antena vibra en un ritmo o frecuencia acorde con la señal entrante, la glándula pineal recibe la información que transportan campos electromagnéticos invisibles. Y como toda vibración transporta información, una vez que la antena conecta con la señal exacta del campo electromagnético, algún modo habrá de descifrar esa señal para convertirla en un mensaje con significado. Eso es lo que hace un transductor; y así llegamos al segundo punto.

Un transductor es cualquier cosa que recibe una señal en forma de energía y la transforma en otro tipo de señal. Mira un momento a tu alrededor. El espacio en el que estás sentado está repleto de ondas de televisión, radio y wifi cuya energía electromagnética ocupa gamas de frecuencia distintas en cada caso. (No las puedes ver, pero están ahí de todos modos.) Por ejemplo, la

---

59. S. Baconnier, S. B. Land y R. Seze, «New Crystal in the Pineal Gland: Characterization and Potential Role in Electromechano-Transduction», URSI General Assembly, Maastricht, Holanda, agosto de 2002.

antena, que capta el espectro de frecuencias que transporta una señal a tu televisor, transforma la señal en las imágenes que aparecen en la pantalla. Cuando buscas una emisora de FM, estás sintonizando la antena a una frecuencia electromagnética específica. La información transportada en ese espectro de frecuencias se transforma en una señal coherente, equivalente a la música que oyes.

El estudio que he citado afirma que la glándula pineal es un transductor neuroendocrino, capaz de recibir y convertir señales en el interior del cerebro. Cuando la glándula pineal se comporta como un transductor, capta frecuencias que transcienden nuestra realidad tridimensional, espacio-temporal y basada en los sentidos. Una vez que la glándula pineal entra en actividad, puede establecer contacto con dimensiones más elevadas de esa otra realidad, que, como hemos comentado en el capítulo anterior, es el ámbito del tiempo-espacio. E igual que un televisor, puede transformar la información transportada por esas frecuencias en imaginería vívida y experiencias mentales surreales, lúcidas y trascendentes, incluidas visiones multisensoriales intensamente aumentadas que no se pueden describir con palabras. Se parece un poco a experimentar una película IMAX multidimensional.

A estas alturas puede que te estés preguntando: *Y si esa pequeña glándula se encuentra en el interior de mi cráneo, ¿cómo voy a ejercer presión mecánica sobre los cristales que alberga, crear un efecto piezoeléctrico y activar la glándula pineal para que actúe como una antena? ¿Y cómo captará esa antena frecuencias e información que trasciendan la materia y la luz para poder transformar esas señales electromagnéticas en imágenes significativas, como una experiencia trascendental más allá de esta realidad tridimensional?*

Para que la glándula pineal se active, se deben dar cuatro condiciones importantes. Abordaré ahora las tres primeras, y dejaré la cuarta para cuando llegue el momento de poner en práctica la meditación.

1. El efecto piezoeléctrico

Los cristales de calcita mencionados anteriormente y que se muestran en la figura 12.4 son fundamentales para provocar el efecto piezoeléctrico en la glándula pineal. Recuerda que hablamos de cristales minúsculos, de entre uno y veinte micrones de longitud. Para poner la información en contexto, diremos que su tamaño puede abarcar entre la centésima parte y un cuarto del grosor de un cabello humano. Suelen tener forma de octaedro, hexaedro y romboedro.

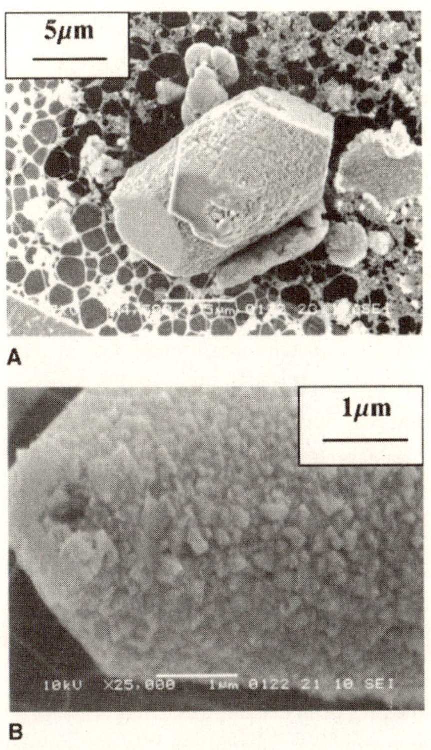

Figura 12.4

Imagen de un cristal de calcita hallado en la glándula pineal.

Como aprendimos en el capítulo 5, el objeto de la técnica de respiración que realizamos antes de muchas meditaciones es separar la mente del cuerpo mediante el gesto de liberar energía en potencia (almacenada en forma de emociones) de los tres centros energéticos inferiores. Según inspiramos y contraemos los músculos intrínsecos, acompañamos la respiración desde el perineo a lo largo de la columna vertebral hasta la cúspide de la cabeza y luego contenemos el aliento y estrujamos los músculos todavía más, estamos incrementando la presión intratecal. Como mencionaba en capítulos anteriores, se trata del mismo tipo de presión que ejerces cuando empujas contra los costados; por ejemplo, cuando contienes el aliento para levantar algo pesado.

La palabra *piezoeléctrico* procede de los vocablos griegos *piezein*, que significa «estrujar» o «apretar», y *piezo*, «empujar». Así pues, no es ninguna coincidencia que te pida que contengas el aliento y estrujes esos músculos intrínsecos. Cuando lo haces, estás empujando el fluido cerebroespinal contra la glándula pineal, de tal modo que ejerces estrés mecánico sobre ésta. Dicho estrés se traduce en una carga eléctrica, y ese gesto, precisamente, será el que comprimirá los cristales amontonados en la glándula pineal y creará el efecto piezoeléctrico: los cristalillos generan una carga eléctrica como reacción al estrés que estás aplicando.

Una de las características peculiares del efecto piezoeléctrico es que se trata de un proceso reversible; es decir, los materiales que experimentan el efecto piezoeléctrico directo (los cristales) también muestran un efecto inverso. Una vez que los cristales de la glándula sufren compresión y generan carga eléctrica, el campo electromagnético que emana de la glándula pineal induce a los cristales a alargarse según el campo se incrementa. Cuando los cristalillos que provocan el campo de energía alcanzan su tope y ya no se pueden estirar más, se contraen. En ese momento, el campo electromagnético cambia de dirección y se traslada hacia el interior de la glándula pineal. Cuando el campo electromagnético alcanza los cristales, vuelve a comprimirlos, lo que genera un nuevo campo electromagnético. Este ciclo de expansión y contracción del campo instala un campo electromagnético pulsátil.

No es de extrañar, pues, que te pida que contengas el aliento y aprietes y contraigas esos músculos; y tampoco debe sorprenderte que te sugiera que repitas ese proceso una y otra vez. Según respiras, contienes el aliento y contraes los músculos repetidamente, activas —con cada ciclo de respiración— las propiedades piezoeléctricas de la glándula pineal. Cuanto más lo haces, más aceleras los ciclos por segundo de la expansión y contracción de este campo electromagnético, lo que a su vez aumenta la rapidez de los pulsos. Mediante ese proceso, la glándula pineal se convierte en una antena pulsátil, capaz de captar frecuencias cada vez más sutiles y rápidas.

Mira con atención la figura 12.5. En el capítulo 5 hemos hablado del movimiento del líquido cefalorraquídeo que se produce con la técnica de respiración, pero vamos a ampliar la lección. Cuando el fluido penetra en el cerebro, se desplaza por el canal central, por el espacio entre la columna vertebral y la médula espinal. Desde esta juntura, fluye en dos direcciones. En primer lugar, el fluido llega al cuarto ventrículo, para continuar hacia el tercero. Según viaja del cuarto al tercer ventrículo, pasa por una vía o canal muy estrecho. Agazapado justo al fondo del tercer ventrículo se encuentra lo que parece una minúscula piña (de ahí el calificativo *pineal*). Es la glándula pineal y posee el tamaño aproximado de un grano de arroz. En segundo lugar, el líquido cefalorraquídeo fluye también por detrás del cerebelo al otro lado de la glándula, de modo que toda ella queda rodeada de fluido presurizado.

Al incrementar la presión intratecal, canalizas un mayor volumen de fluido al interior de la cámara del tercer ventrículo, así como al espacio que rodea el cerebelo. De ahí que, cuando contienes el aliento y aprietas los músculos, este volumen de fluido extra ejerce presión sobre los cristales desde dos direcciones distintas, lo que los lleva a comprimirse y crea el efecto piezoeléctrico. Éste es el primer paso del proceso que requiere la activación de la glándula pineal.

VENTRÍCULOS DEL CEREBRO

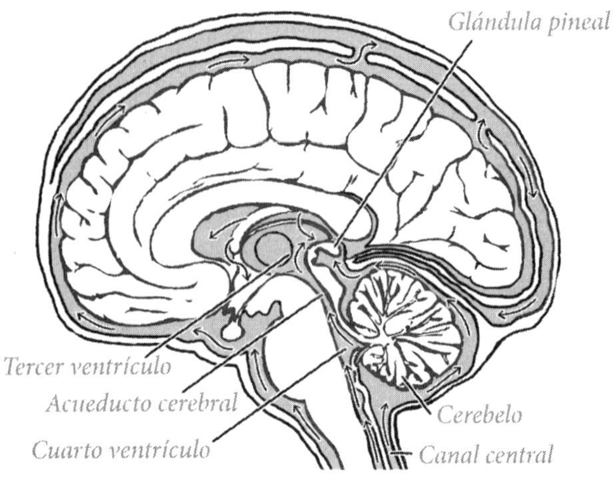

Figura 12.5

Cuando inhalamos por la nariz y al mismo tiempo contraemos los músculos intrínsecos, aceleramos el líquido cefalorraquídeo hacia el cerebro. Según acompañamos el recorrido de la energía hasta lo alto de la cabeza y contenemos el aliento apretando, incrementamos la presión intratecal. El incremento de presión desplaza el líquido cefalorraquídeo del cuarto ventrículo hacia un pequeño cantal del tercer ventrículo (ver las flechas). Al mismo tiempo, el fluido que se desplaza alrededor del cerebelo (ver las flechas) comprime los cristales de la glándula pineal. El estrés mecánico que reciben produce una carga eléctrica, lo que crea un efecto piezoeléctrico.

2. La glándula pineal libera sus metabolitos

El líquido cefalorraquídeo se desplaza a través de un sistema cerrado llamado «ventricular» (vuelve a mirar la figura 12.5). El sistema ventricular facilita el movimiento del fluido de abajo arriba, desde la base de la columna y a lo largo de ésta, a través de las cuatro cámaras del cerebro (llamadas acueductos o ventrículos) y de vuelta al sacro (la base de la columna vertebral). Cuando inhalas y acompañas la respiración hasta lo alto de la cabeza, y luego contienes el aliento y presionas hacia dentro y arriba, aceleras el líquido cefalorraquídeo.

La superficie de la glándula pineal está recubierta de unos pelillos llamados *cilia,* que en latín significa «pestañas» (ver figura 12.6). El desplazamiento del fluido a una velocidad más rápida de lo normal por las cámaras del sistema ventricular excita los pelillos, lo que sobreestimula la glándula. Como tiene forma de falo, la estimulación provocada por la aceleración del fluido que la recorre, combinada con la activación eléctrica creada por un incremento en la presión intratecal en el interior de un sistema cerrado, induce a la glándula pineal a eyacular metabolitos muy profundos y depurados de melatonina en el cerebro. En esa fase, estás un paso más cerca de activar la glándula pineal y vivir una experiencia trascendental.

CILIA EN EL EXTREMO DE LA GLÁNDULA PINEAL

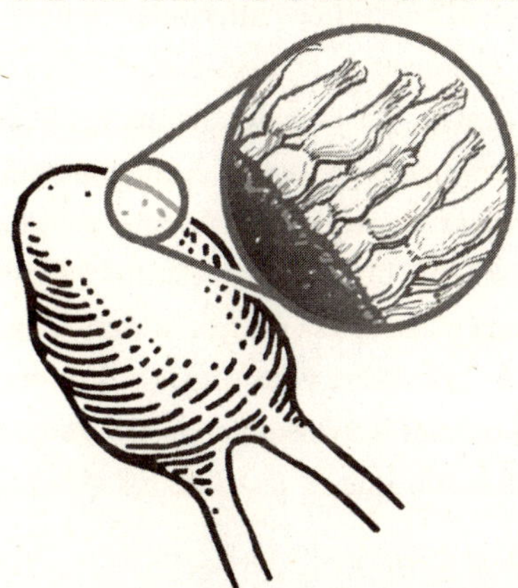

Figura 12.6

Los minúsculos cilia *de la glándula pineal experimentan estimulación cuando el paso del líquido cefalorraquídeo por el sistema ventricular se acelera.*

3. La energía se transmite directamente al cerebro

Igual que sucede en el lanzamiento de un cohete al espacio, vencer la gravedad para despegar del suelo es la parte del proceso que requiere más energía, así que desplazar esa energía de los centros inferiores exige grandes dosis de intensidad y esfuerzo. El aliento deviene nuestra apasionada intención de liberarnos de las emociones limitadoras del pasado. La columna vertebral se convierte en el mecanismo de entrega de esa energía, y la parte alta de la cabeza se transforma en el objetivo.

Como ya sabes a estas alturas del libro, cada vez que pones en práctica el ejercicio de respiración, partículas cargadas ascienden por la columna vertebral. A medida que esas partículas ganan velocidad, crean lo que se conoce como un campo de inductancia (ver figura 12.7). El campo de inductancia revierte el flujo de la información que circula en dos sentidos para comunicar el cerebro con el cuerpo y el cuerpo con el cerebro. Igual que si creara un vacío, el campo de inductancia arrastra la energía de esos centros energéticos inferiores —energía involucrada en el orgasmo, el consumo, la digestión, el estrés del tipo «lucha o huida» y el control— y lo envía directamente al bulbo raquídeo con un movimiento en espiral. A medida que la energía recorre cada vértebra en su viaje ascendente, pasa también por los nervios que discurren de la médula espinal a las distintas partes del cuerpo, y una parte de esa energía se desvía hacia los nervios involucrados en los tejidos y los órganos. La corriente que discurre por esos canales nerviosos activa el sistema meridiano del cuerpo, de tal modo que el resto de los sistemas recibe más energía.[60]

---

60. T. Kenyon y V. Essene, *The Hathor Material: Messages from an Ascended Civilization*, Santa Clara, Canadá, SEE Publishing Co., 1996.

ACTIVACIÓN DEL SISTEMA NERVIOSO PERIFÉRICO SEGÚN LA ENERGÍA ASCIENDE POR LA COLUMNA

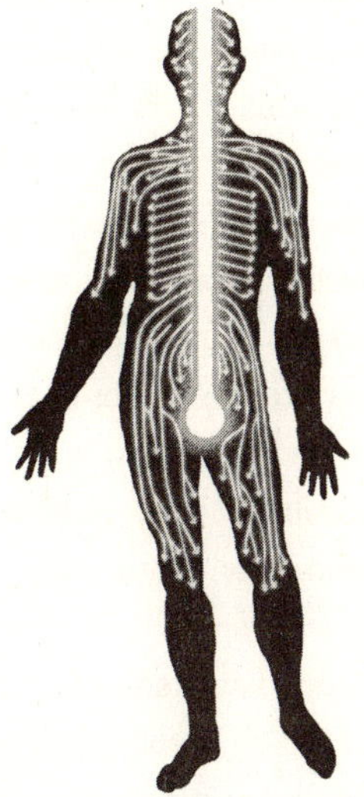

Figura 12.7

Según la energía asciende del cuerpo al cerebro, pasa por los nervios que salen de entre las vértebras. La estimulación de este sistema activa todavía más los nervios periféricos, que transmiten aún más energía a los distintos tejidos y órganos del cuerpo. A consecuencia de ello, el organismo recibe más cantidad de energía.

Una vez que la energía llega al bulbo raquídeo, debe pasar por la formación reticular. La función de esta estructura es revisar constantemente la información que va del cerebro al cuerpo y a la inversa. Dicha formación forma parte de un sistema llamado «sistema activador reticular» (SAR) y es responsable de los niveles de alerta durante el sueño. Por ejemplo, cuando despiertas de un sueño profundo porque oyes un ruido en casa, es el SAR el que te avisa y te despabila. Ésa es su función más rudimentaria. Sin embargo, cuando el sistema nervioso simpático se activa y se une al parasimpático, en lugar de consumir la energía almacenada en el cuerpo, vuelve a liberarla al cerebro. En el momento en que esa energía alcanza el bulbo raquídeo, la puerta talámica se abre y la energía circula por la formación reticular hasta el diencéfalo, donde libera información a la neocorteza. Cuando eso sucede, la formación reticular se encuentra abierta y experimentas mayores niveles de consciencia. En cierto sentido, estás más consciente y despierto. (Imagina el tálamo como una gran estación de tren cuyas vías conducen a los centros superiores del cerebro.) Gracias a ese proceso, el cerebro pasa a generar ondas gamma.

A modo de apunte, cabe recordar que hay dos tálamos separados en el cerebro medio (uno a cada lado), que filtran los estímulos dirigidos a cada hemisferio de la neocorteza. La glándula pineal se ubica entre los dos, orientada a la parte posterior del cerebro (ver figura 12.8). Cuando la energía llega a cada unión talámica (recuerda que el tálamo se parece a una estación de paso en el camino a otras partes del cerebro), los tálamos indican a la glándula pineal que secrete sus metabolitos al cerebro. En ese caso, la neocorteza pensante se activa y produce ondas cerebrales de alta frecuencia, como las gamma. Los compuestos químicos generados, derivados de la melatonina, relajan el cuerpo al mismo tiempo que despabilan la mente.

Seguramente recuerdas que cuando el cerebro genera ondas beta, el sistema nervioso se prepara para una emergencia procedente del mundo exterior y emplea la energía para sobrevivir. En cambio, cuando el cerebro entra en estado gamma, en lugar de perder energía vital liberas y generas más energía en el cuerpo. No te enfrentas a una emergencia ni entras en estado de supervivencia cuando eso sucede; estás en éxtasis, y tu sistema nervioso simpático se activa para inducirte a prestar más atención a lo que sea que esté sucediendo en tu mente.

EL DIENCÉFALO DEL CEREBRO MEDIO Y LA GLÁNDULA PINEAL, ENCAJADA ENTRE LOS DOS TÁLAMOS Y ORIENTADA HACIA LA PARTE TRASERA DEL CEREBRO

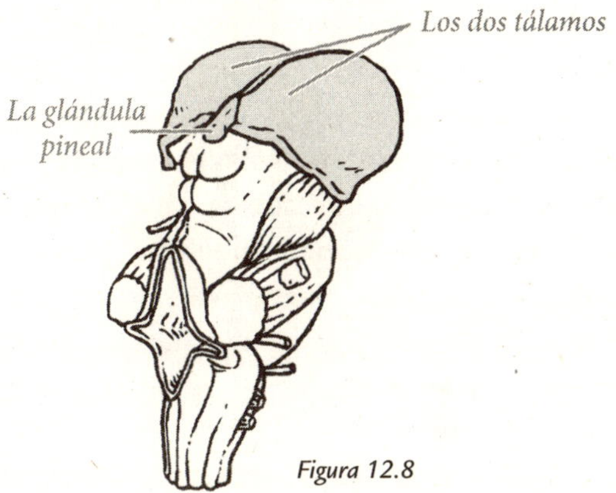

En el cerebro medio, justo entre las dos mitades del tálamo, se encuentra la minúscula glándula pineal, con forma de piña, orientada hacia la parte posterior del cerebro.

En el capítulo 5 decía que cuando la energía se desplaza del cuerpo al cerebro se crea un campo toroide alrededor del cuerpo. Si aceleras el movimiento del líquido cefalorraquídeo y creas una corriente ascendente por la columna vertebral, el cuerpo se transforma en un imán que genera un campo electromagnético en torno a él. Un campo toroide constituye un flujo dinámico de energía. Al mismo tiempo que la energía se desplaza hacia arriba, hacia fuera y alrededor de tu cuerpo, cuando la glándula pineal se activa, un campo toroide inverso de energía electromagnética atrae energía *al interior* de tu cuerpo a través de la cúspide de la cabeza. Y como toda frecuencia transporta información, tu glándula pineal recibe información procedente de un plano que trasciende la luz visible y los sentidos (ver figura 12.9).

EL CAMPO TOROIDAL INVERSO

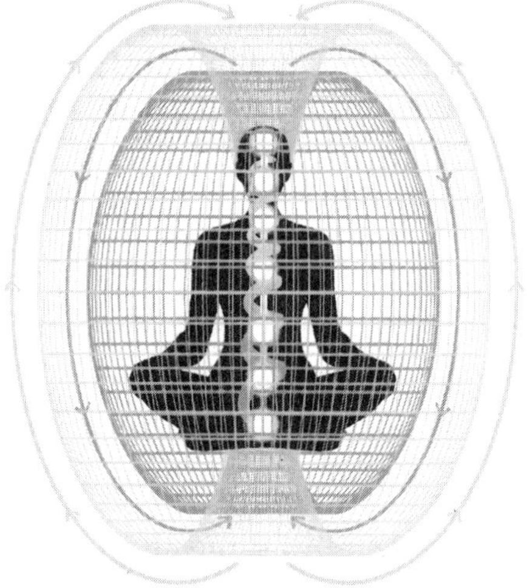

La energía viaja del campo unificado al cuerpo

Figura 12.9

Cuando la energía de los tres centros inferiores se activa durante los ejercicios de respiración y asciende por la columna al cerebro, se crea un campo toroide de energía electromagnética alrededor del cuerpo. Al activarse la glándula pineal, un campo toroide inverso de energía electromagnética que se desplaza en dirección contraria lleva luz del campo unificado al cuerpo a través de la parte alta de la cabeza. Como la energía es frecuencia y la frecuencia transporta información, la glándula pineal traduce esa información en una imaginería vívida.

Cuando esos tres acontecimientos se producen simultáneamente, la sensación se parece a tener un orgasmo en la cabeza. El cerebro se transforma en una antena que recoge información de planos situados más allá de la materia, el espacio y el tiempo. La información ya no procede de los sentidos o de la interacción de los ojos con el entorno. En vez de eso, la recibes directamente del campo cuántico, que viaja de la glándula pineal, situada en la parte trasera del cerebro, a otro ojo: el tercero.

Cuando la melatonina asciende de categoría, aparece la magia

Cuando la glándula pineal (o tercer ojo) se activa, por cuanto está captando frecuencias más elevadas, esas energías superiores modifican la química de la melatonina; cuanto más alta la frecuencia, mayor es el cambio. Esa transformación de información en química crea las condiciones para que vivas instantes trascendentales y místicos. En esos momentos, las puertas a dimensiones más grandes de espacio y tiempo están abiertas. Por eso me refiero a la glándula pineal como un alquimista: porque transmuta la melatonina en neurotransmisores profundos y radicales.

Echa un vistazo a la figura 12.10. Según las frecuencias más altas y los estados de consciencia superiores interactúan con la glándula pineal, uno de los primeros efectos es la transmutación de la melatonina en activos químicos llamados benzodiacepinas. Estas sustancias —a partir de las cuales se crea el Valium— anestesian la mente analítica, así que el cerebro pensante se relaja súbitamente y deja de analizar. Según las imágenes por resonancia magnética funcional, las benzodiacepinas suprimen la actividad neuronal en la amígdala, el centro de supervivencia del cerebro, lo que inhibe las sustancias químicas que te llevan a sentir miedo, rabia, agitación, agresividad, tristeza o dolor.[61] Cuando actúan, notas el cuerpo tranquilo y relajado, pero la mente está despierta.

---

61. R. Hardeland, R. J. Reiter, B. Poeggeler y D. X. Tan, «The Significance of the Metabolism of the Neurohormone Melatonin: Antioxidative Protection and Formation of Bioactive Substances», *Neuroscience & Biobehavioral Reviews*, vol. 17, n.º 3, págs. 347-357, otoño de 1993; A. C. Rovescalli, N. Brunello, C. Franzetti y G. Racagni, «Interaction of Putative Endogenous Tryptolines with the Hypothalamic Serotonergic System and Prolactin Secretion in Adult Male Rats», *Neuroendocrinology*, vol. 43, n.º 5, págs. 603-610, 1986; G. A. Smythe, M. W. Duncan, J. E. Bradshaw y M. V. Nicholson, «Effects of 6-methoxy-1,2,3,4-tetrahydro-beta-carboline and yohimbine on hypothalamic monoamine status and pituitary hormone release in the rat», *Australian Journal of Biological Sciences*, vol. 36, n.º 4, págs. 379-386, 1983.

Otra sustancia que se genera a partir de la melatonina da lugar a un tipo de antioxidantes muy poderosos llamados pinolinas (ver figura 12.10). Las pinolinas son importantes porque atacan a los radicales libres, que dañan las células y provocan envejecimiento. Estos antioxidantes son anticancerígenos y antiedad, al mismo tiempo que nos protegen de las enfermedades cardiacas, los derrames cerebrales, la neurodegeneración, la inflamación y las infecciones por microbios. El proceso que estamos viendo es la fórmula perfecta para transformar la función antioxidante de la melatonina en la de un antioxidante supraactivo capaz de restaurar y sanar el cuerpo a un nivel que la molécula melatonina no suele alcanzar. (Ver la lista de poderosos antioxidantes procedentes de metabolitos de la melatonina en la figura 12.10.)

PRODUCCIÓN DE OTROS METABOLITOS A PARTIR DE LA MELATONINA

SEROTONINA

MELATONINA

BETA-CARBOLINA
(pinolina)

ALUCINÓGENOS
N, N-dimetil-5-metoxitriptamina

HIBERNACIÓN
(Disminución del impulso sexual)
(Disminución del apetito)
5-metoxitriptamina

ANTIOXIDANTES
1,2,3,4-tetrahidro-beta- carbolinas
1(3-5-dimetil-oxifenil)-2-propil-1,2,3,4-tetrahidro-beta-carbolina

SEDANTES
Benzodiacepina

MOLÉCULA BIOLUMINISCENTE FOSFORESCENTE
5-metoxilado indolamina

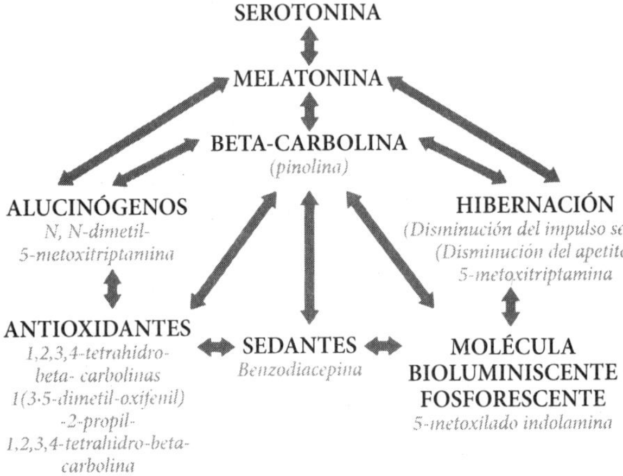

Figura 12.10

He aquí los diversos metabolitos de la melatonina que se crean cuando la glándula pineal conecta con frecuencias más rápidas que la luz visible y la molécula mística es ascendida biológicamente.

Si modificas esa molécula otra vez para convertirla en una prima de la melatonina, obtendrás la misma sustancia química que lleva a los animales a hibernar. Cuando la melatonina (responsable de la sensación de sueño) se altera sólo una pizca para transformarse en otra molécula más poderosa, transporta un mensaje que amplia aún más el descanso y la reparación. La señal reduce también el metabolismo del cuerpo, en algunos casos durante meses. Es comprensible, pues, que los mamíferos, en estado de hibernación, abandonen los hábitos típicos de su hábitat; por ejemplo, pierden el impulso sexual, el apetito, el interés o la necesidad de moverse por el entorno y de relacionarse. Se esconden para protegerse y sentirse seguros y, durante esos meses de recogimiento, su cuerpo entra en éxtasis. Lo mismo nos sucede a nosotros cuando esos valores se elevan. Como el cuerpo ya no remplaza a la mente, perdemos temporalmente el interés en el mundo exterior. Y como ya no experimentamos impulsos biológicos ni nos distraen las necesidades corporales, somos capaces de acceder más plenamente al momento presente y sumergirnos en él en profundidad. Si vas a crear el sueño de tu futuro, ¿no te parece buena idea retirar el cuerpo de la escena?

Si vuelves a mejorar esa misma molécula, producirás los mismos compuestos químicos que encontramos en las anguilas: una molécula fosforescente y bioluminiscente que amplifica la energía del sistema nervioso. Puedes consultar la figura 12.10 otra vez. Esta sustancia química es tan potente que puede provocar una conmoción considerable. Tengo la fuerte sospecha de que se trata del extraño principio que lleva al cerebro a procesar los enormes niveles de energía que hemos observado una y otra vez en nuestros alumnos. Imagina una anguila que, literalmente, se ilumina cuando la estimulan. Eso mismo sucede en el cerebro cuando se activa. Sin embargo, en este caso, la energía y la información creadas no proceden de una experiencia del entorno, percibida a través de los sentidos, sino del *interior* del cerebro, causada por un aumento de frecuencia. Cuando presenciamos esos niveles de energía superlativos en el cerebro, sabemos que la persona está viviendo una experiencia profunda y subjetiva que puede ser registrada objetivamente.

Piénsalo un momento. Cuando recibe estímulos del entorno a través de los ojos, la glándula pineal crea serotonina y melatonina. La luz visible procedente del Sol nos lleva a vivir en armonía con el ambiente, un proceso que conocemos como ritmo circadiano. A causa de este proceso, la serotonina y la melatonina transportan información acorde con la vibración del mundo físico. Como percibimos luz visible a través de los sentidos, esas moléculas forman parte inherente del ser humano; de ahí que sean el equivalente al plano tridimensional de nuestra realidad.

Recuerda que, como dijo Einstein, el techo de este mundo material es la velocidad de la luz. Entonces, ¿qué pasa si el cerebro procesa un incremento de frecuencia e información procedente de un plano situado *más allá* de los sentidos y más allá de la velocidad de la luz? ¿Será posible que la información y la energía llegadas del campo unificado transformen la composición química de la melatonina hasta convertirla en otra sustancia equivalente a la nueva situación? ¿Podría nuestro cerebro transformar esas frecuencias en un mensaje? Si la energía es el epifenómeno de la materia, cabría pensar que la información procedente de una frecuencia más rápida que la luz visible posee la capacidad de convertir la estructura molecular de la melatonina en un poderoso elixir dentro del mismo cerebro. La glándula pineal se encarga de traducir esa información a una variable química de la melatonina; en consecuencia, la molécula resultante acarreará un mensaje distinto, acorde con esa frecuencia. En esas circunstancias, la nueva frecuencia dará lugar a una supermolécula mejorada, que no será natural, sino sobrenatural. La melatonina habrá ascendido a un nuevo nivel.

Esa sustancia fosforescente y bioluminiscente no sólo incrementa la energía del cerebro, sino que realza la imaginería que la mente percibe internamente, de tal modo que parece iluminada por una luz surreal y refulgente. De ahí que la gente afirme haber visto colores que no conocía, porque proceden de más allá del espectro visible. Los colores parecen luces místicas, resplandecientes, salidas de un mundo en tecnicolor, lúcido y opalescente, de belleza en suspensión. Todo parece emitir esa luz hermosa, surgida de la misma radiante energía que uno está sintiendo. Este mundo poblado de halos dorados y refulgentes que emanan y envuelven cuanto lo puebla emite una luz más intensa que la realidad ordinaria basada en los sentidos. Y, por supuesto, cuesta mucho desviar la atención de tanta belleza. Como la atención queda absorta por la experiencia, uno se siente realmente allí, totalmente presente en ese otro mundo o dimensión.

Vuelve a echar un vistazo a la figura 12.10. Si alteras la melatonina de nuevo, crearás la dimetiltriptamina (DMT), uno de los alucinógenos más potentes de los conocidos por el hombre. Se trata de la misma sustancia química que encontramos en la ayahuasca, una planta medicinal tradicionalmente considerada sagrada que los indígenas de la Amazonia emplean en ceremonias religiosas. Según parece, el principal ingrediente activo de la DMT genera visiones espirituales y profundas revelaciones sobre el misterio del ser. Cuando se ingiere ayahuasca u otras plantas que contienen esta molécula, el cuerpo absorbe únicamente DMT. En cambio, cuando activamos la glándula pineal, el organismo recibe un cóctel de las sustancias antes mencionadas, y eso provoca experiencias internas sumamente poderosas. Según informan los alumnos, dichas experiencias incluyen dilatación del tiempo (el tiempo parece infinito), viajes en el tiempo, visitas a mundos paranormales, visiones de formas geométricas complejas, encuentros con seres espirituales y otras realidades místicas interdimensionales. Muchos de nuestros alumnos, durante la meditación de la glándula pineal, afirman haber vivido encuentros increíbles en planos que trascendían el mundo físico conocido.

Cuando esas sustancias son liberadas en el cerebro, la mente vive experiencias que parecen más reales que nada de lo que esa persona haya protagonizado en esta realidad de base sensorial. Resulta difícil describir la nueva dimensión con el lenguaje. La experiencia se despliega en un ámbito totalmente desconocido y, si nos dejamos arrastrar a él, siempre vale la pena.

Conectando con dimensiones más elevadas: la glándula pineal como transductor

Dependiendo de la traducción, en Mateo 6:22 Jesús dice algo así como: «Si tu ojo ve con claridad, todo tu cuerpo estará lleno de luz». Yo creo que se refería a la glándula pineal, porque eso nos permite experimentar el espectro más amplio de la realidad. Muchos de nuestros alumnos atestiguan el hecho de que, cuando la glándula pineal se activa —cuando conectan plenamente con el campo unificado—, todo su cuerpo emana luz y energía. Procedente del campo cósmico, una energía que trasciende los sentidos entra por la parte superior de la cabeza y viaja por todo su cuerpo. En esos casos, acceden a un banco de información que sobrepasa su memoria o los hechos predecibles de su vida cotidiana. Y todo comienza con la alteración química de la melatonina en la glándula pineal.

En el transcurso de mis investigaciones sobre la glándula mística, mi manera de entender este pequeño órgano ha evolucionado hasta la siguiente definición: *La glándula pineal es un superconductor cristalino que envía y recibe información a través de la transducción de señales vibracionales energéticas (frecuencia que trasciende los sentidos, también conocida como campo cuántico) y la traduce al tejido biológico (el cerebro y la mente) en forma de imaginería significativa, igual que una antena traduce distintos canales a la pantalla del televisor.*

Cuando la glándula pineal se activa, funciona como una pequeña antena en el cerebro. Cuanto más alta sea la frecuencia que capta, mayor energía aplica en la transformación y la transmutación de la melatonina. A consecuencia de estas transformaciones químicas, vas a vivir experiencias muy distintas de las que suele producir la melatonina. Quizás se entienda mejor si digo que vas a obtener una imagen más nítida. Piénsalo así: cuanto más alta sea la frecuencia, mayor será tu sensación de apagar un televisor de los años sesenta para sumirte en una experiencia IMAX 3-D en 360 grados con sonido envolvente. La melatonina, el neurotransmisor del sueño, se transforma en otro infinitamente más lúcido y poderoso que torna los sueños más reales.

La glándula pineal cuenta con un cómplice en todo este proceso: la glándula pituitaria. Ésta, parecida a una pera, se encuentra sobre el puente de la nariz, justo en el centro del cerebro. La parte anterior es responsable de la fabricación de buen número de las sustancias que afectan a las glándulas y las hormonas asociadas con cada uno de los centros de energía. Cuando la glándula pineal entra en actividad y libera cierta cantidad de metabolitos mejorados,[62] la parte posterior de la pituitaria despierta y fabrica dos hormonas muy importantes: oxitocina y vasopresina.[63]

La primera hormona, la oxitocina, genera emociones superiores que inundan tu corazón de amor y alegría (algunos la denominan «la sustancia de la conexión emocional» o «la hormona del apego»). Cuando los niveles de oxitocina ascienden por encima de lo normal, casi todo el mundo experimenta intensos sentimientos

---

62. S. A. Barker, J. Borjigin, I. Lomnicka, Re. Strassman, «LC/MS/MS Analysis of the Endogenous Dimethyltryptamine Hallucinogens, Their Precursors, and Major Metabolites in Rat Pineal Gland Microdialysate», *Biomedical Chromatography*, vol. 27, n.º 12, págs. 1690-1700, diciembre de 2013, doi: 10.1002/bmc.2981.

63. Hardeland, Reiter, Poeggeler y Tan, «The Significance of the Metabolism of the Neurohormone Melatonin».

de amor, indulgencia, compasión, alegría, plenitud y empatía; un estado que difícilmente cambiarías por nada externo a ti. (Esas emociones son, al fin y al cabo, la base del amor incondicional.)

Las investigaciones demuestran que, cuando los niveles de oxitocina superan cierto nivel, es difícil guardar rencor o estar enfadado. En un estudio llevado a cabo por científicos de la Universidad de Zúrich, 49 sujetos participaron en una variante de lo que se conoce como «el juego de la confianza» doce veces consecutivas. En este juego, un inversor con cierta cantidad de dinero debe decidir si se lo queda o lo comparte con otro jugador llamado «el depositario». La suma, sea cual sea, que el inversor comparte con el depositario se triplica al instante. El depositario se enfrenta entonces a una decisión: quedarse con todo el dinero para él o compartir la suma triplicada con el inversor, que obviamente espera obtener ganancias. Básicamente, la decisión se reduce a si traicionar al otro o no. Si se decanta por la decisión egoísta, el depositario ganará más y el inversor perderá.

¿Qué pasa cuando introducimos la oxitocina en la ecuación? En el estudio, los investigadores administraron a algunos jugadores una dosis de oxitocina vía nasal antes de empezar a jugar, mientras que a otros les dieron un placebo. A continuación los científicos realizaron escáneres fMRI (imagen por resonancia magnética funcional) a los cerebros de los inversores según tomaban la decisión en relación con la cantidad a invertir y si depositaban su confianza en el otro o no.

Tras las primeras seis rondas, los inversores fueron informados del resultado de sus inversiones. Les notificaron que, más o menos, la mitad de las veces su confianza había sido traicionada. Los participantes que habían recibido el placebo antes de empezar a jugar se enfadaron o se sintieron estafados, así que invirtieron mucho menos en las siguientes seis rondas. Los participantes que se encontraban bajo los efectos de la oxitocina, sin embargo, invirtieron la misma cantidad que en las primeras rondas, pese a haber sido traicionados. Los escáneres fMRI mostraron que las áreas afectadas por el juego eran la amígdala (asociada con el miedo, la ansiedad, el estrés y la agresividad) y el estriado dorsal (que planifica futuras conductas en función de una respuesta positiva). Los participantes que habían recibido oxitocina mostraban mucha menos actividad en la amígdala, lo que implica menos rabia y miedo a ser traicionados de nuevo, así como menos temor a la pérdida de dinero. También reflejaban poca actividad en el dorsal estriado, lo que implica que no necesitaban confiar en resultados positivos para tomar decisiones futuras.[64]

Como demuestra este estudio, en el instante en que la pituitaria posterior libera compuestos químicos y los niveles de oxitocina ascienden, los centros de supervivencia de la amígdala se apagan, lo que implica un descenso de actividad en los circuitos relacionados con el miedo, la tristeza, el dolor, la ansiedad, la agresividad y la rabia. Únicamente experimentamos amor por la vida. Hemos tomado muestras de los niveles de oxitocina de nuestros estudiantes antes y después de los talleres. Al final del evento, algunos de ellos mostraban un ascenso significativo de la hormona. Cuando los entrevistamos, muchos de ellos repetían una y otra vez:

—Siento un inmenso amor por la vida y por todos los que forman parte de ella. Ojalá este sentimiento nunca se desvaneciera. Quiero recordarlo siempre. Así soy yo en realidad.

La otra sustancia química que genera la glándula pituitaria cuando activamos la pineal es la vasopresina u hormona antidiurética. Cuando los niveles de vasopresina ascienden, el cuerpo tiende a retener fluidos, lo que aumenta su composición acuosa. El fenómeno es importante, porque si vas a procesar una frecuencia más alta, necesitas la capacidad conductora del agua

---

64. David R. Hamilton, *Why Kindness Is Good for You*, Londres, Hay House UK, 2010, págs. 62-67.

para gestionarla y transportarla a tus células. En el instante en que la vasopresina asciende, la glándula tiroidea se estabiliza. Eso afecta al timo y al corazón, lo que a su vez influye en las glándulas suprarrenales y en el páncreas, que producen una cascada de reacciones cuyos efectos positivos se extienden hasta los órganos sexuales.[65]

Cuando sintonizamos con esas energías superiores, obtenemos acceso a un tipo de luz distinto —a una frecuencia más rápida que la luz visible— y súbitamente activamos una inteligencia más elevada en nuestro interior. En ese caso, como la glándula pineal se activa, vibramos en frecuencias aún más altas, y las reacciones químicas se transformarán también. Cuanto más alta es la frecuencia que captamos, más se altera la química del cuerpo, lo que se traduce en experiencias más visuales, más alucinógenas y más místicas. Los cristales de la glándula pineal, que actúan como una antena cósmica, constituyen el umbral a esos planos de luz e información vibracionalmente más elevados. De ese modo logramos experiencias subjetivas más reales que las objetivas.

Los metabolitos pineales que fabrica el cuerpo se unen a los mismos receptores que la serotonina y la melatonina, pero transportan un mensaje químico muy distinto, procedente de un plano que *trasciende* la realidad material basada en los sentidos. Gracias a este proceso, el cerebro adquiere las condiciones necesarias para vivir una experiencia mística, según abre la puerta a otras dimensiones y traslada al sujeto de una realidad espaciotemporal a una realidad temporoespacial. Como toda frecuencia acarrea un mensaje y ese mensaje se expresa en reacciones químicas, una vez que la glándula pineal se activa y empiezas a experimentar y procesar esas frecuencias, esas energías

---

65. R. Acher y J. Chauvet, «The Neurohypophysial Endocrine Regulatory Cascade: Precursors, Mediators, Receptors and Effectors», *Frontiers in Neuroendocrinology*, vol. 16, págs. 237-289, julio de 1995.

y esos estados elevados de consciencia, dichas reacciones a menudo adoptan la apariencia de formas geométricas complejas y cambiantes que solemos percibir con la imaginación. Es normal; estás viendo información.

Como el sistema nervioso se encuentra en un estado tan alto de coherencia cuando protagonizas esas experiencias místicas, es capaz de sintonizar con esos mensajes supracoherentes. En la oscuridad del vacío, la glándula pineal deviene el vórtice de esas pautas organizadas y paquetes de información. Como pones la atención en ellas, cambian y evolucionan constantemente igual que las imágenes de un calidoscopio. Del mismo modo que una televisión sintoniza una frecuencia y la traduce en las imágenes que ves la pantalla, la glándula pineal transforma vibraciones elevadas en imágenes vívidas y surreales.

En el gráfico 13 del encarte en color verás algunas de esas formas geométricas, que se conocen como geometría divina (o sagrada). Dichas formas nos acompañan desde hace miles de años. En el capítulo 8 he mencionado que recuerdan a los antiguos mandalas. Son patrones de energía e información expresados en forma de frecuencia, y si te sumerges en ellos tu cerebro (a través de la glándula pineal) convertirá esas formas, esos mensajes y esa información en imágenes vívidas, imaginería o experiencias lúcidas. Lo mejor que puedes hacer cuando veas esas formas es dejarte llevar por la experiencia y no tratar de forzar nada.

Estas formas no suelen ser estáticas ni bidimensionales, sino patrones animados, dotados de profundidad, infinitos y sumamente complejos que incluyen desarrollos fractales matemáticos y muy coherentes. Otro modo de describir el fenómeno sería a través del concepto de la *cimática*. Derivada del vocablo griego para «onda», la cimática es un fenómeno basado en la vibración o frecuencia. He aquí un modo de concebirla: supongamos que retiras la cubierta de un viejo altavoz y lo acuestas en el suelo. Si llenaras de líquido el altavoz, lo iluminaras y lo usaras para escuchar música clásica, la vibración y el sonido crearían ondas estacionarias coherentes. Esas ondas interferirían unas con otras y acabarían por generar formas geométricas dentro de otras formas. Igual que sucede con el caleidoscopio, las verías organizarse en patrones geométricos cada vez más complejos. La diferencia entre las imágenes de un caleidoscopio y la cimática es que las imágenes del primero son bidimensionales. Los patrones geométricos que surgen de la cimática, sin embargo, transmiten vida y son tridimensionales o incluso multidimensionales. Además del agua, el efecto vibratorio de la cimática se puede aplicar a la arena y al aire. Dicho de otro modo, esos tres medios son capaces de captar una vibración o frecuencia y transformarla en patrones geométricos coherentes. (Si buscas en YouTube, encontrarás numerosos ejemplos.)

Cuando la glándula pineal recoge información, está captando la misma clase de ondas que se encuentran en el entorno. Este pequeño órgano consolida esas ondas —coherentes, altamente organizadas, sostenidas y que trascienden el espectro visible— en paquetes de información y las traduce en imágenes. Sencillamente, son pautas estructuradas de información que se interconectan de manera muy coherente. Cuando les aplicas la consciencia, cambian y evolucionan hacia patrones todavía más fractales, complejos y divinos. Y, como albergan información, la glándula pineal, igual que un transductor, capta esos mensajes y los descodifica en forma de imaginería. Por todo ello, en parte, decidí usar un caleidoscopio en los talleres avanzados, para acostumbrar a los cerebros de los alumnos a no oponer resistencia cuando experimentaran esta clase de imaginería compleja, así como a reconocer más fácilmente ese tipo de información y abrirse a ella. Además, como el caleidoscopio ayuda al cerebro a pasar a un estado alfa o zeta que lo torna más sugestionable, mirar imágenes de ese estilo en un estado de trance prepara al subconsciente para una experiencia mística.

Una vez que la glándula pineal traduzca la información, agárrate fuerte, porque las cosas se van a poner emocionantes. Es posible que salgas de tu cuerpo y viajes por un túnel de luz, o que tu anatomía se ilumine por dentro. Podrías identificarte con la totalidad del universo y pensar, al mirar tu cuerpo, que no sabes cómo vas a entrar ahí dentro.

Cuando empieces a vivir esas experiencias tan trascendentes e insólitas, puedes hacer dos cosas: encogerte de miedo porque estás entrando en el ámbito de lo desconocido, o rendirte y confiar... porque *sí*, estás entrando en el ámbito de lo desconocido. Cuanta menos resistencia opongas y más confíes, más profunda será tu experiencia, tanto que no querrás retornar a la vigilia normal ni devolver tu cerebro al estado beta. Es el momento de dejarse llevar, relajarse y entrar aún más en ese estado de consciencia místico. En esos instantes no estás despierto ni soñando; has trascendido esta realidad. Si la química de tu cerebro funciona bien, tu cuerpo se encontrará total y completamente sedado. Para esto nos hemos estado entrenando: para experimentar niveles de unidad, plenitud, amor y consciencia todavía mayores si cabe.

Pero hay más...

Las alteraciones químicas crean una nueva realidad

Imagina que súbitamente tus sentidos se incrementaran un 25 por ciento. Si sucediera algo así, serías más consciente de todo lo que ves, oyes, saboreas, hueles y tocas. Y si la consciencia implica mayor presencia, también tu grado de presencia aumentaría, así como la energía que llega al cerebro (porque cada cambio de consciencia implica una transformación de energía y viceversa). Al conectar con una frecuencia distinta que procesa una nueva corriente de consciencia, tu cerebro rendiría al máximo y, como tus sentidos estarían amplificados, habrías generado un nivel de consciencia elevado. Cuanto más alta es la frecuencia o la energía, mayores los cambios químicos que experimentas y más lúcida la experiencia. De ahí que, cuando te encuentras en este estado trascendente, te sientas más alerta y seas más consciente que cuando vives en la realidad cotidiana del día a día. Según tu consciencia se amplía, te sientes como si de verdad habitaras en esa realidad trascendental.

Si estás captando información que procede de más allá de los sentidos, información que no se origina en el espectro de luz visible, cabe pensar que la estás viendo a través del tercer ojo. Como has vivido una experiencia interna tan profunda, y puesto que las vivencias inéditas generan nuevos circuitos neuronales, la experiencia enriquece los circuitos de tu cerebro. Según tu cuerpo procesa esas energías superiores, los procesos químicos se alteran y, si la consecuencia de la experiencia es una emoción, experimentarás sentimientos y emociones de naturaleza superior. Cuando tu cerebro se activa de ese modo, ves a través de un ojo distinto, con visión interna.

Si la acumulación de sentimientos equivale a una emoción y la emoción es energía, cuando te invaden emociones de supervivencia notas más la densidad de la materia y la química, porque éstas vibran en una frecuencia más baja. Sin embargo, cuando accedes a estados superiores de consciencia, que vibran en una frecuencia más alta, empiezas a sentirte menos materia y química y más energía. Por eso hablo de emociones elevadas cuando me refiero a esta energía expresada en forma de sentimientos.

Si el entorno activa los genes de las células y las vivencias procedentes del entorno generan emociones *—y las emociones son las respuestas químicas al entorno—* nada cambiará en el medio ambiente interno del cuerpo (que es el entorno externo de la célula) a menos que las circunstancias externas se modifiquen. Por ejemplo, si vives inmerso en las mismas emociones coercitivas año tras año, la biología de tu cuerpo nunca se va a transformar porque no conoce la diferencia entre la emoción que genera el ambiente externo y la que viene dictada por el interno. En vez de eso, el cuerpo cree vivir bajo las mismas condiciones medioambientales que en el pasado y responde con idénticas reacciones químicas. E, igual que el cuerpo vive en un medioambiente en el que nada cambia nunca, la célula habita también un entorno en el que todo sigue igual.

Sin embargo, cuando empiezas a protagonizar experiencias de presencia elevada y consciencia expansiva —más intensas y sensoriales que la misma realidad tal como la conoces—, en el instante en que sientes esas emociones amplificadas o esa energía extática, tu estado interno se modifica y, en consecuencia, vas a estar más atento a las imágenes que has creado. Y si vives una experiencia tan real que atrapa la plena atención de tu mente, el acontecimiento (o despertar) se grabará neurológicamente en tu cerebro. La nueva emoción creará así memoria a largo plazo al mismo tiempo que activa genes distintos, pero en esta ocasión la experiencia que genera el recuerdo no procederá del ambiente externo, sino del interno, que es a su vez el entorno externo de la célula.

Como el acontecimiento es tan poderoso que *no* puedes desviar la atención, cabe concluir que:

- Cuanto más elevada sea la energía, mayor consciencia.
- Cuanto más se eleve la consciencia, mayor presencia.
- Según aumente la presencia, más vasta será nuestra experiencia de la realidad.

Como ya sabemos, toda percepción depende de los circuitos que las experiencias del pasado han grabado en el cerebro. No percibimos las cosas como son; la percibimos en función de cómo somos *nosotros*. Si acabas de vivir una experiencia interior que te ha permitido contemplar elevados seres místicos; si has visitado un mundo donde todo irradiaba luz o fulgor; si has sentido plenitud, unidad e interconexión con todo y con todos; o has viajado a un tiempo y un espacio completamente distintos, cuando abras los ojos, tu espectro de realidad en estado de vigilia se habrá ampliado enormemente. Sucederá así porque esa experiencia interna habrá transformado tu cerebro y ahora estarás neurológicamente programado para percibir una expresión más rica de la realidad. Es así como empezamos a cambiar de dentro afuera. Es así como transformamos nuestra experiencia en este mundo tridimensional de la materia.

La evolución, individual y como especie, es un proceso muy lento. Vives experiencias, te haces daño, aprendes la lección, creces. A continuación sientes dolor, aprendes la lección siguiente, avanzas hacia el próximo desafío, te sales con la tuya y consigues tus objetivos, te planteas nuevas metas, creces nuevamente y el ciclo continúa. Se trata de un proceso pausado, porque no recibimos demasiada información del entorno exterior.

Ahora bien, cuando protagonizas un acontecimiento interno más real que nada de lo que hayas vivido en el mundo exterior, nunca vuelves a ver la realidad del mismo modo, porque la vivencia te transforma a niveles muy profundos. Podría decirse que introduces una mejora en tu sistema o que actualizas el *software*. Si la realidad que percibimos se basa en la experiencia y tú acabas de sumergirte en una vivencia interdimensional, tu cerebro, a partir de ese momento, será capaz de procesar eso que siempre existió pero que tú desconocías por carecer de los circuitos neuronales necesarios.

Y si vives esas experiencias expansivas una y otra vez, irás accediendo a un espectro de realidad cada vez más vasto. El velo de la ilusión acaba por caer, y cuando lo hace eres capaz de ver la vida tal como es —vibrante, radiante, conectada y rebosante de luz resplandeciente— y comprendes que la energía dirige todo el proceso. Has sintonizado con un nivel de información mayor, donde súbitamente todo se ve y se percibe distinto a como era cuando, sencillamente, veías materia; y tu relación con la realidad se transforma. Éste es el camino que siguen los místicos y los maestros: sintonizan con su mundo interior para ampliar su percepción de la realidad exterior. Imagina la persona que podrías llegar a ser si dejaras de vivir a partir de las emociones de los tres centros energéticos inferiores, incluidas la supervivencia, el miedo, el dolor, la separación, la rabia y la rivalidad para existir, en cambio, desde el corazón y empezar a funcionar a partir del amor, la unidad y la conexión con todo, visible e invisible.

Los místicos y los maestros, tras vivir suficientes experiencias interdimensionales suscitadas por una información que trascendía los sentidos, no reflejaban los genes que les tocaron en suerte. No procesaban la realidad a partir de las pautas del cerebro que les había sido otorgado al nacer o de los programas que la evolución había impreso en sus cerebros. En cambio, a causa de su interacción con el campo, generaron la consciencia, los circuitos mentales y la mente necesarios para percibir una realidad distinta; una que siempre ha estado ahí.

Las propiedades mágicas y míticas de la glándula pineal, el alquimista del cerebro, no nos sorprenden, si bien la ciencia moderna parece estar empezando a descubrir algo que las antiguas civilizaciones siempre han sabido.

Melatonina, matemáticas, antiguos símbolos y la glándula pineal

El 23 de julio de 2011 apareció un dibujo en los cultivos de Roundway, muy cerca de Devizes, en la campiña inglesa de Wiltshire, que recordaba mucho a la estructura química de la melatonina. (Ver figura 12.11.) ¿Son los círculos de los cultivos un engaño muy elaborado? ¿O acaso alguien trata de decirnos algo desde otra dimensión?

Cuando leas este apartado podrás decidir por ti mismo si los fenómenos como ése suceden por casualidad o hay que atribuirlos a alguna inteligencia divina.

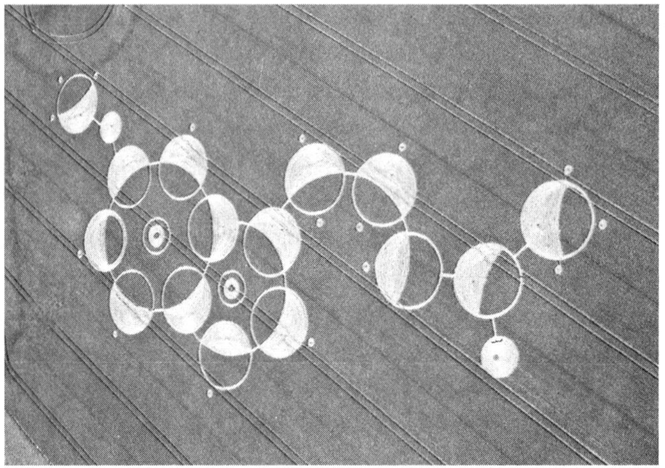

H_3C
O
NH
N
H
CH_3
O

Figura 12.11

Estos círculos en los cultivos hallados en Roundway, Inglaterra, el 23 de julio de 2011, muestran la estructura química de la melatonina. Es posible que alguien esté tratando de decirnos algo.

El cerebro posee dos hemisferios, y si los dividieras por el centro obtendrías lo que se conoce como una sección sagital. Cuando mires la sección sagital de la figura 12.12, presta mucha atención a la ubicación y la integración de la glándula pineal, el tálamo, el hipotálamo, la glándula pituitaria y el cuerpo calloso. ¿Te recuerda a algo? Se parece mucho al Ojo de Horus del antiguo Egipto, símbolo de protección, poder y buena salud. ¿Acaso en la antigüedad ya se conocía el sistema nervioso autónomo, el sistema reticular activador, la puerta talámica y la glándula pineal? Los antiguos egipcios debían de intuir la importancia del sistema nervioso autónomo, y habían comprendido que la activación de la glándula pineal les permitía viajar al otro mundo o a otras dimensiones.[66]

OJO DE HORUS, SISTEMA LÍMBICO Y GLÁNDULA PINEAL

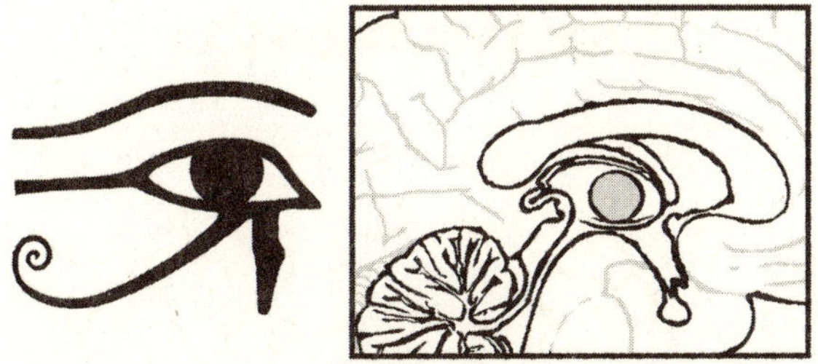

Figura 12.12

Si seccionaras el cerebro por la mitad, podrías ver el sistema límbico. Echa un vistazo y advertirás la semejanza con el Ojo de Horus.

Según el sistema métrico egipcio, el Ojo de Horus representaba también una herramienta de cuantificación fraccional para calcular partes de un todo. En matemática moderna, lo llamamos

66. D. Wilcox, «Understanding Sacred Geometry & the Pineal Gland Consciousness», conferencia disponible en https://www.youtube.com/watch?v=2S_m8AqJKs8.

la constante Fibonacci o la sucesión de Fibonacci. Como he mencionado al principio del libro, se trata de una fórmula matemática que se repite en la naturaleza, como por ejemplo en los girasoles, en algunos moluscos, en las piñas, en los huevos e incluso en la estructura de la Vía Láctea. También conocida como la espiral dorada, el número áureo o la proporción áurea, la constante Fibonacci se caracteriza por el hecho de que, después de los dos primeros, cada número es la suma de los dos anteriores.

Si aplicaras esta fórmula a la sección del cerebro y dibujaras recuadros ajustados a la sucesión obtendrías una forma fractal, un patrón interminable que se repite a cualquier escala. Empezando por la glándula pineal, la fórmula representa la estructura exacta del cerebro (ver figura 12.13). ¿Empiezas a pensar que tal vez la glándula pineal posea alguna característica especial?

CONSTANTE FIBONACCI

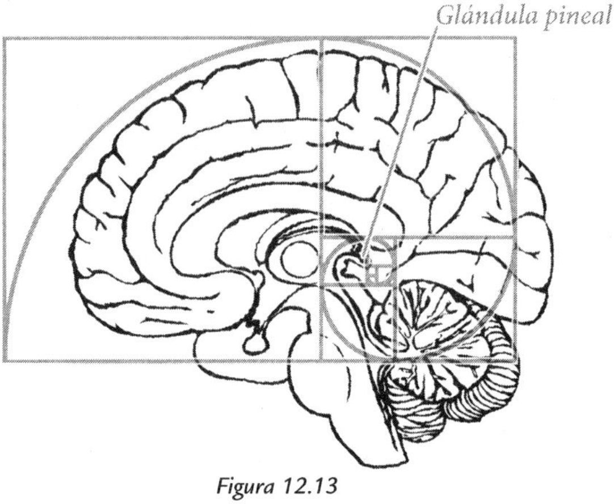

Glándula pineal

Figura 12.13

Si aplicas la proporción áurea, la constante Fibonacci, a lo largo de la circunferencia del cerebro, la espiral termina exactamente en la glándula pineal.

En la mitología griega, Hermes era un mensajero de los dioses que podría entrar y salir a su antojo de los reinos humanos y divinos. Estaba considerado un dios de transiciones y dimensiones, algo así como un guía a la otra vida. El símbolo que lo representaba es el caduceo, que consiste en dos serpientes entrelazadas en torno a una vara, de cuya parte alta surgen dos alas. (Ver figura 12.14.) El caduceo, que Hermes empleaba como bastón, se considera un símbolo de salud. ¿No te parece que esas serpientes que se mueven por el bastón bien podrían representar la energía que asciende por la columna, del cuerpo al cerebro, y que las alas podrían ser la liberación del ser cuando la energía alcanza la glándula pineal y lo ilumina? La corona representa nuestro máximo potencial y la expresión de nuestra divinidad cuando activamos la glándula pineal (representada por una piña). La coronación del ser es la conquista de la iluminación. De ahí que haya escogido esta imagen para la cubierta del libro.

EL CADUCEO: LA ALQUIMIA DEL SER

Figura 12.14

Meditación para sintonizar con dimensiones temporales y espaciales más elevadas

Puesto que los niveles de melatonina están en su máximo apogeo entre la una y las cuatro de la madrugada, ésa será la mejor hora para poner en práctica esta meditación. Empieza por activar el centro del corazón durante una canción. A continuación bendice tus centros energéticos, empezando por el inferior, tal como aprendiste en la bendición de los centros de energía del capítulo 4. Para bendecirlo, deposita la atención en el centro y luego en el espacio de alrededor. Empieza por el primero, asciende al segundo y a continuación concéntrate en el primero y el segundo al mismo tiempo. Sigue bendiciendo los centros por orden, pero ve creando un campo mayor al conectar cada uno con los anteriores. Para terminar, alinea los ocho centros y la energía que rodea tu cuerpo simultáneamente. El proceso te llevará unos 45 minutos. Luego, descansa tendido durante veinte minutos y deja que tu sistema nervioso autónomo se encargue de equilibrar el organismo.

Ahora siéntate y realiza el ejercicio de respiración para dirigir la energía a la parte alta de la cabeza. Aguanta el aliento y contrae los músculos para oprimir los cristales de la glándula pineal con el fin de activarla y crear un campo electromagnético. El campo se extenderá cuanto pueda y luego revertirá el gesto, comprimiendo así los cristales. Según incrementas la frecuencia, vas a captar planos vibracionales cada vez más elevados. Tu cerebro transformará esa información en imaginería. Una última observación acerca de la respiración: quiero remarcar que no es necesario respirar a toda prisa, contraer los músculos internos con fuerza y contener el aliento hasta quedarse azul. En vez de eso, respira largo y tendido, coordinando la respiración con la contracción de los músculos centrales según vas inhalando y, despacio, acompaña el aliento hasta la parte superior de la cabeza.

Ésta es una de las formas de activar la glándula pineal. Cuando hayas terminado el ejercicio de respiración, enfoca la atención entre la garganta y la nuca. Al hacerlo, estás ubicando la glándula en el espacio y, según te concentras en ella, diriges tu energía hacia ese punto. Mantén la atención en la glándula pineal durante cinco o diez minutos. Como un pensamiento, una información o la consciencia, vuélvete realmente pequeño y ve hacia la cámara de la glándula pineal y percibe el espacio de esa habitación, en el centro de ese órgano y más allá. Quédate ahí de 5 a 10 minutos. Luego trata de percibir la frecuencia y el espacio que la rodean. Irradia esa energía más allá de la habitación, hacia la vasta oscuridad. Empapa la energía de tu intención de que la glándula libere sus metabolitos sagrados con el fin de vivir una experiencia mística. Emite la información hacia el espacio que rodea tu cabeza y más allá.

Ahora ábrete a la energía que alberga la negrura vasta y eterna y limítate a recibir. Cuanto más consciente seas de esa energía y más te abras a la frecuencia, más transformarás y actualizarás la melatonina, que ahora estará liberando sus metabolitos más elevados. No esperes nada en concreto e intenta no anticiparte; sigue recibiendo sin más. Para terminar, vuelve a tumbarte y deja que el sistema nervioso autónomo se haga cargo del proceso. ¡Que disfrutes del paisaje!

13

Proyecto Coherencia: creando un mundo mejor

Vivimos una época de extremos, y esos extremos constituyen tanto el reflejo de una vieja consciencia que ya tiene fecha de caducidad como de otra nueva que está transformando el planeta Tierra y a todos aquellos que lo habitamos. La vieja consciencia se alimenta de emociones de supervivencia como odio, violencia, prejuicios, rabia, miedo, sufrimiento, competitividad y dolor; emociones que nos inducen a creer que somos seres aislados. La ilusión de la separación pasa factura y divide a individuos, a comunidades, a sociedades, a países y a la propia madre naturaleza. La inconsciencia, la negligencia, la codicia y la falta de respeto que revela la actividad humana amenazan la vida tal como la conocemos. Por pura lógica, una consciencia tan destructiva no puede durar mucho más.

Como todo se mueve hacia polaridades extremas, a nadie se le escapa que muchos de los sistemas actuales —ya sean políticos, económicos, religiosos, culturales, educativos, médicos o medioambientales— empiezan a desmoronarse según los antiguos paradigmas pierden vigencia. El periodismo ofrece una muestra muy evidente, por cuanto ya nadie sabe qué creer o no de lo que dice la prensa. Algunos de esos cambios son fruto de elecciones personales, pero otros evidencian unos niveles cada vez más altos de consciencia. Sea como fuere, una cosa está clara: en esta era de la información, todo aquello que no está alineado con la evolución de la nueva era sale a relucir.

Si no has notado el aumento de frecuencia y energía que caracteriza esta época —un incremento de ansiedad, tensión y pasión— es posible que no estés prestando atención a tu propio estado interior y a la interdependencia de la humanidad con esta energía. Además de las turbulencias que sacuden el entorno político, social, económico y personal, muchas personas tienen la sensación de que los tiempos se están acelerando: un número mayor de acontecimientos cruciales se producen en periodos de tiempo más breves. Dependiendo del punto de vista, esta realidad puede implicar un emocionante despertar o un momento angustioso de la historia. En cualquier caso, lo viejo debe desplomarse o descomponerse para que algo más funcional ocupe su lugar. Es así como las personas, las especies, las consciencias e incluso el mismo planeta evolucionan.

Este exacerbamiento de la energía tanto en el interior de los seres humanos como en la propia naturaleza plantea diversas cuestiones: ¿es posible que estén en juego importantes aspectos que involucran la relación de la humanidad con la violencia, la guerra, el crimen y el terrorismo… y, por tanto, con la paz, la unidad, la coherencia y el amor? ¿Y si no fuera casual que tantas cosas estén pasando en este momento en particular?

La historia de las meditaciones colectivas por la paz

Actualmente, el poder de los proyectos temporales en pro de la paz ha quedado demostrado y concienzudamente constatado mediante más de cincuenta concentraciones de prueba y 23 estudios científicos arbitrados y revisados por investigadores independientes de todo el mundo.[67] Los resultados han evidenciado una y otra vez efectos positivos en la reducción inmediata del crimen, los conflictos armados y el terrorismo en unos niveles que alcanzan más de un setenta por ciento de promedio.[68] Párate a pensarlo un momento. Cuando un grupo de gente se reúne con la intención específica o la consciencia colectiva de cambiar «algo» o de alcanzar un resultado, esa comunidad unida, que genera energía y emociones de paz, unidad e integración —sin hacer nada en el plano físico—, consigue cambios un 70 por ciento de las veces. Para cuantificar los resultados de estas investigaciones, los científicos emplean un cálculo conocido como «análisis cruzado».

El propósito del análisis cruzado es revelar las correlaciones entre las personas y los incidentes. Por ejemplo, el análisis cruzado de los fumadores empedernidos mostrará que cuanto más fuma una persona, más probabilidades hay de que desarrolle un cáncer de pulmón. En relación con las meditaciones colectivas por la paz, los estudios han demostrado que cuantas más personas se reúnen a meditar (en combinación con el tiempo dedicado a la meditación), mayor capacidad muestra la concentración para disminuir los índices de crimen y violencia en la sociedad.

El proyecto de paz del Líbano, que reunió a un grupo de meditadores en Jerusalén en agosto y septiembre de 1983 para demostrar la «capacidad de propagación de la paz», ofrece un ejemplo poderoso. Aunque el número de meditadores fluctuó en el tiempo, a menudo fue tan grande como para lograr un *efecto suprarradiante* tanto en Israel como en el cercano Líbano. Dicho efecto se produce cuando un grupo de meditadores especialmente entrenados se reúne a diario, a la misma hora, para generar un efecto positivo e irradiarlo a la sociedad. Los resultados del estu-

---

67. Global Union of Scientists for Peace, «Defusing World Crises: A Scientific Approach».

68. Ibíd.

dio, de dos meses de duración, revelan que en los días de mayor participación el número de muertos de guerra se redujo en un 76 por ciento. Otros efectos incluyeron la reducción de crímenes e incendios, el descenso de los accidentes de tráfico, menos terrorismo y un mayor crecimiento económico. Los resultados se repitieron en siete experimentos consecutivos llevados a cabo en un periodo de dos años en una época en que la guerra del Líbano estaba en pleno apogeo.[69] Y todo se consiguió mediante el gesto de aunar las intenciones de paz y la coherencia de una serie de personas con emociones superiores de amor y compasión. Los resultados demuestran que, cuanto más se unen las consciencias de las personas a la hora de compartir emociones elevadas de amor y compasión, mayor es su capacidad de cambiar la consciencia global y la energía de sus semejantes de manera no local.

En el que está considerado uno de los tres estudios punteros sobre meditaciones colectivas por la paz llevados a cabo en el hemisferio occidental, un laboratorio de ideas de la Corporación RAND para la investigación y el desarrollo reunió a un grupo de casi 8.000 meditadores entrenados (en ocasiones más) con el fin de concentrarse en la paz mundial y la coherencia durante periodos que abarcaban de ocho a once días, de 1983 a 1985. Los resultados mostraron que, durante ese tiempo, el terrorismo mundial había disminuido un 72 por ciento.[70] ¿Puedes imaginar los resultados y las consecuencias positivas que tendría incorporar este tipo de meditación y *mindfulness* a los currículums educativos?

---

69. D. W. Orme-Johnson, C. N. Alexander, J. L. Davies *et al.*, «International Peace Project in the Middle East: The Effects of the Maharishi Technology of the Unified Field», *Journal of Conflict Resolution*, vol. 32, n.º 4, 4 de diciembre de 1988.

70. D. W. Orme-Johnson, M. C. Dillbeck y C. N. Alexander, «Preventing Terrorism and International Conflict: Effects of Large Assemblies of Participants in the *Transcendental Meditation* and *TM-Sidhi* Programs», *Journal of Offender Rehabilitation*, vol. 36, n.º 1-4, págs. 283-302, 2003.

En otro estudio, éste llevado a cabo en la India de 1987 a 1900, siete mil personas se congregaron para concentrarse en la paz mundial. A lo largo de los tres años que duró la prueba, el mundo presenció un constatable descenso de la conflictividad global: terminó la guerra fría, cayó el muro de Berlín, la guerra Irán-Irak llegó a su fin, Sudáfrica hizo grandes avances en dirección a la abolición del *apartheid* y los ataques terroristas disminuyeron. Lo más sorprendente fue la rapidez con que se produjeron esos cambios globales, y siempre a través de procesos relativamente pacíficos.[71]

En 1993, del 7 de junio al 30 de julio aproximadamente, 2.500 meditadores se reunieron en Washington, D. C. con motivo de un experimento altamente controlado de meditación por la paz y la energía coherente. Durante los primeros cinco meses del año, los crímenes con violencia no habían dejado de crecer. Sin embargo, poco después de que comenzara el estudio, empezó a observarse una reducción estadísticamente significativa de la violencia (según los informes anuales del FBI sobre crímenes violentos), el crimen y la tensión en Washington, D. C.[72] El resultado sugiere que un grupo de personas relativamente reducido, si se reúne con una actitud de amor y propósito, puede influir de manera estadísticamente significativa en una población diversa.

El 11 de septiembre de 2001, gracias a la inmediatez de los medios de comunicación globales, los seres humanos de todo

---

71. «Global Peace: End of the Cold War», Global Peace Iniciative, en http://globalpeaceproject.net/proven-results/case-studies/global-peace-end-of-the-cold-war/.

72. J. S. Hagelin, M. V. Rainforth, K. L. C. Cavanaugh *et al.*, «Effects of Group Practice of *Transcendental Meditation* Program on Preventing Violent Crime in Washington, DC.: Results on the National Demonstration Project, June-July 1993», *Social Indicators Research*, vol. 47, n.º 2, págs. 153-201, junio de 1999.

el planeta se sintieron sacudidos por el horror, la incredulidad, el miedo, el terror y el dolor cuando varios aviones se estrellaron contra el World Trade Center de Nueva York y el Pentágono de Washington, y en un campo cerca de Shanksville, en Pensilvania. En un instante, la consciencia colectiva del mundo entero conectó con el suceso. Poderosas emociones se derramaron por todo el globo mientras la gente se reconfortaba, creaba comunidades y se cuidaba mutuamente.

Durante los acontecimientos del 11-S, unos científicos del Proyecto de Consciencia Global de la Universidad de Princeton recogían a través de Internet los datos de más de cuarenta paquetes de *software* instalados en ordenadores de todo el mundo. Según los datos entraban en el servidor central de Princeton, Nueva Jersey, los científicos advirtieron cambios espectaculares en los patrones del *software* instalado, que no eran sino generadores de números al azar. (Un generador de números al azar sería algo así como tirar una moneda al aire mediante un ordenador. Registra la cantidad de caras y cruces, o unos y ceros, así que según las estadísticas los resultados obtenidos deberían haber sido de un 50/50 por ciento aproximadamente.) Ante las alteraciones tan increíbles que se dieron en los patrones de números, los científicos acabaron por concluir que la reacción emocional de dolor era de tal magnitud que había afectado al campo magnético de la Tierra.[73]

Todos estos estudios, en último término, vienen a demostrar que los grupos de meditación, si son del tamaño adecuado y cuentan con la preparación suficiente, son capaces de influir de manera constatable y no local en la paz mundial y en la coherencia global mediante la focalización de sus emociones y su energía. Si esos

---

73. R. D. Nelson, «Coherent Consciousness and Reduced Randomness: Correlations on September 11, 2001», *Journal of Scientific Exploration*, vol. 16, n.º 4, págs. 549-570, 2002.

proyectos de meditación constituyen una fuerza coherente que trabaja en pro de la armonía social, ¿podría haber también fuerzas antiéticas que estuviesen generando incoherencia contra la humanidad?

La relación de la Tierra con los ciclos solares

Según la Tierra rota sobre su eje en el transcurso de un día, el Sol sale cada mañana para aportar luz a la oscuridad. Caldea y ahuyenta el frío de la noche, favorece la fotosíntesis de las plantas y proporciona seguridad a los seres humanos. De ahí que, hace más de catorce mil años, la adoración al astro rey se plasmara con frecuencia en tablillas y cuevas. Incontables mitologías (incluidas las civilizaciones del antiguo Egipto y Mesopotamia, los mayas y los aztecas o los aborígenes australianos, por nombrar tan sólo unas cuantas) adoraban el Sol como fuente de luz, iluminación y sabiduría. Sea cual fuere su ubicación y procedencia, casi todas las culturas han reconocido en el Sol al gran orquestador de la vida en la Tierra; sin él ninguna forma de vida podría existir.

Los seres humanos somos en buena parte seres electromagnéticos (entidades que envían y reciben mensajes constantemente mediante vibración de energías). Nuestros cuerpos están compuestos de luz e información gravitacionalmente organizadas. De hecho, todos los cuerpos materiales que habitan este mundo tridimensional son ante todo luz y energía gravitacionalmente organizadas. Y en cuanto que seres electromagnéticos, no somos sino un pequeño eslabón en la gran cadena del mundo electromagnético, partes individuales que están integradas en un gran todo.

A gran escala, es imposible negar la interconexión entre la energía del Sol, la energía de la Tierra y la de todas las especies vivas. A una escala más reducida, basta mirar el ciclo de vida de una fruta o un vegetal para comprender esa misma interdependencia. La verdura o la fruta comienzan su andadura en forma de semilla, y cuando las condiciones medioambientales como el agua, la temperatura, los nutrientes del suelo y la fotosíntesis alcanzan el equilibrio adecuado, la semilla germina. Por fin, el fruto de esa semilla se convierte en una fuente de sustento y nutrición para diversas formas de vida. El primer eslabón en esta compleja cadena y este delicado equilibro de acontecimientos es la privilegiada ubicación de la Tierra en nuestro sistema solar. Conocida también como «zona habitable circumestelar», la zona de habitabilidad de una estrella (como el Sol) es la región alrededor de ella que permite la existencia de agua líquida sobre la superficie de un planeta.

Por más que el Sol se encuentre a 149 millones de kilómetros, su actividad tiene importantes consecuencias en la Tierra, por cuanto nuestro planeta y el Sol interactúan a través de sus campos electromagnéticos. La función del campo electromagnético de la Tierra (ver figura 13.1) es protegerla de los efectos dañinos de la radiación solar y de los rayos cósmicos, las manchas solares y otros fenómenos del clima espacial. Aunque todavía no acabamos de comprender su naturaleza, las manchas solares son zonas del Sol relativamente oscuras y frescas provocadas por interferencias que tienen lugar en el interior del campo magnético del Sol; pueden medir hasta 50.000 kilómetros de diámetro. Para entender mejor lo que son, imagina las manchas solares como el tapón de una botella de soda; si agitas la botella y luego retiras el tapón, liberará una gran cantidad de fotones (luz) y otras formas de radiación de alta frecuencia.[74]

---

74. «What Are Sunspots?», Space.com, http://www.space.com/14736-sunspots-sun-spots-explained.html, 29 de febrero de 2012.

EL CAMPO ELECTROMAGNÉTICO DE LA TIERRA

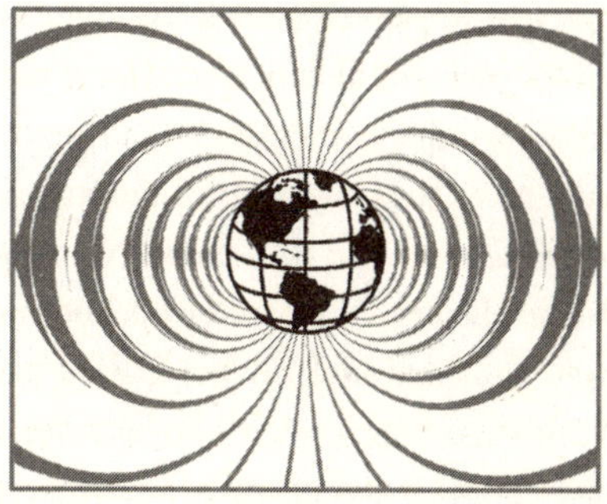

Figura 13.1

El campo electromagnético de la Tierra.

De no ser por la protección y el aislamiento que nos brindan los campos electromagnéticos de la Tierra, la vida tal como la conocemos no existiría, por cuanto sufrimos el bombardeo constante de un flujo de partículas letales. Por ejemplo, cuando se producen fulguraciones solares, el campo electromagnético desvía miles de millones de toneladas de las emisiones fotónicas que se conocen como eyecciones de masa coronal. Hablamos de enormes explosiones de plasma y campos magnéticos procedentes de la corona del Sol que se pueden propagar millones de kilómetros en el espacio. Sus efectos llegan a la Tierra de 24 a 36 horas después de que se produzcan.

Estas eyecciones calientan el núcleo terrestre, compuesto de hierro y otros metales. Cuando el núcleo se altera, el campo electromagnético de la Tierra se transforma. Las eyecciones de masa coronal forman parte de los ciclos solares que tienen lugar cada once años aproximadamente y, potencialmente, podrían causar estragos en todos los organismos vivos de la Tierra.

La observación de los ciclos solares comenzó en 1755, pero en 1915 un muchacho ruso de 18 años llamado Alexander Chizhevsky dio un paso de gigante en la comprensión humana del Sol y su relación con la Tierra cuando pasó todo un verano observando el astro rey. Durante esos meses empezó a formular hipótesis sobre cómo afectaban los periodos de actividad solar al mundo orgánico. Un año más tarde tuvo que participar en la Primera Guerra Mundial, pero cuando no estaba luchando por Rusia se dedicaba a proseguir sus observaciones. Se dio cuenta de que las batallas, particularmente, tendían a recrudecerse o a menguar en función de la fuerza de las fulguraciones solares (ver gráfico 14 del encarte en color).[75] Chizhevsky recopiló más tarde las historias de 72 países de 1749 a 1926 para comparar el número de acontecimientos políticos y sociales de importancia (como el estallido de guerras, revoluciones, epidemias y violencia) que se habían producido cada año con la actividad solar, y demostró que existía una correlación entre la actividad del Sol y la agresividad humana. Por otro lado, lo que también es interesante, la actividad solar se ha asociado con momentos de gran creatividad, incluidas innovaciones en arquitectura, ciencias, artes y cambio social.[76]

Cada pico de la línea roja en el gráfico representa una erupción solar o una mancha solar acaecida entre los años 1750 y 1922. Las líneas azules representan acontecimientos históricamente relevantes sucedidos en el mismo periodo. Chizhevsky acabó por constatar que el 80 por ciento de los sucesos más significativos de los países analizados coincidían con fenómenos solares y gran actividad geomagnética.[77] Por lo que parece, la energía solar liberada —que siempre transporta información— muestra una coherencia

75. A. L. Tchijevsky (trad. inglesa de V. P. de Smitt), «Physical Factors of the Historical Process», *Cycles*, vol. 22, págs. 11-27, enero de 1971.

76. S. Ertel, «Cosmophysical Correlations of Creative Activity in Cultural History», *Biophysics*, vol. 43, n.º 4, págs. 696-702, 1998.

77. C. W. Adams, *The Science of Truth*, Wilmington, Delaware, Sacred Earth Publishing, 2012, pág. 241.

casi absoluta con las actividades, la energía y la consciencia de nuestro planeta. Y resulta que durante la redacción de este libro, en 2017, nos encontramos en mitad de un ciclo solar muy activo.

En la década anterior se habló largo y tendido de cómo esta energía solar estaba afectando al planeta y la vida de sus habitantes. En 2012, los agoreros pensaban que el final del calendario maya, que coincidía con el solsticio de invierno, significaba la llegada del fin del mundo. Los astrólogos actuales hablan de la era de acuario (las eras astrológicas son periodos de unos 2.150 años, correspondientes al tiempo que tarda el equinoccio de primavera, de promedio, en desplazarse de una constelación zodiacal a la siguiente) y auguran una nueva consciencia para la humanidad. Astrónomos y cosmólogos señalan una alineación galáctica, un raro suceso astronómico que se produce cada 12.960 años en el transcurso del cual el Sol se alinea con el centro de la Vía Láctea.

Tengas las creencias que tengas, todos estos hechos se refieren a ciclos solares que implican un incremento de la energía solar que alcanza la Tierra. Como somos seres electromagnéticos, conectados a nuestro planeta por campos electromagnéticos y protegidos de la radiación solar por escudos también electromagnéticos, este incremento de la energía solar por fuerza tiene que alterar la energía terrestre y la nuestra. En consecuencia, la nueva energía posee la capacidad de influir en los seres humanos tanto para bien como para mal, dependiendo de la vibración de nuestra energía personal. Por ejemplo, si experimentas separación, te alimentas de emociones de supervivencia y eres esclavo de las hormonas y las sustancias químicas del estrés, tu cerebro y tu corazón irradiarán incoherencia, lo que dividirá y desequilibrará tu energía y tu consciencia. El aumento de la actividad solar acrecentará este estado. Así pues, si vives sumido en la incoherencia, ese estado incoherente se multiplicará.

Igualmente, si tu cabeza y tu corazón se encuentran alineados de manera coherente y meditas a diario para conectar con el campo unificado y vencer las convicciones y actitudes que te coartan, podrás acceder aún más profundamente a la verdad y a la certeza de quién eres y por qué estás aquí.

La conclusión de todo lo antedicho es que nos encontramos en un momento de iniciación, y vamos a precisar unos niveles tremendos de voluntad, presencia y consciencia para permanecer centrados y no sucumbir a esas energías exacerbadas. Si logramos mantener la concentración, en lugar de ser víctimas de la incertidumbre, transformaremos esa energía en armonía, coherencia e incluso paz, tanto personal como global. Expresado en términos más sencillos, esa energía afianzará tu estado de consciencia; es decir, reforzará tu manera de pensar y de sentirte.

La resonancia Schumann

En 1952, el físico y profesor W. O. Schumann planteó la hipótesis de la existencia de ondas electromagnéticas mensurables en la atmósfera, presentes en la cavidad (o espacio) que se extiende desde la superficie de la Tierra hasta la ionosfera. Según la NASA, la ionosfera es una capa rica en electrones, átomos ionizados y moléculas que comienza a unos cincuenta kilómetros de la superficie de la Tierra y se extiende hasta el límite del espacio, a unos novecientos kilómetros de altitud. Esta zona dinámica crece y se encoge (y se divide en otras subregiones) en función de las condiciones solares, y constituye un eslabón crítico en la cadena de las interacciones que se producen entre la Tierra y el Sol.[78] Es esta «central eléctrica celestial» la que hace posible las comunicaciones por radio.

En 1954, Schumann y H. L. König confirmaron la hipótesis de Schumann al detectar resonancias en la ionosfera que vibraban a una frecuencia de 7,83 Hz (ciclos por segundo). La «resonancia de

78. «Earth's Atmospheric Layers», 21 de enero de 2013, https://www.nasa.gov/mission_pages/sunearth/science/atmosphere-layers2.html.

Schumann» quedó constatada mediante la medición de las resonancias electromagnéticas globales que se creaban con las descargas eléctricas de los relámpagos en la ionosfera. Imagina esta frecuencia como un diapasón de la vida. En otras palabras, se comporta como una vibración de fondo que afecta a las conexiones neurológicas del cerebro de los mamíferos (el cerebro subconsciente, ubicado debajo de la neocorteza y sede del sistema nervioso autónomo). La frecuencia Schumann influye en el equilibrio corporal, la salud y la misma naturaleza de los mamíferos. De hecho, la ausencia de dicha resonancia puede provocar graves problemas físicos y mentales en el cuerpo humano.

Todo lo que acabo de exponer quedó demostrado en la investigación que el científico alemán Rutger Wever llevó a cabo para el Instituto de Fisiología Conductual de Erling-Andechs, en Alemania. Para efectuar este estudio, encerró a una serie de estudiantes voluntarios, todos jóvenes y sanos, en búnkeres subterráneos aislados herméticamente, con el fin de impedir el paso de la frecuencia Schumann. A lo largo de las cuatro semanas que pasaron allí dentro, los ritmos circadianos de los estudiantes cambiaron, lo que les provocó angustia emocional y migrañas. Cuando Wever reintrodujo la frecuencia Schumann en los búnkeres, bastó una breve exposición a una frecuencia de 7,83 hercios generada artificialmente para que los voluntarios recuperaran la salud.[79]

Por lo que sabemos, el campo electromagnético de la Tierra, que vibra de forma natural a una frecuencia de 7,83 hercios, protege y alienta todas las formas de vida. Considera la resonancia Schumann como el latido de la Tierra. Los antiguos *rishis* hindúes se referían a ella como OM o la encarnación del sonido puro. Coincidencia o no, lo cierto es que esta misma frecuencia exacta se emplea para la sincronización de las ondas cerebrales, por cuanto está asociada con los

79. R. Wever, «The Effects of Electric Fields on Circadian Rhythmicity in Men», *Life Sciences in Space Research*, vol. 8, págs. 177-187, 1970.

niveles inferiores de las ondas alfa y el espectro superior de las zeta. Esta frecuencia de ondas cerebrales nos permite trascender la mente analítica para entrar en el subconsciente. De ahí que se asocie con altos niveles de sugestionabilidad, facilidad para la meditación, un incremento en los índices de hormonas del crecimiento y mayores niveles de flujo sanguíneo al cerebro.[80] Parece ser, pues, que la frecuencia de la Tierra y la del cerebro poseen una resonancia muy parecida y que el campo electromagnético de la Tierra tiene la capacidad de influir en nuestro sistema nervioso. Tal vez por eso nos siente tan bien salir de la ciudad para dar un paseo por el campo.

El concepto de emergencia

En 1996, los investigadores del Instituto HeartMath descubrieron que, cuando el corazón de una persona late a un ritmo coherente y armonioso, el individuo irradia una señal electromagnética más coherente al entorno, y que dicha señal puede ser detectada por el sistema nervioso de otras personas e incluso de los animales. De hecho, como ya sabes a estas alturas del libro, el corazón genera un fortísimo campo magnético que se puede detectar a varios metros de distancia.[81] Este hecho explica de un modo muy lógico por qué, cuando alguien entra en una habitación, captamos el humor o el estado emocional de esa persona con independencia de su lenguaje corporal.[82] Desde una

80. Iona Miller, «Schumann Resonance», *Nexus Magazine*, vol. 10 n.º 3, abril-mayo de 2003.

81. Childre, Martin, Rozman y McCraty, *Heart Intelligence: Connecting with the Intuitive Guidance of the Heart*.

82. R. McCraty, «The Energetic Heart: Bioelectromagnetic Communication Within and Between People, in Bioelectromagnetic and Subtle Energy Medicine» en P. J. Rosch y M. S. Markov, eds., *Clinical Applications of Bioelectromagnetic Medicine*, Nueva York, Marcel Dekker, 2004.

perspectiva netamente científica, podríamos preguntarnos: si ese fenómeno funciona individualmente, ¿lo hará también globalmente?

En 2008, más de una década después, el Instituto HeartMath fundó la Iniciativa de Coherencia Global (GCI), un proyecto internacional que busca, desde una base científica, activar el corazón de la humanidad para generar paz, armonía y un cambio de consciencia global. El GCI parte de la idea de que:

1. La actividad geomagnética solar (el campo magnético de la Tierra) influye en la salud, los pensamientos, las conductas y las emociones de los seres humanos.
2. El campo magnético de la Tierra alberga información biológicamente relevante que conecta todos los sistemas de vida.
3. Todos los seres humanos influyen en la información que alberga el campo electromagnético de la Tierra.
4. Cuando un gran número de personas se reúne voluntariamente para abrigar estados de consciencia centrados en el corazón, esta consciencia colectiva genera un campo de información global o influye en éste. De ahí que las emociones elevadas de cariño, amor y paz favorezcan un entorno más coherente que puede beneficiar a los demás y contribuir a compensar la actual discordia e incoherencia planetaria.[83]

Como el ritmo del corazón humano y las frecuencias cerebrales (así como el sistema cardiovascular y el nervioso autónomo) se solapan con el campo de resonancia de la Tierra, los científicos del GCI sugieren que formamos parte de un bucle retroalimentado en el que no solamente recibimos información biológicamente relevante del campo, sino que también

83. Childre, Martin, Rozman y McCraty, Heart Intelligence: *Connecting with the Intuitive Guidance of the Heart.*

la enviamos.[84] Dicho de otro modo, los pensamientos (consciencia) y las emociones (energía) interactúan con el campo magnético terrestre y dejan su impronta en él, información que a su vez será distribuida en ondas portadoras (la señal en la que se graba la información o que la transporta) por todo el planeta.

Para ampliar esta investigación y probar la hipótesis, el Instituto HeartMath, usando sensores de última generación ubicados en diversas partes del globo, creó el Sistema de Monitorización de Coherencia Global (GCMS), que registra los cambios en el campo magnético de la Tierra. Diseñado para medir la coherencia global, el GCMS emplea un sistema de magnetómetros altamente sensibles que le permiten medir de manera constante las señales que comparten espectro con las frecuencias a las que vibra la fisiología humana, incluidos el cerebro y el sistema cardiovascular. También controlan constantemente la actividad derivada de las tormentas solares, las erupciones, la velocidad del viento solar, las perturbaciones en la resonancia Schumann y las posibles marcas que indiquen acontecimientos a escala global con un importante componente emocional.[85]

¿Por qué lo hacen y con qué objeto? Si podemos crear voluntariamente un campo electromagnético coherente alrededor del cuerpo y nos relacionamos o conectamos con alguien que está haciendo lo mismo, las ondas de este campo compartido se sincronizan de manera no local. Según la sincronización tiene lugar, se generan ondas más potentes y campos más fuertes a nuestro

---

84. R. McCraty, «The Global Coherence Initiative: Measuring Human-Earth Energetic Interactions», Heart as King of Organs Conference, Hofuf, Arabia Saudí, 2010; R. McCraty, A. Deyhle y D. Childre, «The Global Coherence Initiative: Creating a Coherence Planetary Standing Wave», *Global Advances in Health and Medicine*, 1(1), págs. 64-77, 2012; R. McCraty, «The Energetic Heart», en *Clinical Applications of Bioelectromagnetic Medicine.*

85. HeartMath Institute, «Global Coherence Research», https://www.heartmath.org/research/global-coherence/.

alrededor, aumentando así nuestra capacidad para influir en el campo electromagnético de la Tierra.

Si pudiéramos crear una gran comunidad de personas repartidas por todo el mundo y cada una de ellas elevara desde la consciencia la energía de su propio campo para fomentar la paz, ¿acaso no sería posible que esa comunidad ejerciera un efecto global en el campo electromagnético de la Tierra? Esta comunidad intencional podría generar coherencia allí donde no la hay y orden donde reina el caos.

Las pruebas obtenidas en los estudios sobre las concentraciones por la paz apuntan a que nuestros pensamientos y sentimientos tienen de hecho un efecto en el conjunto de la vida que se puede medir y verificar. Tal vez hayas oído hablar de este fenómeno, conocido como emergencia o surgimiento. Para entenderlo mejor, visualiza un banco de peces nadando en sincronía o una bandada de pájaros volando al mismo tiempo. Parecen operar desde una sola mente, como si estuvieran conectados a un mismo campo de energía de manera no local. La particularidad de este fenómeno radica en que el grupo está organizado desde abajo, en el sentido de que carece de líder. En el grupo reina la igualdad, porque se comportan como un solo individuo. Según el concepto de la emergencia, cuando una comunidad global se reúne en nombre de la paz, el amor y la coherencia, debería ser capaz de provocar transformaciones en el campo electromagnético terrestre, así como en los campos mutuos. Imagina, pues, lo que pasaría si nos comportáramos, viviéramos, prosperáramos y actuáramos como un solo ser. Si entendiéramos que formamos parte de una misma mente —que somos un único organismo conectado y unido a través de la consciencia— sabríamos que si perjudicamos a otro o influimos en él de cualquier modo nos lo estamos haciendo a nosotros mismos. Este nuevo paradigma de pensamiento sería el mayor salto evolutivo en toda la historia de nuestra especie, por cuanto la necesidad de luchar, enfrentarnos, competir, temer y sufrir quedaría anticuada. Ahora bien, ¿cómo hacer ese sueño realidad?

Coherencia frente a incoherencia

Como habrás supuesto tal vez, para poder ejercer algún tipo de modificación en el campo terrestre (que a su vez influiría en el campo de otros individuos) tenemos que activar dos importantes centros del cuerpo humano: el corazón y el cerebro. Como decíamos en el capítulo 4, si bien es verdad que el cerebro es el centro de la consciencia y la presencia, el corazón —el centro de la unidad, la integración y la conexión con el campo unificado— posee también su propia mente. Cuando regulamos nuestros estados internos hacia la atención, la amabilidad, la paz, el amor, la gratitud y el reconocimiento, nuestro corazón, más coherente y equilibrado, envía una fuerte señal al cerebro, que se torna más coherente y equilibrado a su vez. Sucede así porque el corazón y el cerebro se comunican constantemente.

De igual modo, cuando alguien trasciende el vínculo con el cuerpo, el entorno y el tiempo y deja de prestar atención a la materia y a los objetos, se convierte en un ser sin cuerpo, nadie, nada, en ninguna parte y en el sin tiempo. Como ya comprendes muy bien, cuando nos trascendemos a nosotros mismos y enfocamos la atención en el mundo inmaterial de la energía, conectamos con el campo unificado, el reino de cualquier cuerpo, cualquier identidad, cualquier materia, cualquier lugar y cualquier momento. De manera que el gesto de desviar la atención de uno mismo te une con la consciencia de toda materia, todos, todo, en todo lugar y en todo momento. Como pura consciencia, entras en el campo cuántico de la energía y la información, el plano donde la consciencia y la energía son capaces de influir en el mundo de la materia de manera no local.

El efecto colateral del proceso que acabamos de exponer es un incremento en la coherencia del cerebro y en la energía del organismo, de tal modo que nuestra biología funciona de manera más organizada. En nuestras investigaciones hemos descubierto que cuando la coherencia del cerebro aumenta, el efecto se transmite al sistema nervioso autónomo y al corazón. Este órgano, nuestra conexión con el campo unificado, se comporta entonces como un catalizador que potencia a su vez la coherencia del cerebro. Como el corazón envía más información al cerebro que a la inversa, cuanta más coherencia cardiaca logres a través de las emociones elevadas, más se sincronizarán el cerebro y el corazón. Dicha sincronización produce efectos constatables no sólo en el organismo, sino también en el campo electromagnético que envuelve el cuerpo. Y cuanto mayor sea el campo en torno al cuerpo, más podremos influir en los demás de manera no local. ¿Cómo lo sabemos? Porque lo hemos comprobado una y otra vez en la variación del ritmo cardiaco de nuestros alumnos.

La capacidad del campo electromagnético del corazón para influir en otro corazón quedó demostrada también mediante un estudio llevado a cabo por HeartMath. Para ello, dividieron un total de cuarenta sujetos en grupos de cuatro y los sentaron alrededor de diez mesas. Si bien se midió el ritmo cardiaco de los cuatro miembros de cada mesa, sólo tres de ellos habían aprendido a elevar sus emociones mediante las técnicas impartidas por el Instituto HeartMath. Cuando los tres participantes expertos elevaron sus vibraciones y enviaron sentimientos positivos a los inexpertos, la coherencia de estos últimos mejoró también. Los autores del estudio concluyeron que «los valores registrados en el experimento sobre sincronización de corazón a corazón entre sujetos sustentan la posibilidad de que existan biocomunicaciones de un corazón a otro».[86]

86. S. M. Morris, «Facilitating Collective Coherence: Group Effects on Heart Rate Variability Coherence and Heart Rhythm Synchronization», *Alternative Therapies in Health and Medicine*, vol. 16, n.º 4, págs. 62-72, julio-agosto de 2010.

Para que el proceso de coherencia tenga éxito es fundamental trascender la mente analítica. (Lo sabemos porque lo hemos constatado con la frecuencia suficiente en los escáneres cerebrales de nuestros alumnos. La participación reiterada de algunos estudiantes también ha demostrado que, con la práctica, la coherencia se alcanza en un lapso de tiempo relativamente breve.) Cuando el cerebro pensante se acalla, entramos en una frecuencia alfa o zeta, lo que abre el umbral entre la mente consciente y la subconsciente. En ese instante, el sistema nervioso autónomo se torna más receptivo a la información. Elevando nuestra energía mediante las emociones superiores, nos tornamos menos materia y más energía, menos partícula y más onda. Cuanto mayor sea el campo que generemos con esas energías —energía, presencia y consciencia—, más podremos influir en los demás de manera no local.

Y según aumenta la energía que creamos a través de las emociones superiores del corazón, crece también el vínculo con el campo unificado, lo que implica una mayor sensación de plenitud, conexión y unidad. Sin embargo, no alcanzaremos esa conexión si nos encontramos en un estado de incoherencia, experimentamos separación o nos alimentamos de las hormonas del estrés. Cuando las sustancias químicas que liberamos en momentos de estrés activan el cerebro, nos sentimos desconectados del campo unificado y tendemos a tomar decisiones menos evolucionadas. Sabemos, sin la menor duda, que las emociones de competitividad, miedo, rabia, baja autoestima, culpa y vergüenza nos separan mutuamente porque generan vibraciones más lentas y pesadas que las emociones superiores como el amor, la gratitud, el cariño o la bondad, que dan lugar a vibraciones más rápidas y altas. Y también hemos constatado que, cuanto más rápida es la vibración, mayor es la presencia de energía. Lo que nos lleva a formular varias preguntas:

- ¿Qué pasaría si reuniéramos una comunidad de varios cientos de personas en una misma sala, las ayudáramos a abrir el corazón y a elevar su estado energético y luego les pidiéramos que enviaran sus mejores intenciones a otro grupo de personas, presentes en la misma habitación?
- ¿Qué pasaría si el campo electromagnético que rodea a cada persona se uniera al de su vecino de asiento?
- ¿Podrían esos estados elevados provocar un cambio de energía en la habitación?
- ¿Sería posible que todo el mundo experimentara emociones elevadas y la energía creara coherencia en toda una comunidad?

Construyendo un campo colectivo coherente

Desde comienzos de 2013 trabajamos en colaboración con nuestros amigos del Instituto HeartMath para seguir avanzando en nuestras investigaciones. Desde que empezamos a reunir datos sobre los estados psicológicos de nuestros alumnos, hemos escaneado miles de cerebros y corazones, lo que nos ha proporcionado un volumen de información muy significativo. Algunos de los datos que han llegado a nuestras manos nos han abrumado y asombrado. Hemos visto cómo personas normales y corrientes conseguían cosas fuera de lo normal.

En el transcurso de este viaje que hemos emprendido junto a HeartMath, hemos presenciado proezas espectaculares por parte de nuestros alumnos. Mediante un sofisticado sensor fabricado en Rusia, el Sputnik (mencionado de pasada en el capítulo 2), hemos constatado valores increíbles de energía colectiva en las salas en las que se reunían los participantes de los talleres, registros que mostraban a diario considerables incrementos de energía.

Habida cuenta de que las emociones elevadas, involucradas en la actividad del sistema nervioso autónomo, generan campos electromagnéticos, un incremento de esas emociones produce cambios en la microcirculación de la sangre, la transpiración y otras funciones corporales. Y como el Sputnik es tan sensible, puede cuantificar fluctuaciones ambientales a través de cambios barométricos, humedad relativa, temperatura del aire, campos electromagnéticos y demás.[87]

Echa un vistazo a los gráficos 15A y 15B del encarte en color. En esos registros procedentes de nuestros talleres se advierte un incremento progresivo en la energía colectiva de la habitación. La primera línea roja es la medida de referencia y muestra la energía presente en la sala antes del comienzo del taller. Si miras las líneas roja, azul, verde y, por fin, la marrón (cada color representa un día distinto), verás que la energía se incrementa de manera constante día a día. En los gráficos 15C y 15D se aplica la misma escala de color; ahora bien, esos valores reflejan intervalos de tiempo específicos durante las meditaciones matutinas de cada día. Los datos indican que nuestros estudiantes se están tornando expertos en incrementar la energía de la sala generando una coherencia más unificada.

Los registros del Sputnik demuestran que la energía colectiva creada por nuestros alumnos desde el primer día del taller hasta el último se incrementa día a día. Siguiendo esa tendencia, la mayoría de los grupos muestran una concentración extrema según la energía aumenta con cada día que pasa. En un veinticinco por ciento de los casos, aproximadamente, la energía permanece estable durante los primeros dos días, pero en las jornadas siguientes aumenta significativamente. Creemos que sucede así porque, al principio del taller, los miembros del grupo están tratando de romper los vínculos

---

87. K. Korotkov, *Energy Fields Electrophotonic Analysis in Humans and Nature: Electrophonic Analysis*, segunda edición, CreateSpace Independent Publishing Platform, 2014.

emocionales que los conectan a su realidad pasada. Así que, durante estos periodos, extraen energía del campo unificado para construir sus propios campos electromagnéticos. Al reducirse la energía del campo, tiende a caer la energía colectiva de la sala. Pero una vez que esos campos individuales empiezan a crecer, a ganar realidad y coherencia y a entrelazarse unos con otros, presenciamos un incremento espectacular de la energía colectiva.

La Figura 13.2 muestra que cuando dos ondas coherentes se encuentran, crean una onda mayor. Este fenómeno se conoce como interferencia constructiva. Cuanto mayor es la onda, más elevada es la energía. Gracias a la mayor coherencia de las ondas que generan nuestros estudiantes durante los talleres, el campo del grupo crece, de modo que los participantes disponen de más energía para sanar o lograr acceso a niveles mentales más elevados, lo que conduce en ocasiones a experiencias místicas.

INTERFERENCIA CONSTRUCTIVA

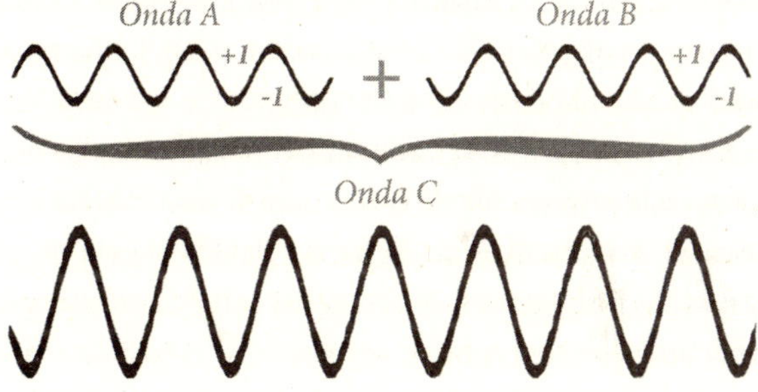

Cuanta mayor amplitud, más elevada es la energía

Figura 13.2

La interferencia constructiva aparece cuando dos ondas coherentes se encuentran para crear una onda mayor. La amplitud es la medida que se usa para definir la altura de la onda. Cuanto mayor es la amplitud, más elevada la energía. Si una comunidad de personas crea campos electromagnéticos coherentes, cabe pensar que, cuando sus energías interfieran, la energía colectiva aumentará.

Mi equipo y yo hemos vivido con asombro y humildad las profundas curaciones de los alumnos, su capacidad para incrementar y regular estados elevados y los testimonios de experiencias místicas o trascendentes revelaciones como consecuencia de haber aprendido a regular sus ondas cerebrales, abrir el corazón y entrar en un estado de coherencia. Algunos de estos hechos podrían ser calificados de milagros, pero creemos que tan sólo forman parte del proceso de alcanzar un estado del ser sobrenatural. Esto nos llevó a preguntarnos si nuestros alumnos podrían influir en el sistema nervioso de los demás y, de ser así, qué implicaciones tendría la experiencia. Dichas preguntas suscitaron el nacimiento del Proyecto Coherencia.

Proyecto Coherencia

En colaboración con el Instituto HeartMath, llevamos a cabo numerosos experimentos que consistían en escoger una pequeña muestra al azar de entre 50 a 75 alumnos de nuestros talleres avanzados, monitorizar la variabilidad de su ritmo cardiaco y sentarlos en la primera fila de la sala para llevar a cabo tres meditaciones en el transcurso de 24 horas. Habida cuenta de que la VRC no sólo proporciona información sobre la coherencia del corazón, sino también sobre el cerebro y las emociones, queríamos medir la variabilidad del ritmo cardiaco de los sujetos durante todo un día.

Al inicio de la meditación, los participantes debían enfocar la atención en el centro del corazón y respirar a través de ese centro lenta y profundamente, tal como explicábamos en el capítulo 7. A continuación debían cultivar y sostener una emoción elevada durante entre dos y tres minutos con el fin de ampliar el campo electromagnético de su corazón y pasar de un estado de egocentrismo a otro de altruismo. Acto seguido pedíamos a todo el colectivo, entre 550 y 1.500 participantes, que proyectaran la energía resultante de sus emociones elevadas más allá de su cuerpo a toda la sala. El siguiente paso consistía en enviar sus mejores intenciones a los estudiantes sentados en la primera fila de la habitación, los mismos que se hallaban conectados a los monitores de VRC, deseándoles que sus vidas fueran más ricas, que sus cuerpos sanasen y que disfrutaran de experiencias místicas.

El objetivo del experimento era medir la energía colectiva de la sala y las posibilidades de que las personas conectadas a los monitores de VRC se vieran afectadas de manera no local. ¿Sería posible que esos niveles elevados de energía y frecuencia en forma de amor, gratitud, plenitud y dicha indujesen al corazón de otro a entrar en coherencia... aun si se encontraba en el otro extremo de la sala? Los resultados confirmaron la hipótesis. No sólo la energía emitida generó coherencia en las personas conectadas a los monitores de VRC, sino que sus corazones empezaron a latir de manera coherente en el mismo momento exacto, durante la misma meditación, el mismo día. Y no fue un suceso aislado. Obtuvimos los mismos resultados una y otra vez. ¿Qué significa?

Los datos corroboran la convicción sostenida por la Iniciativa de Coherencia Global del instituto HeartMath, según la cual existe un campo invisible por el que se transmite información. Este campo une y ejerce influencia en todos los sistemas de vida, al igual que afecta a nuestra consciencia colectiva humana. Gracias a este campo, la información transita de manera no local y a nivel subconsciente entre las personas a través del sistema nervioso autónomo.[88] En otras palabras, estamos vinculados y conectados por un

---

88. D. Radin, J. Stone, E. Levine *et al.*, «Compassionate Intention as a Therapeutic Intervention by Partners of Cancer Patient: Effects of Distant Intention of the Patients' Autonomic Nervous System», *Explore*, vol. 4 n.º 4, julio-agosto de 2008.

campo invisible de energía que influye en las conductas, los estados emocionales y los pensamientos conscientes e inconscientes del resto del mundo.

Como toda frecuencia transporta información, los campos magnéticos generados por los corazones del conjunto de estudiantes actuaron como ondas portadoras de esta información. Si nosotros, en los talleres, somos capaces de provocar efectos no locales en los demás, ¿no cabría pensar que las emociones superiores, surgidas del centro del corazón, podrían influir positivamente y de manera no local en nuestros hijos, parejas y colegas de trabajo y en cualquier persona con la que mantengamos una relación o conexión?

Si miras la figura 13.3, advertirás que 17 personas entran en coherencia cardiaca a la misma hora exacta, el mismo día, durante la misma meditación. Todos esos estudiantes alcanzaron ese estado gracias a la energía de los demás. Los alumnos que enviaron la energía abrigaron sus mejores intenciones hacia las personas que estaban conectadas a los monitores. Los resultados demuestran que cuando la identidad y el pensamiento se retiran a un lado, devenimos una sola mente y nos conectamos mutuamente de manera no local. A través de esa conexión podemos influir en el sistema nervioso autónomo de los demás para que experimenten más armonía, coherencia y plenitud. Imagina lo que pasaría si miles de personas hicieran lo mismo en beneficio de todo el planeta.

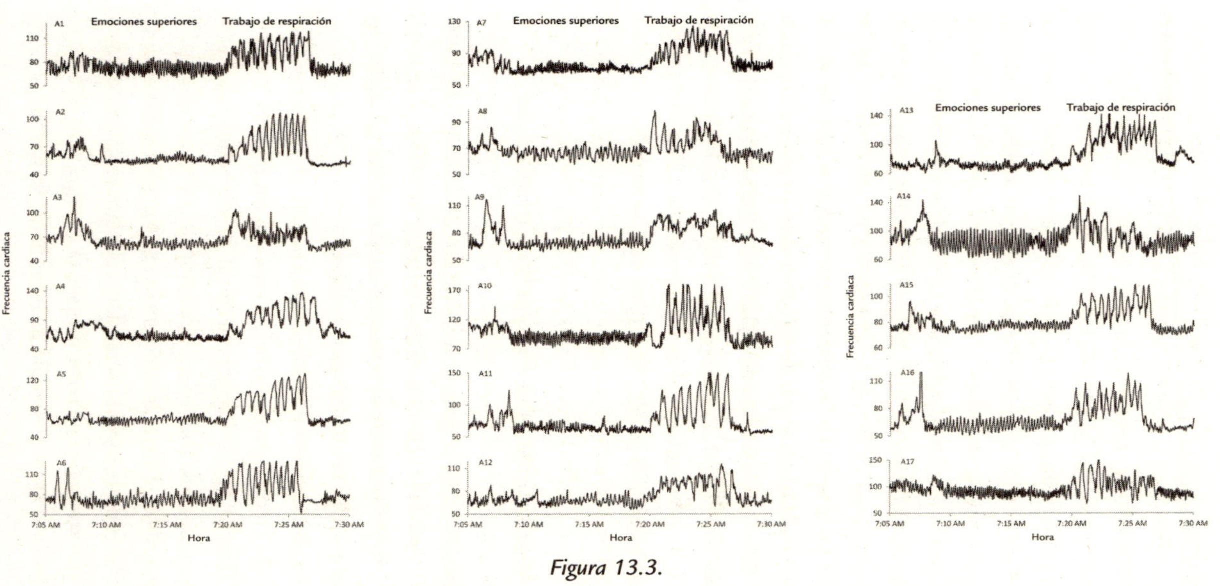

Figura 13.3.

En este gráfico se aprecia cómo 17 personas entran en coherencia cardiaca a la misma hora exacta, el mismo día, durante la misma meditación. La zona que discurre entre las líneas verticales muestra cómo los corazones del grupo entran en coherencia.

Poco después de estas meditaciones colectivas, nuestros alumnos empezaron a enviar *emails* preguntando si, puesto que habíamos demostrado la capacidad de generar un cambio constatable de energía en una sala que reunía de 550 a 1.500 personas, no sería posible lograr el mismo efecto a escala global. Así pues, fueron los propios alumnos los que solicitaron que organizásemos meditaciones globales, lo que derivó en el nacimiento del proyecto. Anunciamos la primera experiencia en Internet en noviembre de 2015. Más de 6.000 personas de todo el mundo se reunieron a través de la Red para crear colectivamente un mundo más acogedor y pacífico. En la segunda meditación participaron más de 36.000 personas, y en la tercera, más de 43.000 unieron fuerzas a través de Internet. Tenemos intención de seguir celebrando eventos del Proyecto Coherencia, con la esperanza de irradiar una intención cada vez mayor de paz y amor al planeta. Esperamos, con el tiempo, ser capaces de ofrecer resultados concretos de los efectos.

Meditación del Proyecto Coherencia

Para empezar, cobra consciencia del centro del corazón. Desde la presencia, enfoca la atención en ese centro, abre el foco y sé consciente del lugar que ocupa el corazón en el espacio, así como del espacio que rodea el espacio que lo rodea.

A continuación desplázate en pensamiento y presencia al centro de la Tierra y proyecta tu luz más allá del planeta, hacia el espacio. Quiero que lo hagas para elevar tu vibración y que sostengas esa emoción. Todavía en pensamiento y presencia, sepárate despacio de la Tierra, transfórmala en una idea y llévala a tu corazón. Según albergas la totalidad del planeta en el corazón, eleva la vibración de la Tierra y envía la energía más allá de tu cuerpo, hacia el espacio. Irradia tu amor hacia la Tierra.

14
Estudio de casos: te podría pasar a ti

Antes de leer esta última serie de casos sobrenaturales, ten en cuenta que ninguna de las personas sobre las que vas a leer pretendía vivir nada parecido. Sencillamente, albergaban una intención y al mismo tiempo se dejaron llevar por algo más grande que ellos mismos. Cuando vivieron la experiencia —ya fuera una curación o una vivencia mística—, su personalidad no estaba creando nada. Una fuerza más elevada se manifestó y lo hizo en su lugar. Conectaron con el campo unificado y gracias a su interacción con esa inteligencia experimentaron una transformación. Como ya sabes después de toda la información que has recibido en este libro, esa inteligencia mora también en ti.

Divinidad, ¿me oyes?

En 2014, Stacy empezó a sufrir fuertes dolores de cabeza. Llevaba 25 años trabajando en el campo de la salud, como acupuntora y enfermera titulada. Siempre había practicado un estilo de vida saludable y rara vez tomaba medicamentos, así que la súbita aparición de unas migrañas tan insoportables que la dejaban al borde del desmayo la asustó. Después de pasar un año probando terapias alternativas, acudió a un doctor que decidió hacerle un TAC.

Le diagnosticaron meningioma, un tumor benigno que crece alrededor de cierto tejido de los nervios espinales. El de Stacy estaba ubicado en el octavo nervio craneal, o cerca de éste, y empezaba a obstruirle el nervio auditivo y a alterar de manera significativa sus funciones neurológicas. El nervio auditivo consta de dos partes —una para el oído y otra para el equilibrio—, así que además del dolor constante y la pérdida de oído, estaba mareada y sentía náuseas. A medida que la lesión fue creciendo, empezó a empujar también otro nervio craneal que discurre por la cara y baja hacia el hombro, de modo que le diagnosticaron también tendinitis. Pronto empezó a sufrir dolores en un ojo.

Según su médico, la única solución era una craneotomía, que básicamente consistía en abrir un gran orificio en la parte trasera de su cabeza para extraerle el tumor. Stacy no quería pasar por eso, así que siguió explorando otro tipo de terapias. Para cuando asistió a su primer taller, celebrado en Seattle en 2015, calculaba que había perdido el 70 por ciento de la audición del oído izquierdo. En la primavera de 2016, asistió a su primer taller avanzado en Cancún, donde sintió que alcanzaba un nuevo nivel. Más tarde, en el invierno de 2017, participó en otro taller avanzado en Tampa.

El jueves sufría un fuerte dolor de oído que empeoró al día siguiente. Tenía la sensación de que el oído se le estaba cerrando. Hacia el final del día, tras la bendición de los centros de energía, el dolor cesó por las buenas. A continuación, el sábado por la mañana, durante la meditación de la glándula pineal, Stacy perdió la noción del tiempo y el espacio.

—Tuve la sensación de que me iba a caer de la silla —relató—. De repente, un increíble fogonazo de luz inundó la parte izquierda de mi cabeza. Imagina que reúnes mil diamantes y proyectas una luz sobre ellos; pues eso apenas si se podría comparar a lo que yo vi. Y entonces…, ¡bum!

Stacy botó hacia arriba y una luz azulada, distinta a cualquier cosa que hubiera visto o experimentado nunca, entró en su oído.

—Fue la sensación más divina, más pura que he tenido en mi vida —cuenta—. Me sentí como si la mano de Dios me acariciara para transmitirme su gracia. Fue tan intenso y sorprendente que me cuesta expresarlo con palabras, pero todavía se me saltan las lágrimas cada vez que lo recuerdo.

Primero, sus cavidades nasales se despejaron y luego la parte izquierda de la cabeza dejó de molestarla. A continuación, su hombro izquierdo se relajó y cesó el dolor. Por último, y por primera vez en tres años, recuperó la audición del oído izquierdo.

—Estaba ahí sentada, asombrada, riendo y sollozando mientras las lágrimas corrían por mi cara —explicó—. Sonaba música y yo la oía clara como el cristal. Fue como escuchar un coro de ángeles celestiales cantando sobre la canción. Sabía que lo que estaba oyendo sobrepasaba el espectro normal de audición. La energía seguía fluyendo por la parte izquierda de mi cabeza, que llevaba años embotada como cemento.

Cuando sugerí a los participantes que se tendieran, se relajaran y dejaran que el sistema nervioso autónomo se hiciera cargo de todo, la energía siguió fluyendo por el cuerpo de Stacy, por los brazos, hasta llegar a las manos. Empezó a temblar incontrolablemente.

—Notaba como si cada sinapsis y músculo de mi cuerpo se activara: en los dedos de los pies, en la piernas, la cabeza, el cuello y el pecho. Tenía el centro del corazón totalmente abierto. Recuerdo haber pensado: *Sea lo que sea esto, allá voy.*

Se rindió por completo a lo desconocido y, una vez más, perdió la noción del tiempo y el espacio.

Cuando concluyó esa parte de la meditación, se encontró sentada en la silla mientras la energía se retiraba despacio. Su cerebro pensante asomó la nariz. Aunque podía oír, empezó a dudar de lo que acababa de pasar. Puede que su oído no hubiera sanado del todo o que el tumor siguiera presente. Tal vez ni siquiera merecía curarse. Tan pronto como pensó eso, la energía y la luz aparecieron ante ella. Pero esta energía era de otra índole.

—Era roja como el corazón y azul como la electricidad, y tridimensional —recordaba—. Estaba a medio metro y bailoteaba como una serpiente. Mientras todo eso sucedía, yo tenía los ojos cerrados. Era multidimensional, hermosa, loca, maravillosa, fractal, y se pegó a mi rostro, casi como si quisiera decirme: «¿Aún dudas? ¡Pues ahora verás!» Entonces entró disparada a mi corazón, mi pecho se abrió, yo me incorporé en la silla y abrí los brazos de par en par. Supe que era la energía de todo, la energía del *Qì* o del espíritu o de la divinidad, del universo.

»La vida es distinta ahora —me confesó—. En primer lugar, he recuperado el cien por cien de la audición. Pero hay más. Me cuesta expresarlo en palabras, pero sé que, pase lo que pase, todo irá bien. La vida nunca será la misma porque tengo el convencimiento de que, en el fondo de todo, es el espíritu el que busca ser escuchado y sanado.

Janet oye: «Eres mía»

Si bien Janet meditaba de vez en cuando, nunca lo había hecho con regularidad. Pese a todo, una tarde de hace veinticinco años, durante una meditación, vivió lo que ella llama «una experiencia espontánea». De súbito, con los ojos cerrados, se encontró en presencia de una luz increíblemente brillante y tan suave al mismo tiempo que no le dañaba los ojos. La describe como el amor más puro, más intenso y perfecto que ha experimentado jamás. Durante los veinticinco años siguientes rezó, meditó e hizo lo posible por recrear esa experiencia trascendental.

La primavera de 2015, Janet asistió a un taller avanzado en Carefree, Arizona. Estaba hundida en la depresión y el agotamiento, incapaz de hallar solución a sus problemas, aunque también decidida a curarse o a mejorar. Por encima de todo, la emocionaba la idea de reunirse con más de quinientas personas convencidas de ser algo más grande que un cuerpo físico.

Durante los días que duró el taller, Janet buscó una experiencia mística con una intensidad mayor que su depresión. Para llevar a cabo la meditación de la glándula pineal, se sentó en posición de loto y depositó su atención amorosa en el espacio que alberga la glándula. Súbitamente, la glándula pineal se activó y una brillante luz blanca que procedía del interior de su cabeza la iluminó. Se trataba de la misma luz que había visto veinticinco años atrás.

—La luz entró en mi glándula pineal e iluminó los cristales de la pequeña concavidad —explicaría más tarde—. Siguió iluminando todo mi ser hasta un nivel celular. Mi columna se irguió espontáneamente, eché la cabeza hacia atrás y la acogí sin más… Dejé que sucediera. Experimentaba éxtasis, dicha, gratitud y amor, todo al mismo tiempo.

A continuación, un triángulo invertido de luz descendió hacia ella y entró por la parte alta de su cabeza. Janet supo que el triángulo albergaba la presencia de una inteligencia amorosa. El vértice del triángulo se unió con el pico de la glándula pineal hasta formar una doble figura geométrica. La intensa vibración de esa luz coherente transportaba un mensaje para Janet. La luz repetía una y otra vez: «Eres mía. Eres mía», lo que ella interpretó como: «Te amo más que nada en el mundo».

—Por favor, entra y hazte cargo de mi vida —respondió Janet y, cuando se rindió a la luz, empezó a experimentar una descarga de información que entraba por la cúspide de su cabeza en forma de luz brillante. La luz contenía vetas que parecían perlas de un luminoso azul cobalto. Desplazándose despacio, la luz descendió por todo su cuerpo. La energía era el resultado de un campo toroide inverso (que se mueve en dirección contraria al creado durante la respiración) y procedía del campo unificado; de más allá del espectro de luz visible y de nuestros sentidos. La experiencia interna fue tan real que reconfiguró su cerebro y envió una nueva marca energética y emocional a su cuerpo. Al momento, el pasado de Janet se desvaneció. La descarga de esa frecuencia coherente y plena renovó su organismo. Para cuando abandonó el taller, la depresión y el cansancio habían desaparecido.

—Esta experiencia trascendental —insistió— me ha cambiado la vida para siempre.

Conectados por el amor más allá del espacio y el tiempo

Durante una meditación del Proyecto Coherencia celebrada en el lago de Garda, en Italia, los participantes de todo el mundo se unieron a nosotros bajo el convencimiento de que somos más que materia, cuerpos y partículas, y de que la consciencia influye en la materia y el mundo. Durante la meditación, Sasha se encontraba en Nueva Jersey, visualizando que llevaba la Tierra a su corazón.

—Cuando la deposité en el interior de mi pecho, noté un montón de brotes y hojas que salían de ese centro energético y se extendían por mi cuerpo —me contó—. Las ramas, las hojas y las flores surgían de mis brazos, de mis dedos y orejas, y tenía flores blancas en la cara. Literalmente, me habían convertido en el jardín de la Tierra.

Tan pronto como terminó la meditación, Sasha miró la pantalla del teléfono y descubrió que su mejor amiga, Heather, le había enviado una foto de Irlanda. Mientras Sasha meditaba, Heather estaba dando un paseo por un jardín. Al volver la vista hacia el suelo, vio por casualidad una roca cubierta de musgo en forma de corazón. Heather le hizo una foto con el teléfono y se la envió a Sasha con una nota que decía: «He visto esto y he tenido la abrumadora sensación de que estabas aquí. Te quiero».

Donna ayuda a las almas a cruzar al otro lado

Cuando Donna asistió a su primer taller, celebrado en Long Beach, California, en 2014, no era ni de lejos una experta en la materia. Tan sólo había meditado en unas cuantas ocasiones con anterioridad. Redactora técnica de profesión, Donna era una persona muy analítica. Sin embargo, ésa es la belleza de este trabajo: cuando no albergas expectativas, a menudo estás más abierto a vivir la experiencia tal como se presente. Donna se quedó de piedra cuando, en cierto momento durante una de las meditaciones del fin de semana, abandonó la consciencia diaria y se encontró rodeada de cientos de seres interdimensionales.

—No me pareció que albergaran malas intenciones —me relató—, pero saltaba a la vista que querían algo de mí. Algunos de ellos eran muy jóvenes…, como de doce o trece años. Supe al instante que estaba viendo a las personas que mi prometido había asesinado.

Donna estaba prometida con un antiguo miembro de los cuerpos especiales del ejército estadounidense que, durante la guerra de Irak, había sido francotirador. Cuando Donna regresó a casa al finalizar el taller y le relató a su novio la experiencia, éste le confirmó que algunas de las personas que había matado para proteger a sus compañeros eran muy jóvenes.

Si bien la coincidencia se le antojó curiosa y fascinante, Donna no supo qué hacer con la información. Tenía muy claro, eso sí, que la vivencia era real porque jamás podría haber inventado algo así.

Dos años más tarde, Donna estaba participando en un taller avanzado de Carefree, en Arizona. Al terminar su primera meditación, se volvió hacia la amiga que estaba sentada a su lado y le soltó como mareada, sin ser consciente siquiera de lo que estaba diciendo:

—Hay seres en esta habitación, y están aquí para ayudarnos.

El domingo por la mañana, Donna fue escogida para un escáner cerebral durante la meditación de la glándula pineal. Una vez más, en cierto momento de la meditación, se encontró súbitamente frente a los mismos seres interdimensionales que la habían rodeado en el primer taller, dos años antes. En esta ocasión hacían fila ante ella.

—De nuevo tuve la sensación de que querían algo de mí, pero no sabía qué —relató—. Entonces, como si mirara a través de unas gafas de realidad virtual, vi mentalmente cómo se formaba otra fila a mi izquierda. En ésta había dos clases de seres. Unos parecían humanos, pero eran muy altos y desprendían una luz dorada. Los otros parecían irradiar un fulgor azul.

Supo instintivamente que si entregaba a las personas que había asesinado su novio en la guerra, que hacían fila a la derecha, a los seres de la izquierda, los primeros tendrían lo que necesitaban. Como esas víctimas de disparos sueltos habían muerto tan repentinamente y sin previo aviso, algunas de ellas experimentaban confusión respecto a si estaban vivas o muertas. No sabían a dónde ir ni qué hacer, mientras que otras intentaban permanecer en esa dimensión porque seguían apegadas a sus seres queridos y no podían avanzar. Se habían quedado atascadas entre la materia y la luz, pero de algún modo habían reconocido en Donna el puente o facilitador que podía ayudarlas a cruzar al otro lado. Y todo eso sucedió en el transcurso de una experiencia muy lúcida, muy real.

—Decir que entregué a esas personas a los otros seres no sería del todo exacto —explicó—, pero tuve la sensación de ayudarlas a cruzar. No puedo expresarlo con palabras, pero parecieron traspasar a los otros seres para cruzar al otro lado. Y entonces los vi corriendo por un campo de niebla roja, alta por la cintura. Sentí la libertad, la dicha y la felicidad que los embargaba mientras corrían por el campo.

De nuevo, como si mirara por unas gafas de realidad virtual, Donna se volvió mentalmente a la derecha y vio una serpenteante pista de tierra por la que avanzaba gente a lo lejos. Percibió que procedían de Bosnia y Serbia, pero no entendió por qué.

—Intuí algo así como que había corrido la voz. No tuve la sensación de que ignorasen que estaban muertos, más bien de que se encontraban atascados en una especie de limbo; no sabían cómo llegar al otro lado.

Todo sucedió durante la meditación más larga del taller, que duró de dos a tres horas, pero a Donna se le antojaron diez minutos.

Asistió a otro taller avanzado en Cancún en otoño de 2016. Esta vez, cuando pedí a los estudiantes que se sumergieran en su consciencia para unirse a la del campo unificado, Donna vivió la experiencia de convertirse en el universo. Pasó de ser un cuerpo, alguien, algo, en alguna parte y en algún momento a no ser materia, nadie, nada, en ninguna parte y en el sin tiempo y, por fin, a la de ser toda la materia, todos, todo, en todas partes y en todo momento. En el instante en que su consciencia conectó con el campo unificado —el campo de información que gobierna las leyes y las fuerzas del universo— devino el propio universo. Estaba en éxtasis.

—Desde aquel día, mi vida es mágica y me siento invadida por una energía y una vitalidad que nunca antes había conocido —relataría más tarde—. No dejo de vivir experiencias poderosas, una tras otra, y mi vida no ha vuelto a ser la que era antes de que empezara a realizar estas prácticas.

Jerry regresa del umbral de la muerte

El 14 de agosto de 2015, Jerry estaba montando un mueble en la terraza trasera. Mientras leía las instrucciones notó un súbito dolor justo debajo del esternón. Pensó que debían de ser gases, así que tomó un medicamento, pero el dolor no cesó. Se tumbó y su malestar empeoró.

Cuando intentó levantarse, apenas si se aguantaba de pie y temió desmayarse. Cuando el dolor se tornó más intenso y empezó a experimentar problemas para respirar llamó a una ambulancia. Haciendo de tripas corazón, se arrastró como pudo hasta el camino de entrada, para que los paramédicos no tuvieran que derribar la puerta. Arrodillado en el exterior, se desplomó allí mismo, esperando a los servicios de emergencias médicas. A su llegada, los paramédicos dieron por supuesto que sufría un ataque al corazón e iniciaron el protocolo para esos casos.

—No lo entendéis. Me cuesta respirar —les dijo—. Tenéis que llevarme al hospital cuanto antes.

Jerry sabía lo que decía. Había trabajado durante 34 años como técnico médico en la misma sala de emergencias a la que estaban a punto de trasladarlo.

Jerry conocía a todo el personal de emergencias y, cuando llegó, los médicos, las enfermeras, los técnicos y los especialistas procedieron a someterlo a toda clase de pruebas. Cuando un médico, que también era amigo de Jerry, le dijo que los resultados de todas las analíticas eran alarmantes, Jerry supo que la cosa pintaba mal. Una analítica en particular dio un resultado alarmante: sus niveles de proteasa, amilasa y lipasa (enzimas producidas por el páncreas) eran de 4.000 a 5.000 unidades por litro, cuando los parámetros normales abarcan de 100 a 200. Ingresaron a Jerry en la unidad de cuidados intensivos.

—El dolor pronto empeoró, y ninguno de los medicamentos que me administraban me hacía efecto —relató Jerry—. Me dijeron que tenía un conducto de la vesícula biliar taponado y que eso me estaba perjudicando el páncreas. Lo que es peor, había líquido encharcado en mis pulmones. Mi capacidad respiratoria había descendido por debajo del ochenta por ciento en ambos pulmones. Cuando los médicos me pusieron un ventilador, supe que tenía pocas probabilidades de salir de ésa.

El médico pidió a su equipo que «conectaran el televisor para hablar con Boston», con el fin de mantener una videoconferencia inmediata con los médicos de un hospital más grande de la ciudad más cercana.

—En todos los años que había trabajado en el hospital, la pantalla sólo se había conectado unas cuantas veces para los traumatismos más graves o porque alguien estaba muriendo —confesó Jerry—. Significaba que no tenían ni idea de lo que me estaba pasando. Cuando un médico en el que confías desde siempre te dice que no sabe qué hacer..., bueno, en ese momento, las hormonas del estrés me inundaron de golpe.

Entretanto, el equipo médico le decía a la mujer de Jerry que, si tenían algún papeleo pendiente, era el momento de dejar las cosas en orden. Entre lágrimas, la mujer partió a buscar los papeles.

Jerry pronto comprendió que debía empezar a cuidar de sí mismo. Sabía que si las hormonas del estrés se apoderaban de él, no ganaría la partida.

—Pasé de ser un hombre que llevaba años sin caer enfermo, que practicaba yoga constantemente y se alimentaba bien, a estar ingresado en la UCI con la vida pendiente de un hilo. Me decía a mí mismo: *No puedo tomar ese camino. No debo ceder al miedo...* Así que no lo hice.

Como hacía poco había leído el libro *El placebo eres tú*, empezó a pensar: *Debo cambiar estos patrones de pensamiento. No puedo permitir que las ideas negativas me llenen el cuerpo de cortisol y acaben de fastidiar lo que queda de mí.*

Los médicos descubrieron por fin que una gran masa bloqueaba un conducto en el páncreas de Jerry. La masa no permitía el drenaje de la mucosidad, así que los jugos de la glándula retrocedían y se derramaban por todo el torrente sanguíneo.

—Los médicos permanecieron conmigo durante tres días enteros —explicó—. Me pusieron una máscara de oxígeno porque no podía respirar. Tenía vías en ambos brazos y, mientras tanto, no dejaba de pensar: *Vigila tus pensamientos, relájate, lleva algo al campo cuántico que te ayude y no te pase nada, porque ya estás llamando a la puerta. Me voy a curar. Todo esto pasará. Me voy a curar.*

Cada vez que estaba consciente, Jerry enfocaba su energía en trascenderse a sí mismo, en cambiar su estado de consciencia y crear un resultado distinto según conectaba una y otra vez con diferentes posibilidades del campo unificado. Por fortuna, contaba con una habitación privada, así que podía meditar cada vez que quería.

Jerry pasó una semana en la UCI y hacia el final de esos días, cuando lo trasladaron a una unidad de cuidados progresivos, le habían quitado la máscara de oxígeno y volvía a caminar. A pesar de ello, ni pudo comer ni beber nada durante nueve semanas. (De haber comido o bebido algo, aunque fuera agua, el páncreas habría liberado ácido en su cuerpo, lo que al final lo habría matado.) Únicamente se alimentaba a través de la vía.

Cuando Jerry ingresó en el hospital, pesaba 66 kilos. Cuando le dieron el alta, pesaba 54. Una vez en casa, todavía alimentándose de suero, continuó practicando. A finales de septiembre el tumor seguía presente. Los médicos le sugirieron que viera a un especialista de Boston para someterse a cirugía. Como Jerry era un profesional de la medicina, dos días antes de la operación pidió al equipo médico que le hiciera algunas pruebas más para contar con información actualizada.

—Conozco a todos los técnicos de radiología y, sin embargo, cuando me dijeron que la masa había desparecido, no les creí. Convoqué a todos los radiólogos y médicos. No dejaban de decir: «Jerry, estamos mirando la radiografía ahora mismo. De verdad, no hay nada ahí. Voy a llamar a los chicos de Boston para decirles que la operación se cancela».

Jerry comprendió más tarde que, al elevar su energía una y otra vez, abrigar emociones relacionadas con la salud y cambiar la convicción de que estaba enfermo por ideas y creencias de que se iba a curar, la frecuencia superior lo sanó.

—No me concedí permiso para pensar: *Pobre de mí. Esto se ha acabado.* Hacía los ejercicios a diario, todas las veces que podía. Llevé el mensaje, la intención y la energía adecuados al campo cuántico para sanar. Y, al final, lo conseguí.

Epílogo

Ser paz

La conclusión que espero que extraigas de este libro es que no basta con cambiar el estado de consciencia durante la meditación. No es suficiente con pensar en la paz y experimentar armonía con los ojos cerrados para luego abrirlos y reanudar las actividades diarias inmersos en estados mentales y corporales limitados e inconscientes. En muchas de las meditaciones colectivas por la paz y estudios mencionados en el capítulo 13, a menudo los niveles de violencia y crimen retornaban al punto de partida cuando los experimentos concluían. Eso significa que debemos sentir y expresar paz a diario, lo que requiere involucrar el cuerpo en el proceso, y que debemos pasar del pensamiento al acto.

Cada vez que transformamos nuestro estado de consciencia y comenzamos el día abriendo el corazón a los estados elevados que nos conectan con el amor por la vida, la alegría de vivir, la inspiración de sabernos vivos, la gratitud ante un futuro que ya ha sucedido y un nivel elevado de bondad hacia los demás, debemos llevar con nosotros, sostener y demostrar esa energía y estado de consciencia a lo largo del día, tanto si estamos sentados como de pie, andando o tumbados. Si lo hacemos así, si expresamos paz en lugar de actuar de una manera predecible y hacer gala de las llamadas reacciones naturales (expresar rabia, frustración, violencia, miedo, sufrimiento o agresividad) ante un acontecimiento negativo que nos afecta a nosotros o al mundo, habremos dejado de contribuir a la vieja consciencia. Cuando rompemos el ciclo y predicamos la paz con el ejemplo, damos permiso a los demás para que hagan lo mismo. Como el conocimiento involucra a la mente y la experiencia al cuerpo, cuando pasamos del pensamiento al acto —y experimentamos las emociones asociadas de paz y equilibrio interior—, cuando de verdad incorporamos la paz a nuestra vida, empezamos a cambiar realmente el programa.

Atenuando esas conductas reflejas y, en consecuencia, evitando recrear experiencias y emociones redundantes, dejamos de activar y configurar los mismos circuitos en el cerebro. Es así como cesamos de programar el cuerpo para que se alimente de las emociones limitantes de la mente. Es así como nos transformamos a nosotros mismos y las relaciones con el mundo que nos rodea. Cada vez que lo hacemos, estamos literalmente enseñando al cuerpo a comprender en el plano químico lo que nuestra mente ya ha comprendido en el plano intelectual. Así seleccionamos e instruimos a los genes latentes que nos ayudan a mejorar y no sólo a sobrevivir. Cuando lo hacemos, la paz está *dentro* de nosotros y llamamos a la puerta genética para *devenir*, también en el plano biológico, armonía y coherencia. ¿Acaso no es ésa la idea que todos y cada uno de los carismáticos líderes espirituales, santos, místicos y maestros han venido predicando a lo largo de la historia?

Como es natural, al principio va a requerir cierto esfuerzo de voluntad superar años de condicionamiento automático, hábitos inconscientes, reacciones emocionales reflejas, actitudes preinstaladas y generaciones de programación genética, pero es así como nos convertimos en seres sobrenaturales. Hacer algo que en principio parece forzado implica superar las reacciones ante algún tipo de amenazas que llevamos instaladas de serie o que nos han sido inculcadas socialmente. Estoy seguro de que cualquier ser que se haya separado de la consciencia de la tribu, la manada, el banco o el rebaño para adaptarse a un medio en pleno cambio ha experimentado desazón e incertidumbre ante lo desconocido. Pero no olvidemos que vivir en lo desconocido significa internarse en el reino de la posibilidad.

El verdadero desafío es no retornar al nivel de mediocridad que la consciencia social más generalizada acepta tan sólo porque nadie más se comporta de otro modo. Un verdadero líder nunca busca aprobación. El liderazgo requiere una visión y un cambio de energía —es decir, un nuevo estado de consciencia— sostenidos durante el tiempo suficiente y puestos en práctica con la convicción necesaria como para que los demás eleven su energía también y quieran seguir su ejemplo. Una vez que trascienden un estado de consciencia que los limita y acceden a la nueva energía, atisban el mismo futuro que el líder ha vislumbrado. La unión hace la fuerza.

Después de tantos años enseñando transformación personal, sé que nadie cambia a menos que sea capaz de transformar su energía. De hecho, cuando alguien está realmente comprometido con el cambio, es menos propenso a hablar de ello y más a demostrarlo. Predica con el ejemplo. Eso requiere consciencia, voluntad, presencia y una atención constante a los estados internos. Puede que el obstáculo principal en este trayecto no sea tanto sentirse incómodo como llegar a aceptar que uno se va a sentir incómodo, porque la incomodidad es lo que nos induce a crecer. Nos lleva a sentirnos más vivos.

Al fin y al cabo, si el estrés y las reacciones de supervivencia surgen cuando nos resulta imposible predecir el futuro (cuando creemos o pensamos que somos incapaces de controlar los resultados o que las cosas van a ir a peor), abrir la mente y el corazón a la posibilidad requiere superar años y años de estrategias de supervivencia genéticamente programadas. Si queremos que suceda algo mucho mejor, debemos renunciar a eso mismo que siempre hemos usado para conseguir lo que queremos. Para mí, ésa es la auténtica grandeza.

Y si lo hacemos una vez, si alteramos las redes neuronales que corresponden a la ira, al resentimiento y a la venganza y activamos en cambio aquellas que guardan relación con el cuidado, la generosidad y el apoyo (y, al hacerlo, generamos emociones en consonancia), la próxima vez nos costará menos, y a base de repetir esas elecciones programaremos el cuerpo y la mente neuroquímicamente para que trabajen a una. Cuando el cuerpo aprende a hacerlo, al igual que la mente, el gesto se torna natural, sencillo, automático, una segunda naturaleza. Así pues, si generamos pensamientos de paz y los reflejamos con nuestros actos, lo que antes requería una presencia concentrada se transforma en un programa subconsciente. En ese caso habremos creado un estado de consciencia apacible, nuevo y automático, lo que a su vez implica que la paz vive *dentro* de nosotros.

Ése es el proceso para memorizar órdenes neuroquímicas internas más poderosas que cualquier circunstancia del medio externo. Poniéndolo en práctica no sólo encarnamos la paz, sino que la conquistaremos, al igual que nos conquistaremos a nosotros mismos y al entorno. Y una vez que las personas suficientes alcancen ese estado de consciencia —una vez que todo el mundo se haya instalado en la misma energía, vibración y consciencia elevada, igual que los bancos de peces o las bandadas de pájaros que se mueven al mismo tiempo—, empezaremos a comportarnos como una sola mente y a emerger como una nueva especie. Ahora bien, si seguimos comportándonos como un organismo canceroso en guerra consigo mismo, nuestra especie no sobrevivirá y la evolución proseguirá su fantástico experimento sin nosotros.

Concédete un tiempo en tu ajetreada vida para invertir en ti mismo porque, si lo haces, estarás invirtiendo en tu futuro. Si el entorno de siempre controla tus sentimientos y tu forma de pensar, ha llegado el momento de tomarte un descanso y mirar hacia dentro para poder revertir el proceso de ser una víctima de la vida y convertirte en creador. Ahora, tras haber leído este libro, sabes que es posible cambiar desde dentro y que, cuando lo hagas, tu transformación se reflejará en el mundo exterior.

En este momento de la historia no basta con *saber*; ha llegado el momento de *ponerlo en práctica*. Gracias a la corriente filosófica y los principios científicos de la física cuántica, la neurociencia y la epigenética, ahora entendemos que la mente subjetiva influye en el mundo objetivo. Y como la mente influye en la materia, es nuestro deber estudiar la naturaleza de la mente; las conclusiones extraídas nos permitirán asignar un significado a lo que estamos haciendo. Y habida cuenta de que el conocimiento es el precursor de la experiencia, cuanto más conocimiento tengamos acerca de nuestro propio poder y de la ciencia que explora cómo funcionan las cosas, mejor entenderemos hasta qué punto nuestro potencial, individual y colectivo, es ilimitado.

Como estamos profundizando y ensanchando constantemente el conocimiento que se refiere a la interconexión de todos los sistemas de vida, y como cada uno de nosotros contribuye con su energía al campo de la Tierra, creo que podemos crear y liderar colectivamente un futuro nuevo, armonioso y próspero para este planeta. El primer paso es adquirir el hábito de guiarnos por el corazón, elevar la energía y sintonizar con informaciones y vibraciones de amor e integración. Con esfuerzo e intención, sin duda podremos generar una impronta electromagnética más coherente. Igual que cuando lanzas guijarros a un lago en calma una y otra vez, según elevamos la energía y abrimos el corazón creamos campos electromagnéticos más y más grandes. Esa energía es información, y cada uno de nosotros posee la capacidad de encauzar su energía con la intención de generar efectos no locales en la naturaleza de la realidad.

Cuando encauzamos la energía en cuanto que observadores, consciencia o pensamiento, podemos afectar la materia de manera causal; en otras palabras, literalmente, la mente deviene materia. Si practicamos estos conceptos a diario —transformando un campo de energía basado en emociones de supervivencia en otro más inspirado en la consciencia, la compasión, el amor, la gratitud y otras emociones superiores—, las distintas improntas electromagnéticas se entrelazan. El resultado sería la creación de comunidades unidas, antes separadas por la creencia de que no somos más que materia. Una vez que transitemos de un estado de supervivencia a otro de amor, gratitud y creación, en lugar de limitarnos a reaccionar a la violencia, el terrorismo, el miedo, los prejuicios, la competitividad, el egoísmo y la separación (situaciones que, por cierto, los medios, los anuncios, los videojuegos y toda clase de estímulos se encargan de recordarnos constantemente y forman parte de nuestra *programación* diaria), nos uniremos durante las crisis. Ya no sentiremos la necesidad de dividirnos, buscar culpables o clamar venganza.

Cada vez que meditamos en comunidad, estamos proyectando una onda de amor y altruismo al mundo entero. Si lo hacemos las veces suficientes, los cambios no sólo serán constatables en la energía y la vibración de todo el planeta, sino también en los acontecimientos positivos que se manifestarán en nuestro futuro.

Para defender la justicia y la paz, pues, debes empezar por encontrar la paz dentro de ti mismo. Debes transmitir paz a los demás, así que no vale defender la paz o declararse pacifista mientras estás en guerra con tu vecino, te peleas con tu colega de trabajo o enjuicias a tu jefe.

Si todo el mundo (y hablo de todo el mundo) escogiera la paz, y si lo hiciéramos todos al mismo tiempo, imagina la clase de cambios positivos que podríamos generar en nuestro futuro colectivo. Se terminarían los conflictos. Y el gesto tendría otro efecto igual de impactante: cuando somos la viva encarnación de la paz, aparecemos ante los demás como seres impredecibles, de modo que nos prestan atención. Gracias a las neuronas espejo (un tipo de células cerebrales que se activan ante los actos ajenos), estamos biológicamente programados para imitar la conducta del prójimo. Ofreciendo un ejemplo de paz, justicia, amor, bondad, cuidado, comprensión y compasión, brindamos a los demás la oportunidad de abrir el corazón y pasar de estados de supervivencia marcados por el miedo y la agresividad a sentirse plenos y conectados. Imagina lo que pasaría si todos entendiéramos hasta qué punto estamos mutuamente unidos en el campo en lugar de sentirnos aislados y separados. Podríamos empezar a hacernos responsables de nuestros pensamientos y emociones, porque entenderíamos por fin cómo afecta al conjunto de la vida nuestro estado de consciencia. Así se cambia el mundo, empezando por transformarse uno mismo.

El futuro de la humanidad no depende de una persona, líder o mesías en posesión de una consciencia superior que nos marque el camino. En realidad requiere el salto a una nueva consciencia colectiva, porque sólo si reconocemos y aplicamos la profunda interrelación de la consciencia humana podremos cambiar el curso de la historia.

Y si bien es cierto que las viejas estructuras y paradigmas se están derrumbando, también es verdad que no debemos afrontar este fenómeno con miedo, rabia o tristeza, porque este tipo de procesos son los que favorecen la evolución y dejan espacio para la novedad. Así pues, deberíamos afrontar el futuro desde una luz, una energía y una consciencia totalmente nuevas. Como ya he mencionado, lo viejo debe caer y desmoronarse para que surja algo nuevo. Y en este proceso es esencial no derrochar energía reaccionando emocionalmente contra los líderes y las personas que tienen el poder. Cuando atrapan nuestras emociones, atrapan nuestra atención, y al hacerlo nos roban la energía. De ese modo, los poderosos obtienen poder sobre nosotros. En vez de eso, debemos defender nuestros principios, valores y fundamentos morales como la libertad, la justicia, la verdad y la igualdad. Si lo hacemos, gracias al poder de la colectividad, estaremos unidos bajo una misma energía de integración en lugar de controlados por una idea de separación. En momentos como éste, defender la verdad deja de ser una cuestión personal para convertirse, a través de la unificación y de la construcción de comunidades, en un asunto universal.

Creo que estamos al borde de un gran salto evolutivo. También se podría expresar diciendo que estamos a punto de vivir una iniciación. Al fin y al cabo, ¿qué es una iniciación sino un rito de paso de un estado de consciencia a otro? ¿Acaso no está diseñada para desafiar la materia misma de la que estamos hechos con el fin de que podamos expresar un mayor potencial? Puede que, cuando comprendamos, recordemos y despertemos a la verdad de nuestra naturaleza, los seres humanos, en cuanto que consciencia colectiva, podamos pasar de un estado de supervivencia a otro de prosperidad. Y entonces podremos expresar nuestra auténtica naturaleza y acceder plenamente a nuestra capacidad innata como seres humanos…, la de dar, amar, servir y cuidarnos los unos a los otros y al planeta Tierra.

Así pues, cabe preguntarse a diario: *¿Hasta dónde me puede llevar el amor?*

Ésa es la clase de seres que somos y ése es el futuro que estoy creando: uno en el que todos y cada uno de nosotros se convierta en un ser sobrenatural.

Agradecimientos

La idea de *Sobrenatural* surgió hace unos años, durante una conversación espontánea con los mandamases de Hay House. Poco imaginaba yo mientras comía con el CEO Reid Tracy, con la directora general Margarete Nielsen y con la vicepresidenta Patty Gift que estaba compartiendo con ellos las ideas para un nuevo libro.

Bien pensado, puede que ellos sí lo supieran. Esas cosas sólo se ven *a posteriori*.

El caso es que algo de lo que dije debió de impactarles, porque una semana más tarde accedía a escribir un libro basado en nuevos paradigmas que, tal como yo lo veía, sería todo un desafío presentar de forma sencilla y coherente. Las constantes investigaciones, la recopilación de datos sobre la marcha, las rigurosas mediciones y análisis, la logística organizativa, la preparación de eventos, programar miles de escáneres durante los talleres e infinitas horas de intenso diálogo con científicos y con el equipo sobre los resultados no son aptos para cardiacos. Y como buena parte de lo que veníamos observando quedaba fuera de la convención científica, requería largas reuniones… y el apasionado compromiso de aceptar ideas sumamente novedosas.

Hay que ser un tipo de persona muy especial para seguir a otro a muerte y creer en una visión que existe en la mente de otra persona, sobre todo cuando tú mismo no acabas de entender a qué se refiere. Sin embargo, cuando una fe inquebrantable en la posibilidad se une a la pasión de convertir una idea en una realidad tangible, se produce el milagro. De ahí que tenga el privilegio de trabajar con personas increíbles que se han unificado como equipo. Considero una auténtica bendición haber podido formar parte de un grupo humano tan especial.

Una vez más, me gustaría expresar mi sincero agradecimiento a la familia Hay House por su confianza y por creer en mí. Es un placer formar parte de una comunidad de espíritus afines que hacen gala de semejante amabilidad, capacidad de apoyo y profesionalidad. Doy las gracias a Reid Tracy, Patty Gift, Margarete Nielsen, Stacey Smith, Richelle Fredson, Lindsay McGinty, Blaine Todfield, Perry Crowe, Celeste Phillips, Tricia Breidenthal, Diane Thomas, Sheridan McCarthy, Caroline DiNofia, Karim Garcia, Marlene Robinson, Lisa Bernier, Michael Goldstein, Joan D. Shapiro y el resto de la familia. Espero que todos hayamos crecido a raíz del trabajo compartido.

Un agradecimiento especial a mi editora en Hay House, Anne Barthel, que vive con tanta gracia y elegancia. Gracias por las infinitas horas de atención y pericia… y por mostrar tanta paciencia conmigo. Me postro ante tu humildad.

Me gustaría agradecer a mis editores Katy Koontz y Tim Shields lo mucho que me han aportado. Vuestra contribución a mi obra ha sido magnífica. Gracias por estar dispuestos a excavar tan hondo.

También me gustaría expresar mi agradecimiento a todas las personas que han participado en el equipo Encephalon por el incansable apoyo que me han prestado. Gracias a Paula Meyer, Katina Dispenza, Rhadell Hovda, Adam Boyce, Kristen Michaelis, Belinda Dawson, Donna Flanagan, Reilly Hovda, Janet Therese, Shashanin Quackenbush, Amber Lordier, Andrew Wright, Lisa Fitkin, Aaron Brown, Justin Kerrihard, Johan Pool y Ariel Maguire. También quisiera reconocer la contribución de las parejas y cónyuges de los miembros de mi equipo por ser tan comprensivos, mostrar apoyo incondicional y permitir que personas tan importantes para vosotros hayan dedicado tanto tiempo y energía a ayudarme a cambiar la vida de los demás.

Un agradecimiento especial a Barry Goldstein, el fabuloso compositor de casi toda la música que usamos para las meditaciones. Gracias por hacer que me haya enamorado de la música otra vez.

Natalie Ledwell de Mind Movies ha contribuido infinitamente a nuestra causa. Te agradezco la pasión por la transformación, así como tu amistad. Me has ayudado a cambiar muchas vidas.

Quisiera expresar mi profunda gratitud a Roberta Brittingham. Gracias por tu visión y tu excelente aportación a la creación del caleidoscopio. Nadie más que tú habría sido capaz de crear semejante obra de arte.

Me gustaría expresar mi agradecimiento a mi mejor amigo, John Dispenza. Te agradezco tu paciencia y entusiasmo. Me encanta el diseño interior, las figuras y la fabulosa portada. Tienes un talento fuera de lo común.

También quiero reconocer la contribución de nuestro soberbio y brillante equipo de neurocientíficos: la doctora Danijela Debelic; Thomas Feiner, director del Instituto para el Neurofeedback EEG; Normen Schack, OT, IFEN; Frank Hegger, OT, IFEN; Claudia Ruiz y Judi Stivers. Quiero daros las gracias por vuestro excelente trabajo, vuestra capacidad para dar y servir con tal energía vital, vuestra pasión por cambiar el mundo y vuestras mentes y corazones, tan abiertos. Sois una bendición. También me gustaría daros las gracias por llevar a cabo todos los escáneres cerebrales, por aportar equipo de vanguardia, por vuestros soberbios análisis, por la acumulación de datos y por sacar ratos en el ajetreo diario para mantener largas conversaciones conmigo sobre lo que es natural y lo que es sobrenatural. Aún más importante, gracias por enseñarme y creer en mí. Sois todos un soplo de aire fresco, y pertenecéis al futuro.

Quisiera dar las gracias también a Melissa Waterman, BS, MSW, por sus conocimientos sobre GDV y los datos Sputnik. Gracias por lo mucho que me has dado y por haber facilitado tanto la investigación. Y por acudir en todas las ocasiones y estar ahí.

Un fuerte aplauso a la doctora Dawson Church. Gracias por tu genio y amistad. Fuiste tú la que creíste que podíamos cambiar la expresión genética de personas normales en el transcurso de un breve taller. Te agradezco que formes parte del equipo y poder contar con tu practicidad científica. Haberte conocido es una bendición.

Un agradecimiento muy especial para el doctor Rollin McCraty, Jackie Waterman, Howard Martin y el equipo al completo del Instituto HeartMath. Habéis sido tan fundamentales para nuestra investigación como generosos. Agradezco infinitamente nuestra relación.

Me gustaría expresar mi agradecimiento al equipo que lleva mi empresa de formación corporativa: Suzanne Qualia, Beth Wolfson y Florence Yaeger. Gracias por compartir mi visión. Además, quiero expresar un agradecimiento especial al resto de las instructores corporativos de todo el mundo, que trabajan incansablemente por convertirse en el vivo ejemplo del cambio y el liderazgo.

También quiero dar las gracias a Justine Ruszczyk, que se tomó muchas molestias para entender este trabajo a un nivel muy profundo. Gracias por ayudarme con el desarrollo de algunos de los programas de *coaching*. Espero que nuestros caminos se vuelvan a cruzar muy pronto.

Tengo tanto que agradecerle a Vicki Haggins. Gracias por tu desinteresado apoyo, tus oportunos consejos y por todo tu amor incondicional. Me honro mucho en conocerte . Que tus esfuerzos te sean correspondidos multiplicados por mil.

Gracias a Gregg Braden por un prefacio tan poderoso y centrado en el corazón. Eres un ejemplo viviente. Tu amistad tiene un valor incalculable para mí.

A mis hijos, Jace, Gianna y Shen, tres jóvenes únicos y sanos, gracias por ser tan generosos de concederme el tiempo que necesito para hacer realidad mi pasión.

Para finalizar, me gustaría dar las gracias a la comunidad de estudiantes que ha participado en este trabajo. Muchos de vosotros me inspiráis a diario. Sois sobrenaturales.

Sobre el autor

Joe Dispenza es doctor en Quiropráctica, investigador, conferenciante, consultor corporativo, escritor y profesor. Ha recorrido más de treinta y dos países en los cinco continentes pronunciando charlas y conferencias. Como divulgador e instructor, lo impulsa la convicción de que cada uno de nosotros posee el potencial necesario para llevar a cabo grandes proezas y desarrollar capacidades ilimitadas. Con un estilo cercano, estimulante y empático, ha enseñado a miles de personas a transformar los circuitos de su cerebro y a modificar las condiciones de su cuerpo para generar cambios duraderos.

Además de ofrecer distintos cursos virtuales y clases a distancia, imparte talleres intensivos de tres días y cursos avanzados de cinco días en Estados Unidos y en el extranjero. A partir de 2018, ofrecerá talleres de una semana, y el contenido de los cursos intensivos y avanzados estará disponible *online*. (Para saber más, visita por favor la sección de eventos en **www.drjoedispenza.com**.) El doctor Joe es profesor de la Universidad Quantum de Honolulu, Hawái; del instituto Omega de Estudios Holísticos de Rhinebeck, Nueva York; y del Centro Kripalu de Yoga y Salud de Stockbridge, Massachusetts. También es miembro invitado del comité de investigaciones de la Univesidad Life de Atlanta (Georgia).

Como investigador, el doctor Joe estudia con pasión los últimos hallazgos de la neurociencia, la epigenética y la física cuántica para explorar, desde la intersección de estos ámbitos, la base científica de la curación espontánea. Emplea sus conocimientos para ayudar a los demás a superar enfermedades, dolencias crónicas e incluso afecciones terminales para que las personas puedan disfrutar de vidas más satisfactorias y felices al mismo tiempo que desarrollan la consciencia. En los talleres avanzados que imparte por todo el mundo trabaja en asociación con otros científicos para llevar a cabo investigaciones extensivas sobre los efectos de la meditación, incluidos estudios epigenéticos, cartografía cerebral mediante electroencefalograma (EGC) y estudio del campo energético individual mediante la técnica de visualización por descarga de gas (GDV, del inglés *gas discharge visualization*). Su investigación incluye también el cálculo de la coherencia cardiaca con monitores HeartMath y de la energía presente en el entorno de los talleres antes, durante y después de los eventos con un sensor Sputnik GDV.

Como consultor corporativo, el doctor Joe ofrece conferencias y talleres *in situ* para empresas y corporaciones interesadas en emplear principios neurocientíficos para mejorar la creatividad, la capacidad de innovación y la productividad de los empleados, entre otras posibilidades. Su programa corporativo incluye también *coaching* para altos cargos. El doctor Joe ha preparado personalmente a más de setenta instructores titulados que imparten su enfoque de transformación a empresas de todo el mundo. Recientemente ha empezado a formar también a instructores independientes que emplean su modelo con sus propios clientes.

Como autor de éxito, con varios títulos en las listas del *New York Times*, el doctor Dispenza ha escrito *El placebo eres tú: descubre el poder de tu mente*, que explora nuestra capacidad de sanar mediante el poder del pensamiento en lugar de recurrir a fármacos o a cirugía. También es el autor de *Deja de ser tú: la mente crea la realidad* y *Desarrolla tu cerebro: la ciencia de cambiar tu mente*, ambos centrados en la neurociencia del cambio y la epigenética. *Sobrenatural* es el cuarto libro de Joe Dispenza. Sus apariciones en la pantalla incluyen *HEAL* (2017); *E-Motion* (2014); *Sacred Journey of the Heart* (2012); *People v. The state of Illusion* (2011); *What IF — The Movie* (2010); *Unleashing Creativity* (2009); además de *¿Y tú qué sabes?*, versión ampliada en DVD (2005).

El doctor Joe Dispenza es licenciado en Ciencias por la Evergreen State College y doctorado en Quiropráctica por la Universidad Life, donde se graduó con honores. Sus estudios de postgrado incluyen neurología, neurociencia, química y función cerebral, biología celular, formación de memoria y envejecimiento y longevidad. Puedes contactar con el doctor Joe Dispenza a través de **www.drjoedispenza.com**.

books4pocket
www.books4pocket.com